人气
营商学

（第二版）

陈敬东　陈 沫　著

RENQIYINGSHANGXUE

经济管理出版社
ECONOMY & MANAGEMENT PUBLISHING HOUSE

图书在版编目（CIP）数据

人气营商学 ／ 陈敬东，陈沫著. -- 2 版. -- 北京 ：
经济管理出版社 2025. 5. -- ISBN 978-7-5243-0314-5

Ⅰ．F713.50

中国国家版本馆 CIP 数据核字第 2025TK8042 号

组稿编辑：白　毅
责任编辑：白　毅
责任印制：张莉琼
责任校对：蔡晓臻

出版发行：经济管理出版社
　　　　　（北京市海淀区北蜂窝 8 号中雅大厦 A 座 11 层　100038）
网　　　址：www.E-mp.com.cn
电　　　话：(010) 51915602
印　　　刷：唐山昊达印刷有限公司
经　　　销：新华书店
开　　　本：720mm×1000mm/16
印　　　张：30
字　　　数：608 千字
版　　　次：2025 年 6 月第 2 版　　　2025 年 6 月第 1 次印刷
书　　　号：ISBN 978-7-5243-0314-5
定　　　价：88.00 元

再版说明

  《人气营商学》这本教材已经出版 6 年，经过这几年的教学实践和理论研究，在本科、硕士、MBA、EMBA 课程教学中得到不断丰富，特别是在人气承诺、人气满意章节进行了重要修改和完善，主要对认知创新、沟通表现、价值分级、目标确定、价值定档、价值调整内容进行了认真修改。

  2018 年写出《人气营商学》第一版教材时，感觉如释重负，终于能够实现自己的愿望，经过几年的讲解和思考，才知道写出第一版教材就像养了一个孩子，更加关心孩子的成长，特别是对于拥有自主知识产权和话语权的教材，责任感更加明确。无论是其思想体系、章节结构，还是文字表达，都要认真思考，不断完善。

  第二版教材改版的过程，也是将营商理论与实践更加结合的过程，特别是在新冠疫情期间，营商理论在指导新冠疾病预防、管控方面的具体实践和应用，使我更加坚定了进行营商理论研究的信心。

  教材的出版和改版，也使我真正理解创新创业的不易。近年来营商学系列成果获得陕西省政府哲学社会科学优秀成果奖、教育厅人文社会科学研究优秀成果奖、教育厅科学技术研究优秀成果奖，得到学校相关部门和学院的支持，我更需要坚定理论自信，充分运用营商理论的人气、币值、金钱、权力对策指导具体的投资和教材出版实践，并不断提高人们对于"营生—营销—营商"人气线的认知。希望通过教材的改版、师资的培训、社会的发展，吸引越来越多的专家参与到营商学理论的学习和研究中，让拥有中国话语权的营商理论为中华民族的崛起贡献理论智慧。

陈敬东

2025 年 2 月于西安

前　言

在我当上教授 10 年之际，还能够给大学生开设一门或者几门新课，为教育事业再作贡献，是人生的最大追求和幸福，也是作为教师的最大荣誉。教了 30 多年的书，讲过十几门课程，涵盖管理、会计、贸易、投资、营销多个学科，始终是以营销学科为主，几十年如一日，从不偏离自己所学的专业，热爱营销课程和营销专业，但是现在更加兴奋，能够用自己创新的理论来培养学生，而且是当今最具创新的课程——营商学，真真正正地为中国人争了口气，实现了心中的夙愿。本人从留校任教的那一天起，就暗自定下一个目标：写本书让全世界的人都来学习，像菲利普·科特勒的《营销管理》那样，不断再版。感谢他老人家及其老一辈营销理论学者思想的光芒，让我从中深刻领会到了营销学科的思想体系和理论框架，《营销管理》是营销领域的一本"圣经"，无人能够改变，其构建了一套较为完整的工业产品交换理论框架和思维体系。为了寻求突破，形成全新的营商学思维体系，本人努力积累，积极实践，持之以恒，深入思考，一晃就是 30 余年，今天，承载商业价值投资思维体系和理论框架的第一本著作《人气营商学》，作为教材终于与大家见面了，为自己几十年的坚持交出了满意的答卷！

随着时代的变迁，本书沿着"营生""营销""营商"的思维体系，站在社会发展新的时间节点上，从深刻领悟人类自身利用规律过上幸福生活、挖掘技术享受物质生活、创新思维追求美好生活的角度推动社会进步。本书运用自然规律、科学方法、哲学思维，以心理学、行为学、社会学、管理学、经济学、金融学等学科为基础，系统地提出商业社会的核心是商业价值创造，创新地提出商业价值概念（商业价值＝增值/损失），以人类认知心理学和沟通行为学为出发点，从承诺过程的思维跳跃到商业承诺的含义是承诺结果，底线思维、心理憧憬、创新创业、价值共识，构成了人气承诺；从差距满意的思维跳跃到商业满意的含义是倍增（减），度量、心理期望、比较价值、价值体系，构成了人气满意；从顾客对策的思维跳跃到人气的商业含义是关注，人气线、人气矩阵、心理周期、关注力、价值多元，构成人气对策；从成本对策的思维跳跃到币值的商业含义是平台，心理关口、心理预期、平台趋势、价值支撑，构成币值对策；从便利对策的思维跳跃到金钱的商业含义是杠杆，心理阈值、心理承受、资产市值、价值引擎，构成金钱对策；从沟通对策的思维跳跃到权力的商业含义是契约，时间节点、心理空间、影响力、价值维数，构成权力对策。本书着重研究人们普遍关注的"三价"——房价、股价、物价核心人气线的投资理论和实践，并以此为切入点。商业社会中每个国家只有正确分析承诺结果，利用倍增（减）满意，运用好四个对策，跳跃发展，才能吸引全球投资；每个投资人只有有效投资，才能过上美好生活。

本书是从事商业投资活动和生活在商业社会的人们必须学习和领悟的一本教材，让人们认识到创造商业价值是商业社会人们的共同追求；是一本弘扬社会正能量的"课程思政"，大力提倡创新、创业的理论教材；是从事商科学习的所有大学生、MBA 和 EMBA 学生，创新创业的个人和团队，社会各界追求价值的投资人士，进行价值营商的政府和金融投资领域的专业人士共同关注的一本书籍。书中创新了很多词汇，可以引发人们深入思考，是一本非常"烧脑"的书，需要读者非常用心地体会和感悟，才能理解其深刻的含义，只有循序渐进把握这些词汇，才能理解后续的《人群营商学》《人口营商学》两本教材。本书与即将出版的另外两本书共同构成价值营商理论体系，填补了全世界商业价值思维理论研究的营商学空白。这也是中国为全世界哲学社会科学作出的一点贡献。

本书的写作基于本人对于商业社会的理论和实践的深入思考，特别是传统营销理论思维的长期训练，与商业社会房价、股价、物价投资的丰富实践经验的有机结合，以及近十年来 EMBA 的教学工作，使本人的理论研究进入了一个新的阶段。能够写出这本书必须感谢近 600 名 EMBA 和 700 名 MBA 学生的陪伴和思维碰撞，是他们对于这门课程的热爱，让我坚定信心继续讲下去，结果讲出一个"大故事"；感谢我的妻子和孩子，没有将我的思想消灭在萌芽状态，让我天天讲、时时讲，终于讲出一本书；感谢西安理工大学经济与管理学院这个大家庭，老师们的相互理解和宽容使我永远坚持自己不变的研究方向，成就了《人气营商学》；感谢这两年的研究生陈沫、牛宇弘、梁爱珍、王好，他们一直陪伴我进行由浅入深的思维碰撞和学习，特别是陈沫的思考对于本书思维体系的深化和构架作出了一定的贡献；感谢经济管理出版社的杨国强、白毅编辑及其同仁们积极有效的工作，为本书的出版提出了许多宝贵意见，并付出了辛勤劳动；还要感谢国家的"双一流"学科建设，成为我写这本教材的重要支撑和时间拐点，同时得到了西安理工大学工商管理一级学科、本科教育教学改革研究项目、"课程思政"示范课程项目和研究生教育教改项目的资金支持；特别要感恩和感谢的是我们生活在这样一个伟大的时代和伟大的国家！我们"60 后"一代人经历了中国农业社会后期、工业社会的整个历史进程和商业社会的进入阶段，没有社会的发展、时代的变迁，我无法感悟出这本书；没有伟大祖国的悠久历史、灿烂文化和经济高速发展，我无法寻求研究的思想源泉和成功的动力、信心。

　　本书是一个全新的研究领域，涉及的学科门类相当广泛，是跨学科的研究成果，也是对传统学科的一个挑战。本人希望通过这本书"抛砖引玉"，从一个全新的视角开拓营商学科研究的起点，使中国人在商业社会用创新思维讲出的"故事"帮助世界人民追求美好生活，为真正形成全球人类命运共同体作出自己的一点贡献。本人的知识和阅历还有不足，所以书中错误和不足之处在所难免，恳请广大读者批评指正！邮箱为 2274634176@ qq. com。

陈敬东

2018 年 10 月于西安

目　录

第一章　商业社会的产生

第一节　社会发展变迁的规律性

对于"发展"这一词汇，虽然人们在频繁地使用，但很少有人给出具体的阐述。发展问题最早出现在哲学家们关于宇宙形而上学的思辨之中，表现为一种世界目的性倾向。古希腊的哲学家认为，世界是一个依据理性或"逻各斯"而运行的合理的存在结构，其发展表现为向着一个终极的"善"演进的运动过程，而人作为一种理性的存在，可以通过对世界"逻各斯"的认识来把握世界的本质，继而推动世界的发展。在这一基础上形成了进步的观念，有了进步的信仰，再加上现代科学技术的突飞猛进，人类对于社会的进步抱有一种必然的观念，即认为人类社会发展是必然的。社会形态的发展是自然历史过程，由于人类社会变迁包含了人活动的内容，因此就蕴含了对于价值的判断，其中展现了人生存的意义和贡献。

在社会变迁的漫漫长河中，任何社会形态的第一个阶段都是围绕"地"发展的，人类生存需要通过土地来保障供应。农业社会是以农业生产为主导的经济社会，土地是社会价值的基础，一切的经济社会运行都是围绕着土地来进行的。无论是原始社会、奴隶社会、封建社会等，土地都是社会发展的绝对标志。历经几千年的农业社会，土地一直是这段历史的见证者，也是推动农业社会一步步发展的重要动力。

土地能够给人类带来的东西受到越来越多的限制，迷信"天"已经阻碍了社会的进步，人们开始从探索土地的规律，发展到发现"天"的科学技术。技术的发展和成熟推动社会进入到更高级、高效、大规模的发展形态，满足更为复杂丰富的需求成为该阶段的社会形态所要肩负的历史使命，伴随着蒸汽机的出现和西方国家几百年间的多次科技革命，科学技术将这一形态的社会发展推向顶峰。最终，土地和技术完成了推动社会发展变迁的历史使命，以人的价值思维为主创新的商业社会带领人们大踏步迈向新的时代。

社会的发展归根结底是以人为主导的推进式发展，只有在淘汰了以规律和技术为基础、支撑的社会形态之后，人类才真正进入了靠人发展的社会，利用人类更快、更为丰富的思维创新去克服土地和技术所带来的阻碍，在保障人类生存的多样供给及满足人类不断丰富的利益需求基础之上，最终社会形态的推动发展是依靠人类的智慧创造更大的价值。

一、社会形态划分根源

19 世纪，英国科学家达尔文经过长期的研究，提出人类是由一种古猿进化而来的，初步揭开了人类起源的奥妙，人类的进化现象可能是自然选择和环境作用导致的。

与自然界相比，人类社会显得纷繁复杂，"五光十色"的历史景象往往令许多思想家、哲学家眼花缭乱。面对变化万千的社会现象，有人认为社会是变化的、发展的；有人认为社会是重复的、循环的；有人认为社会是停滞不前的；有人认为社会是堕落退化的。纵观整个人类社会历史发展演变，人们总会发觉它呈现出阶段性发展的态势，而对社会发展形态划分根源的探究所要回答的就是从宏观上看整个人类社会历史依据某一特定标志划分为多少个相对独立的历史阶段的问题。简而言之，社会形态划分理论就是多维度的社会形态划分理论。根据不同的标准可以将同一演变过程区分为不同的社会形态。

马克思根据作为社会主体的人的发展状况，把人类历史划分为人的依赖性社会、物的依赖性社会、个人全面发展的社会三种依次更替的社会形态。第一种形态对应的是资本主义以前的生产方式，人的依赖性是第一种形态的主要特征，具体表现为：片面的自给的生产能力、原始丰富而缺乏自主的活动、狭隘的地域性的社会联系、自然的需要、萌发状态的自由个性。第二种形态是"以物的依赖性为基础的人的独立性"的社会，其主要特征是"形成普遍的社会物质变换、全面的关系、多方面的需要以及全面的能力的体系"。这种形态对应的典型形式是资产阶级社会，第二种形态中人获得了较大程度的独立性和自主性，但是这种人的独立性不是真正完全的独立，而是以物的依赖性为基础的独立性，随着世界市场的形成，同时也伴随着人的交往范围不断扩大，使人的社会关系高度丰富化、高度社会化、高度普遍化。第三种形态是"个人的自由而全面发展"的社会，也就是人类真正获得解放的"自由王国"（杨文圣，2012）。

在对人类社会历史进程进行研究与阐述时，马克思形成了五种社会形态理论，他认为，"各个国家和民族在没有外来干涉的情况下，按其自然历史过程，一般都经历大致相同的发展阶段，即依次经历原始社会、奴隶社会、封建社会、资本主义社会、共产主义社会（社会主义是它的第一阶段）五种社会形态"。在马克思的思想中，五种社会形态理论的划分依据是生产方式即生产力与生产关系结合体的不同，划分标准是生产关系的核心，即所有制关系。

随着经济全球化和现代科技革命的发展，特别是科技成果在全球范围内的广泛应用，科技的影响力越来越大，已成为社会进步的主要标志、现代社会进步的决定性力量。以至于一些学者强调，应从科学技术作用的角度来划分不同的社会发展阶段，反对唯物史观基于生产方式尤其是基于生产关系对社会形态和发展阶段所作的划分。美国政治哲学家丹尼尔·贝尔在1973年写成的《后工业社会的来临——对社会预测的一项探索》一书中，对"后工业社会"进行了系统的论述。他根据技术的变化，即按照技术中轴原理，将人类社会的发展区分为前工业社会、工业社会和后工业社会三个发展阶段。1959年，丹尼尔·贝尔第一次提出"后工业社会"概念。1962年，他撰写了《后工业社会：推测1985年及以后的美国》，强调"智能技术"的重要性，后经过不断的修改，这篇文章在1964年哥伦比亚大学召开的"技术与社会变革讨论会"上发表。1973年，丹尼尔·贝尔对后工业社会概念作了广泛的概括，《后工业社会的来临——对社会预测的一项探索》详细描述了后工业社会的基本轮廓，在他看来，在对社会以及社会形态的把握上存在着两种不同的中轴原则。"封建主义、资本主义和社会主义这些名词，都是马克思主义结构内以财产关系为中轴的概念顺序"，即马克思主义是以生产资料所有制为中轴来区分社会发展阶段的（王凤祥，2013）。丹尼尔·贝尔则以生产力的发展为中轴来区分社会发展阶段。在他看来，人类社会的区分不在于生产资料的所有制问题而在于生产力，前工业社会、工业社会、后工业社会的区分就在于其生产力的不同。后工业社会的中轴是理论知识，知识和技术成为社会发展的主要资源，成为革新和变革的直接力量。具体如表1-1所示。

表1-1　丹尼尔·贝尔关于三种社会形态之间的比较[①]

方面	前工业社会	工业社会	后工业社会
经济部门	消耗自然资源为主	利用能源技术和机器技术的制造业为主	服务业等第三产业
职业	农民、矿工、渔民、不熟练工人为主	半熟练工人和工程师为主	专业性和技术性职业以及科学家为主

① 丹尼尔·贝尔. 后工业社会［M］. 彭强，译. 北京：科学普及出版社，1985.

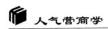

续表

方面	前工业社会	工业社会	后工业社会
技术	原料技术为主	能源技术为主	信息技术为主
计划	人对付自然的策略	人对付人造自然的策略	人与人之间的对策
方法论	利用常识和经验	经验、实验等方法	抽象理论方法：决策论、系统分析等
时间观点	面向过去	适应调整，做出推测和估计	面向未来，强调预测
中轴原理	以传统主义为轴心，考虑对土地和资源的控制	以经济增长为核心，强调国家或私人对投资决策的控制	以理论知识为核心，大学、研究机构和知识部门成为中轴结构，智力技术、知识阶级的重要性增强
资源	土地	机器	知识
统治阶级	地主、军人	企业家	科学家、研究人员

由表1-1可以看出，丹尼尔·贝尔对人类社会的分类是以工业社会为基础的，研究了各个社会形态下职业、资源、统治阶级等问题。但是这种研究会把视野局限在工业社会的框架中，忽视了各个社会形态具有各自独立的特点。

随着社会的不断变迁，社会形态划分的方法多种多样，每一种划分方式都有存在的合理性，都从一定的角度揭示了社会形态发展的规律性和科学性。这些观点的提出都为人们在当今时代更加深刻地研究社会形态发展变迁奠定了扎实的基础。无论是马克思的划分还是约翰·奈斯比特的划分都或多或少地带有一定程度的政治色彩和经济色彩，并且生活在过去那个时代的人们只能准确总结截止到每个人所生活时代的社会形态变迁，无法准确预测未来社会的发展演变，但社会的进步发展从未停歇，时代的局限性就已经要求人们重新对人类社会形态的变迁进行划分。对人类社会的划分如表1-2所示。

表1-2　对人类社会的划分

代表人物	划分依据	社会形态划分
约翰·奈斯比特	以信息化程度为依据	农业社会、工业社会、信息社会
罗尔夫·詹森	以信息化程度为依据	渔猎社会、农业社会、工业社会、信息社会、梦想社会
费孝通	以人的发展进程为依据	猎人—采集者社会、农业社会、工业社会、信息社会和第五种社会形态
马克思	以人与人的社会关系和人自身的发展程度，以及生产关系的不同性质为依据	人的依赖性社会、物的依赖性社会、个人全面发展社会、原始社会、奴隶社会、封建社会、资本主义社会、共产主义社会
丹尼尔·贝尔	以生产力发展程度为依据	前工业社会、工业社会、后工业社会

基于人类自身主观和客观自然相互融合的角度，站在当今社会的时间节点上，看待人类社会发展进程，人类社会形态可以划分为农业社会保障供应、工业社会满足需求、商业社会创造价值三个阶段。追求自由、民主、和谐、共享，使人类发展到更加美好的社会形态，是人类社会共同的追求。具体如图1-1所示。

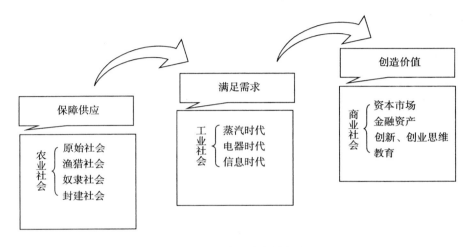

图 1-1　社会形态划分根源

二、社会形态划分内容

（一）以保障供应为目的的社会划分

　　在以保障供应为目的的社会划分中，把人类社会划分为原始社会、奴隶社会和封建社会。

　　原始社会是最初的社会形态。原始社会是自然、自发形成的。它可以看作是生产尚未发展的社会，其意识形态主要表现为原始的神话和原始的宗教等。原始社会以土地公有制为基础，其生产关系的特点是生产资料的集体占有，人们之间的关系是平等互助的关系，产品平均分配。

　　奴隶社会把人类带入了文明时代，促进了社会生产力的巨大发展，是历史的一个大进步。但同时，奴隶制度也是一种野蛮的制度，从奴隶制生产关系的特点和广大奴隶的遭遇就可以很明显地说明这一点。奴隶主阶级占有全部生产资料并完全占有奴隶本身；奴隶毫无人身自由，是奴隶主的私人财产。奴隶制生产关系的特点是：奴隶主占有生产资料并完全占有奴隶；奴隶主和奴隶是赤裸裸的剥削和被剥削的关系，奴隶主占有的以土地为主的生产资料，是其达到剥削、压迫、奴役奴隶，从而为其统治目的服务的根本原因。归结为一句话，奴隶社会中无论是奴隶被迫压榨还是奴隶主坐享其成，都相互保障了两个阶级的基本物质供应。

封建社会中形成的自然经济是以土地为基础，农业与手工业结合，以家庭为生产单位，具有自我封闭性、独立性，以满足自身需要为主的经济结构。这种经济结构中的关键生产资料大部分都掌握在地主或封建领主手中，封建社会中往往存在相当明显的阶级制度。封建社会的目的在于完善人类的统治，通过逐步调整、完善为后来社会的统治构建了坚固的基础，同时也或多或少地发展了经济、交通、医疗以及有限的科学、技术。封建社会为后人贡献了很多，倘若没有封建社会各个领域的基础，就没有今天的现代文明。封建社会以土地的封建等级所有制为基础，满足自身需要为主的经济结构更好地解决了封建社会人类的生存问题，从而保障了社会的供应。

（二）以满足需求为目的的社会划分

以技术发展为推动力，以满足需求为目的，把人类社会划分为蒸汽时代、后电气时代、信息时代。

18世纪下半期开始于英国的工业革命，是近代以来的第一次世界性技术革命，这次技术革命以蒸汽机的广泛应用为标志，从此人类进入蒸汽时代。人类社会的生产工具得到了革命性的发展，人类发明和使用了以能量转换工具为特征的新的劳动工具，瓦特蒸汽机的发明标志着人类工业社会的开始，这个具有划时代意义的能量转换工具的出现改变了人类社会的生产和生活方式。

19世纪70年代，欧美资本主义国家科学技术的发展突飞猛进，各种新发明、新技术层出不穷，并被迅速应用于工业生产，带来了社会生产力的巨大飞跃。随之而来的，则是工业生产力的高涨（罗茂菊，2014）。这次科技进步被称为近代历史上的第二次工业革命，它标志着世界由"蒸汽时代"进入了"电气时代"。其中，发电机和电动机是相互关联的两个重要发明，促使工业革命轰轰烈烈地展开，出现了发明和使用机器的热潮。两次工业革命的基本情况如表1-3所示。

表1-3 两次工业革命的基本情况

项目	蒸汽时代	电气时代
发明来源	发明来源于工匠的实践经验，科学和技术尚未真正结合	自然科学的新发展迅速应用于生产，科学和技术开始紧密结合
生产组织	工厂制	公司制、垄断制
标志	改良蒸汽机的发明和使用	电力、内燃机的广泛应用
重点	以纺织工业为代表的轻工业	以新兴工业和钢铁工业为代表的重工业
规模	局限于少数国家，时间长、进展慢	在欧美先进国家几乎同时展开，发展快

续表

项目	蒸汽时代	电气时代
扩展	首发英国，向欧美扩展	几乎同时发生在几个先进资本主义国家，有的国家两次工业革命交叉进行

在蒸汽时代和电气时代，工业得到迅速发展，工业在产业结构中占了主导地位，因而可以称之为工业社会（李北东，2012）。新生的工业能够成长起来，只是因为它用机器代替了手工工具，用工厂代替了作坊。社会生产力大幅提高，第一次工业革命轰轰烈烈展开和第二次工业革命的到来，改变着社会结构和世界形势，世界日益成为一个整体。城市化进程加快，人们生活更加丰富多彩。同时，交通运输业迅速发展，人们的交往更加方便，经济和文化联系也日益密切。市场总是在扩大，需求总是在增加，工场手工业也不能再满足这种需求了，于是蒸汽和机器就引起了工业中的革命。总之，伴随着大量机器的出现，人类生活的物质需求得到了极大的满足。

20 世纪 40 年代以来，现代科学技术突飞猛进，第三次科技革命兴起。当进入 50 年代末，计算机技术迅速发展，信息对整个社会的影响逐步提高到一种绝对重要的地位。以电子计算机为代表的信息技术广泛应用于生产与生活的各个方面，信息技术和信息产业在技术体系和产业结构中迅速占据了主导地位，从而形成了信息社会。人类社会生活的改变最终是由社会生产力所决定的，当今社会科学技术的第一生产力作用日益凸显，信息科学技术作为现代先进科学技术体系中的前导要素，它所引发的社会信息化则将迅速改变社会的面貌、人们的生产方式和生活方式，对社会生产和生活产生巨大影响。技术工艺性质的重大变化总会导致人们的生产活动方式的变化。正如机器的普遍采用将手工工场的生产方式改造成为机器大工业的生产方式一样，信息社会也形成了新的生产方式。在信息社会中，传统的机械化的生产方式被自动化的生产方式所取代，最大程度地丰富了人类的物质财富。

（三）以创造价值为目的的社会划分

原始社会、渔猎社会、奴隶社会、封建社会都是围绕着吃饭穿衣、权力斗争、土地拥有等保障供应问题发展的；前工业社会、后工业社会、信息社会这些以满足需求为目的的社会形态都是在解决产品购买、出行旅游、赚取金钱、掌握核心技术等问题。农业、工业社会的问题随着社会进步都会得到解决，人类的基本生活得到保障和物质利益方面的大量需求得到充分满足后，人类自然而然地就进入到追求品质生活的精神层面，即进入到具有美好生活向往的商业社会，这是人类社会发展的必然。

商业社会人们对于物品的基本需要所形成的分配与对于产品利益需求的热爱和追求所形成的购买，已经被对于商品的价值投资所取代，人们开始追求最大价值的创造。农业、工业社会都是为了人类的生存和发展提供物品和产品，被有限的知识和技术所制约。人们也非常明白，一味地发展农业，还是解决不了所有人的吃饭穿衣问题；以破坏环境为代价发展工业，结果会非常惨重。人们依赖权力和金钱武装自己的时代已经过去了，提升全社会每个人的尊严、名誉和社会影响力，从而引起全社会的关注，使社会发展完全转型到依靠"人"自身的精神追求，而不是依靠基于"天"和"地"等自然资源形成的物质追求。商业社会发展如同农业社会和工业社会发展一样也有弊端，那就是商业社会完全依靠个人的智慧和社会发展的方方面面的有机结合，发展人的同时也在淘汰人。创新、创业，接受教育，持续进步，面对极具不确定性的商业价值，优胜劣汰是商业社会"人"必须遵循的发展法则，人们将会越来越习惯发展人的商业社会。生活在商业社会的人必须提高自己的思维能力，面对巨大的社会压力，保持良好的身心、乐观的情绪，不断创新，商业社会中人类会越来越注重自身的发展和进步，从而创造出巨大的社会价值。

社会形态的划分方法不局限于一种，按照社会形态数量对划分方法进行总结，得到如表1-4所示的结果。

表1-4　社会形态划分

方法	社会类型与经济形态	主要分类依据
三分法	传统社会、现代社会、后现代社会（前工业社会、工业社会、后工业社会）	综合
	农业社会、工业社会、全面自动化社会	
	直接的社会关系、物化的社会关系、自由人联合体	
	自然经济、商品经济、产品经济	
	农业社会、工业社会、信息社会	
	人的依赖性社会、物的依赖性社会、个人全面自由发展的社会	人的生存发展状况
	简单的单环节社会、简单合成的多环节社会、双重合成的多环节社会	社会组合的程度
四分法	原始社会、农业社会、工业社会、知识社会	生产力水平和结构
	原始社会、农业社会、工业社会、信息社会（网络社会）	
	奴隶经济、农业经济、资本主义经济和知识经济	
	初级民权社会、集权社会、分权社会、成熟民权社会	社会大众对公共权力的拥有程度

续表

方法	社会类型与经济形态	主要分类依据
五分法	狩猎采集社会、园艺社会、游牧社会、农业社会、工业化社会	生产方式
	狩猎采集社会、游牧社会、农耕社会、传统文明社会、工业社会	
	原始社会、奴隶社会、封建社会、资本主义社会、社会主义社会	生产力和生产关系
	原始公社制、奴隶主占有制、封建社会、资本主义社会、共产主义社会	
	渔猎社会、农业社会、工业社会、信息社会、生物社会	产业结构
六分法	原始社会、奴隶社会、封建农奴社会、集权官僚社会、资本雇佣劳动制社会、民主劳动社会	劳动者作为考察的主体
	狩猎采集社会、园艺社会、游牧社会、农耕社会、工业社会、后工业社会	生产方式

表1-4来源于郭民生的《讨论经济形态划分的依据》，是从生产力和生产关系的角度进行划分的。学术界对社会发展的看法和分类迥异，部分学者甚至认为，工业社会将是人类社会最终形态；还有学者认为，工业社会只是社会发展的一个阶段，工业社会后面还会有其他的社会形态，但在是什么样的社会的问题上没有给出具体论断；马克思则是以政治经济水平为划分依据；在后工业社会的社会形态中，特别是信息化的高速发展和"知识大爆炸"的出现，使得信息社会和知识社会的提法较为普遍，但在两者的关系上众说纷纭（吴季松，1993；尚勇，2009）。

三、社会形态划分意义

每当一个旧的社会形态被新的社会形态所取代的时候，人类社会历史就会有所前进和上升，虽然历史发展过程中总免不了少许的退后和停滞，但终究会伴随着社会形态的不断改变而前进。正如列宁所指出的，"把人类历史设想成为一帆风顺的向前发展，那是不辩证、不科学、在理论上不正确的"。社会形态的不断向前发展是必然的。

社会发展的巨大进程推动人类历史大步向前。历史发展动力问题一直是学术界争议较大的话题，从古希腊到近代，人们对这一问题的探讨和研究从未停止，并先后产生了诸多关于历史发展动力的思想。例如，古希腊时期的自然动力思想、中世纪的神学动力思想、近代法国唯物主义思想家的"意见支配世界"的动力思想、法国复辟时代的征服动力思想、黑格尔的理性动力思想等。然而它们不是把历史发展的动力归结为自然的力量、神的力量，就是把人的意志或者抽象的理性作为历史发展的真正动力。马克思和恩格斯认为，现实的人是历史发展动力的主体，人的需要和利益是历史发展的根源性动力，社会基本矛盾是历史发展的根本动力，阶级斗争是阶级社会历史发展的直接动力，科学技术是历史发展的"重大杠杆"，各种动力按照一定的规则构成动力系统，推动着历史前进的车轮（张新波和张志强，2011）。

社会的不断演变就如车轮在一圈一圈地向前滚动，清晰科学地解析划分不同的社会形态，在理论上对不同的社会形态进行统一归纳、具体把握，对于每一种社会形态下的生产运作方式、经济文化政治制度的掌握使人类社会历史的步伐在思想和理论上更加完善充实。只有清晰地划分社会形态演变的全过程，人类才能在回顾历史前进脚步时更系统成熟，从而有助于揭示历史发展所内含的逻辑。因此，社会形态的划分也是推动人类历史进步的一个重要动力。正确把握社会发展的脉搏，科学预测社会发展的未来走向，是推动社会进步的重要因素，是制定一切路线、方针、政策的基础。

划分社会形态是历史唯物主义用以研究和把握人类社会的基本范畴，正确划分社会发展形态，不仅关系到对社会形态沿革的准确把握，而且关系到对未来社会发展形态的科学预测（余金成，2012）。这不但符合历史发展的本来面貌，而且对促进社会发展具有重要意义。认识社会历史发展各个时期的特点和本质、正确把握社会发展的脉搏，是人类自身正确回顾过去、面对现在、规划未来的重要依据，是推动人类社会进步的重要因素，是制定一切行动方案和正确决策的基础。划分社会发展形态的准确与否，不仅关系到对社会形态沿革的准确把握，而且关系到对未来社会发展形态的规律探索、科学预测和哲学判断，这对于人类认识过去、把握现在、走向未来具有十分重大的现实意义和历史意义。

四、社会形态创新划分

对于社会形态，无论是以土地所有权为标准还是以技术发展为根源或是以人为主体的划分都充斥着浓重的政治色彩和经济因素，这些都是当时社会发展的产物。本书基于人类社会新的时间节点，从人类正在朝着更加美好的时代发展的角度出发，按照人类社会发展进程、人与自然的融合，从"地、天、人"自然规律、科学技术、哲学思维多维角度分析，提出农业社会、工业社会和商业社会三种社会形态。

本书在汲取以往研究成果的基础上，依据社会发展的客观实际，提出一种新的社会形态划分标准，具体如图1-2所示。

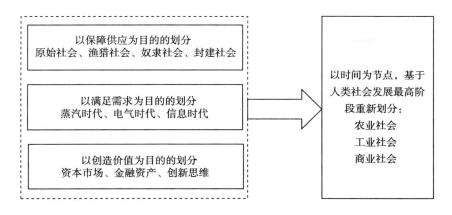

图 1-2　社会形态创新划分

农业的出现改变了人与自然的关系，标志着人类改造自然的开始。历经几千年的中国农业社会，致力于解决人类基本生存的吃穿需求。中国的农业文明非常发达，传统文化源远流长，对整个社会的发展以及人们的思想观念、生活方式有着深远的影响。在农业社会中，最显著的经济特征就在于，土地是最主要的经济来源，也是权力的保障。在农业社会中，支配型社会关系是社会治理活动得以展开的社会基础，在此基础上，形成的是权制文明。绝大多数的乡村人口都生活在自给自足的基础上，生产为他们本身消费之用，消费也基本上来源于他们自己所生产，因此，农业社会的人们对于土地的追求就是生存的本能。

马克思论及社会形态范畴时也写道："无论哪一个社会形态，在它们所能容纳的全部生产力发挥出来以前，是决不会灭亡的；而新的更高的生产关系，在它存在的物质条件在旧社会的胞胎里成熟以前，是决不会出现的。"而农业社会在漫漫几千年的打磨演变中已经完成了自己的使命，也终将孕育出更为高级的社会形态。社会形态由农业社会向工业社会变迁，其整体特征就是人们通常所说的现代化，也是第一次现代化过程，这一过程的根本动力在于工业革命所带来的现代科学知识和技术的迅速增长以及资本主义生产关系的兴起和发展。因此，现代化的核心是工业化，它是以经济发展为中心来推动政治法律和社会精神生活等各个方面，各个领域的整体性社会变迁。现代化和科学技术是当代最活跃的力量，从历史的角度来考察，现代化是从 18 世纪西方工业革命以后出现的一个世界性的发展过程，在现代工业、科学和技术革命的推动下，促使农业社会向工业社会转变。1936 年 11 月，吴景超再次表示，中国现代化问题的核心是机械化的问题，近代化的主要条件，便是用机械的生产方法来代替筋肉的生产方法。显然，这里的机械化与工业化同义，在生产领域方面，工厂替代了原来的个人和家庭，成为社会基本生产单位，以土地为主要生产资料变为了以科学技术为主要生产力，机械化的大型生产代替了旧有的家庭手工作坊，社会的经济形态从自然经济转变成了市场经济（孙智君，2013）。从农业社会向工业社会的转变，最重大的突破就是科学技术的推动力。

在农业社会已经解决了人们生存所需要的吃穿这一必要条件之后，工业社会通过解决人们的出行问题，推动社会的进步和发展。出行不是人类发展的必要条件，没有出行的支撑，人们依然可以生存，但是解决了出行问题，就解决了人类社会的价值支撑问题，人类走遍世界的梦想得以实现，可以汲取世界各地不同的文化，没有出行，文化就得不到交流，也就是说工业社会依靠科学技术解决人类的出行问题。自19世纪70年代起，科学技术发展突飞猛进，各种新技术、新发明层出不穷，并被迅速应用于工业生产，核心产品就是汽车、飞机和轮船，德国是汽车的发源地，美国是汽车的成长地，欧洲大陆则是汽车的进化地，日本是汽车的腾飞地。这些国家都借助科技革命浪潮在工业社会时期一跃成为发达国家，汽车是工业社会的基础，也正是美国制造业的象征和荣耀，工业社会西方国家走在中国人的前面，引领世界的发展，中国则落后了几百年。总而言之，工业社会最大的使命就是帮助人们解决出行的问题，从根本上推动了人类社会的进步。

美国的金融危机已经给人们敲响警钟，以美国为首的西方国家，已经进入商业社会，以投资为主逐渐取代以购买为主，工业经济的地位将会减弱，创造价值代替满足需求，追求名誉取代热爱金钱，创新思维代替创新技术。商业社会的来临，是通过住房问题的解决推动商业社会的进步和发展，住房问题取代了工业社会的出行问题，美国等西方国家发现和解决了住房问题，但是美国发生了金融危机，房屋资产泡沫的破灭使全世界的人们必须重新审视美国的房屋资产价值。通过对全世界房屋资产的比较价值判断，全世界人们逐渐将眼光转向中国，开始关注中国、投资中国，全世界热钱加快涌入中国，中国经济近几十年的发展，为进入商业社会提供了强有力的支撑，理所当然地挑起发展住房经济这面商业大旗，引领商业社会的发展，这完全符合人气营商理论。住房既是人类社会生存的必要条件，又是人类发展的充分条件，没有住房人们无法生存，同时住房又是社会发展的充分条件，住房不进步，商业社会就无法进步。住房在商业社会至关重要。房屋资产只是一个商品符号，是人们价值思维投资的载体，创新思维的价值判断是投资住房的前提，一旦住房没有价值或者价值高估就会造成资产泡沫破灭，出现金融危机，大大打击投资人信心，只有继续创造价值，才会吸引投资人，而价值的创造者是有智慧的名人、商业专家，所以商科教育——培养创造价值的思维在商业社会显得非常重要，商业社会商科教育的核心就是创新思维——讲好商业故事，吸引人们投资，商业社会以农业社会形成的文化、工业社会发明的技术为基础和支撑，进一步发展成商业故事，讲好商业故事带动农业、工业发展。正在崛起的中国，正在讲好自己的商业故事，吸引全球投资，使自己从工业国家进入商业国家，自然会引起全球关注，这是考验中国智慧的时代，稍有不慎就会落后几十年，陷入中等收入陷阱，只有持续进步和创新，才能使中国真正和尽快强起来，并且长期保持世界领先地位。

农业生产作为社会发展的基础，工业经济作为社会发展强有力的支撑，只为商业价值能更好地引领社会发展。具体如图 1-3 所示。

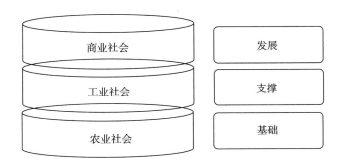

图 1-3　三种社会形态作用

本书对从农业到工业、工业到商业社会的两次社会转型的论述从社会学角度概括了人类社会发展的历史过程，这一命题的提出不仅在理论上丰富了社会变迁理论，拓展了社会转型的宏观分析面，而且在人类社会历史的具体实践中也具有十分重要的现实意义。由于世界发展的不平衡性，所有国家或地区实现这两次转型的时间并不是一致的，有些国家已经处于第二次社会转型阶段，而有些国家或地区却仍然在进行着第一次社会转型。同时，在实践中也并不是首先进入农业社会的国家就会先完成第一次社会转型，实现后一次社会转型晚的国家就一定会落后，在一个国家或地区基本同步实现两次社会转型的可能性也是存在的，但无论社会转型的方式怎样，高一级的社会转型总是在低一级的社会转型基础上进行的。因此，在时序上虽然可能不同步推进社会转型，但每个国家进行社会转型是绝对不可避免的。

从农业社会、工业社会到商业社会，人类社会的发展是一个由低级向高级演进、由基础向高端发展延伸的过程。人类的发展是社会变迁的主流，人类从猿人开始经过漫长的进化演变，最终目标就是丰富完善人类的生活，人类在每一个阶段的贡献都是社会向前发展的助推器。人类运用跳跃思维，不断提升对自身的深刻认识，这样才能把握社会发展的真谛，任何片面和简单的描述都是对人类自身

的不负责任，且会影响人类的发展，只有寻找事物发展的本源，才能帮助人类正确地认识自己和发展自己。

在第一次转型之前的农业社会时期，中国一直处于人类文明的最前列，农业社会作为社会体系的基础相当稳定，但是随着工业革命的来临，世界上许多国家开始了第一次社会转型，而农业文明占主导地位的中国却仍然停留在农业社会，延缓了第一次社会转型，使中国落后几百年（邓志强，2012）。直到改革开放，在大刀阔斧的改革发展之下，中国才有了今天的工业经济支撑。现在西方一些发达国家已经开始并陆续进入了商业社会，几百年前由于种种原因，中国没有能够抓住工业革命的机遇实现社会的第一次转型，使中国从强国变成弱国并留下了一百多年血泪史。在世纪之交的今天，在人类社会开始进行跳跃发展，进入商业社会全球化时代的大好机遇下，如果中国再次失去这次机会，其带来的后果将绝对不只是使中国落后一百多年，这是世代中国人都不愿意看到的。因此，中国在经历过农业社会的兴盛和工业社会的低迷之后，唯一的出路就是在商业社会跳跃发展的背景下重新崛起，引领世界前进，创造价值，实现弯道超车，塑造世界新格局。

第二节　商业社会的提出

从地缘和血缘捆绑几千年的农业社会，到以科学技术为动力的工业社会，上千年农业社会人们对于权力和土地的痴迷与崇拜终究还是被工业社会人们追逐金钱的狂热所取代。人类社会的变迁从未停止过，从农耕文明对自然规律的认识到工业技术的进步，社会主客体、社会秩序等各方面都发生了翻天覆地的变化，并且是在对这种变化规律的认知中不断地向前推进的，工业社会也必然不是整个人类社会的终点，人类社会朝着更加高级的社会形态发展。人类社会正处在社会流变的十字路口，传统工业社会正在沉吟，一种新型的社会形态——商业社会正在升腾。

一、商业社会提出的背景

从18世纪中后期开始的英国工业革命时期，是一个棉纺织业、炼铁和水力的时代。这一时期的工业化进程主要是棉纺织技术所引发的，并带动了相关产业和基础设施建设的加快增长。19世纪上半叶开启了铁路、蒸汽和机械化时代。蒸汽机制造成了机器设备制造业的核心，而伴随着技术创新浪潮，制造各种机器、机床的机器设备制造业发展迅速。19世纪下半叶开启了钢铁、重工业和电气化时代。上一周期的后期即19世纪80年代工业化国家发生了经济萧条现象，此后进入新一轮的快速增长期,这一方面是由于工业革命前后兴起的工业——煤、铁路行业出现了报酬递减趋势;另一方面是因为新的技术要求和新工业部门开始兴起,其中,电力、钢铁等新兴行业表现得尤为突出。20世纪中期开启了石油、汽车和大规模生产时代。上一周期的后期,即20世纪20年代末30年代初,工业化国家又发生了经济大萧条现象:华尔街金融市场的崩溃、房地产繁荣终结、主要生产国出口萎缩(陈广前,2010)。到20世纪中期,石油被大规模开采利用,汽车、飞机制造业迅速增长,推动了新的经济繁荣。特别是,工业化国家进入了大众消费和大规模生产时期。20世纪中后期开启了信息通信技术时代。20世纪八九十年代,新技术——信息与通信技术(Information and Communications Technology,ITC)迅猛发展,带动世界工业化进入新阶段。前美国联邦储备委员会主席阿兰·格林斯潘多次提到,计算机、电信和互联网视为20世纪90年代美国经济迅猛增长的源头。芯片、计算机、电信以及互联网和"网络企业"的发展,成为这一时代的标志。综上所述,世界工业化迄今为止经历了200~300年的历史,其间已经过了4~5次由产业核心科技变革所决定的长周期阶段,伴随着世界工业化取得巨大的成就,工业社会经过几百年的发展已经相当成熟。

中国是一个包含14亿人口的巨大经济体,所以,中国工业化是人类历史上从未经历过的世界工业化版图的迅猛变迁过程。在短短几十年的时间里实现了经济规模的巨大扩张,在这一意义上可以说,世界工业化几百年的过程被压缩到了中国加速工业化的几十年里。中国改革开放40多年是世界工业化进程在中国推进的一段极为辉煌的历史,在短短的40多年间,不仅中国发生了改天换地的变化,而且整个世界也因此而发生巨变。从工业技术路线来看,中国工业化沿着世界工业化进程中的产业核心技术路线以急速和压缩的方式发展。取得震惊世界的成就,在信息化和全球化的背景下,中国这个世界第一人口大国持续成功地推进了市场化改革和高速工业化进程,几十年保持经济高速增长,人均GDP从1978年的不足100美元发展到2011年的超过4000美元,中国已发展成为世界第二大经济体(黄群慧,2012)。无疑,与改革开放初期相比,中国快速地推动工业社会发展已经举世瞩目。

二、商业社会提出的时机

在人类发展历史长河中,金融危机频繁地发生。1992~1993年欧洲货币体系危机之后,1994~1995年墨西哥金融危机接踵而至,仅过了两年,众多国家便又陷入了亚洲金融危机的风暴中(邓卫,2012)。

2007年8月,因美国房地产泡沫而爆发的次贷危机演化成了一场波及全球的国际金融危机,迅速席卷欧盟和日本等主要金融市场,这一切都是历史的必然

（张钦辉和吉昱华，2011）。由于欧美房地产经济泡沫破裂，导致次贷危机爆发，投资者信心大挫，反过来次贷危机进一步影响房价，使金融危机不断加深，信用危机导致信心危机，信心危机导致发展危机。全球金融危机不但对世界经济造成巨大冲击，而且还将深刻影响和改变整个金融机制体制，继而改变和影响经济全球化的发展。美国次级抵押贷款市场的恶化，同样引起美国股市的剧烈动荡，而后延伸至实体产业，到2008年开始失去控制。随着金融危机的进一步发展，又演化成全球性的实体经济危机，对全球经济发展都产生了巨大的影响，致使中国的工业经济也受到严重的影响等，制造业对工业经济的边际贡献也已有所减弱，资产价值的增值成为影响经济的重要因素。金融危机让人们看到，只注重以制造业为主的工业社会已不能适应社会发展需要。按照社会发展的规律，当工业经济发展到顶峰，必然会走向衰退，会出现另一种更为先进的社会形态来取代这种走向衰退的社会形态，美国金融危机的发生标志着全球已经进入了商业价值社会。进行资产投资成为商业社会的主流，这是社会发展的必然。

工业是社会发展的支撑，没有工业，就没有城市的快速发展；产品的丰富、人们的就业，都离不开工业的发展，实体经济在社会发展中的作用举足轻重，这是毋庸置疑的（刘尧，2013）。欧美金融危机向实体经济蔓延，社会消费需求放缓，加之人民币对美元升值使对美出口增长减缓。近期欧元对美元的回落使中国对欧洲的出口也开始吃紧，可以预见在不久之后，中国的出口极有可能出现负增长。原本需要出口的产品不能出口，而国内又没有需求，这就导致了在企业成本上升时，产品的最终消费价格却无法上涨，即在PPI不断走高之时，CPI却一路走低。2014~2015年，中国经济正处在由高速增长向低速增长转换的时期，增长率维持在7%~8%。2000~2020年中国GDP增速如图1-4所示。

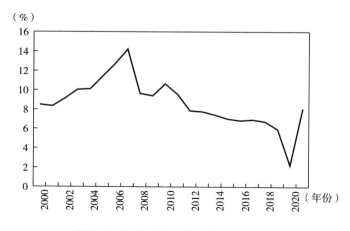

图 1-4　2000~2020 年中国 GDP 增速

三、商业社会提出的意义

经过几十年的改革开放，中国工业经济发展的高速时期已经过去，经济发展变缓，工业的龙头作用在逐渐衰减。社会在转型，商业价值社会正在来临，在这样一个时期，聪明的人都在进行资产投资。由于资本市场不断完善及人们信心的提升，资产价格不断上涨，人们的资产性收入不断增长，资产性收入占总收入的比重不断上升。人们将会利用由自己的聪明才智和价值思维投资赚来的金钱，去购买工业企业所生产的高品质的商品和服务，从而不断地释放工业剩余产能，既改善了人们的生活、提高了人们的生活品质，又帮助当前工业社会解决难题。强调商业支持工业意义重大，这说明工业自身发展的动力已经不足，吸引力明显下降。因此，本书适时提出商业社会已经来临，以商业为龙头，带动工业、农业的发展进而促进中国社会的快速发展。

在商业全球化的今天，投资更加开放，对商品的投资已经不局限于某一个国家，而是全球性投资，并且马克思在描述资本主义银行资本结构时，曾提到虚拟资本这个概念。马克思在对虚拟资本进行论述时指出，虚拟资本是信用制度和货币资本化的产物，是生息资本的派生。狭义的虚拟资本一般指股票、债券等有价证券。在广义上，它包括银行的期票、汇票、名义存款准备金、股票、证券以及由投机票据等形成的资本，因此，优化虚拟资本结构、促进虚拟资本发展，也可以在一定程度上应对金融危机（宋勃和高波，2007）。通过 Granger 检验方法发现，短期而言，房地产价格上涨吸引了外资的流入；长期来说，外资的流入对住房价格上涨产生了影响。商业社会的提出，需要更加深入地研究资产和资本的问题，特别是价值创造，从而在理论和实践上引领世界的发展。

四、商业社会的演变分析

（一）农业生产时代以保障供应为核心

农业社会是以农业生产为主导的计划分配社会，有时又称为传统社会。这种以自给自足为主要特征的自然经济，大约形成于春秋战国时期，在中国延续了2000 多年（彭德金，2011）。在这种社会形态下，人的生产能力只能限制在狭窄的范围内，即以依赖土地为主的农耕文明占主导地位。

在中国传统农业社会中，最重要的生产要素是土地，土地是稀缺和不可再生的资源，传统农业中生产关系的核心问题是劳动力和土地的结合问题，以土地为中心的土地占有关系、租佃关系、赋税关系是农业生产中一切关系的基础，决定着整个传统农业社会的生产活动。其中，土地占有关系是最根本性的，决定着租佃关系、赋税关系的形成与发展。土地关系演变从整体上可分为三个阶段，具

体如表 1-5 所示。

表 1-5　农业社会土地关系

时期	土地占有关系	租佃关系	赋役制度
从战国到唐代中叶	国家限制地主土地所有制发展的时期	依附农租佃制	赋役并重
从唐中叶到明代中叶	地主土地所有制在国家限制松弛下的发展时期	分成契约租佃制	赋重于役
从明清中叶到清代中叶	地主土地所有制进一步发展时期	定额契约租佃制	役并入赋

　　人类要生存，就必须满足基本的衣食住行（为了便于讨论，本章只以衣食住行这一人气线来进行讨论），人们需要食物、水、衣服和住所以维持生存。人们通过基本的交易获取维持生计的物品。为了维持人类社会的正常生存就需要基本的物品交易，交易则需要依靠供应来实现。

　　这样就形成了一个以需要为出发点，以交易为桥梁，以供应为核心的计划分配过程。从图 1-5 可以看出，农业社会的核心就是供应，供应的稳定直接影响整个社会的稳定。因此，保障供应是实现农业社会稳定的关键。农作物的丰收与否是决定人们生活水平的重要因素，而决定农作物产量的就是气候环境，这也就有了"靠天吃饭"的说法和"二十四节气"等对一年气候变化规律的认识。

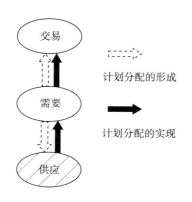

图 1-5　以"供应"为主形成的计划分配

　　（二）工业经济时代以满足需求为核心

　　人类社会从农业社会到工业社会转变的决定性因素就是技术，技术改变了原来的社会发展方式，科学技术给社会带来的前所未有的改变，这也就有"科学技术是第一生产力"的著名论断。

随着技术的进步，企业产品的供给能力有了大幅度的提高，产量大幅度增加，品种不断翻新，社会供给大幅度增加，导致供大于求的状况出现，产品积压，出现生产过剩。供给为核心的理论不能满足这一阶段的发展需求，从而通过刺激需求来平衡这些供给，这种供过于求的现象表明了企业要充分刺激顾客的需求，以需求（经济学研究的主体）为核心来实现市场扩大，不断地创造"需求"是这一市场格局的主要特征，以此来促成产品的交换。

　　在这一时期的市场扩张中，经济学作为刺激需求的主要手段发挥着主导作用，"需求中心说"大行其道，"交换只是手段"，科学技术发挥着重要作用。因为工业经济时期主要依靠的是科学技术的进步，先进的科学技术能够创造更多的产品利益，帮助人们满足市场需求，从而实现交换。科学的发现依赖于相关的机器和设备，人们追求科学技术以满足需求。从市场供给到市场需求，构成了工业经济时期市场形成过程。需求理论让学者把目光从内部生产管理转向了外部市场，学者对市场交换过程达成了共识。供给、需求和交换构成了完整的以需求为主的市场购买（见图1-6），共同实现市场扩张。

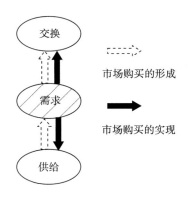

图1-6　以"需求"为主形成的市场购买

（三）商业价值时代以创造价值为核心

　　商业社会的提出是以美国次贷危机和全球经济大萧条为标志的。对商品进行投资以实现增值和减少损失将成为社会财富的主要增长形式。

　　资产能够为企业带来未来收益的价值贴现，投资学研究如何把个人、机构的有限资源投资到诸如股票、债券、不动产等资产上。投资人投资资产是预期和希望资产能实现增值，但不智慧的投资往往会形成泡沫，如美国次贷危机引发资产泡沫，给全世界敲响了商业社会发展的"警钟"。错误地追求资产增值，后果不堪设想。

在商业价值时代，人们投资是以价值为依据的，哪里有价值就投资哪里，从而推动商业价值社会的快速发展。人们的购买目的已经转向于投资，产品转化为商品，人们投资商品，必须了解资本监管和资产的追求，资产是工业社会向商业社会转化的产物，人们的思维从需求购买转向资产投资，每个投资人都希望其投资的商品能获得较大增值，拥有更多优质资产。只有增值的资产才能够带来收益。无论是资产还是资本，都是通过价值来判断优劣的，打开商品的增值空间、减少商品投资的损失（时间、金钱、精力、体力损失）是资产和资本投资的目的和关键。价值的创造是依靠人的思维模式来实现的。因此，在商业社会发展中，价值最大化的哲学思维将是全球价值创造的主流思维，由资本、资产和价值构成的以价值为主的社会模式将是商业社会的主导模式，具体如图 1-7 所示。

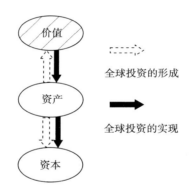

图 1-7　以"价值"为主形成的全球投资

农业生产时代生产力低下，依靠生产规律只能获取一定量的农作物来保障基本的生存需要，社会的基本需要受限于供应，供应成为社会的核心。工业经济时代科学技术的进步打破了这一僵局，制造业的繁荣使产品、服务无论是在数量上还是在内容上都得到了极大的丰富，以供应为核心的农业社会转向了以需求为核心的工业社会。商业社会的发展、资金的充裕，使投资成为社会的热点，无论是资产还是资本都是为了创造价值（增加价值、减少损失）。农业生产时代、工业经济时代及商业价值时代的演变过程如图 1-8 所示。

综上所述，在商业价值出现的今天，为了实现全球价值的创造，必须以价值为核心。因此，在商业社会发展中，在兼顾农业生产供应的保障和工业经济市场需求的满足下，商业社会全球价值的创造将是人类社会发展的主流方式。

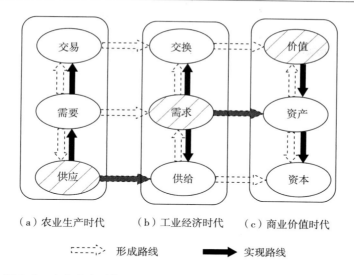

（a）农业生产时代　　（b）工业经济时代　　（c）商业价值时代

┄┄┄►　形成路线　　━━►　实现路线

图1-8　农业生产时代、工业经济时代、商业价值时代的演变过程

第三节　商业社会的创新研究

一、商业价值概念创新

通过以往众多学者对价值的研究，本书以社会形态为标准，将价值划分为三个方面：农业社会的价值、工业社会的价值和商业社会的价值。

（一）农业社会的价值

农业社会作为传统社会是以农业生产为主导的计划分配社会，在农业社会中，人们大多数"靠天吃饭"，因为赖以生存的农作物决定了人们生活的质量和环境，极低的生产力伴随着封闭、独立的家庭生产单位，这样的生产结构决定了整个社会是以物品的供应为核心的，社会根据物品的供应多少决定需要的分配过程。

在农业社会中，生存是人们的基本需要，人们所有的生产活动都是为了保障吃饭和穿衣，只有切实地保障了基本的供应才能够维持社会的稳定。农业社会最重要的产出就是农作物产出，而最大的投入则为体力投入，劳动力投入的必要性在于人们的生存。在农业社会，没有体力的投入，生存就没有保障，价值更无从谈起，因此，农业社会价值的根本来源为保障人们的生存，解决具体的吃穿问题。同时，对于权力的渴望也充斥在所有农业社会人们付出体力劳动的实践过程之中。农业社会的价值如图 1-9 所示，在着重增加粮食等农作物产出之外，最重要的还是要尽可能减少体力劳动的投入，使分母最小化，目的在于用最小的投入获取最大的产出，创造更大的价值。这一时期，地主等掌握权力的统治阶级拥有土地，可以减少体力投入。

图 1-9　农业社会的价值

（二）工业社会的价值

在工业社会形态中，产生了产品价值。产品价值也是随着社会的发展而发展的，从价值的定义可以看出，农业社会的物品价值＝产出／投入，到了工业社会则演变成产品价值＝利益／成本。

人类社会结束农业社会的漫长进程之后，伴随着蒸汽机的轰鸣声进入到了工业社会，工业革命所带来的不只是巨大的社会变迁，还有崭新的科学技术，这些技术给人们的生活带来了前所未有、翻天覆地的变化，农业社会需要保障供应，所以在农业社会后期，先进的科学技术大大提高了供给的数量，使人们从少量的、低级的供给转变到大量的、高级的供给，技术的进步成为人类社会迈进工业社会最好的支撑，农业社会的物品也渐渐被工业社会的产品所取代。

工业社会，在庞大的机器设备和先进科学技术的帮助下，不需要人们大量地投入体力进行辛勤劳作，"最大限度地减少投入"已经发挥不到实质性的作用，工业社会的价值根本从农业社会保障人们基本生存转变为增加物质经济利益，如果说农业社会的价值根本在于着重解决人们的吃穿问题，那么工业社会的价值根本则在于与出行相关联的一切生产活动，这也就改变了人们的价值观念，土地所有权渐渐褪去诱人的色彩，企业所有权占领人们价值观念的高地。

先进的科学技术促使生产规模扩大，使成本稳定下降，因此，利益（主要是产品、服务等）的提升成为创造价值的重点工作。企业为了获取更大价值，必须使利益最大化并且使成本尽可能地降低，企业的活动本质上就是价值创造的过程。工业社会的价值如图 1-10 所示。

图 1-10　工业社会的价值

（三）商业社会的价值

商业社会的来临改变了传统的产品购买，使之进一步转变为商品的投资。伴随着购买到投资的转变，承载的主体也发生了变化，从购买的产品转向投资的商品，从农业社会保障供应、维持人们基本生存的物品到工业社会与市场相联系的产品，最终演变为通过价值思维发现具有价值洼地并能够进行投资从而创造更大价值的商品。在商业社会中，只要能进行投资且具有一定价值的东西都可以称作是商品。商业社会的价值根本是从农业社会的保障生存需要、工业社会的满足利益需求转变为投资增值资产。农业社会人们追求吃穿，工业社会追求出行，而商业社会人们热衷于投资。同时，人们从对权力的痴迷到对金钱的崇拜，最终落脚在对尊严和名誉的追求上。

商业社会中投资的核心是实现价值增值并减少时间损失，是在商业社会创造价值的重要手段。从增值和损失双向入手，加大增值的空间和减少时间损失都有利于价值的创造，可以帮助人们真正理解价值的含义并进行有效的运用，所以本书创新地定义商业社会的价值＝增值/损失，为将来进一步分析价值以及进行商业社会价值投资研究奠定了理论基础。

创造价值作为商业社会的核心内容，商业社会创造价值（增值/损失）是人们共同的愿望，和前面两种社会形态所表现出来的价值不同，在商业社会中，价值的增值和损失是紧密相关的，文化价值增值、经济价值增值和社会价值增值是价值增值的主要内容。与此同时，体力损失、时间损失、精力损失以及货币损失紧密伴随着价值的创造。在商业社会进行投资就是为了最大可能地增加价值增值的同时减少损失，提升价值空间可以帮助增值，并且减少损失也是增值的一种手段，所以要从增值和损失两方面入手，增值和损失是相生相伴的，不仅要注重增值，还要注重减少损失，分子、分母必须同时加以判断，否则容易出现判断失误。与农业社会的价值概念不同，在农业社会中，农业产出基本一定，主要考虑投入最小化、分母最小化；与工业社会的价值概念不同，在工业社会中，成本是市场的平均成本，主要考虑利益最大化、分子最大化；商业社会价值概念必须同时考虑增值空间和时间损失，即分子最大化、分母最小化，商业社会价值概念是人们突破传统思维的一次重大转变。商业社会的价值如图 1-11 所示。

图 1-11　商业社会的价值

　　打开增值空间是每一个商业社会的人必须学习和掌握的本领，否则会被社会淘汰和发展停滞。创新和侦察的价值思维是商业社会发展的前提，必须寻求价值投资的思维线条，进行有效投资，胜人一筹，永远进步。商科智慧的碰撞成为人们终身的追求，永无止境，因为思维创新具有极大的不确定性，对将大量的时间、精力、金钱和体力投入到商科的思考要成为人们的一种习惯，同时这也是一种压力。

　　价值思维和商科智慧是创造价值的基本保证，利用人气营商、人群营商、人口营商，创造比较、相对和绝对价值是商科的核心，它超出了金钱为主的自由市场竞争力和权力为主的专制计划控制力，在全球一体化的背景下，名誉为主的全球共同参与和支持的社会关注力成为核心。

二、商业营商概念创新

　　农业生产是长期的农业社会人们不断摸索的自然规律，四季交替，春播秋收，大量生产粮食，保障基本供应。土地是人类赖以生存和发展的物质基础，是社会生产的劳动资料，是农业生产的基本生产资料，是一切生产和一切存在的源泉，是不能出让的存在条件和再生产条件。农业社会以保障人们的基本供应为核心，只有分配才能保障社会的和谐和正常运转，人们的衣食均是采取按劳分配的原则保障供应实现的，农业社会的人们必须学会营生，少投入地保障供应，达成交易。

　　到了农业社会的顶峰，土地能够给人类带来的东西越来越受到限制，靠天吃饭已经阻碍了社会的进步，人们开始从探索土地的规律，通过大量的科学实验，大力发展科学技术。这些先进的技术完全改变了人类的生活，人们的生活因为有了这些轰鸣的机器而得到了巨大的改善，于是不再只是注重温饱问题的解决，更重要的是可以享受丰富的工业产品，进而将目光逐渐放在了出行、消费等提高物质生活水平的事情上，以汽车为首的工业产品琳琅满目。工业社会分工细化，人们从土地中解放出来，注重金钱的产品交换成为人们满足需求的途径，货币实现了人们对产品的差异化需求和对资源的优化配置，运用金钱进行产品的差异化购买，满足顾客的需求，获取最大的经济利益，购买成为了企业与顾客的中介。工业社会以购买为基本的行为，购买的差异性大、流动性大、周期性和发展性等特征进一步明确了工业社会中购买的重要性。工业社会人们必须学会营销，多利益地满足需求，促进交换。

　　什么是投资？通常人们会将投资行为误认为消费行为，其实不然。在经济学中将投资定义为是为扩大生产、提高生产能力而垫付资金。企业会计制度将投资定义为："企业为通过分配来增加财富，或为谋求其他利益，而将资产让渡给其他单位所获得的另一项资产。"投资是以一定的货币、资本的投入为前提，以能够带来新的生产要素和增加预期收益为目的的经济活动。然而在追求增值与减少损失的商业社会，投资活动作为资本的形成过程，其目的不仅在于提高生产能力获得物质产品，还在于追求资本的增值。各种政策制度的产生，不仅有物品交易市场、产品交易市场，还有金融商品交易市场，这使资本增值未必都按照货币—物品（产品）—货币的途径进行，还可以通过货币—货币的途径实现，物品和产品项目已不再是实现投资的必要条件。资本增值可以相对独立于产品的再生产，投资的内容及所涉及的关系更加复杂，投资的领域大大拓宽。商业社会人们不再只关注需求的实现，而开始重视增值与损失的变化，这正是商业社会投资的含义。因此，在未来的投资形式中，价值投资将是全球一体化的主流方式，由资本、资产和价值构成的以价值为主的商业社会投资将是未来投资的主导模式。社会形态演变过程中的相应变化如图 1-12 所示。

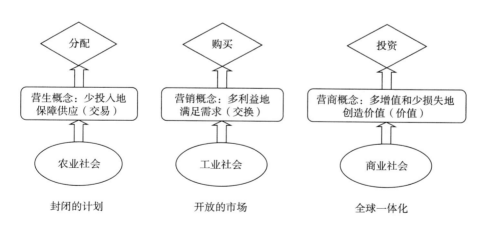

图 1-12　社会形态演变过程中的相应变化

　　商业社会价值概念明确地告诉人们，价值＝增值/损失，增值主要是文化、经济、社会增值，损失是时间、精力、体力、金钱损失，商业社会人们必须学会营商，多增值和少损失地创造价值，价值引领社会的发展。

三、商业价值载体——商品概念创新

工业社会走向商业社会的过程，也是人们从购买走向投资的过程，投资代替了分配和购买。从农业社会分配的物品到工业社会购买的产品，最终转变为商业社会投资的商品。在商业社会中，只要能进行投资，具有一定价值的都可以称作商品。商品原本的涵义也发生了变化，为了更为清晰地展现商业社会研究的意义和特征，这里对物品、产品和商品的概念重新进行阐述。

物品泛指各种保障生活需要的东西或零星的物件。农业社会时期呈现出一种以劳动生产、自给自足为特征的经济形态，生产力水平低下，以农业生产为主业，以手工业生产为副业，物品主要指的是保障人们基本生存的所有东西，包括粮食、棉花等农作物。工业社会中，物品被赋予了新的内涵，即经济活动中涉及实体流动的物质资料。而商业社会中，物品除了指能够保障人们基本需要的东西和涉及实体流动的物质资料之外，物品还可以转化为各种商品期货被投资。物品可以购买，也可以投资，具体表现为物品的价格——物价。

产品的狭义概念是指被生产出的物品。产品的概念始终与市场紧密相连，从现代市场营销的观点来看，产品是指人们向市场提供的能够满足顾客需求和欲望的物体。产品的涵义涉及对象、概念、符号三个彼此相关的维度。对象即为产品的客观物体，外形、色泽、营养价值、安全性、包装式样和产地来源等要素构成了产品的使用价值。产品是任何一种能被提供来满足市场欲望和需求的东西。产品是通过购买满足市场需求的，产品核心是通过技术生产出来的，农业社会的物品在工业社会也就成为了产品，在商业社会产品变为商品用来投资。通过企业发行股票，股票变成了商品，形成了股价用来投资。

基于对商业社会的研究，本书为商品赋予新的涵义，商品是通过价值思维发现的，具有商业价值属性，能进行投资的、创造价值的东西，无论物品还是产品，凡是能进行投资，创造商业价值的都是商品。商品的新概念、新理论，全面地、真实地反映和概括了商品世界和商品投资活动。"物有所值"与"物之所值"是以物质通过投资并进入消费领域创造出价值为条件才能计量的。若商品积压在仓库里和货架上，谁能承认其使用价值和价值，按照生产的数量和市场的价格来计算产量和产值又有什么实际意义？创造价值，才能使商品成为真正意义的商品；投资才能使商品的价值真正得以实现；只有投资创造价值，商品生产的实际意义才能够被承认。物品、产品、商品在不同社会形态下涵义的变化如表 1-6 所示。

表1-6　物品、产品和商品在不同社会形态下的涵义的变化

社会形态	农业社会	工业社会	商业社会
物品	保障人们基本生存的所有最基本供应的东西，包括粮食、棉花等农作物	工业经济活动中涉及实体流动的物质资料，保障工业生产的正常进行所需最基本供应的东西，如原材料、电力等	能够保障人们商业社会价值创造所需最基本供应的东西，如廉租房等
产品	农业社会中的能满足人们某种需求和欲望的任何东西，如丝绸、陶瓷	能够提供给市场，被人们使用和消费，并能满足人们某种需求和欲望的任何东西，包括有形的物品、无形的服务，如汽车、各种家用电器等	商业社会能够满足人们某种需求和欲望的任何东西，如经济适用房、刚性需求房
商品	农业社会能够创造价值的任何东西，如古玩、字画、粮食等大宗商品期货	工业社会能够创造价值的任何东西，如有价证券——股票、金属材料大宗商品期货	商业社会能够创造价值，即能够增加增值和减少损失的东西都是商品，如商品房等

四、婚姻制度创新——契约制

商业社会的到来，婚姻制度受到一定的冲击，夫妻离婚率有所提高，一定程度上会影响社会的稳定、家庭的和睦和孩子的健康成长，引起了人们的广泛关注和社会学家的研究，但是在法律与道德的基础上，从另外一个角度来看，它是社会发展的必然产物，是社会进步的表现，现今社会这种注重精神层面的契约制婚姻是一种巨大的社会进步。

农业社会的人们由于生产力的低下，依靠土地生存，只要这一家族拥有土地，门当户对，就可以谈婚论嫁，结婚代替了找对象、谈对象，人们看重结婚，父母凭借自己的丰富经验代替儿女的意志，包办婚姻成为常态，父母运用自己的婚姻经验进行判断，希望儿女过上有吃有穿的幸福生活，所以出现了农业社会的"嫁鸡随鸡"的现象，这在那个时代实属正常，结婚生子，很少离婚，先结婚后恋爱，形成结婚—找对象—谈对象的农业社会德制婚姻模式。

工业社会的人们依靠机器为主的大工业，生产力得到极大的提高，不再只是靠土地来生存，拥有土地不再是人们的向往和追求，门当户对地找对象不再是唯一选择配偶的有效途径，人们开始认识到找对象的重要性，需要进行寻找和判断，加以选择。父母将找对象的权力交给了儿女，父母包办婚姻成为落后的思想受到抛弃，因此年轻人也就有了婚姻的自主选择权，自由恋爱，是社会的一大进步，顺应了生产力的发展。工业社会自己找对象，自己负责，找对象是婚姻的起点，结婚是婚姻的终点，为了保持物质层面的满足，离婚率较低，形成找对象—谈对象—结婚的工业社会法制婚姻模式。

社会又在向前发展，商业价值社会已经来临，人们追求价值最大化，精神层面的要求高于物质层面，进行价值判断后认为满意的对象，不代表结婚后夫妻的契合，契合理论在结婚中发挥重要的作用，但契合的夫妻生活还不能长远，只有夫妻双方持续努力，各自独立，在自己的领域内保持长期优秀，才能保证婚姻的长久。

农业社会的一夫多妻制婚姻是人们为了追求幸福生活，有吃有穿而产生的，当时人们的生活向往就是幸福生活。农业社会人们依靠体力劳动，离不开土地，体力劳动是农业社会的主要生产力。作为家庭主要劳动力的男性在社会上占据着主导地位，拥有大量的生产物资的人也是男性，相比之下女性在社会中并不独立，更多地依附于男性。因此，农业社会的一夫多妻制婚姻，即掌握大量生产物资的男性，供养更多的女性，多子多孙，可以使更多的人得以生存，并获得幸福的生活，农业社会人们的选择就是一夫多妻制。

工业社会的一夫一妻制婚姻是人们为了实现物质生活——富裕生活而产生的。工业社会的机器化大生产，不仅解放了生产力，而且改变了人们的生活方式——男女获得了同等的工作机会，女性在家庭中的地位开始逐步上升，并拥有了平等的话语权。由于机器的大规模发展，女性没有必要依附男人的体力，而且一男一女的搭配，使家庭在生活上互利，俩人一起赚钱一起花钱，容易富裕，财产是夫妻共有的。通过法制规范人们的婚姻行为，使全社会绝大多数人过上一夫一妻、少生少育的富裕生活，是工业社会的主流认同。

商业社会的契约制婚姻是适应人们追求美好的生活——有尊严的精神生活的产物。商业社会人们所认同的美好生活肯定不再只是富裕生活和幸福生活，而是要追求更加高级的精神生活。人们为了追求名誉，愿意在追求富裕和幸福生活的同时，更加追求获得社会认同，在道德、法制的框架下，讲出符合社会契约的故事（口碑和事件营销），因而可能会离婚，各自追求自己尊严、快乐的精神生活。虽然法制再也不会强求必须保持婚姻的稳定性，但是违反"一夫一妻"制和相关政策规定，处理不好契约婚姻就会影响个人名誉。一个人的名誉一旦败坏，在商业社会就会影响获得金钱、权力、地位的方方面面。由此可以看出，契约婚姻是婚姻制度的更加高级形式，并非人们想象得那么简单，特别是具有名人效应的婚姻更加需要谨慎，因为他们的婚姻会起到影响社会、示范社会的效应，更加受到社会关注。

综合上面分析可以看出，拥有名誉的精神生活是商业社会婚姻得以延续的前提，人们追求契约婚姻，这并没有改变"一夫一妻"的法制婚姻，因而才会成为全社会的共识，但是婚姻的不确定性迫使婚姻的任何一方都必须努力，否则就会被婚姻的另一方淘汰。商业社会，离婚的双方也是平等的，只要努力，各自都享有寻求自己有尊严精神生活的权利。2010~2020 年中国离婚数据如图 1-13 所示，这样的数据和社会的变化足以证明商业社会婚姻制度的巨大变化。

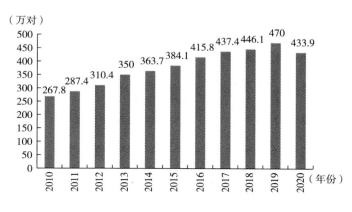

图 1-13　2010~2020 年中国离婚数据

五、人口政策创新——优生优育

放开生育二胎的呼声，终于得到社会和政府的真正响应，人们从不同的角度理解生育二胎的意义和背景，这些说法都有其合理性。有人说生二胎是人口老龄化的结果；有人说可以体现生育公平；有人说全面放开生育二胎存在缺点，会增加就业压力、环境压力。本书从人类社会的生育观念的转型角度探讨放开生育二胎的必然性。

农业社会人们的劳作以生存为目的，劳动力的保障是生存的基本，因此，农业社会人们选择的生育观是多生多育、多子多孙。农业社会人们多子多孙、多生多育是为了解决劳动力缺乏的问题，只要拥有健康的劳动力，家庭就会不愁吃穿，过上幸福生活。农业社会人们进行高强度的体力劳动，卫生条件、医疗条件差，粮食收成少，人们缺乏营养，所以人们的平均寿命较短，人口分散，人口数量不会过快增长，但是人类经常面临人多粮食少的难题，只有拥有土地的大户人家才敢真正地实现多子多孙，否则多子多孙也很难实现。

工业社会过程中的人口大国只能采取少生少育的计划生育政策，工业社会如果像农业社会那样放任城市人口的膨胀，工业人口大量向城市聚集，而且随着人们生活水平的提高，人的寿命延长，城市人口会迅速上涨，为了保障城市人口的就业、资源的有效分配，抑制人口过快增长、环境污染，必须实行少生少育的计划生育政策。工业社会机器代替人，根本没有必要发展那么多的劳动力，发展工业，人的就业成为社会难题，而只要有了工作人们就可能过上富裕生活，所以必须选择少生少育。特别是社会上的大多数人必须计划生育，生育越多工作岗位需求越多、生育越多占有社会资源越多，人的平均寿命在工业社会又得到延长，所以就业压力更大。实施计划生育是一次深刻的人口政策的变革，人口少不影响家庭的富裕生活。

进入商业社会，人口政策又要发生根本改变，"一刀切"的少生少育的计划生育政策不能适应商业社会的发展，人们选择的生育政策是优生优育，全面放开二孩、鼓励生育的政策会相继推出。实践结果也充分说明，人们不可能回到多生多育、多子多孙的农业社会，同时也要抛弃少生少育的工业社会的生育观，物质高度发达、人们需要充分的时间休闲、服务业的迅速发展等原因使工作岗位缺乏的重要程度大大下降，这一时期，人们必须靠创新、创业、个人投资、个人智慧来创造价值，得到社会认同，这样才能成为社会尊重的精英，才能成为商业社会具有名誉的人。人们不会靠多生多育、多子多孙实现价值创造，而是牢固树立优生优育的商业社会生育观，这成为全社会的共识。商业社会人口的总体出生率下降实属正常，如果还是沿用工业社会的计划生育政策，即一家一个孩子、"一刀切"的政策，不符合商业社会发展的要求，也不利于和推动商业社会生育观的发展和进步。价值创造依靠具有智慧的人，优生优育是培养优秀的商业人才的必然选择。不同社会人口制度如表1-7所示。

表1-7 不同社会人口制度

社会形态	农业社会	工业社会	商业社会
人口政策	多生多育	少生少育	优生优育
社会推动力	保障供应	满足需求	创造价值
社会角度	拥有劳动力，过上幸福生活	机器代替人，人少同样过上富裕生活	依靠智慧、创造价值才能过上有尊严的生活

六、治国理念创新——社会契约

古代中国是一个大一统的专制国家，封建皇权统治是主导农业社会发展绝对力量。统治者宣称，世间的一切活动包括国家都依赖于天的意志和命令，而在这种文化氛围中，统治者也自觉或不自觉地把自己的强力和意志假托为天的命令，在这样的专制国家里，统治者及其集团不仅认为自己负有秉承天意统治人民的特殊职责和合法拥有相应的特权，而且慢慢地、习惯性地认为自己理所当然地有资格享有这样的特权，并且这些权力还能够被他们的子孙所继承。

农业社会在封建皇权统治下得以稳定发展，道德是约束人们行为规范的戒尺之一。道德是完善自我和治国安邦的重要工具。农业社会中人与人之间依靠地缘与血缘捆绑组成团体，主要靠亲情维系彼此的关联。我国古代有着丰富的德治传统，从原始社会一直到封建社会末期，传统的德治思想获得了长足的发展，并形成了相当完善的伦理道德体系，为中国传统治国实践提供了指导和依据。三国时期，曹操写诗赞美说，"周公吐哺，天下归心"，道出了道德在治国中的重要地位和社会价值。

法制是工业社会发展的基石，没有健全的法制对于工业社会的发展极为不利，这一点早已证明。美国等西方国家法制健全，社会经济秩序井然，经济就会高速发展。法律不够健全的国家，工业发展也会比较落后，中国为了赶上经济发达的国家，下大力气建设法治社会，经过几十年的努力，比较完善的法律体系框架已经构建起来，工业社会的科学技术大大促进了经济发展，市场经济要求产权明晰。因此，法制不仅是工业社会市场经济的保障，更是市场经济的必然要求。

商业社会是人类发展的必然选择，是社会进步的重要表现，任何力量都无法阻挡。事实上，人类进入商业社会后，国家像其他任何社会组织一样，都是人类行动和理性选择的产物，商业社会是全体成员为了实现某种共同的目的，在自愿的、理性的和契约的基础之上建立的一个联合体，它与社会每个人的价值观念息息相关。

商业社会的发展依靠人类社会的契约权力，人与人之间的价值互相驱动、人类社会的价值创造、人类社会命运共同体的发展、个体相互的契约精神发展，构成了商业的契约型社会，代表着全世界一体化的命运共同体，社会价值的创造是全球的焦点。人与人的契约权力上升至契约治国，契约社会不仅紧随社会步伐，支撑社会进步，更加引领社会发展。

契约治国不是否定道德和法律的作用，相反，维护道德、遵守法律是契约治国的根本和支撑。在西方，宪法的概念从其产生开始就与契约有着密切的联系。到资产阶级革命时期，古典自然法学的契约论把宪法看成是政府与人民之间订立的契约。尽管有法律的约束，但仍不能保障契约的真正履行。因此，必须提倡和形成全社会的契约精神，发挥全社会的监督。

第四节　商业社会的特征

商业社会是在农业社会和工业社会的基础上发展起来的，是更加高级、复杂的社会形态，在这个社会形态中，投资创造价值是这个时代的主题，而围绕投资和价值创造形成了不同于以往的社会特征。本节依据丹尼尔·贝尔对社会形态的划分标准，从职业、资源、社会主体等维度进行对比，分析商业社会的一些基本特征，具体如表1-8所示。

表1-8　商业社会的特征

维度	农业社会	工业社会	商业社会
部门	消耗自然资源为主	利用能源技术和机器技术的制造业为主	以创新思维指导价值投资的营商、金融、大学教育、研究机构为主
职业	农民、矿工、渔民、不熟练工人为主	半熟练工人、工程师、专业性和技术性职业为主	具有价值思维的创新、创业人才，以培养人才的大学教师、各行各业专家职业为主
资源	原料、土地	能源、机器	创新思维、高素质人才
资源配置	分配	购买	投资
社会主导	供应	需求	价值
战术	人对付自然的决策	人对付人造自然的策略	人与人之间的对策
方法论	利用常识和经验	经验、实验等方法	跳跃和逻辑思维，心理学和行为学等
时间观点	面向过去	适应调整，做出推测和估计	面向未来，强调预测
中轴原理	以传统主义为轴心，考虑对土地和资源的控制	以经济增长为核心，强调国家或私人对投资决策的控制	以价值创造为核心，大学、研究机构和智库成为中轴结构，智力、商科教育重要性增强
社会主体	军人、地主	高官、高管	社会名人、专家学者

一、商业价值思维

（一）农业社会——神学规律

规律是自然界和社会诸现象之间必然、本质、稳定和反复出现的关系。农业社会保障供应才能维持社会稳定，农业生产是必须遵循自然规律，没有对生产规律的认识就无法进行农业生产，也就很难实现农产品供应的保障，规律渗透到农业社会的方方面面，二十四节气、春夏秋冬、人的十二属相等，人们总结了大量的规律，只要不盲目迷信，都可以成为商业故事的起点和基础。

（二）工业社会——科学技术

技术涵盖了人类生产力发展水平的标志性事物，是由工业生产实践经验和自然科学原理而发展成的各种工艺操作方法与技能。"科学技术的发展导致了经济全球化的出现，科学技术的发展是经济全球化的根本原因。没有科学技术的进步，就不可能有分工协作的层次深化，就更不可能有区域经济一体化和经济全球化。"科学技术是第一生产力，自工业革命开始，科学技术的每一次进步都会带来整个社会质的飞跃，尤其是现代科技的突飞猛进，为社会生产力发展和人类的文明开辟了更为广阔的空间，有力地推动了经济和社会的发展，使人们的需求得到充分的满足。

（三）商业社会——哲学思维

商业社会的核心是创造价值，价值创造是人们哲学思维的创新，规律和技术只是创新思维的基础和支撑，投资者的价值思维是多元的，这也就导致投资结果的迥异，价值思维决定投资结果，决定着个人、民族、国家的前途和命运。

商业社会的来临使人们必须从重视技术转向重视创新思维的涌现，发现价值才是核心，资本、资产和价值都将成为商业社会的核心关键词。商业社会的思维创新将开始占上风，为工业社会的经济进一步高速发展画上问号。商业社会以思维为依托、以名誉为主体、以智慧为载体，商业成为人们关注的焦点。思维进步，社会前进；价值创造，世界和谐；贤人辈出，人气提升。商业发展成为人们创新的前提，人们不断地挖掘商业价值思维，大胆地进行哲学思维的碰撞，长期形成一系列思维的创新，商业思维创新永无止境、跨越国界、世界互联，这样才使商业社会得到长远和健康的发展。思维的转变如图1-14所示。

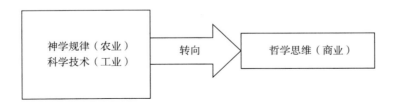

图1-14 从生产规律和科学技术向价值思维的转变

人类经过漫长的历史进程，终于开始利用自己的哲学思维创新引领社会发展，农业社会人们只要"四肢"发达，拥有体力，按照规律生产，勤奋劳动，就有饭吃、衣穿；工业社会人们"心肝肺肾"强大，拥有胆量，掌握技术，就会拥有丰富的产品，过上富裕的生活；商业社会就是人们的"大脑"发挥作用的时代，只有敢于思考、正确思考，富有梦想的人才能创造价值，过上高品质和有尊严的生活。人们的哲学思维模式又是多种多样的，不同社会形态下，人的思维模式也各不相同，各有侧重。具体如下：

1. 农业社会——感性思维为主

知识体系中的感性思维建立无非是从混沌感性到清晰感性的整理过程。所谓混沌感性是指认识建立在感觉基础上，以意识片段为形式的世界描述，此时的认识描述只是断裂受限的有限认知，并且是多意识的分离结论。因此，农业社会对世界的认识处在无法定义和理解的认识搜集阶段。

农业社会是人们对自然基本规律的感性认识，并经过长期的总结来形成对自然环境的理性分析。

2. 工业社会——线性思维为主

从总体上来说，人类的思维方式可以分为线性思维（Linear Thinking）和非线性思维（Non-Linear Thinking），这两种思维方式主导着人认知世界的整个过程。由于认知对象的特殊性和个体思维习惯的多样性，在人的思维过程中，往往会产生针对同一个思维对象的不同思维方式。线性思维的特点主要表现为：思维方向沿着一定的线性或类线性的轨迹寻求问题的解决方案。线性思维方式在人们进行思考的时候往往首先被选择采用，其原因就是这种思维方式可以简化对问题的处理。

进入工业社会，人们的思维方式更多是对技术进行更深层次、更复杂的理解，线性—非线性的模型分析，成为各个工科发展的基础。

3. 商业社会——跳跃思维为主

商业社会，感性—理性、线性—非线性的思维方式很难进行价值投资，商业价值很难用模型等去分析，而只能靠跳跃思维来判断。

简单地说，跳跃性思维就是一种杂乱的思维方式。通常对一种事物的想象突然跳到与此事物不相干的另一事物上，而且连续进行跳跃想象，想象力非常丰富，具有灵活、新颖、变通等发散性思维的特点。在商业社会中，人们要树立跳跃思维，触类旁通，增强思维的预见性，正确预测和看待天和地的变化，在天和地之间更加和谐地发展人类自身，再也不要过分地迷信天和破坏地，充分地发展哲学人的跳跃思维是社会发展的主要趋势。社会正处在转型期，人们的跳跃思维正在逐渐形成。表1-9展示了不同社会思维方式的差异和特点。

表1-9　不同社会思维方式的差异和特点

社会形态	思维特点	制胜条件	追求目标
农业社会	感性—理性	勤劳	权力
工业社会	线性—非线性	勇敢	金钱
商业社会	跳跃—逻辑	智慧	名誉

人类刚进入商业价值时代，未来如何发展，虽然不能准确判断，但基本的预测还是可以作出的。文学才能和科学技术是商业价值时代的基础，但不可能引领

社会的发展，只有价值思维才能引领社会发展。文学的基础、科学的支撑、价值思维的发展是相互配合引领社会向前的动力，只是随着时代的变更，价值思维要符合时代发展，更加显现出比较价值、相对价值、绝对价值。社会不断地进步，不能靠天、靠地，只能靠"人"的思维创造价值，让人们过上美好的有尊严的生活。本书利用人们跳跃性的创新思维寻求四个投资对策（见图1-15），进行价值创造，实现人气关注的比较价值最大化。

图1-15　价值投资的四个对策

二、商业社会主体的转变

人类社会发展只有顺应和分清每个社会核心主体的发展和对于社会的推动作用，才能正确选择紧跟主体、顺应主体和争当主体，只有每个社会的主体和代表人，才能引起全社会的高度关注，才是推动社会发展的真正动力。

（一）农业社会的主体——军人、地主

农业社会以物品供应为核心，农业社会的人们为了吃饭、穿衣，辛勤劳作，大量地探索土地的生产规律，富饶的土地给人类带来了好的粮食收成，人们尽情地享受大自然带来的农作物。农作物的生产一方面受气候影响，另一方面受土地影响。气候环境因素属于客观因素，不可控制，因此，土地面积的大小和土地的肥沃程度决定了农作物生产能力的高低，也就决定着供应分配，土地成为社会的核心，当上地主是农业社会人们的共同追求。真正维护基本的供应的核心不是生产规律，也不是土地的拥有，真正起作用的是权力，而与土地相关的概念就是权力，土地的大小是衡量一个人在社会中权力的大小维度，农业社会的统治阶级是地主和军人，军人是为了保障权力的稳定和土地的占有，所以漫长的农业社会中，强大军队、拥有大量土地的皇亲国戚、封建地主阶级是社会的主体。农业社会人们追求权力，所以政权的稳定和世袭是全社会的共识，加强军队建设成为重中之重，"枪杆子里面出政权"，人们都为自己成为一名军人而感到自豪。在农业社会，权力的世袭制度使老百姓只能依靠赶考获取一官半职，从此踏上仕途，领取俸禄，分封土地，但那毕竟是极少数。而女子在农业社会依附于有权势的男子而使自己和家族的命运得到改变，这也就是捆绑的婚姻和权力的关系。农业社会真正成为了一个以"军人、地主"为主体的社会形态。

（二）工业社会的主体——高官、高管

工业经济的发展、制造业的发展使分工逐渐细化，农业社会发展到顶峰，土地能够给人类带来的东西越来越受到限制，机器代替了人的简单体力劳动，使大量人口摆脱了农业生产的束缚，从事工业制造。人们开始从探索土地的规律转变为发展科学技术，人们通过大量的科学实验，得到科学技术，这些先进的技术完全改变了人类的生活。社会中不再是农作物之间的物—物兑换，而是货币—产品的购买，货币在社会中的地位得到的极大的提高。人们不再只是注重吃饭、穿衣问题的解决，更重要的是人们可以享受丰富的工业物质产品。资本在工业社会的有效配置，使工业经济在市场的推动下发挥极高的效率。工业社会人们的需求越来越多，机器和金钱都是需求满足的外在表现，真正满足需求的是技术发展和进步，所以一个国家拥有的先进技术越多，这个国家的需求满足就会越好，大力发展科学技术是全世界任何一个工业国家大力提倡和追求的目标。

工业社会以金钱的多少作为对社会贡献的衡量，金钱成为了社会发展的支撑，而在掌握技术基础之上迅速发展起来的企业成为了工业经济时代社会发展的动力，大型企业甚至成为衡量一个国家经济实力的重要体现，工业经济时代的主体从农业生产时代的"军人、地主"转变成为工业经济时代的"高官、高管"，而领导阶级是工人阶级，"高官、高管"成为领导阶级的先进代表，他们掌握着将技术转化为产品、满足需求的资源和能力，只有当上"高官、高管"，拥有更多的金钱，才能享受富裕的生活。在工业社会，权力作为农业社会的代表词已经逐渐退居二线，权力必须转化为金钱的拥有，人们追求金钱，拥有更多的金钱，从而大力支持工业企业的发展成为重中之重，只有企业生产出优秀的产品和服务，才能得到更多的金钱，明显的表现是工业社会的发展史，是一个个优秀企业的诞生和发展史。只有涌现出一批批优秀企业和企业家，国家的经济实力才能增强。因此，人们都为自己是一位企业家而感到自豪，企业成为工业时代主体。因此，企业的高级管理人员——高管、政府部门管理资源分配的高官是工业社会的主体。

（三）商业社会的主体——社会名人、专家学者

当人们重视金钱、发展工业经济的时候，实际上工业社会已经走向高位，到了顶端，工业经济推动社会发展的动力不足，社会主体正在悄然发生改变，金融危机的爆发，使人们更加清醒认识到，社会已经进入商业价值时代，人们从重视金钱转向重视名誉。只有创新，创造价值，才能守住自己手中的权力和财富。这说明，在商业价值社会，人的智慧和名誉已经超过了曾经拥有的金钱和权力，人的发展决定商业社会的未来。

商业社会创造价值（增值/损失）是人们共同的愿望，增加增值、减少损

失，是每一个商业社会的人必须学习和掌握的本领，否则将会被社会淘汰（增值减少、损失加大）或者停滞发展。追求名誉和吸引投资是创造价值的基本保证。

为了创造价值，商业社会人们的创新思维必须来自于教育，教育成为推动商业社会进步的重大推动力，教育的核心是商科教育。人们必须进行商科知识的学习，商科教育需要跳跃的营商思维来实现，而跳跃思维的培养则是通过对商科的不断学习和思考而产生的，价值思维是在不断的商科学习中培养出来的。在商业社会中，专家、学者为投资人服务，特别是知名的学者的智慧必须为投资人服务，与投资人结合，获得名誉，创造价值，专家、学者成为商业社会的主体。商业社会的另外一个主体——创新、创业人才，越来越成为商业社会发展的主体——社会名人，名人吸引投资，投资成功使创新、创业人才成为名人，商业社会的主体——社会名人和专家学者构成商业社会的精英阶层。

商业社会中，社会主体的变化具有不确定性，只要拥有创新思维，就可以创造价值。本书的研究表明，商业社会主体必须运用人气关注、币值平台、金钱杠杆、权力契约四个对策创造比较价值。三个社会形态和主体变化如表 1-10 所示。

表 1-10　三个社会形态和主体变化

农业社会	工业社会	商业社会
主体：以军队权力为主的各政治势力	主体：以企业金钱为主的各利益集团	主体：以教育名誉为主的各社会精英阶层
代表人：拥有武装、权力的军人；拥有土地所赋予的生存权力的地主	代表人：掌握国家资源的党内利益集团高官；影响企业利润的公司内部高管	代表人：进行创新、创业的社会各界名人；教育为主的专家、学者

三、商业价值多元的社会结构

所谓社会结构，指的是"一个群体或一个社会中的各要素相互关联的方式"。所谓二元结构，是指我国城市居民和农村人口，户籍或居住地制度将其区别。二者在劳动、收入、消费、教育、生活等方面存在着巨大的差异，形成两个相对独立的社会单元。

中国现行社会是以社会化大生产为主要特点的城市经济和以小生产为主要特点的农村经济并存的城乡二元经济结构，表现为城市经济以现代化的大工业生产为主，而农村经济以典型的小农经济为主。二元社会结构是以工业化生产为基础的工业经济和以土地为基础的农业生产并存的现象，其特点是具有城市带动农村、工业带动农业的发展模式。二元结构式工业社会必然产生两种结构，二者是相互支撑和影响的，如图 1-16 所示。

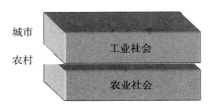

图1-16　城乡二元结构

城乡二元社会结构在形成之初，确实履行了推动中国社会经济发展的一些正面功能。如它使工业化迅速推进，履行了资金积累功能、工业化优先发展功能和社会稳定的功能。但是，二元社会结构的弊端也是显而易见的。同城乡二元社会结构相联系的工业化发展模式是一种比较极端的模式，制约着中国社会经济的进一步发展。它使城市化严重滞后于工业化和经济发展，国内统一市场难以发育，农村社会发展水平大大落后于城市。

走出二元社会结构不仅是经济现代化的客观要求，而且是社会现代化进程的客观要求。现代化在社会层面上表现为城市化。中国作为世界上人口最多的发展中国家，长期以来，二元社会结构人为地割裂城市与农村之间的正常联系，导致了城市化滞后于工业化的现状。因此，如果要实现社会全面进步与发展，必须打破城乡二元结构的禁锢，废除二元社会结构的限制，允许城乡之间生产生活要素的自由流通。随着社会转型向纵深推进，二元社会结构赖以生存的各种经济社会条件已经发生了变化，二元社会结构因此越来越成为中国社会转型的现实障碍。因此，走出二元社会结构不仅符合中国社会发展的长远利益，而且也符合中国社会发展的眼前利益。

商业社会的发展打破了原有的城乡二元结构，社会发展出现了价值多元的社会结构。商业社会的发展不是不要工业，更不是不要农业，农业永远是基础，工业永远是支撑，商业价值是发展。商业价值带动农业生产和工业经济共同发展。人们必须用更多的精力关注商业的发展，关注投资，投资品种的价值多元，使人们从关注工业发展的城市经济，转向关注农业发展的农村生产，文化价值、经济价值、社会价值三种价值都会得到关注，价值创造是核心，能够彻底改变城乡二元结构。通过"三价"的人气线进行描述，关注三价：房价——社会价值（使人进步）、物价——文化价值（带动农村）和股价——经济价值（带动实业），创造更多的价值，从而使商业、工业、农业一起发展，以商业的思维发展工业和农业，形成以商业为"头部"、工业为"心肝肺肾"，农业为"四肢"的完整系统，共同发展；关注教育，不断地发展人类自身，尽量减少对于天（技术）、地（规律）的依赖；转换思维方式，通过金融手段实现工业技术的进步、农业生产的投入，大力发展商业，发现价值，创造价值，用商业发展带来的价值创造帮助农业、支持工业，使整个社会出现良性循环。商业社会是优秀人才利用创新思维寻求价值洼地进行投资从而创造价值显示个人智慧的最好时期。商业价值多元的社会结构如图 1-17 所示。

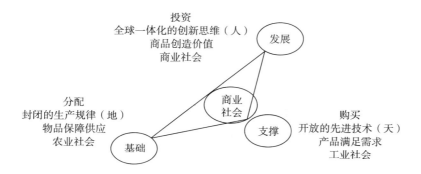

图 1-17　商业价值多元的社会结构

本章练习

简答题

1. 简述商业社会提出的意义。
2. 简述三个社会价值含义的区别。
3. 如何理解商业社会以创造价值为核心？
4. 解释营生、营销、营商的区别与联系。
5. 如何理解商业社会的基本特征？

第二章　营商理论支撑

第一节　营商研究的理论背景

根据前一章节对三种社会形态的演变以及商业社会到来的相关论述可以看出，商业社会的营商显得越来越重要，在研究人气营商理论之前，有必要认真回顾和总结传统营销的理论背景，在工业社会快速发展的市场经济中，营销无处不在（菲利普·科特勒，2003）。人或组织从事着的各种活动都可以正式或非正式地被称作营销。

一、工业社会营销学的产生

市场营销作为推销商品的手段和形式自古有之。我国《易传·系辞传》中所讲的"日中为市，致天下之民，聚天下之货，交易而退，各得其所"，就是中国古代市场及其活动的具体而生动的描述。现代意义上的市场营销概念是从英文"Marketing"一词翻译过来的。关于市场营销的定义在国外有多种，在国内译法也有不同。最具有代表性的有以下四种：其一是1948年由美国市场学会定义委员会主席拉尔夫·亚历山大提出并在1960年由该委员会重新规定并公布的，认为市场营销是引导产品及服务由生产者流向消费者或使用者之企业活动；其二是1957年由美国学者罗伊·奥尔德森提出的，认为市场营销是消费者群体和供应者群体之间进行的交换活动；其三是由雷·科利提出的，认为市场营销包括公司创造性地、有效益地使自己适应所处环境的一切活动；其四是由菲力普·科特勒在1997年版的《市场营销管理》一书中提出的，认为市场营销是个人和集团通过创造、提供和与他人交换产品及价值满足需要和欲求的社会和管理过程。

市场营销学作为一门理论学科，发端于 20 世纪初的美国，当时是以"农产品的市场营销"问题开始出现的。回顾营销研究 100 多年的历史，最初是开设了"市场分销"课程，主要研究农产品的分销。1905 年，克罗西在宾夕法尼亚大学讲授"产品市场营销"课程，市场营销首次进入大学课堂，随后，密歇根大学、加州大学、伊利诺伊大学陆续开设"工业分销"课程，标志着市场营销作为一门学科正式诞生。然而，在营销学的发展史中，每 10 年都出现一些新的概念，刺激了研究，指导了实践，引起了争论，营销学就是在这种争议声中走过了自己风雨而又辉煌的百年进程（Kotler，1986）。

20 世纪 50 年代，随着战后美国经济的高速发展，产品过剩，企业间竞争加剧，严峻的市场竞争环境为营销学的应用发展提供了现实的空间。"经济学是营销学之父，行为科学是营销学之母，数学是营销学之祖父，哲学乃营销学之祖母。"经济学侧重于效用、资源、分配、生产研究，核心是短缺，而营销是公司管理的重要部分，核心是交换。从营销学的历史渊源来看，作为脱胎于经济学的一门学科，营销学长期以来与经济交换相关联，直到 20 世纪五六十年代一些杰出的营销学者将这一范围进行拓展（Kotler & Sidney，1969），使之突破传统的经济领域，营销专业开始从经济学系转入商学院，营销学也开始从传统的经济学转入到管理学领域，营销学迎来了自己的管理范式时代，该时期被誉为营销学发展的"金色的 50 年代"。一个新的研究范式即营销管理的研究范式开始出现，市场营销开始被定义为一种"引导商品或劳务从生产者流向消费者或使用者的商业活动"，其特征是重视营销功能管理过程中的决策管理方法。正如 Bagozzi 于1975 年所指出的："不论是仅限于经济领域的传统意义的交换，还是扩展到广义上的所有领域的交换，对市场营销学者和实践者来说，都是值得关注的。"

这个时代以霍华德的《市场营销管理：分析和决策》为标志。而科特勒是营销思想的集大成者，他对各种营销理论进行梳理、综合、归纳，创新提出了成熟、系统的 STP 理论。他提出在产品营销策略制定前，企业应该做好系统的分析工作，把握好营销战略分析的几个核心因素（特劳特和瑞维金，2002），这就是著名 STP 理论。科特勒等著作的《营销管理》对世界营销影响深远。该时代还产生了许多遵循管理逻辑的营销思想，如市场营销组合、产品生命周期、品牌形象、市场细分、市场营销观念等，这些思想对世界营销的发展具有划时代的意义。

1950 年，尼尔·鲍顿提出"市场营销组合"概念，确定了营销组合的 12 个要素，开始了市场营销理论体系构建的历程。同年，乔尔·迪安在他关于有效定价的讨论中采用了"产品生命周期"的概念，阐述了关于市场开拓期、市场扩展期、市场成熟期的思想。随后，西奥多·莱维特倡导"利用产品生命周期"，高度肯定了这一概念。在之后的几十年，产品生命周期概念得到进一步丰富和发展，成为营销学不可或缺的重要概念。同一时期雷斯提出 USP 理论，要求向消费者提出自己"独特的销售主张"。

1955 年，西德尼·莱维提出了"品牌形象"的概念。这个概念演绎了企业广告投入的价值与理由，尤其为广告人员、公关人员所偏爱，也得到著名学者戴维·奥吉尔维的赞赏和大力推广，随后更是因为广告大师大卫·奥格威的发扬光大，使品牌营销逐渐成为当时营销界具有深远影响的营销流派。

1956 年，温德尔·史密斯创造性地提出了营销学的又一重要概念——市场细分。按照市场细分的思想，市场上不但产品有差异，市场本身也是有差异的，顾客需求各异，营销方法应该有所不同。这个思想是雷斯提出的差异化营销策略（USP）的理论基础，是构成目标市场营销战略（STP）的重要组成部分，也是顾客导向、市场导向、精确营销的理论基石。

进入 20 世纪 60 年代，营销学继续高歌猛进，迎来了学科蓬勃发展的时期。这个时期产生了诸如 4P 理论、营销近视、生活方式、买方行为、扩大的市场营销等重要的概念和思想，引发了学界对于营销学科基本理论的大讨论，营销学的基础理论框架开始形成。

1960 年，产品营销开始发展。杰罗姆·麦卡锡继承了其师理查德·克莱维特教授关于营销要素的思想，提出包括产品（Product）、价格（Price）、渠道（Place）和促销（Promotion）四个维度的 4P 策略理论（于坤章，2001）。在 4P 市场营销运用中，某一产品的销售市场已经明确存在。不管消费者是否了解这种产品的所有信息，都只能在固定的不同品牌和不同供应商之间做出选择。所以说，进入市场的公司只要明确目标市场，提供相应的产品，选择合适的营销方案，就能获得预期的利润，营销的目标就是使现实的需求得到实现。为了实现营销目标，可供选择的竞争手段就是 4P，由于 4P 为企业的可控制因素，所以在工业社会有较好的可操作性和可实现性。

1972 年，阿尔·里斯和杰克·特劳特发表了题为《定位时代》的系列文章，划时代的营销思想"定位理论"产生。它被誉为"有史以来影响美国营销最重要的观念"，也是目标市场营销战略（STP）的重要组成部分。定位理论认为，产品和品牌都会在消费者心目中占据一定的位置，企业应该先分门别类进行传播以抢先占领这个特定的位置并获取竞争优势，这就是其中的"梯子理论"。可以说，定位是一种战略，定位能够形成区隔，定位有利于制定差异化的营销策略。

从 20 世纪初开始，西方对市场营销的研究成果最早通过中国在欧美的留学生传递到国内。1936 年，美国较早的一批市场营销学教材开始较多地传入中国，并在清华、复旦等国内少数重点大学内以专题形式被介绍。1949年10月中华人民共和国成立后，由于照搬苏联计划经济发展模式，生产、分配和消费都高度集中，产品长期供不应求，商品供求关系由卖方市场控制，企业的生存和发展与市场营销关系不大。20世纪50年代至70年代末，市场营销在中国没有发展的基础，作为一门独立的学科建设更不受重视，几乎没有相应的研究成果，也没有建立相应的学科体系。

1978年开始，中国走上了改革开放的正确道路，开始重视发展商品经济和市场经济。随着中国改革开放进程的推进，市场营销作为企业生存和发展不可缺少的重要手段，被各级各类企业广泛接受和运用。市场营销观念已深入到企业、政府部门、社会广大消费者等领域。市场营销的发展，使人们能正确处理交换关系，企业以产品为中心组织市场营销活动。全国陆续编写出版了一批"市场学"教材，1982~1983年出版的市场学教材就达15本。这一阶段作出重要贡献的国内先行者包括对外经济贸易大学罗真贵教授、西南财经大学吴世经教授、上海财经大学梅汝和教授、暨南大学何永棋教授、哈尔滨工业大学吴凤山教授、中国人民大学邝鸿教授、北京商学院贺名仑教授、湖南大学郭军元教授、陕西财经学院贾生鑫教授、云南财贸学院吴健安教授等。

二、工业社会营销学的发展

历经30多年的发展后，随着经济的发展和市场的不断变化，4P理论的缺点及其在实践中的局限性开始不断凸显，其不能完全适应当时市场发展的需要。

20世纪50~60年代，科学技术的飞速发展和广泛应用，极大地提高了社会生产力，消费者逐渐成熟，需求呈现多样化、多变性。国外学者逐步确立了顾客营销观点，并强调把顾客满意作为企业的主要目标。顾客满意是顾客忠诚的前提。使顾客满意、培养忠诚顾客是许多企业的目标。顾客满意度指标成为美国质量控制协会衡量不同行业中企业质量水平的标准。"使顾客满意"这一经营思想要求企业的全部经营活动都要从满足顾客的需要出发，通过改进产品、服务、人员和形象，提高产品的总价值，并通过服务与销售网络系统，努力降低顾客总成本。

许多国家都开展了全国性的顾客满意度指数测评工作，以此来提高本国企业的竞争力。瑞典率先于1989年建立了全国性的顾客满意度指数，即瑞典顾客满意度晴雨表指数（SCSB）。此后，美国和欧盟相继建立了各自的顾客满意度指数——美国顾客满意度指数（ACSI）和欧洲顾客满意度指数（ECSI）。另外，新西兰、加拿大等国家也在几个重要的行业建立了顾客满意度指数。

哈佛商学院的波特在《竞争优势》一书中指出，由于顾客营销目标顾客群的个性化，它就可以抛弃不必要的大众营销手段，省去漫无边际的费用，避开愈演愈烈的价格战、促销战、渠道战，显著节省了成本，实现了成本领先，最终降低顾客的购买成本，获得了成本上的比较优势。顾客营销符合现代营销中的"方便"原则。顾客营销就是基于顾客要求而展开营销活动，其宗旨是为顾客节省时间，为顾客便利购买提供超值服务。并且将顾客的个人资料、个性化的要求等信息存入数据库，随时将顾客的现实要求和数据库的数据资料等综合起来为顾客提供更为超乎想象的服务，实现了物超所值的真正意义上的便利。

早期营销的核心观念一直是"交换"（Exchange）。Shostack（1977）率先发表了《从产品营销中解脱出来》一文，认为有必要采用与传统产品营销不同的方式，来进行服务营销，因为服务是无形、不可分割、易消失和可变的。后来，Vargo 和 Lusch（2004）提出了他们的代表性论点："营销观念已经从以产品为主导转变为以服务为主导。"服务营销崛起，极大地改变了营销管理的核心和面貌（Shostack，1977）。

20 世纪 70 年代，美国服务经济快速兴起，"服务营销"应运而生。1974 年美国拉斯摩所著的第一本论述服务市场营销专著的面世，标志着服务市场营销学的产生。北欧以格罗鲁斯和赫斯基为代表的诺迪克学派（Nordic School），北美以 PZB（Parasuraman，Zeithamal，Berry）为代表的北美学派对该学科的发展起了巨大的推进作用，它们有关服务质量的理论及服务营销管理的理论是服务营销学的重要理论支柱。

国内外学者对服务营销的研究热点主要包括服务的顾客感知与顾客满意、服务质量、顾客满意与服务绩效。而且，国外还对服务中的消费者行为与服务购买决策过程、营销调研、服务传递中的员工角色与内部营销、服务承诺与整合服务营销沟通、服务与实物商品的经济属性、服务的国际化与全球化等主题给予了关注；国内对建立顾客关系与关系营销、通过中间商和电子管道传递服务、管理服务需求和服务能力以及排队管理和收益管理、服务行业、服务竞争、服务品牌等主题进行了重要研究。

在中国，1992 年 11 月，国务院召开"全国加快第三产业发展工作会议"，部署了具体的第三产业发展措施和政策，为服务营销在中国的发展奠定了基础。而标志着服务营销理论研究在中国启动的，则是 1998 年南开大学韩经纶教授和东华大学徐明教授开展的顾客感知服务质量的评价理论和方法研究。

当顾客已不再满足于衣食住行的低级消费，开始追求消费中的满意和差距价值回报，这时优质的顾客满意服务和创造顾客感知价值成为吸引顾客的重要手段。感知服务质量的概念是由 Christian Gronroos 提出的，他将感知服务质量定义为"顾客期望的服务质量与顾客实际接受的服务质量的差距"，也就是把感知服务和预期服务之间进行比较。

所以，1990 年美国营销专家罗伯特·劳特朋从顾客的角度出发，提出了 4C 营销理论，4C 分别是顾客（Consumer）、成本（Cost）、便利（Convenience）和沟通（Communication）。他认为，在营销时需持有的理念应是"请注意消费者"而不是传统的"消费者请注意"。4C 营销理论拉开了 20 世纪 90 年代营销创新的序幕。4C 理论作为 4P 理论的发展，重视了对顾客的考虑，在对 4P 扬弃的基础上，将整个营销活动的重点目标置于现实消费者和潜在消费者身上，通过实现顾客满意度的最大化，培养消费者对公司及公司产品的忠诚度。4C 营销理论经过一个时期的运作与发展，对营销实践和市场发展起到了一定的推动作用。至此，工业社会的营销学理论得到了极大的丰富。

工业经济向知识经济转变的一个重要特征，便是在产业结构上表现为经济重心由制造业向服务业的转换。1996 年，美国服务部门包括各种专业服务、教育、医疗、信息以及其他服务行业的产值，占美国国内生产总值的 75%，提供的就业岗位占总数的 80%。美国国内的一些统计资料表明，新开张的企业在两年后继续经营的，80% 是服务性企业。服务在美国以及其他一些发达国家中已不再是一个次要成分了，它们正在成为经济活动的中心。而且，由于购买活动中消费者对服务需求的不断增加，即便是传统的产品营销，也将与服务紧密结合而无法分割，几乎所有的产品都包含有服务成分，"服务构成了包在产品外面的一张'信封'，公司通过寄出这种'信封'开拓市场。一方面，它们正在给传统产品裹上这层服务；另一方面，它们又发现从前仅限于公司内部的服务在公司外也有潜在市场"（汤姆·彼德期，1998）。服务同时已经成为多数制造商取得竞争优势的主要手段。

营销管理发展中的核心从公司产品转向顾客。以公司或产品为中心是早期营销管理的自然状态，从以自我为中心转向以顾客为中心是历史性的飞跃。2004 年，Kotler 在回答"您对营销的贡献主要是什么"这一问题时说道："我觉得有两方面的贡献应着重提及：一是我提出了顾客导向型企业较之于产品导向型企业更容易获得成功的观点；二是我提高了营销的地位。"

自 20 世纪 90 年代开始理解顾客价值是营销研究和实践的重点之一。顾客价值这一概念自出现以来一直被用于营销理论研究和创新中，国内外学者都对其进行了系列研究。Jackson（1985）率先提出了价值含义，该定义主要从消费者角度来衡量，强调顾客价值是一个比较的过程。Zeithaml（1988）强调顾客感知价值是顾客对在购买过程中所获得的利益与成本进行权衡对比之后，对所购买的产品对象进行的总体评价过程。Jones（1995）认为，顾客价值不能单一地考虑效用与价格的影响，应该综合考虑获取产品、服务质量与获取产品、服务过程的成本。国内学者白长虹（2001）通过对顾客感知价值的深入研究，用感知利得和利失之比来定义顾客价值。

顾客价值概念自提出至今，学者不断深入探讨其内容构成，从起初单一化、传统化的质量价格逐步上升到多元化的构成视角，学者通过不断的理论研究与实践丰富顾客价值的内容构成。Sheth 等（1991）主要以客观产品为基础出发点，认为顾客获取的价值体验主要来源于产品或服务供给的功能、社会、情感、认识以及情境价值，并对应顾客购买三个层次选择（购买、产品及品牌层次）。Treacy 和 Fred Wiersema 认为，顾客价值构成要素除了核心的质量与价格构成之外，还应有便利性、可靠性以及相关服务。Bums 总结顾客价值测评的相关研究方式，将顾客价值分为产品、使用、占有及总价值四部分内容。Kotler 在其所著的《营销管理》（第 13 版）中提出，顾客感知价值是指潜在顾客评估一个产品或者服务或者其他选择方案整体所得利益与所付成本之差。其中，顾客总价值包括产品价值、服务价值、人员价值和形象价值，而顾客总成本包括货币成本、时间成本和精力成本等。

综上所述，顾客价值评价大多从顾客感知利得和感知利失的权衡方面进行的，虽然顾客价值的构成要素分类很多，但是大多数学者都认同顾客价值的载体是企业提供的产品和服务。

三、工业社会营销学的成熟

在工业社会营销理论历经半个多世纪之后，其理论框架及在营销领域的核心地位得到了广泛的发展和认同。但市场环境的变化莫测，使过分关注产品与服务的传统营销学理论的局限性不断暴露，有学者指出，着眼于短期交易的传统的市场营销已经不适应工业发展，与客户建立长期关系是企业成功的关键。当传统理论应用于国际性市场营销时有所欠缺，因为它没有考虑到贸易障碍和政治因素可能使产品完全无法进入一国市场，关系营销开始成为企业新的营销模式。市场营销的目的是建立、维持、强化客户关系并使之商品化，以便所涉各目标都能够实现，其办法是彼此交换并实现自己的承诺。在关系营销下，供应商与客户相互作用的重点从交易转向长期关系，其重点是以最小成本实现客户价值最大化，质量和客户服务变得非常重要。

为了能适应市场发展的要求，并更好保证企业的竞争优势，关系营销便应运而生。20 世纪 80 年代是美国经济发展滞缓但营销繁荣的时代，营销学者创造了很多新的概念和思想以期推动企业在这个缺乏生机的经济环境中求得生存和寻求突破，其间主要的营销思想包括"营销战""内部营销""全球化营销""本地化营销""关系营销""大市场营销"等。其中，关系营销影响深刻，它主张以关系替代交易，它标志着营销学研究的关系范式的建立。

20世纪80年代，新型商业组织不断出现，这种组织重视公司间的合作伙伴关系，强调关系管理而非市场交易，公司之间的关系从"单纯的竞争关系"演变成为"竞争与合作的关系"。此外，20世纪80年代，战略管理理论，特别是战略联盟、战略合作关系理论的不断成熟，给市场营销理论发展带来了极为深远的影响，在此背景下，"关系营销"这一新的营销思想应运而生。

美国学者Berry于1983年最早提出关系营销的概念，他认为，关系营销就是吸引、保持以及扩展顾客关系。Thorelli于1986年提出，由于维持与客户和供应商的长期、战略伙伴关系变得越来越重要，组织必须提高关系管理的技巧。Sheth等（1995）更是明确指出，营销研究的重心已由交换向关系转移。由此，世界营销进入关系范式的新时代。经过几十年的发展，关系营销形成了以建立、维护、促进、改善、调整"关系"为核心的理论体系，这是对传统营销观念的一大变革。美国学者唐·舒尔茨于1999年提出4R理论，该理论总结了之前理论的利弊，并结合了当时的营销环境及其特点，指出企业应从关系（Relationship）、关联（Relevance）、反应（Reaction）和回报（Reward）四个方面开展营销活动。作为一种全新的营销理论，该理论一经提出，便迅速传播到世界各地，并引起了大量学者的关注和研究。与4P和4C理论相比，4R理论在新的平台上概括了营销的新框架，它不但重视企业的内部和外部，而且更加注重内部和外部的联系。4R理论体现并落实了关系营销的思想，通过关联、关系和反应，提出了企业如何主动创造需求、建立关系、长期拥有客户、保证长期利益的营销方式。可以说，4R理论是新世纪营销理论的创新与发展，它对营销实践产生了积极而重要的影响。

关系营销经历了30多年的发展历程，在此过程中不断有学者对4R策略进行扩展，并相继提出六大关系市场理论、关系价值理论、关系契合理论、顾客关系管理理论以及对应的"二八原则"理论等。

从概念上讲，关系营销在中国是舶来品。它最先由西方学者提出，中国人只是在学习西方营销理论时碰到它，才将其引入。然而，从实践上讲，中国的关系营销植根于中国的土壤，有着很长的渊源（庄贵军，1997）。不过，到目前为止，国内外学术界并没有充分认识到这一点。比如，有学者认为，中国的许多基于关系的营销活动不是关系营销，因为它们不符合西方的关系营销理念（Arias，1998）。另有学者虽然认为中国人在经济活动中的关系行为就是关系营销，但是他们并没有从文化渊源上进行深入的探讨（庄贵军，1997；Davies et al.，1995；Wong et al.，1999；Wong，1998），因此，很多学者对中国关系营销的认识只是表层的。

关系营销（Relationship Marketing）的提法始于 20 世纪 80 年代初（Jackson，1985；Berry，1983），有多个不同的起源，如工业品营销、服务营销和国际营销（Cronroos & Quo Vadis，1994），也有许多不同的含义（庄贵军，2002）。目前，理论界普遍接受的一个定义是 Morgan 和 Hunt（1994）给出的：关系营销指所有旨在建立、发展和维持关系交换（Relational Exchange）的营销活动。与以实物为基础的交易营销（Transactional Marketing）有别，关系营销以无形的东西（如感情、承诺、信任等）为交换的基础，反映持续的过程，强调买卖双方长期的互惠互利。当涉及的是商品买卖时，关系营销者不但在交易中关心自己的利益，也关心购买者的利益，宁可自己暂时少盈利，也要保证对方的利益。因此，关系营销比交易营销多了一个时间维度：买卖双方互惠互利，但并不要求对方马上给予等价的回报（庄贵军，2003）。

西方的关系营销是要通过信任、承诺与合作达到经济利益上的双赢，获取竞争优势（Morgan & Hunt，1994）。它所要建立与发展的是典型的工具性关系：关系本身不是目的，而是获取利益的手段。共同经济利益是西方关系营销的基础。在将合作伙伴联系起来的纽带中，西方的关系营销虽然也利用社会性纽带，但其对于社会性纽带的依赖程度要小得多，其更多地依赖结构性纽带，构筑起有效的出走障碍把顾客"锁住"。

在中国的关系营销中，人际关系常常是组织间关系的基础。在社会性纽带与结构性纽带中，中国的关系营销更重视社会性纽带。企业在从事营销活动时，会不遗余力地发掘、建立和利用各种社会性纽带，如亲缘、地缘、神缘、业缘和物缘，进行所谓的"五缘文化营销"（林有成，1997）。

四、工业社会营销学的整体框架

根据上述对工业社会营销理论发展历程的分析，人们对于营销的理解可以说是众说纷纭，包含的含义也是极其的深刻，方法更是多种多样，经过几十年的营销学教学和科研总结，笔者认为，工业社会营销学的核心理论体系应该包含产品营销、顾客营销以及关系营销三个方面的内容，具体的理论框架如图 2-1 所示。这个理论框架的形成和对其的深刻理解，为商业社会营商学理论理解提供了重要的支撑，它是人们思维中对于工业营销理论的认知创新，也是创新人气、人群、人口营商三种营商学理论框架的立足点和思想源泉，每一种营销框架的具体内容将会分节讨论。

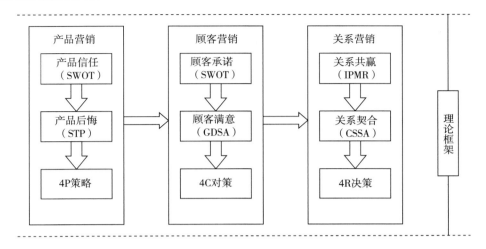

图 2-1 工业社会营销学的核心理论框架

第二节 产品营销理论

产品营销学主要包含三个方面的内容：产品信任、产品后悔以及 4P 策略，理论框架如图 2-2 所示。其中，核心是产品，本质是对产品的需求。它的提出建立在产品利益需求的角度上，所以说产品营销理论体系中 4P 策略是研究重点，是产品或服务从生产者手中移交到消费者手中的一种过程，消费者购买产品或服务实际上是购买产品或服务所提供的利益。人们购买产品或服务时，追求的是利益的最大化，也就是指利益靠产品来提供。要使利益最大化，必须通过提高产品信任以及减少产品后悔来实现，进而针对差异化的产品市场，制定实施 4P 策略，更好地满足产品需求，实现营销目标。这就是为什么很多营销研究都比较难以得到认同，是研究的角度太过小众，而不是研究方法有误，研究人们共同追求的产品和服务利益，才会越来越受到人们的认同，研究得越来越深刻，传播也就越来越广。通过产品营销思想扩大人们的研究范围，只要需要交换和购买的东西都可以应用该理论思想来进行研究，提炼出产品，这才是产品营销的核心，其他所有营销对象都是产品利益需求的衍生品，而且工业社会的产品都是由企业生产制造的，研究各个企业的产品营销才是产品营销理论的具体应用。

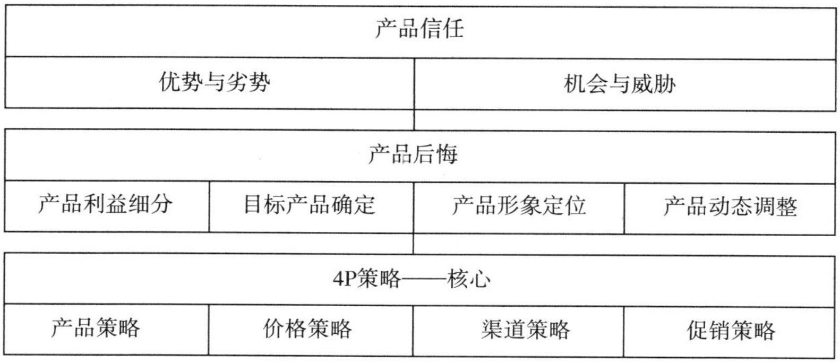

产品信任		
优势与劣势		机会与威胁

产品后悔			
产品利益细分	目标产品确定	产品形象定位	产品动态调整

4P策略——核心			
产品策略	价格策略	渠道策略	促销策略

图 2-2　4P 策略为核心的产品营销学理论框架

一、产品信任

Morgan 和 Hunt（1994）的研究指出，信任的内容是可靠和真诚，即信任是指交易一方对交易伙伴的可靠性和正直有信心。在消费者与企业之间产生的信任关系也是如此，主要是消费者对企业产品需求的信任，以及企业给予消费者的承诺，然后形成信任。因此，产品信任就是消费者在众多的产品中，对某一产品有信心的态度，以及在购买产品时预期该商品品牌给消费者心理上带来的某种安全感、信任感（鲍林，2009）。

产品营销学主要运用 SWOT 理论从竞争信息和宏观环境变化两个方面论述产品信任。SWOT 分析即优势（Strengths）、劣势（Weaknesses）、机会（Opportunities）和威胁（Threats）。SWOT 分析通过对企业环境进行分析从而确定企业的优势、劣势、机会和威胁，然后以此作为参照来确定产品或服务的市场定位从而制定企业营销策略，最终达成企业的营销目标。SWOT 分析法是一种最常用的企业内外部环境条件战略因素综合分析方法，它是将企业外部环境的机会（O）与威胁（T）、优势（S）与劣势（W）同列在一张"十字"型图表中加以对照，一目了然。SWOT 分析矩阵如表 2-1 所示。

表 2-1　SWOT 分析矩阵

内部因素 外部因素		公司优势	公司劣势
		竞争信息	
环境机会	环境变化	优势与机会：优势可以用来获利，可以建立在现有与即将出现的机会上	劣势与机会：如果要利用现有机会或即将出现的机会，就需要克服公司的劣势以开发战略
环境威胁		优势与威胁：公司的优势能用来最小化现有的或即将出现的威胁	劣势与威胁：追求的战略必须最小化或克服劣势，尽可能地应付威胁

二、产品后悔

后悔心理研究方面，由于后悔与消费者高度相关，因此在管理学上，购买者后悔心理的研究日渐受到关注。后悔被普遍认为来源于比较：个体不仅会将事情的真实结果（what is）与自己当初的设想结果（what might have been）相比较，同时会与另外一种选择项的结果相比较（Zeelenberg，2007）。经济学已经证实了在投资环境中，消费者的购买行为受到后悔心理的影响。

随着各学科的融合，营销学者试着整合心理学和经济学的研究成果，从管理学角度分析顾客后悔对顾客心理及购买决策行为产生的影响，如有学者认为，作为一种预备心理的后悔会影响顾客的再次购买行为，因为后悔常引起人们的不满、愤怒式的懊悔、失望等负面情绪。多数学者认为，后悔是全面掌握消费者对产品或服务满意度和解释多种购后行为（如重购意愿、口碑传播、推荐、转换行为）发生的重要因素（Zeelenberg & Pieters，1999）。若人们感觉到存在另外一个比当前更好的选择结果，并且可以通过自己的行为得到另外一个比当前选择结果更好的结果（Zeelenberg et al.，1998），人们便会对目前的选择感到后悔。这种情绪是在主、客观因素的影响下，对过去由于采取或未采取某一行动，而对目前的消极结果产生的自责、懊恼、悔恨等心理（Walchli & Janet，2000）；后悔还可以是将产品或服务的实际表现与预期表现做比较后，对当前选择满意度的反应。在实际购买行为发生之前，顾客总是倾向于使做出的决策能给自己带来最大满意度和最少的负面情绪。因此，为了减少自己日后产生对目前选择感到后悔的程度，即决策发生之前，顾客对所购产品或服务会产生预期后悔心理（吴碧琴，2010）。这种购买前或者获得产品之前的后悔心态有其特殊性，会对顾客心理及行为产生影响，它影响顾客的选择或对所购产品或服务的期望，进而影响其对购后结果的解释。因此，总体来说，决策前的后悔心理不仅会影响顾客对产品或服务的满意度，而且会影响顾客对下次选择的预期后悔及同种产品或品牌的重购行为（Tsiros & Mittal，2000）。

产品营销从产品的角度出发为目标消费者提供一种来自于产品本身或是服务带来的利益。价值＝利益/成本，其中，利益是价值的分子，在成本不变的前提下，满足了利益的最大化，同时也提升了产品的价值。因此，在产品营销中，满足利益最大化、实现价值，都是为了减少后悔。而STP战略正是指导企业做出产品利益细分，选择出目标产品并通过产品形象定位，结合相应产品动态调整减少产品后悔的有效方法。据此，本书结合产品营销及STP策略提出产品后悔理论，认为通过产品利益的细分、目标产品确定、产品形象定位以及产品动态调整可以减少产品后悔，最终促进消费者购买。产品后悔理论是产品营销的核心理论，是

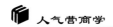

减少产品后悔的重要手段，后悔理论的分析框架如图 2-3 所示。

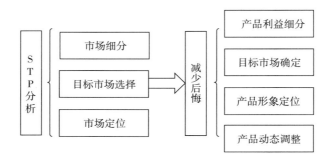

图 2-3　后悔理论分析框架

产品后悔理论的关键点在于追求利益最大化，该理论的研究表明，将当前投入所得的产出与其他方案相同投入的产出比较，只有当实现利益最大化才能减少这种"由认知产生的、负面的情感"——减少后悔。那么细化到每一步，也就是说减少产品后悔分析（产品利益细分、目标产品确定、产品形象定位以及产品动态调整）的每一个环节都是围绕促进消费者购买来展开的，最终目的就是通过各个步骤促进购买。

三、4P 策略

4P 组合并不是一开始就有的，更不是一蹴而就的，4P 组合的形成经过了一个较为漫长的进化过程。麦卡锡提出 4P 组合的 1960 年，是世界反法西斯战争结束后的第 15 年，美、英、法、德、意等西方国家以及其他经济较发达地区正处于"二战"后生产复苏、产品增加、竞争激烈的经济繁荣时期（郭贵祥，2015）。4P 策略是产品营销学的核心理论，它强调以包括服务和网络在内的产品为核心，通过产品价格、促销和渠道来保障消费者的差异化供应。产品是一切经营活动的核心和物质载体，是"企业的生命"。在 4P 营销组合策略中（见表 2-2），产品策略对于其他营销策略起着统驭作用，在很大程度上决定并影响其他策略的制定和实施。

表 2-2　4P 策略的内容

4P		内容
产品 Product	产品组合	长度、宽度、深度和关联度
	产品品牌	知名度、美誉度、市场表现和信誉价值
	产品包装	类似包装、等级包装、分类包装、配套包装、附赠品包装

4P		内容
价格 Price	定价方法	成本定价、需求定价和竞争定价
	定价技巧	折扣定价、地区定价、心理定价和差别定价
	价格调整	降价与提价
渠道 Place	渠道类型	0阶、1阶、2阶、3阶渠道
	渠道选择	批发和批发商、零售商和零售商商店、无门市零售、网络销售
	渠道评估	渠道产品、渠道设计、渠道成员
	渠道调整	随消费者和市场的变化改进渠道
促销 Promotion	人员推销	上门推销、柜台推销、会议推销
	广告	报纸、杂志、广播、电视、互联网、户外、邮寄等广告
	公共关系	宣传型公关、征询型公关、交际型公关、服务型公关、社会型公关、建设型公关、维系型公关、进攻型公关
	销售促进	有奖销售、廉价包装、商品展销、现场操作、赠送样品、POP、积分促销、拍卖促销

第三节　顾客营销理论

追求产品利益作为营销学的核心概念，一直是被大家认可的、主流的营销观念。然而随着市场上产品的丰富和顾客购买行为的复杂化，营销学研究的内容和面临的环境发生了巨大的变化，顾客在市场上的地位越来越主动，顾客追求产品利益基础上形成的顾客溢利，更加影响顾客购买。现代信息技术的飞速发展使企业与顾客的沟通更加方便，单凭良好的产品、优异的质量已不足以保证企业的竞争优势，过分关注产品与服务的传统产品营销理论的局限性日益凸显。

顾客购买理论是产品购买理论的提升，其基于顾客角度研究顾客的溢利，提升顾客购买意愿。从购买者的心理角度分析不难发现，顾客对于利益的偏爱是不同的，形成的顾客溢利差距极大，技术和产品是为人服务的，所以顾客满意促进购买成为了市场的主流，为了更好地满足顾客需求，达到溢利最大化，产品营销研究转向顾客导向和顾客满意。20世纪60年代以来，顾客满意成为营销学中一个新的研究视角。Sigala（2005）研究了顾客关系管理对市场表现的作用。Tax等（1998）研究认为，企业建立顾客抱怨通道、进行合理物质和精神赔偿等服务补救管理能够增强顾客的忠诚度，提高企业的获利能力。在服务营销研究中，对顾客消费行为的研究从质量—满意—忠诚的研究框架及其有关命题（Oliver，1980；Zeithaml Valarie，1988；Cronin，1992；汪孝纯等，2003）发展到了价值—满意—忠诚的研究框架及其有关命题（Blackwell et al.，1999；汪孝纯等，2001；董大海和金玉芳，2004）。

不过迄今为止，学者对顾客满意的研究，多是从购买过程结束后消费者的心理状态或评价的角度来进行分析的。这样的研究似乎并没有找到真正的顾客满意。很多理论仅停留在理论层面而没有落到实处，对于如何提升顾客满意度，理论界一直没有一个系统认识。在这样的背景下，形成一个完整的顾客营销研究理论框架是很难的。笔者经过相当长时间的顾客满意理论研究，成功指导几名硕士研究生毕业，笔者与研究生王丽影发表在核心刊物《预测》杂志的一篇文章《基于效用模型构建的顾客满意实现过程分析》，较为清晰地分析出顾客如何在购买过程中实现满意，把满意理论与产品营销的 STP 分析紧密结合，给顾客满意分析画上了完满的句号。将产品营销的信任分析跳跃成承诺分析、4P 策略分析跳跃成 4C 对策，为顾客营销理论框架的形成打下了坚实基础，但是由于时间的原因，笔者没有基于这些理论撰写书籍，只是在学生的教学课堂上论述了完整的理论框架。如果没有对顾客营销理论的理解，就无法理解人气营商学，所以在理论支撑章节必须将顾客营销理论创新呈现给大家，但限于篇幅，本书只能呈现框架内容，这也是本人的遗憾，希望读者在熟悉产品营销理论框架的基础上，非常轻易地跳跃到顾客营销理论框架中。顾客营销体系中顾客满意研究是重点，具体分为以下几个部分：首先是顾客承诺分析，它如同产品营销中的 SWOT 分析，通过承诺分析，企业能够更好地掌握顾客的情况，从而也进一步了解在面对这些顾客时企业的强势、弱势、机遇和挑战，同时也帮助企业更好地进行顾客满意分析。其次，企业要针对目标顾客实施相应的 4C 营销对策，从而增加顾客满意，促成顾客购买。这就是顾客营销的总体思路与框架（见图 2-4）。

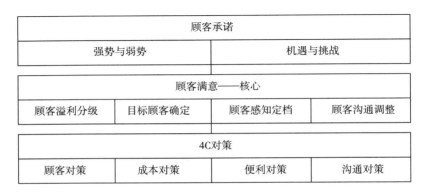

顾客承诺			
强势与弱势		机遇与挑战	
顾客满意——核心			
顾客溢利分级	目标顾客确定	顾客感知定档	顾客沟通调整
4C对策			
顾客对策	成本对策	便利对策	沟通对策

图 2-4　以顾客满意为核心的顾客营销学理论框架

一、顾客承诺

顾客承诺是西方有关如何留住顾客的营销理论中继顾客满意、顾客忠诚之后又一重要概念，最早把"承诺"作为学术概念正式加以探讨的学者是美国社会学研究者 Becker（1960）。他认为，当一个人通过侧翼下赌注的方式将外部利益与一贯活动连在一起时，就产生了承诺。在营销领域，绝大多数学者把顾客承诺看作态度构念。例如，Anderson 和 Weitz（1992）认为，顾客承诺是"（顾客）发展稳定关系的愿望、付出短期牺牲以维持关系的意愿以及对关系稳定性的信心"。Sbansal 等（2004）借鉴 Meyer 和 Henscovitch 对组织承诺的定义，从顾客承诺三维结构出发，将顾客承诺解释为：顾客基于终止关系的成本感知、保持关系的愿望和义务感、希望保持长期交易关系的心理状态。Moorman 等（1992）把顾客承诺定义为"维持有价值关系的持久愿望"。顾客承诺是维系顾客的根本性心理纽带（黄文彦，2010）。Gustafsson 等（2005）提出，顾客承诺是商业关系得以构筑和维系的重要驱动因素，顾客承诺能够激发顾客对公司品牌或产品品牌的"忠诚黏性"，这种"黏性"即便在顾客满意度水平相对较低时仍能够发挥作用。

在顾客营销中，企业的一切态势都应该是围绕顾客变化的，也就是说，对企业态势的分析应该是以顾客认知的变化为基础的，而影响顾客认知变化的因素有很多。在此基础上，SWOC 分析模型建立。其中，S 代表企业强势，W 代表企业弱势，O 代表顾客需求机遇，C 代表顾客需求挑战。用 SWOC 分析模型代替 SWOT 分析模型，有利于企业更快地获得市场信息，更准确地理解顾客需求，并且更有效地将市场知识整合到企业的价值创造过程之中，从而将其转化成具有更优异价值的产品和服务。

二、顾客满意

1964 年，Cardozo 将顾客满意（Customer Satisfaction）概念引入营销学领域。从此，顾客满意便成为营销学理论界与实业界研究的核心概念和聚焦点（Al-Hawari & Mohammad，2008）。20 世纪 70 年代，顾客满意成为西方营销学界的热门研究主题，当时的很多学者认为，满意的顾客通常会持续购买，因此主张企业的营销策略应致力于创造顾客满意。培养顾客忠诚度已成为企业在营销实践中的重要目标。许多企业运用顾客满意度调查来了解顾客对本企业产品和服务的评价，它们想通过提高顾客满意度来培育顾客忠诚度（范秀成和陈洁，2002）。然而企业进行大量投资，提高了顾客的满意程度，却仍有不少顾客"跳槽"。同样，学术界的研究也表明，满意不一定带来忠诚，顾客的再购买行为也不一定受满意度驱动（Oliver，1999）。影响顾客忠诚的主要因素是顾客满意，它是指"顾客通过对某种产品或服务的可感知效果与他/她的期望相比较后，所形成的一种愉悦或失望的感觉状态"（Oliver，1980）。

（一）顾客溢利

菲利普·科特勒认为，顾客感知价值包括产品价值、服务价值、人员价值和形象价值四个方面，是研究顾客溢利的基础，笔者结合长期的顾客营销实践发现，顾客感知差距极大，"萝卜白菜，各有所爱"，产品差异利益的概念无法解释这种现象。笔者在指导的硕士研究生论文中首次提出顾客"溢利"的概念，当时引起了答辩委员会的广泛争论。笔者现在认为，没有顾客溢利概念，也就没有办法研究顾客营销，这充分说明了营销创新的重要性。有学者提出，在顾客价值与企业能力价值的多级传递过程中，产品利益包括经济利益、功能利益和心理（情感）利益。也有学者认为，产品利益包括功能利益、经济利益和情感利益。因此，顾客溢利也可分为产品溢利、服务溢利、形象溢利和人员溢利。而其中产品溢利又分为功能溢利、经济溢利和情感溢利。

卖方提供的溢利如果要得到认可，它首先必须是买方所认知的。顾客溢利是指基于产品、服务表现的顾客的心理认知利益，顾客的认知水平的差异影响着顾客所重视的溢利。在销售过程中，营销者发现，顾客对自己喜好的产品往往是不计成本的，也就是说顾客对于能够为自己带来较高的、与众不同心理认知利益的产品或服务，都不会在乎价格的高低。

（二）顾客溢利与顾客满意分析

产品为顾客提供的利益越多，顾客购买过程中的后悔情绪就越少，但是产品利益却无法使顾客满意，只有当顾客感知到的溢利达到一定水平时，顾客才会感到满意并进而购买。然而，顾客溢利受到顾客认知水平的影响，认知水平的差距使顾客重视的溢利也不尽相同，STP 理论为企业发现影响顾客购买行为的各级溢利提供了借鉴。不同的是，STP 理论的基础是产品的差异化，而顾客满意分析的核心却是顾客认知水平的差距化。

1. 顾客溢利分级（Grade）

通常来说，明显性溢利包括功能溢利、经济溢利和情感溢利（社会溢利），顾客对这种溢利的感知可大可小。每个顾客的明显性溢利是不同的，但是也存在一定的共性，企业只有了解了顾客的这些明显性溢利，有针对性地进行提供，才能提升顾客满意。顾客明显性溢利分级其实也是对顾客产品溢利、服务溢利、形象溢利和人员溢利的一个甄别排序过程，具体如图 2-5 所示。

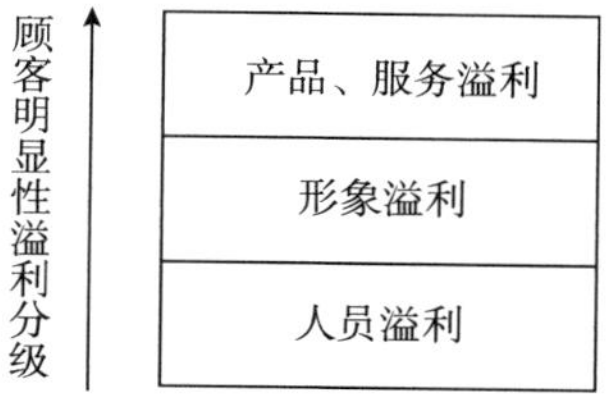

顾客明显性溢利分级

| 产品、服务溢利 |
| 形象溢利 |
| 人员溢利 |

图 2-5　顾客明显性溢利分级

2. 目标顾客确定（Determine）

明确了解顾客的溢利是什么，企业进行准确的顾客选择，可以根据分级因素，确定目标顾客市场。

3. 顾客感知定档（Set）

形成自己目标顾客的市场定档，是顾客的感知差距形成的必然，没有感知的差距不能形成顾客的购买，企业善于利用顾客的感知差距进行顾客定档，这是顾客满意的核心。

4. 顾客沟通调整（Adjust）

随着顾客市场的变化，顾客溢利的感知将会发生动态变化，企业必须密切关注市场的变化，及时与顾客沟通，捕捉市场信息，迅速跟上顾客市场需求，使顾客满意是在溢利最大化的过程中实现的。

与产品营销体系不同的是，顾客营销的重点不再是策略的制定，而是通过顾客溢利分级等步骤创造顾客满意，进而满足顾客购买的溢利过程。顾客满意不是顾客营销的终点，而是顾客营销流程中的核心链接。顾客满意是顾客感知的最大溢利，顾客满意度是对这种预期与感知差距的衡量，只有实际感知大于期望，顾客才能满意，两者差值越大，满意度越高。满意理论不仅反映顾客溢利的最大化，也反映顾客投入的最小化。顾客对产品或服务所表现出溢利的认知，是使顾客满意的前提条件。对于企业而言，找准顾客溢利却并没有那么容易，上述四个步骤是环环相扣的，每一步骤的实现都使企业更贴近顾客的溢利需求，也使顾客的满意程度更高。

三、4C 对策

经过高频次经济危机的打击之后，人们不得不探索改进 4P 组合理论"立足产品、无视顾客需求"的局限性，进行营销组合理论的创新，进而提出了 4C 组合理论（郭贵祥和范秀成，2015）。4C 理论以顾客溢利需求为导向，它强调企业首先应该把追求顾客满意放在第一位。企业运用 4C 营销对策成功地满足顾客差距的溢利需求。与产品导向的 4P 理论相比，4C 理论有了很大的进步和发展，笔者在 4C 理论的研究初衷基础上，将其提升了一大步，使营销策略理论迈上了一个新的台阶，4C 成为对策的内涵如表 2-3 所示，这是笔者从与绳鹏先生以及其他一批大学教授共同编写的《销售行为学》这本书中得到的领悟。

表 2-3   4C 策略的内涵

4C	内涵
顾客 Customer	关键人：在产品购买和使用过程中，可以影响购买过程和购买结果的人 关键意见领袖：拥有更多信息，为相关群体所接受、信任，对其购买行为有较大影响的人。从关键人、关键意见领袖入手，可以解决"对谁销售"的问题，探讨"客户人"各自"价值角色"对采购决策的影响
成本 Cost	选择标准看法：选择标准看法是把握关键人价值依据的有效工具，是探求、创造需求的过程（选择标准看法＝选择点＋关联概念）； 选择点——人们在购买中，突出重视的一些具体事宜和特点； 关联概念——支持选择性和偏重性的认识 买点：买点是一切能使个体的关键人产生购买倾向的所有相关信息；买点来自于任何可以使关键人认识到可以为自己带来生理、心理的某种满足的信息；买点可以使人们的购买行为具有合理性——人的购买行为都在追求某种奖赏的过程中体现其合理性 卖点：卖点是关键人在购买决策活动中，使自己的购买行为被其他关键人认同、赞赏的有关销售信息；人们的行为要遵循、合乎一定的社会规范，获得必要的社会认同；约定俗成的习惯、组织规范，会约束逐利的客户，以保持与周围环境的和谐
便利 Convenience	兑现性：产生某种行为的必然性或可能性取决于人们对有利行为结果的"兑现性"的认知，它是克服销售中购买异议和顾客犹豫的利器 集成产品：将产品视为一种具体可兑现性的价值，就是被关键人 VOC 所接纳的一组含有兑现性的买点和卖点
沟通 Communication	合适沟通者：对合适沟通者的主要特征的认识也是从关键人的角度获得的，即从关键人眼里看他最愿意跟什么样的人沟通 关联资源：对现在和未来的销售工作有帮助的人 竞争地位：在你的销售活动中，如果综合考虑你与不同关键人的关联状态和他们个人的影响力大小的话，你就会有根有据地判断出你现在的相对竞争地位

第四节   关系营销理论

经历了以产品为导向的产品利益、以顾客为导向的顾客溢利到以关系为导向的关系互利营销理论的变革，关系营销理论开始被广泛熟知和应用。在理论上，国外学者对关系营销理论研究较多的是 4R 理论，也就是关系营销的研究起点，对于关系营销的研究多是以如何提升关系方价值、维护各方互利关系为基础的。企业间的关系以经济互利为基础，实现关系方的互利是维持企业间关系的前提条件，没有互利共赢交易的企业间关系是不长久的，为了达到互利最大化，这时关于关系营销的研究就必不可少，单一的顾客溢利不能解决多个互利关系方交换的形成，关系营销是工业社会营销的高级形态。从产品的利益满足，到顾客的溢利满足，再到关系方的互利满足，是工业社会营销活动的升级，也是营销理论的提升。

有了对顾客营销的理解，理解关系营销会容易一些，互利的概念早已深入人心，但是西方关系营销的研究重心放在了4R策略上，这也说明西方学者的思维偏向线性，从4P、4C到4R，关系营销的核心已经不是4R了，如同顾客营销核心不是4C一样，而是顾客满意，关系营销的核心是共赢研究，但是4R研究为关系营销研究打下了良好基础，为关系营销理论框架的形成提供了巨大帮助。对于4R的缺陷，在笔者指导的2013年毕业的研究生王丽论文《基于4R决策的关系营销理论与实证研究》中进行了重点阐述，重点指出策略与决策的不同，指出4R是决策，不是策略。笔者的博士论文专门研究了关系营销的契合理论，是继产品后悔理论、顾客满意理论后形成的关系契合理论，将人力资源的人与工作岗位的契合，引申到关系互利的契合，对于完善关系营销理论框架作用重大，虽然没有引起大多数人的共鸣，这也可能是因为大多数的学者侧重于研究营销方法，没有更多思考营销框架的问题，但这为笔者的研究留下了极大的空间。关系营销的研究是笔者继2001年香港中文大学营销学术会议之后，开始进行深入思考和十几年本科教学研究的结果。

将契合的思想引用到关系营销的研究中，结合企业与关系方不同关系层次互利的契合理论，可以为关系营销框架的形成提供理论基础。但是只有关系层次互利契合分类理论与关系决策（4R）理论并不足以形成关系营销的完整框架，就像一个人的身体一样，有了心肺功能以及四肢的支撑，还要有头部，这就使研究关系方共赢的前置因素成为必然。再加上迄今为止，国内外学者对关系营销的微观环境和管理学的核心竞争力的研究比较成熟，为从关系方共赢层面着手，探索关系营销理论新视角，便会使关系营销的理论和实践实现更高层次的发展，借鉴SWOT分析方法得到IPMR关系共赢分析理论思想——成势（Into Force）、败势（Power Failure）、契机（Moment）和风险（Risk）。根据关系契合理论及关系共赢思想构建的关系营销理论新框架包括三方面的内容，即关系共赢、关系契合以及4R决策，具体如图2-6所示。

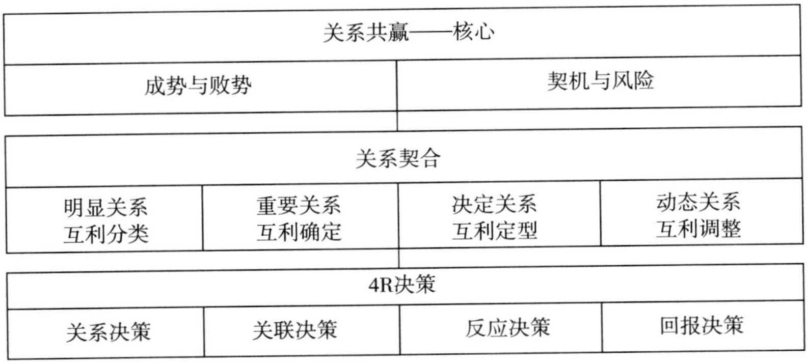

关系共赢——核心	
成势与败势	契机与风险

关系契合			
明显关系 互利分类	重要关系 互利确定	决定关系 互利定型	动态关系 互利调整

4R决策			
关系决策	关联决策	反应决策	回报决策

图 2-6　以共赢为核心的关系营销学理论框架

一、关系共赢

共赢是企业寻求与关系方互利的最大化，形成关系购买。企业在分析了自身所处的微观环境与互利的关系方各自的核心竞争力之后，得出一种结论，即能否以一种关系方式使互利关系方之间达到互补协同效果，关系方之间没有互利就不可能形成购买，如同顾客没有溢利就不可能形成购买一样，顾客上升到一定阶段就会成为互利的关系方之一，所以很多情况下容易将客户关系管理上升到关系营销，客户只是关系营销的关系方之一，绝对不能混淆二者之间的联系和区别，否则只专注于客户关系，企业内部关系出了问题，关系营销也还是无法达成。根据关系营销的主要对象是各利益关系方这一结论，借鉴 SWOT 分析理论的思想，本书提出了 IPMR 关系共赢分析理论思想——成势（Intoforce）、败势（Powerfailure）、契机（Moment）和风险（Risk）。

关系共赢，就是在关系营销的过程中，企业可以从核心竞争力角度了解到自身存在的成势与败势，从微观环境变化角度获取关系方互利提升的契机或风险，从而通过主观努力，借力成势，摆脱败势，把握关系层次互利提升的契机，防范风险，与互利关系方进行更持续、稳固的关系发展，实现共赢，而不是共输。在关系营销共赢中，契机才是形成关系方互利的前提，机会具有客观性、差异性，是很难控制的，而契机（Moment）是可以通过主观努力与客观耦合来形成的，与企业的决策相对应，可以认为构成契机的一定是机会，但是构成机会的不一定能构成契机，与契机相对应的是风险而不是威胁。核心竞争力是形成企业成势的关键因素，与成势（对应于 SWOT 中的优势）相对应的肯定有败势（企业自身具有的能够导致企业失败的决定性劣势），只有关系方才能相互了解，成势（Intoforce）与败势（Powerfailure）并存；关系方契机与风险、成势与败势共同构成了 IPMR 分析矩阵，具体如表 2-4 所示。

表 2-4　IPMR 分析矩阵图

内部因素 外部因素	成势（I）	败势（P）
契机（M）	IM 战略 把握外部契机 借力内部成势	PM 战略 把握外部契机 摆脱内部败势
风险（R）	IR 战略 借力内部成势 防范外部风险	PR 战略 摆脱内部败势 防范外部风险

　　企业若想与关系方形成关系层次互利契机，实现共赢，使关系价值最大化，就要运用 IPMR 的分析方法，其基本的思路是通过对企业进行关系营销的微观外部环境进行分析，找出企业与关系方形成互利的契机与风险，通过核心竞争力分析企业自身的成势与败势，从而在契机、风险、成势与败势之中确立自己合适的关系共赢形成战略。

　　（一）微观环境分析理论

　　关系营销中的微观环境分析要注重与目标合作方的关系维护。在现如今关系营销的理念中，企业必须处理好与五个子市场的关系，才能促进企业健康、稳定发展。这个关系营销的范围是由关系营销的互动模型而定的。五个子市场如下：

　　（1）顾客市场。企业生存的基础是顾客，对顾客的争夺是其竞争的本质。最新的研究说明，企业在争取新顾客的时候还必须重视留住顾客。举例来说，争取一个新客户需要花费的成本往往是保留一个老客户花费成本的六倍。企业可以通过多种形式来满足顾客的需求，从而增加与关系方的紧密程度。

　　（2）内部市场。企业的内部市场也就是企业自己招聘的员工。只有顾客对企业的员工满意，其对企业的满意度才会提升。员工的工作满意度可以为外部客户提供更高效率的服务，只有员工提供了更好的服务，才能让外部客户更加满意。

　　（3）供应商市场。供应商是企业生产的同盟成员，在相互间的协作关系中难免会产生一定的矛盾分歧，但彼此之间的合作依赖关系会有明显的增强。任何一个企业都不可能独立地解决所有所需要的生产资料，在实现资源的交换过程中，资源的构成多方面的，人们通过钱、物、技术、信息、人力等进行资源交换。

　　（4）竞争者市场。众所周知，市场竞争的源泉和目的都在于"资源"二字，例如，共享企业的资源、有效利用企业资源、转换企业内部的知识等，这些也都是企业营销的真正目的所在。同时也说明了"协作竞争"是现代企业发展中的竞争模式，最理想的战略是在竞争中实现企业与关系方的"双赢"。

　　（5）影响者市场。对于企业的生存和发展都会产生重要影响的有各种金融机构、消费者权益保护组织、环保组织和其他社会压力团体。因此，企业需要把它们当作一个市场，制定营销战略的同时，也将这个市场作为重要的关系方进行考虑。

（二）核心竞争力分析理论

企业若想对竞争对手的一些详细情况进行评价，就必须通过各种办法找出企业的竞争对手都有哪些。通过竞争，才能发现产品之间的差异，才能准确及时地认识到竞争对手的业务及其目标。

若只研究竞争对手所面临的机遇与挑战，关系营销就不可能解决企业面临的各种实际问题。针对这个问题，相关学者提出了核心竞争力这个概念。这个概念最先是被美国密歇根大学商学院教师普哈拉德在《公司核心竞争力》这本书中提出来的。相关学者认为，企业必须通过协调内部的各种技能以及整合各种技术，才能形成核心竞争力。他们还认为，企业若想进入市场，首先靠的是企业的核心竞争力。同时，在这个市场上，顾客比较关心的是企业的核心竞争力，这个可以给产品创造不小的价值。企业的核心竞争力只能是属于本企业的，不能被除本企业以外的企业所模仿。核心竞争力的构成要素如图 2-7 所示。

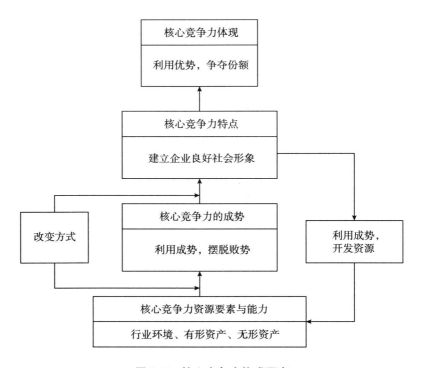

图 2-7　核心竞争力构成要素

结合以上的分析，核心竞争力对吸引客户而言是极其重要的一个方面，这与客户购买的动机相联系，二者相互作用，才会产生关系营销的成势，企业才能借力成势，进而摆脱败势，这样才能真正实现关系营销。

　　（三）成势、败势、契机、风险分析理论

　　核心竞争力的构成要素如图 2-8 所示，对具体企业来说，这些主要要素并不是都要具备，其中的任何一方面或者几个方面的组合都有可能成为企业的成势或者败势。

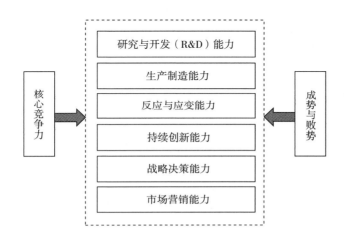

图 2-8　核心竞争力构成分析

　　（1）研究与开发（R&D）能力。一个具有竞争力的企业应该具备研究与开发能力，这一能力主要是指通过运用科学方法，来实现企业在生产及技术等领域的可能性。企业只有不断加强研发能力，才能不断实现产品更新换代，提高市场占有率。具备研发能力是产品成功的第一步，所以是核心竞争力的首要元素，同时也是构成企业成势和败势的首要因素。

　　（2）生产制造能力。在研究与开发的基础上，将设计思想或技术研发经过生产制造的过程实现为真正的产品或者可行性服务方案。这一能力的具备是企业在成本优势上的首要前提条件，只有生产制造能力强于竞争对手，企业才能比竞争对手抢先一步占领市场，这是一个企业不可或缺的核心竞争成势。

　　（3）反应与应变能力。在经济飞速发展的同时，技术的进步可以提高企业生产产品的速度，而真正能够决定企业发展步伐的却是管理者对市场变化的反应速度、应对变化的速度以及新思维产生的速度，这一能力是企业核心竞争力的重要组成部分。

（4）持续创新能力。为了应对如今动荡的市场环境，进行持续的创新对企业来说是很重要的，因为它是企业实现竞争优势和绩效的关键。持续创新能力是企业生存与不断发展的动力，企业只有通过不断创新来满足日益趋于个性化和多样化的市场需求，才能不断提高自身的竞争优势，才能在技术发展如此迅速的高新技术产业中得以生存和发展。由于创新的复杂性与不确定性的逐渐增加，企业所获取的信息与知识资源已不能满足创新的需要，而传统的"闭门造车"式的创新在产品生命周期日渐缩短的市场形势中已显然无法满足需求。因此，为了适应现代的市场需求，需要对创新模式进行改变，使现代的创新不再是一个简简单单的原子式过程，而是一个持续形成企业间合作创新网络与相互合作的过程。

（5）战略决策能力。企业的战略决策能力是由决策者决定的，决策者的品质、协调组织能力以及战略决策能力对一个企业的生存和发展起着至关重要的作用，它是一个企业的大脑组织，要是决策者的战略判断失误，或者它的组织协调能力跟不上企业发展的需要，那么企业无法进行有效的资源整合利用，会给企业带来巨大损失，所以，战略决策能力是企业核心竞争力形成的基础。

（6）市场营销能力。市场营销是继企业研究与开发及生产制造出产品后，实现产品价值的过程。企业主要运用各种营销手段和策略，根据宏观及微观环境的变化进行即时调整，以交互的方式满足顾客需求的同时，实现产品或服务的价值增值，最终形成企业与顾客共赢的局面。市场营销能力已经成为现代企业制胜的法宝，是形成企业核心竞争力的重要部分，也是企业能否获取所处行业超额利润的关键所在。

契机和风险的分析离不开对微观环境的分析。在关系营销中，微观环境对企业营销活动的成败起着直接制约影响作用，与企业生存情况是密切相关的。企业的微观营销环境参与主体可以分为六大类，主要包括顾客市场、供应商市场、影响者市场、相关市场、就业市场、内部市场。微观环境变化可以为企业的发展带来契机，同时也有可能产生风险，契机与风险将共同作用于企业，对企业与微观营销环境中的各利益关系方之间的关系产生有利的推动作用或者不利的阻碍作用，因此，契机分析与风险分析的最终目的是让企业把握契机，防范风险，持续发展。

每个企业都具有其他企业无法比拟的能力和特点，与竞争对手相比，企业在某一方面具有明显成功的、绝对的、持续的竞争优势即成势，借力企业成势的内容、程度，分析成势有助于企业提升利益关系方的关系价值。如果一个企业存在形成营销败势的危机，那么就容易引发营销活动的崩溃，破坏企业可持续营销的状态，会产生耗费了大量资源而又未能实现目标的损失。营销失败是营销败势危机导致的直接后果。所以，企业一旦形成严重的营销败势危机，就极有可能使企业陷入全面困境，势必会波及与利益关系方之间的关系价值。

共赢研究是把握关系营销的理论核心，是关系营销发展的动力，没有关系共赢的研究成果，关系契合以及关系决策就成为空中楼阁。现代营销已经逐渐地更加关注与关系方建立、发展和维持相互契合的长期关系。提升关系方价值、维护关系方利益、实现关系方互利共赢是维持企业间关系的前提条件，关系营销能够实现的基础就是企业与关系方存在关系互利，通过互利共赢的交换过程，使关系方实现各自互利。

二、关系契合

在市场营销理论与实践领域，人们往往把顾客满意视作企业经营活动的重要目标和核心观念。只要顾客感知到的溢利不低于其预期，就会产生顾客满意，也就是通常所说的"物有所值"或"物超所值"。"契合"是一个与满意相对应的感知概念，它是企业方研究多个关系方的感知，是关系方交互的结果，指的是交互情况下关系方之间预期与感知的互补性和一致性描述。

关系契合（分类、选择、定型、调整）理论与传统的产品营销理论框架中的 STP 理论相对应，为关系营销研究提供了新的思路。关系契合理论是指企业和关系方通过契合分析寻求不同层次的关系互利，达到一致性和互补性的动态平衡，从而增加购买行为。它包括以下四个步骤：

（1）明确关系互利分类（Classify）。明确各个关系方形成的关系类型，必须对不同的关系方进行相关调研，在分类因素中寻求互利，根据关系方不同的关系互利划分出不同的群体。根据主要的不同特征可给各个相应的分类市场命名。

（2）重要关系互利选择（Select）。关系互利分类市场的选择是企业打算进入的分类市场，选择关系互利分类市场的首要步骤是分析评价各个关系市场分类要素，也就是重要性关系互利。关系市场选择模式如图 2-9 所示。

1）市场集中化。一种最简单的关系分类市场模式。企业选择一个分类市场，提供一种关系，供应单一的顾客群，进行集中营销。选择市场集中化模式一般基于以下几个方面考虑：企业具备在该类型市场从事专业化经营的优势条件；限于资金、能力，只能经营一个分类市场；准备以此为出发点，取得成功之后向更多的分类市场扩展。这种只选择一个分类市场的市场模式其风险最高。

2）选择专业化。企业选取若干个符合企业目标和资源能力的关系分类市场作为类型市场，其中每个分类市场与其他分类市场之间较少联系。

3）关系专业化。企业关系集中于一个层次上，并向各类关系方提供这种关系。

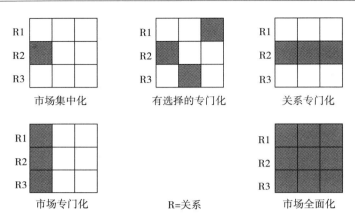

图 2-9　关系市场选择模式

4）市场专业化。企业专门经营某一关系方群体需要的关系的各种措施。

5）市场全面化。企业在三种关系层次上（经济互利、人际互利和社会互利）都分别与各种不同层次的关系方开展关系营销，"全面开花"。一般来说，实力雄厚、有足够资源能力的大企业在一定阶段会选用这种模式。

（3）决定关系互利定型（Size）。进行关系层次互利定型要先确定决定性关系互利。在决定性互利基础上根据关系契合度来进行互利定型。层次定型通过识别决定性关系互利及决定性关系互利的定型两个步骤实现，具体如图 2-10 所示。

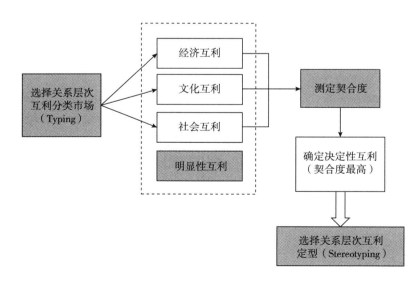

图 2-10　关系层次互利定型的确定

1）识别决定性关系互利是关系层次互利定型的基础。根据关系互利的构成，同时依据多重互利属性理论，决定性关系互利有可能是重要性互利或明显性互利。多重互利属性理论中的决定性属性不一定为重要性属性，也有可能是明显性因素。在一般情况下，决定性互利在重要性互利中产生，但如果重要性属性互利中没有契合度高的互利（相对于明显性互利的契合度），这时就根据契合度来判定，契合度最高的为决定性互利。

2）在决定性关系层次上，根据每个顾客的关系互利的契合度来进行定型。将契合度最高的关系互利作为决定性关系互利，并将关系层次互利定型于此。

（4）动态关系互利调整（Adjust）。在关系层次互利定型之后，与各关系方的关系层次一一明确，但随着关系情形的变化和发展，各关系层次也随之发生变化及转移，因此，有必要对顾客关系层次进行平衡调整。

三、4R 决策

1993 年美国市场营销学者舒尔兹（Don E. Schuhz）在他的《整合营销传播》一书中，提出了 4R 营销组合。4R 理论侧重于用更有效的方式在企业和客户之间建立起有别于传统的新型关系。在关系营销中，顾客不再是企业一切营销活动的核心，而关系方才是整个营销活动的关键力量。企业必须与所有关系方维持和发展稳定的互利关系才能实现共赢，从而为企业的长远发展奠定坚实的基础。4R 决策就是企业为实现企业与关系方之间的互利交换，针对不同的关系方的特定关系层次，而实施的具有决定性的双向的关系决策、关联决策、反应决策和回报决策，进而促进关系购买的顺利进行。关系购买则致力于实现关系双方社会互利的最大化，并在此基础之上做到对各个关系方利益的平衡和对潜在不利关系方利益的保障。4R 决策的内涵如表 2-5 所示。

表 2-5　4R 决策的内涵

4R	内涵
关系决策 Relationship	要求准确把握不同关系方与企业的关系层次；同时要求辨别和关注为企业带来 80% 利润的 20% 的重要关系方； 企业不仅要重视重要关系方的权益，还要重视潜在关系方对企业行为的监控；不仅要强调重要关系方的权威，还要关注潜在不利关系方的社会认可力
关联决策 Relevancy	要以最低的成本、最方便的途径去关联，从而才能针对重要关系方和潜在不利关系方做出有针对性的关联决策，最终使关系双方之间形成一种"和谐"和"协调"的共存共荣关系

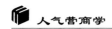

续表

4R	内涵
反应决策 Reaction	针对不同关系方做出不同的反应，保持与关系方的互利不断升级；针对重要关系方以及对潜在不利的关系方做出快速有效、有的放矢的反应决策，同时合理地把握反应的度，避免反应过度或者反应不足所导致的不良影响； 反应决策不仅要讲求对反应的速度以及时间的管理，更要求注重对反应结果的评估，即预先了解在当时市场情况下决策制定以后可能带来的共生系统的变化，来使决策达到最佳的预期效果
回报决策 Reward	回报决策的制定是企业与关系方之间互动过程，也是提升顾客感知价值的过程； 回报决策不仅要注重给予关系方回报的内容，更重要的是回报要讲求层次的界定，即对重要关系方以及那些潜在不利关系方层次的界定

第五节　顾客营销向人气营商的转化

工业社会的营销理论框架非常明晰地表明工业社会的营销是为了寻求交换，促进购买形成了完整的营销思维框架。营销理论的发展是一个循序渐进的过程，营销不是管理的规律，也不是经济科学方法，它是哲学思维，不能将营销学等同管理学、经济学或者其分支，它是应该独立于管理学、经济学之外的一门学科，管理学、经济学、营销学三大商科门类并立，才能凸显营销学的重要性，如果将营销学并入其他学科，就会阻碍营销学的发展。农业社会德治管理重要，在工业社会成为企业管理重要，但是工业社会商科的核心学科是经济学，更主要的是宏观经济调控重要，刺激需求成为重点，营销学成为满足需求的辅助。正因为营销学在农业社会、工业社会的地位较低，因而为其在商业社会的发展打下了基础，赢得了空间，只不过是商业社会营销学成为营商学，研究购买变为研究投资，交换变为价值，营商学与金融学、会计学共同构成商业社会商科的核心。人气营商理论是未来营商学的第一个营商学投资理论框架，一方面离不开已有的营销理论和其他学科的支撑；另一方面也不能只是简单地在现有营销理论的基础上再添加新的内容，必须在深刻理解总结现有营销理论的同时，结合大量的营商投资实践，顺应时代的变化，深入思考，利润跳跃思维分析理解得来。本节对传统的顾客营销理论框架向未来的人气营商理论框架的转化进行一些分析，是为了便于大家理解本书的内容。

在经历了通过交易来保障供应的农业社会、利用交换来满足需求的工业社会，到了以价值为主导的商业社会，人们不再拘泥于寻找能够满足自身需求的购买，更重视的是能够创造价值增值的投资，从增值中达到营商目的。传统营销学告诉人们如何进行 4P 策略分析、顾客满意实现以及关系共赢分析，营销理论研究立足点沿着产品市场—顾客市场—关系方市场的顺序转变。商业社会以价值为核心的营商理论将成为全球化营商理论主体，在全球范围内的价值投资中，市场只是经济的载体，全球化才是价值的载体。基于传统营销学理论的研究，价值营商学站在商业社会时代特征上，着力分析符合社会发展的营商思维，实现营商学的蓬勃发展。社会营销学的转变如图 2-11 所示。

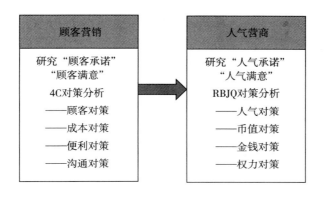

图 2-11　从工业社会到商业社会营销学的转变

顾客营销学中的 4C 对策为人气营商的四大对策分析构造四肢框架，使人们认识到商业社会的营商思想也必须进行对策分析，进而再去寻求属于商业社会的营商核心对策。人气营商的研究正是继承顾客营销的思维框架，站在商业社会的角度，在实现人气承诺和满意的基础上寻求适合投资人的价值投资思维，以人气、币值、金钱以及权力四个对策为核心论述人气营商；顾客营销中的差距满意理论也引出人气的倍增满意理论；顾客营销中的顾客承诺转化为人气承诺，这里只导出人气营商的思想来源，由于本书不涉及人群营商和人口营商研究，这里不做更深入的推论。

商业社会以价值投资为主，目的是创造更大的商业价值。因此，商业社会的营商学已经不单单是追求产品销量、顾客满意以及关系互利，已经独立于管理学、经济学，涵括管理学、经济学甚至是人文哲学方面的思想，探讨社会的发展形态以及营商重心。可能很多人认为投资是经济学、金融学应该研究的范畴，其实不然。在商业社会，以需求为主的经济学已经不是社会的主流学科；经济学地位逐渐被金融学取代，这在西方国家已经成为现实。金融学所提供的更多是投资方法、投资工具，进行资产的研究，而营商学提供的是投资思维，进行价值创造，这在本书的第一章进行了详细阐述，商业社会的商科核心都是研究投资，就像工业社会的所有商科都是研究购买一样，商业社会的投资则是最大增值和最小损失的价值创造，投资是社会的主旋律和主导。因此，商业社会的价值营商学继承了传统营销理论的发展，学科地位等同于农业社会的德治管理学、工业社会的宏观经济学。

为了更好地满足商业社会人们对投资的需求，传统营销研究应该转向价值导向的营商研究，21世纪的商业社会是投资的社会，如何判断人气所在是价值投资的第一步，找到投资的价值洼地成为营商学中的一个全新的研究视角。不过迄今为止，学者们对承诺的研究还是在理论上进行探讨，而承诺的实践意义还不明显，工业社会的承诺是基于顾客的承诺，从中观环境分析得出顾客需求的机遇和挑战，从竞争能力分析得出强势和弱势，是顾客溢利满足过程的承诺；至于商业社会的承诺，本书理解为认知创新的人气提高和下降分析、沟通表现的吸引力增加和减少分析。对满意的研究，多是从购买过程结束后消费者的心理状态或评价的角度来进行分析的。虽然本书已经提及满意强调顾客满意过程的分级、确定、定档、调整，这样的研究似乎无法脱离工业社会购买的思想禁锢。很多理论仅停留在购买的层面上而没有延伸至投资，对于如何在大千世界众多的投资品中找到具有升值空间的那一种，一直没有一个统一的理论认识。在这样的背景下，基于满意分析的人气营商学理论体系创新就显得十分必要，倍增的价值体系和度量是人们投资满意的基本前提，特别是全球投资人在倍增的比较价值、成倍的相对价值、百倍的绝对价值创造中，不断地寻求满意。因此说，人气满意分析也是营商学研究的重点，只不过人气营商的重中之重是四个对策的研究，只有充分认识对策的理论和实践由来、把握和利用对策，才能创造价值，为人类社会的发展造福，否则将给全球各国带来灾难。如同传统的产品、顾客、关系营销一样，人气营商也有一个完整的理论体系框架，它分为人气承诺、人气满意、四个对策三大部分。人气营商思维导图如图2-12所示。由于篇幅的原因，不再一一介绍具体内容，对应的详细内容在每章都有涉及。

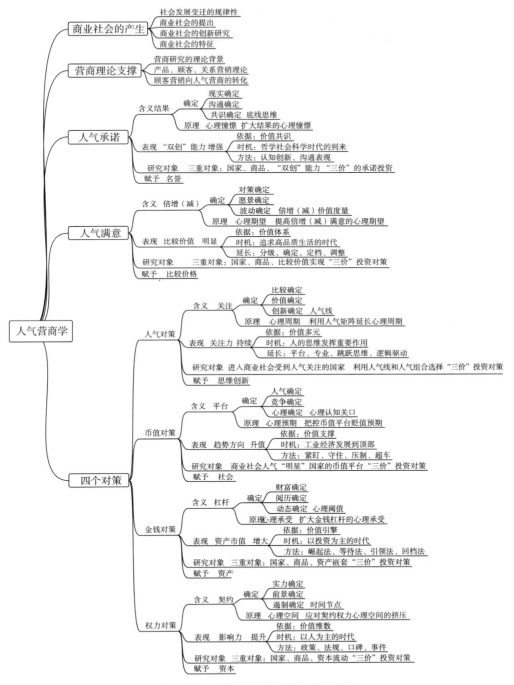

图 2-12　人气营商学的理论思维导图

本章练习

简答题

1. 简述产品营销学、顾客营销学和关系营销学的理论框架。
2. 简述产品营销学、顾客营销学和关系营销学的核心内容。
3. 如何理解顾客满意？
4. 人气满意如何由顾客满意转化而来？
5. RBJQ 对策是如何由 4C 对策转化而来的？

第三章 人气承诺

第一节 如何理解承诺

一、承诺的含义

（一）承诺

承诺是个大而广的话题。《辞海》中对于承诺的解释为"允诺"。从古至今、天南地北，每时每刻、每个角落都发生着"承诺"的事件，就是父母教育孩子或者领导管理员工，也常用"承诺"的方法。承诺是指承诺人同意要约的意思表示，即承诺人向被承诺人做出保证，满足对方的心理憧憬，达成约定，并许诺一定期限内完成某项事务，在商业习惯中又称接受。承诺是指向未来的，是对承诺人的一种现实约束力，它指导着承诺人在预定期限内的行动方向与内容。

承诺的结果，无非有两种情况：一是说话算数，说到做到；二是说了不算，空头支票。举两个例子：春秋战国时期，在秦孝公支持下，商鞅力推改革变法，当法令已详细制订但尚未公布之时，商鞅怕百姓不信任，为取信于民，在城南门外立了一根三丈长的木头，公告曰：谁把木头搬到北门外，赏金十两。众人不信，后赏金增加到五十两。有人把木头移到北门外，商鞅立即兑现赏金五十两。商鞅说话算数，兑现了承诺，取得了百姓的信任。新法实行数年后，国富兵强，史称"立木取信"。在悠久的历史中，未将承诺兑现的大有人在。还是发生在战国时期，秦国宰相张仪和楚国约定，秦国进攻齐国，只要楚国不出兵帮助齐国，秦国便割让给楚国600里的国土。楚国答应。但事后，张仪毁约，只给6里。楚怀王发怒，起兵攻秦，但被秦国打败，被斩首数万人。

商业社会中，主流观点将承诺定义为"一种将个体与涉及一个或多个目标对象的行动捆绑在一起的力量"。虽然该定义没有对"力量"的性质进行明确的界定，但从对承诺构成的分析来看，这里所说的"力量"实际上指心理力量。在此，承诺的心理属性进一步得以强调，即承诺是个体保持关系或维持行动的心理意向。从心理层面的角度来讲，承诺被描述为一种态度或者一种心理依赖。在竞争日益激烈的商业社会中，可信并且具备影响力的承诺会吸引投资人的眼光，降低投资人对未来不确定型风险的态度，促成双方的合作关系。

（二）承诺的演变

"承诺"就是答应别人、对别人所许的诺言，务必兑现，也就是守信。但是在不同的历史时期，承诺的主体与含义都有所不同。因此，研究承诺，必须对承诺的发展历史进行梳理。承诺的起源可以追溯到人类社会形成的初期。自古以来，"信守承诺"便是中国优秀的传统文化之一，其思想精华对后世树立正确的世界观、人生观、价值观很有益处。古人对信守承诺的重视，可以从"一诺千金""一言九鼎""一言既出，驷马难追""与朋友交，言而有信""言忠信，行笃敬"等获得证明。孔子曾说："人而无信，正如大车无𫐐，小车无𫐄，何以行之？"忠诚守信，是立世的根本。在过去农业社会，交通不便，通信设备不发达，出外就业的人要靠信差投递家书、传递口信，甚至寄送物品。彼此之间，并没有契约，也没有证人，靠的就是一份诚信，即使千山万水，风餐露宿，信差务必完成所托，这就是"承诺"的力量。

农业社会是以农业生产为主导经济的社会，也称为传统社会。人们世代需要依赖土地生存，以家庭为基本生产单位、以手工为主要生产方式的自给自足的小农经济在社会中占主导地位，生产的目的主要是满足家庭生活需要而不是交换。土地是社会的主要经济来源，拥有优良土地资源也成为权力的象征。由于竞争机制不健全、生活节奏缓慢，社会的变革和进步也非常迟缓，社会流动性弱，各阶级、阶层之间壁垒森严，社会关系以血缘和地缘关系为主。根据马斯洛的需要层次理论，农业社会的人们大多处于低层级，即满足生理需要以及安全需要。人们为解决"衣食住行"这类基本生活需要，会与他人达成约定。农业社会中低层级的生理需要与安全需要在承诺的起始阶段，承诺人便可以向对方做出保证承诺的目标兑现，即保证被承诺人吃饱穿暖、衣食无忧，实现长远的体力投入减少，维持双方之间稳定的生产关系。农民给地主打长工，地主承诺管基本"衣食住行"，女人出嫁男方，保障女人"衣食住行"。因此，可以将农业社会中的承诺解释为起始承诺，在人类社会的历史长河中，人与人的第一个承诺就是人们最基本的生活需要，即人类生存的保障，现在看来是非常低级的承诺，但是在农业社会实现起来也不容易，是农业营生的基本要求。为了保证承诺兑现，建立了严格的道德体系。

工业革命的发展，使人类由传统的农业社会进入现代工业社会。工业社会中，人们对自然界的依赖减少，使用能源代替体力，依靠科技技术和工业机器从事大规模的产品生产。科学技术的迅速发展，使生产效率大幅度提升，以机器的使用和无生命能源的消耗为核心的专业化社会大生产占据了社会经济的主导地位。工业技术的发展使人类历史实现了从分散的地域性历史向整体的世界历史的重大跨越，推动世界市场的形成与发展。由于社会流动性增强，业缘关系取代了血缘和地缘关系而成为人们社会关系的主要形式，个人发展的机会和自主程度增多。生产效率的大幅度提高，使大部分人类已经不需要再为"衣食住行"这类温饱生活而担忧，人们的基本生活需要已经得到了满足，大量的产品与服务进入人们的生活，因此购买者对产品和服务的质量提出更高的要求，并且希望企业保证满足此项要求，即比如生产商通过"产品质量三包"向购买者承诺，如果发现问题，企业将无条件换货并且及时处理。在工业社会中，承诺代表了一种交易倾向，在使用产品过程中所获得的直接感受，是导致后续的购买行为或者提高购买的关键因素。在这个时代，承诺的含义可以理解为过程承诺，在工业产品使用的过程中保障购买者溢利的增加。工业社会的承诺发生了重大飞跃，是对于技术制造的产品的承诺，是产品性能、质量、维修、服务全过程的承诺，只有这样的承诺才能吸引顾客购买，形成交换，承诺的核心和内容发生了转移，为了保证承诺的兑现，各方签订合同，受法律保护。

进入商业社会，更高层级需要（尊重的需要、自我实现的需要）以及价值创造关键的变量是知识与思维。商业社会中主要的经济成分不再是实体经济，而是商业金融、贸易、保险等。在经济全球化的背景下，科学技术发展迅猛，投资人与投资对象也从局部地区变为全球地区，客户需求日益多样化，投资人也面临着更加复杂多变的营商环境。这个时代，只有不断地创造价值才能体现出个人的价值，实现个人高层级的需要。追求品质生活，成为人们向往的目标，因此投资人追求的结果也必须是实现价值倍增或者之上。在商业社会中，承诺就是对未来投资结果的承诺，结果带来预期收益、风险程度、实现概率、社会影响等都是影响投资人态度的关键因素。通过承诺的结果，吸引更多投资人的关注，实现倍增价值的创造。因此，在商业社会中，可以将承诺理解为承诺结果，通过保证商业投资的结果，来满足投资人的心理憧憬，工业社会的现实需求已经满足，商业社会人们追求对于资产的投资、价值创造，憧憬投资结果，没有结果的承诺，不会有人投资，道德和法律只是结果承诺的基础和支撑，真正的结果是人的思维和智慧的结果。虽然谁也无法保证未来和结果，但是通过理论研究可以大大减少投资的失误，保证投资的有效性——是底线承诺、倍增满意、人气对策、币值对策、金钱对策、权力对策共同作用的结果。本章重点从如何实现商业社会结果承诺角度进行承诺的研究，分析价值共识形成的底线承诺，构建完整的人气营商学理论体系和思维框架。

综上所述，承诺的演变路线如图 3-1 所示。

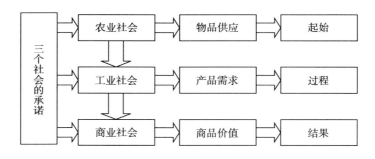

图 3-1 承诺的演变

二、承诺的表现

承诺的表现主要从承诺在三个社会中的目标与能力来衡量。总体来说，承诺在三个社会中呈现出三种不同的变化特征。在农业社会，"承诺"是起始阶段的保证，表现为"双发"能力，保障人们的基本生活需要；在工业社会，"承诺"是购买（使用）过程中的质量保证，表现为"双探"能力，保障人们的物质需求；在商业社会，"承诺"是指预期收益的保证，表现为"双创"能力，保障投资人对于倍增价值的心理憧憬。

（一）农业社会——表现为"双发"能力

农业社会中，社会的核心是土地，土地的多少也成为权力的一个衡量标准。在 18 世纪之前，全球基本上长期处于农业社会，传统农业国家的改朝换代和民主化革命，都伴随着土地革命，或谓之土地改革（土改）。土地是自然界最重要的组成部分，承载着全球各地区的文化、生活、历史。人类通过认识自然、发现自然规律、利用自然规律，来使自然界为人类服务。自然有自然的规律，正是有了这些自然规律，才形成了宇宙，造化了大自然万物生灵的一切，所以这世界上没有什么事物是可以超越凌驾于自然规律之上的，而是自然规律凌驾于一切事物之上，它是先于一切、超越一切、决定一切的，尤其是相对于我们人类生存来讲，那就更是如此。

几千年以来，人类不断地对自然界进行深层次的探索，随着知识的日益累积，同时伴随着历史与自然的反馈，我们已经知道地球上整个生态系统都须保持一定的平衡，过多过少都不行，这是绝对的自然法则，并且人类还须拥有一定平衡和谐的心态保持人与人、人与自然万物和谐相处，这不仅是人类生存的先决条件，也是人类唯一可以生存下去别无选择的道路。只有发现自然规律与发掘优良土地资源才能保证生产力与生产关系的稳定，从而保障家庭衣、食、住、行这类基本需要，实现承诺起始。因此，在农业社会，承诺起始表现为"双发"能力，即发现能力与发掘能力。

需要的低层级结构与农业社会过低的经济发展水平、科技发展水平、文化和人民受教育的程度直接相关。在这个时代，人们大多数的需要停留在最低层级，即生理需要和安全需要占社会的主导地位。人们渴望获得承诺的主要目的是获得基本生活保障与安全保障。如图3-2所示，在生产力水平相对落后的农业社会中，受认知与技术的限制，随着"双发"能力的提高，承诺起始的需要保障能力也会呈阶段性提高，自始至终，承诺起始都会受到客观条件的约束，最终，农业社会的承诺起始在一定的限度和范围内实现。

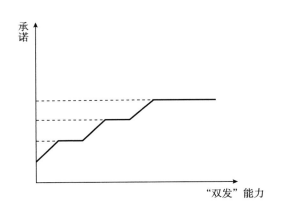

图3-2 农业社会承诺的表现

（二）工业社会——表现为"双探"能力

工业社会中，核心是科学。承诺是建立顾客溢利和获取竞争能力的必要条件。此时，承诺着重于满足顾客的需求，更好地实现顾客溢利的增加。科学技术是推动现代生产力发展的重要因素和力量，只有不断地探索科学技术，开展对未知领域的实验探险，才能推进时代的进步。因此，在这个时代，承诺表现为"双探"能力，即探索能力和探险能力。

随着科学技术的迅速发展，社会专业化分工的推进，促使全球各地区生产效率全面提升，工业化也成为全球任何一个国家实现现代化的必由之路。科学技术是第一生产力，放眼古今中外，人类社会的每一次进步，都伴随着科学技术的进步。科学技术是推动农业社会迈向工业社会的直接因素，尤其是现代科技的突飞猛进，为社会生产力发展和人类文明开辟了更为广阔的空间，有力地推动了经济和社会的发展，满足人们的物质和文化需求，工业社会的过程承诺得以充分实现。我国的计算机、通信、生物医药、新材料等高科技企业的迅速发展，极大地提高了我国的产业技术水平，促进了工业、农业劳动生产率的大幅度提高，有力地带动了整个国民经济的发展。科学技术的进步已经为人类创造了巨大的物质财富，丰富了人们的文化生活。同时，人们再也不会盲目迷信，而是遵循规律，崇尚科学。

随着知识经济时代的到来，科学技术迅速发展及其巨大的创造力，为人类文明作出贡献。实践证明，如图3-3所示，在工业社会中，随着技术进步，"双探"能力越强，承诺过程的需求满足兑现能力便越强，呈线性关系。

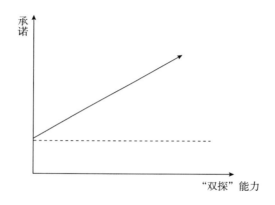

图3-3　工业社会承诺的表现

（三）商业社会——表现为"双创"能力

进入商业社会，承诺的表现不再只是科学技术方面的"双探"能力，更重要的是创新思维表现。商业社会中，承诺的概念已经发生了变化，强调对于投资人的投资结果的承诺。

商业社会中，核心是思维。"双创"推动商业的发展，是商业发展的驱动力；推动新兴产业发展，是思维创新的表现，更是商业社会中决定投资的关键因素。在竞争激烈并且被人高度关注的营商环境中，创新、创业已经成为当下的时代风潮，只有通过创新与创业才能发现新的商机，得到社会甚至全球投资人的关注，实现价值的创造，进而保证结果承诺的兑现。商业社会的承诺结果为投资人指明了一条快速成功的通道，从国家层面上讲，一个国家具有"双创"能力，能够引领世界的发展，从而为投资人做出的承诺结果就会非常可靠，引导投资人在该国进行投资。因此，在这个时代，承诺结果表现为"双创"能力，创新能力和创业能力越强，对于承诺结果的价值创造兑现能力越强，呈现跳跃发展的关系。

在商业社会，承诺的表现如图 3-4 所示。承诺、时间、空间和"双创"能力构成平面的关系图。"双创"能力的时间和空间大小不同，造成承诺结果的不同。"双创"能力越强，承诺的空间越大，完成的时间越短，是商业社会国家或地区最希望实现的商业状态。因为，商业社会中承诺结果的空间越大、完成时间越短，代表承诺创造的比较价值越大，该国或者地区越有可能实现价值倍增，甚至实现多次倍增。承诺结果发展空间较小、实现结果时间越久，国家或者地区的"双创"能力就越弱，创造的商业价值就不能实现价值倍增，也不会吸引到全世界投资人的关注。

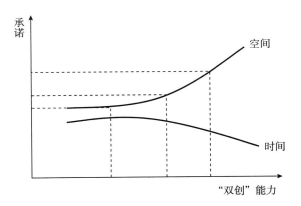

图 3-4　商业社会承诺的表现

三、承诺的作用

在不同社会，承诺的作用也发生了不同的变化。三个社会中，承诺的作用是不同的，承诺作为一种约束力，约束双方，从而实现预期的目标。总体来说，如图 3-5 所示，农业社会的承诺起始是为了更好地维持人们的生计，保障人民生活的基本需要；工业社会的承诺过程是为了更好地促使顾客购买产品，满足顾客的溢利需求；商业社会的承诺结果是为了吸引全球投资人的关注，从而更好地实现人气投资，创造倍增的商业比较价值。

（一）农业社会承诺的作用——维持生计

在农业社会，承诺含义指的是承诺起始。承诺在达成的初期，就可以将其作用体现出来，满足被承诺方的要求。在农业社会传统封建制度的体系中，一切的生产活动都是在权力基础上展开的。封建社会的特点之一，就是权力的分配。理论上，某个核心掌握了全部权力。然后通过一套体系，把权力分给周围的人，使

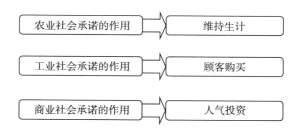

图 3-5　承诺在三个社会的作用

用权力管理国家，所以权力通过分封的模式来由其他人和集团掌握。但是权力的归属，却是核心权力者。人们追求权力，权力意味着对于人们基本生活需要的保障供应，也代表着向他人承诺起始的资格。

在农业社会，归因于落后的生产力与科学技术，生产效率低下、可利用资源有限，并不是所有人都可以满足最基本的生活需要。因此，人们最先考虑的问题便是填饱肚子、谋求营生，思考问题的角度也会首先从吃穿、生存层面出发。而在生产力落后的农业社会中，要解决吃饭问题，必须优先发展农业，这样才能保证社会稳定，继而促进社会经济发展，从而提高全民生活水平。农业乃安身立命之本、社会稳定之源，不发展农业，不解决生活问题，其他问题都会随之诱发，继而使社会动荡不安，难谋大国发展。

为了发展农业与解决粮食问题，权力的掌控者向需要维持生计的人们承诺他们的基本生活需要，被承诺方则需要付出自己的劳动力。双方主体通过建立承诺起始的条约解决人们的生计问题，不仅解决了人们的衣、食、住、行等基本生活需要，而且加强了封建社会阶层的固化和稳定性。

农业社会承诺的作用如图 3-6 所示。

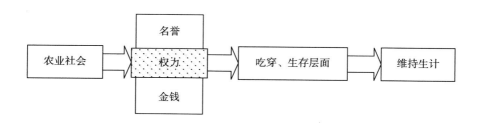

图 3-6　农业社会承诺的作用

（二）工业社会承诺的作用——顾客购买

随着科学技术的发展与生产力的提高，人类社会进入了工业革命进程中。社会化专业分工以及科技的发展使商品与服务种类极为丰富多样，人们的消费水平和消费结构发生了很大的变化。工业社会中的消费"胃口"也越来越高，产品与消费的内容和形式也日趋多样化，市场需求急剧增加，产品经济逐渐成为主要的经济模式。物质产品的丰富和人民生活水平的提高，使人们的需求层次发生了明显的变化，过去只满足于吃饱穿暖、衣食无忧，而现在则注重物质生活、生活水平的提高，以及精神生活方面需求的满足。按照马斯诺的需求层次理论，当生理需要基本满足之后，人们便会向往更高层次的需要。在温饱问题基本得到满足的人们的心目中，归属的需要、感情的需要和自我实现的需要已经上升到与"一日三餐"同等重要的地位。

工业社会的人们追求物质生活，对产品与服务的要求比农业社会提高了很多。承诺过程起到的重要作用便是，向购买者保证产品与服务的质量，保障购买者在使用产品（服务）的过程中，能够感受到切实的溢利增加。在以产品为主的工业社会中，质量保证是质量管理的一部分，它致力于提供质量要求会得到满足的信任。质量保证是指为使人们确信产品或服务能满足质量要求而在质量管理体系中实施并根据需要进行证实的全部有计划和有系统的活动。质量保证一般适用于有合同的场合，其主要目的是使用户确信产品或服务能满足规定的质量要求。质量保证的内容绝不是单纯的保证质量，保证质量是质量控制的任务，质量保证以保证质量为基础，进一步引申到承诺过程这一基本目的。为使人们确信某实体能满足质量要求，而在质量体系中实施根据需要进行证实的全部有计划、有系统的活动，称为质量保证。如果给定的质量要求不能完全反映用户的需要，那么质量保证也不可能完善。

售后服务是围绕着商品销售过程而开展的配套服务。在产品同质化日益严重的今天，产品购买已经实现，根据顾客的溢利形成的顾客购买全过程及售后服务作为市场营销的一部分已经成为众厂家和商家争夺消费者的重要领地，良好的售后服务是下一次销售前最好的促销，是提升消费者满意度和忠诚度的主要方式，是树立企业口碑和传播企业形象的重要途径。售后服务做得好，若能达到顾客提出的要求，顾客的满意度自然会不断提高；反之售后服务工作做得不好或者没有去做，顾客的满意度就会降低，甚至产生极端的不满意。在市场激烈竞争的市场中，随着消费者维权意识的提高和消费观念的变化，消费者在选购产品时，不仅注意到产品实体本身，在同类产品的质量和性能相似的情况下，更加重视产品的售后服务。因此，企业在提供价廉物美的产品的同时，向消费者提供完善的售后服务，已成为现代企业市场竞争的新焦点，购买者承诺过程成为工业社会顾客购买的关键（陈敬东和王丽影，2015）。

工业社会承诺的作用如图 3-7 所示。

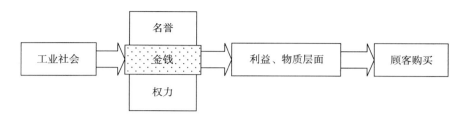

图 3-7　工业社会承诺的作用

（三）商业社会承诺的作用——人气投资

商业社会中个人的物质需求已经满足，更高层次的自我价值和精神需求是通过创造价值来实现。商业社会中，随着人们价值与精神层面的提升，权力与金钱已经不再是人类社会追求的重点。每个人都希望自身能够具有较高的社会地位，并在其所在的领域获得相应的名誉，能得到社会的认可并且获得尊重。名誉成为人们追求的目标、创造价值的一项驱动力。根据马斯诺需要层次理论，获得尊重可以得到满足感，能使人对自己充满信心，对社会充满热情，意识到自己的价值所在。而在商业社会中，想要获得相应的名誉与成就，便离不开对于人气线的准确判断和价值投资。

商业社会的价值创造，已经不是简单地着眼于经济利益的获得，而是推动社会进步所需的一切价值创造。商业世界是伟大的，两个世纪以来的管理革命和科学技术发展推动了人类幸福福祉的提升。在商业社会中，仅有工业技术的利益思维已经远远不够了，创造跳跃的商业价值思维才有未来，而企业创造商业价值的外部性越来越强、范围越来越广，营销环境已经逐渐被营商环境所取代。

商业社会中，投资商品种类纷繁复杂，投资的不确定性导致投资人在投资时会产生犹豫和担忧，往往不能和不敢将闲置的资金投资到商品中。商业价值增值的空间不确定和损失的时间不确定，是投资人最大的担忧，投资的风险研究已经远远不能解决现实投资的难题。可信的承诺结果会增加投资人对于投资商品的信心与决心。创造倍增价值远比减少投资的风险重要得多，商业社会中的国家通常会采用承诺结果的方式，来吸引全球投资人的关注度，从而更好地实现人气投资，创造倍增的商业价值。

商业社会承诺的作用如图 3-8 所示。

四、承诺的形成

由于在不同社会中，承诺的主体与含义都有所改变，因此，承诺在三个社会中也有着不同的形成机理。在农业社会，承诺起始形成是人民的基本需要，是土地的所有者必须面对的问题。保障人们衣、食、住、行的供应，是农业社会统

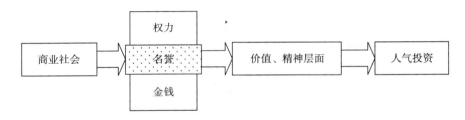

图 3-8　商业社会承诺的作用

治阶级的承诺起始，这样国家才能巩固政权。在工业社会，企业家通过对中观环境和竞争能力的分析，对顾客承诺过程让购买者在购买和使用的全过程充分感受到产品、服务、人员、形象带来的溢利，企业才能获得更多利润，政党才能发展经济。在商业社会，商业营商专家通过认知创新和沟通表现分析，实现全球投资人的承诺结果，让投资人投资商品，创造各种商业价值，获取更大名誉。

农业社会中，人类处于生产不足和基础物资匮乏的生活环境中，财富主要依靠有限的自然资源供给。以家庭为基本生产单位、以手工为主要生产方式的自给自足的小农经济在社会中占主导地位，导致生产的目的主要是满足家庭生活需要而不是交换。在以农业生产为主导的社会，土地是社会的核心。由于优良土地资源的有限性，拥有智慧的人群都会抢先占有土地资源，获得较高的社会地位，土地因此也成为权力的代表。拥有优良土地资源的人处在社会的高层，具备向老百姓做出承诺的资格。

在农业社会，只有保障老百姓的生产和生活，才能巩固统治阶级的权力。在这个时代，承诺表现的是"双发"能力，即发现能力及发掘能力。"双发"能力的提升源于人们对自然社会认知的提高，不断地寻找与发现生产规律。掌握生产规律的能力反映了一定生产方式下人们生活状态的根本特征。生产规律是农业社会发展过程中，人们对于自然认识的最直接表现，从不同侧面客观地反映和决定当下社会中的生产效率。在不以交换为主的农业社会中，生产效率可以反映出农业的生产量、人们的温饱生活状态，是生产力的表现之一。提高生产率，人们的生活水平便会有所提升，基本生活需要也会得到解决。观望上下五千年的中国历史，历代朝代的更换都是由于人们的基本生活得不到保障。因此，生产效率的提高，会避免社会发生动荡，从而维持封建社会统治阶级的牢固地位。农业社会承诺的形成如图 3-9 所示。

进入工业社会，由于人们对生产效率的不断追求，产生了社会分工。社会分工是人类进入产品经济的基础。对于人类来说，社会分工是农业社会跨向工业社会的关键因素。工业社会已经不再像农业社会一般，不再以自给自足的小农经济为主，人们以交换为目的。没有社会分工，就没有交换，市场经济也就无从谈

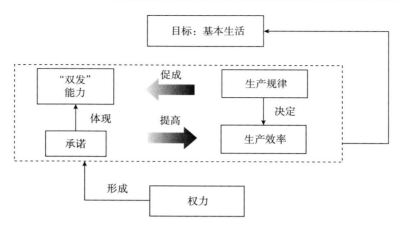

图 3-9　农业社会承诺的形成

起。如果没有社会分工，社会就难以正常运转。人类社会分工的优势就是让擅长的人做自己擅长的事情，使平均社会劳动时间大大缩短、生产效率显著提高。能够提供优质高效劳动产品的人才能在市场竞争中获得高利润和高价值。人尽其才、物尽其用最深刻的含义就体现在社会分工上。社会分工使人们擅长做自己事情，因此，在工业社会时代，以西方为代表的英国在近代大力发展工业，迅速地提升英国在全球的地位，将国家的科学技术提升至全球领先。

在工业社会，承诺对购买意图产生正向影响，促使双方保持互利关系。在产业内，通过科学技术的发展，寻找机遇，提高顾客对产品的满意度，才能保证承诺的形成。技术越成熟，达成承诺的可能性便越高；反之，则可能性更小。

不同于农业社会的承诺，工业社会的人气主要体现为"双探"能力。中观环境中的产业机遇是形成承诺的关键因素。只有在行业内拥有产业机遇，才有资格向购买者进行承诺。掌握的科学技术越先进，有产业机遇的可能性便越高。科学技术提升是因为工业社会中人们具备对科学技术的不断探索的能力，以及对未知世界的不断探险的能力，即"双探"能力。顾客的溢利是由科学技术的发展水平决定的，顾客的溢利得到满足，购买者就会增加，工业社会的承诺过程便能获得更多的金钱，人们的物质生活能得到提高。工业社会承诺的形成如图 3-10 所示。

进入商业社会后，人人都是投资人，人们更重视的是承诺结果是否能够创造商业价值。商业价值高低是可以满足投资人心理憧憬的最直接因素，在充满不确定性的商业社会中，可信的承诺结果起到的一个重要作用便是降低投资人对预期状况的风险敏感度，是双方进行博弈的前提。商业价值不仅是金钱价值，更重要的表现是名誉价值，是跳跃增长，金钱只是载体，名誉才是根本。商业社会的投

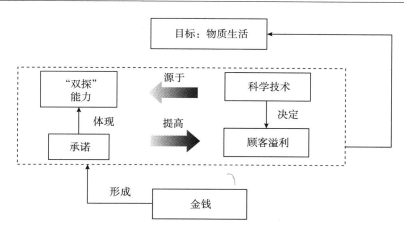

图 3-10 工业社会承诺的形成

资中，强调承诺结果的重要性，承诺结果是人们思维研判能力的表现，怎么强调都不为过，它是进行投资决策的基础。因此，承诺结果是在满足投资人的基本要求的基础上形成的，是名誉形成的开始。

商业社会中，承诺表现为社会中的"双创"能力。投资结果形成商业社会的承诺，思维认知源于人们对"双创"能力的掌握和提升，也决定了商业社会中的人气投资。最终在商业社会中，承诺结果吸引人气投资，产生价值的倍增，使人们可以享受品质生活。商业社会承诺的形成如图 3-11 所示。

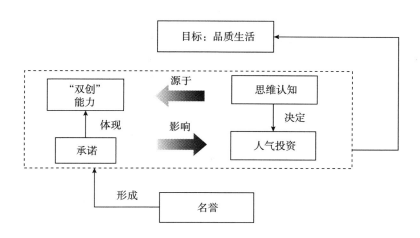

图 3-11 商业社会承诺的形成

第二节　商业社会的承诺

一、商业社会承诺主体变化

(一) 承诺结果与全球化密切相关

商业社会处于工业经济市场化的背景下形成的商业全球化阶段，工业经济承诺过程的主体是经济市场化，商业承诺结果的主体发生了很大的变化，变成了全球化，全球形成人气关注，创造商业倍增的比较价值。进入商业社会后，随着全球的开放与科技技术的迅速发展，信息的传播速度以及爆炸式增长，全社会进入信息时代。商业全球化使世界的商业活动不止在本国内流动，而是超越国界，在全球创造价值。商业全球化使世界各国的商业活动紧密联系在一起，这在促进各国商业博弈的同时，也使一个国家的商业波动可能殃及他国，甚至影响全世界，加剧全球商业的不确定性，反过来对发展中国家的经济安全和社会稳定构成极大的威胁。

承诺结果的形成，代表着全球投资人之间形成一定的价值共识，对承诺的结果有大致相同的观点。换句话说，即承诺结果是建立在全球价值共识的基础上的。全球的投资人在投资的方向上达成共识，在某个承诺结果上达成的价值共识越多，就代表着该结果越能满足投资人的心理憧憬，创造倍增价值的可能性便越高。承诺主体间的共识与心理憧憬一般呈正相关关系，在某一方面上，形成共识的人越多，代表承诺结果创造的价值越能被全球所认可。

全球一体化不仅使承诺结果的影响力范围上升至全世界，承诺的主体范围也从本国、局部地区变为全世界所有国家。面向全世界的承诺结果更容易受到各国投资人的关注，这不是一个国家和局部区域所能决定的，而是全球投资人共同决定的结果。同时，对于承诺方与投资人双方而言，也意味着更多智慧和碰撞，一个国家、地区都不能盲目地做出承诺结果，要综合考虑该国家和地区的实际发展情况与全球各国的实际发展情况，综合平衡，认真比较，才能做出承诺。一个国家一旦做出对于全球的承诺结果，就要兑现，要采取各种对策使之成为现实，这是该国的责任。如果承诺不能兑现，欺骗了全球投资人，则会给该国造成巨大的损失，国家经济和在世界中的政治地位都会受到影响，该国的人气也会随之远离。一个国家的承诺结果想要在全球化的商业社会中获得认同与关注，该国就必须具备"双创"能力，提高全球投资人对于承诺结果的价值共识，有机结合四个对策——人气、币值、金钱、权力，将人气聚集到该国，实现倍增价值创造，推动商业社会不断向前发展。

（二）承诺结果变动与各国联动关系更为密切

在全球多元化的商业社会中，世界上的事情越来越需要各国共同协商，世界各国的利益与命运也更加紧密地联系在一起，形成了"你中有我，我中有你"的命运共同体。很多问题不再局限在一国内部，很多挑战不再是一国之力所能应对的，全球性挑战更需要各国联动起来共同去应对。从国家层面来看，全球性承诺结果也理当如此。

当一个国家的承诺结果的比较价值得到其他各国的认同，其他各国也会根据承诺结果，在价值共识的基础之上，紧跟着采取相应的行动，即联合行动。通过全球各国的联合行动，采取有效的措施，来促成目标的兑现，实现倍增价值的创造。

比如，中国提出"一带一路"倡议，向全世界承诺"欢迎各国搭乘中国发展的'顺风车'"，受到国际社会的热烈响应与认同，各国也采取相应的对策，使"一带一路"倡议同其发展战略对接。通过各国的联合行动，不仅推动各国的全面发展，也为世界的经济增长增添更多的动力，为全球营造更为公平的环境，为"命运共同体"建立共享的安全格局。当一个国家提出的承诺结果具有倍增价值的心理憧憬时，吸引的是全球的各个国家，而不仅是承诺国内部，或者是局部地区。并且只有通过全球各国的联合行动，扔掉"我赢你输、赢者通吃"的旧思维，大家齐心协力，才能将承诺结果兑现，将心理憧憬转化为现实，实现比较价值的倍增。

二、商业社会承诺的新要求

（一）承诺的广泛影响力

在商业社会中，承诺结果必须具备广泛的吸引力，才能被全球的投资人所关注，聚集人气。投资人应当投资被人气关注的商品，因为只有这些商品才有可能创造倍增的商业价值。在这个时代，倍增价值是所有投资人渴望追求的投资状态。因此，商业社会对承诺的新要求便是：承诺结果必须具备广泛影响力，具备至少创造倍增比较价值的可能性。

在商业社会中，随着全球化的推进，从国与国双边的命运共同体，到区域内的命运共同体，再到全球人类命运共同体，承诺的结果也一步步地从局部地区上升到全球范围，被全球的投资人所关注。因此，承诺结果必须具有广泛的影响力。只有承诺结果具有广泛的影响力，才会进入全球投资人的视野，才会帮助创造倍增价值。从国家层面来看，承诺对一个国家的发展有着重要的影响。一个国家承诺结果的影响力，代表这个国家向全世界展示的未来发展潜力，会吸引全球投资人的关注，尤其是当投资人之间达成价值共识，投资人便会大量地投资这个国家，使这个国家可以在商业社会不断累积资本，实现资产大幅升值，提高自身在全球的话语权。

在商业时代，倍增价值创造是投资人所追求的心理憧憬。如果没有倍增价值的前景，便不会得到投资人关注，即表明承诺结果没有影响力。从局部地区的影响力到全球范围的影响力，代表的是价值的倍增、价值的大幅增值。在商业社会，将影响力与价值联系在一起，即只有创造倍增价值的承诺结果，才会具有广泛的吸引力。保障供应承诺起始的国家权力保护、满足需求承诺过程的市场经济魅力已经逐渐退出历史舞台，创造价值承诺结果的全球关注才是社会发展的核心。

（二）承诺的主动性和独立性

承诺的主动性与独立性相互联系，对实现承诺以及调整结果起着巨大的作用，其基本含义是承诺结果的变动更多地由发出承诺的国家进行主动调整，并且受其他国家变动的影响较少。主动性与独立性要求承诺方积极为全球的投资人服务，成为决定和调整承诺不可缺少的重要因素。

为吸引投资人关注，获得全球的吸引力，实现人气投资，承诺的主体必须主动去提出承诺结果以及主动完成承诺结果。提出承诺结果来吸引全球关注是国家发展战略的关键一步。承诺结果的主动性主要体现在三个方面：一是向全世界各国投资主体主动描述承诺结果；二是根据承诺结果的时间、空间的改变，主动对承诺结果进行调整；三是主动实现承诺结果，率先建立全球领导地位。

在 2008 年美国爆发金融危机之后，资产泡沫破灭，全球商业投资受到巨大影响，欧债危机不断扩大，对全球的经济以及金融市场造成严重的影响。中国作为世界经济与政治大国，主动提出援欧，让全世界的目光都聚集到正处于快速发展的中国身上。同时，在国内实施"4 万亿计划"，间接拉动了国内的商业投资，世界投资人的眼光迅速转移到了中国，中国实现了价值投资的倍增承诺结果，这些都是中国对于承诺结果的主动性表现。没有国家的主动，不可能吸引全球关注，倍增价值创造是全球投资人的选择。

时间与空间因素对承诺结果主动性起着关键的作用，承诺主体必须根据两个因素的改变，主动对承诺结果进行调整，避免严重的危机出现。比如，2016 年底国内一些金融投资人士希望通过各种保险资金掀起一轮股市行情，证监会及时发现，通过各种努力将这轮行情打压下去，如果没有证监会的主动性调整，后续发生的美元加息、人民币汇率下跌等不利事件必然造成股市大幅下跌，形成股市和汇市双杀，后果不堪设想。

主动实现承诺结果，是指承诺结果一旦提出，后续必须跟进。中国主动提出

"一带一路"倡议，向全世界发出承诺结果——"欢迎各国搭乘中国发展的顺风车"，更加明确了中国在世界中的大国地位与重要影响力，是对于全球投资人的召唤，是对中国创造商业倍增价值承诺结果的跟进措施。

在复杂多元的价值思维中，存在多种影响承诺结果的思维，承诺结果的实现需要保持相对独立性的思考。在一定的情形下，承诺结果不能轻易受其他思维影响。如2018年中国股市面临全球多种不确定性思维影响，中国顶住各种压力独立地跟进自己的承诺结果，没有跟着美国加息、收紧货币，还实施定向宽松货币政策，支持实体经济和股市，同时容允人民币适当贬值，但是确保币值平台重大心理关口"7"的不突破，明确保汇率的重要性，头脑清醒，向全球发出了股价倍增的承诺结果，不会因为世界经济和美国的价值思维而发生改变。承诺结果的兑现，更多的是需要承诺主体独立去完成，不能过度依赖别国，甚至完全依赖其他主体。一旦承诺结果兑现成功，就会赢得世界尊重，赢得全球投资。

三、承诺和资产价格的关系

进入商业社会，承诺结果是创造倍增比较价值的前提。在现代价值多元的商业社会中，投资商品种类日益增加、投资人思维具有不确定性，而可供投资人选择的"明星"投资商品并不多，盲目投资的结果往往事与愿违，会给投资人造成极大的价值倍减。大量的资金在寻找合适的商品进行投资。同时，承诺结果不明确，不能倍增，使大量的金钱货币找不到合适的资产进行投资，形成所谓的"资产荒"。

承诺结果的研究起到的一个关键作用便是降低投资结果的不确定性，帮助投资人与承诺人建立起对于资产投资底线思维的价值共识，使投资人的心理憧憬得以实现，增加对投资的信心。承诺结果分析对双方都具有现实意义，保障投资人的安全，同时也促成投资主体承诺结果的兑现；降低投资人对风险的厌恶，使大量的闲置资金进入投资领域。全球资金进入这个国家，导致大量货币进入资产领域，会直接推动资产价格的上涨。

承诺结果和资产价格的关系如图3-12所示。资产价格、承诺结果以及满意、对策之间相互影响。底线的调整会造成满意及四类对策随之改变，进而造成资产价格的改变，并依此循环。在商业全球化背景下，一个国家的承诺结果会吸引全球的投资人，承诺结果满足投资人的心理憧憬将是决定投资的关键因素。承诺结果不仅会吸引全球投资的注意力，有效的承诺结果更会降低投资人对于风险的厌恶，增加投资人的风险喜好，加大对未来投资收益的确定性。承诺结果是倍增比较价值投资的头部，真正实现资产价格上升，必须配合满意倍增分析——心肝肺肾，使用人气、币值、金钱、权力对策——四肢，才能影响资产价格，对策是核心，像一个完整的人一样，它们共同作用，才能使资产价格上涨。同样，没有完整的思维框架和理论体系，不可能创造商业比较价值，资产价格上涨是极不确定的。资产价格上涨，使该国在全球的地位有所提升，全球大量的资金不断进入该国，从而直接推高这个国家的资产价格，创造更多的价值，带来巨大的财富增值，从而带动该国工业和农业发展。

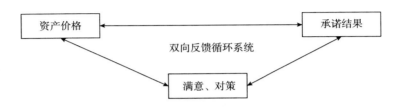

图 3-12　承诺结果和资产价格的关系

四、商业社会承诺确定

在商业社会，如何确定承诺结果主要有三种方式，分别是现实确定、沟通确定和共识确定。这三种确定方式在相互联系、相互作用中构成了承诺结果的系统确定方式，从而促进承诺结果的建立以及推动其实现。

（一）现实确定

现实确定是承诺确定的首要步骤，是沟通确定与共识确定的前提。商业社会是以价值投资为主的时代，并且随着商业全球化的推进，全球的投资人与投资主体之间成为了紧密联系的一体。而商业价值多元、各地区的紧密联系，使投资的商品种类也不断增加，与之相伴的风险与不确定性也逐渐增加。商业社会中的投资是对未来发展趋势的一种判断，由于人们的认知能力与计算能力有限，投资具有巨大不确定性。为降低投资的风险厌恶程度，提高投资主体风险喜好程度，投资人必须对承诺主体现实的实力进行比较，判断比较价值，衡量承诺结果与现实实力的相差程度。通过对现实实力进行比较与确定之后，才能促使承诺主体与投资主体之间达成初步的承诺。承诺结果的现实确定需要从两个因素出发进行严谨的考虑，一个是经济实力，另一个是政治环境，两个确定因素缺一不可。

从国家的层面考虑承诺结果的经济因素。经济实力并不单指人均实力，还指这个国家在世界经济中的竞争力、在世界经济中的相对稳定性。商业社会的投资人需要从目前的经济总量与经济增速两个维度去衡量经济实力。雄厚的经济实力对于投资人而言，是承诺结果的重要物质保证，经济实力强大的国家承诺的结果也更容易得到全球的认可，吸引全球的国家以及投资人的关注度。

在商业社会中，承诺结果的兑现往往需要强大的经济实力作为关键支撑。狭义经济实力指社会财富总量即社会价值总量，包括能够用货币来计算的与不能用货币来计算的社会真正财富总量，既包括社会财富的量，也包括社会财富的质。广义经济总量指所有能够用货币来计算的国民经济总量，既包括有效经济总量，也包括无效经济总量。经济总量增加、经济规模扩大有两种途径：资源配置和资源再生。狭义的经济总量增加更多通过创新与资源再生来完成，广义的经济总量增加往往通过资源配置与外延扩张来实现。新常态经济增长是狭义的，即是有效经济总量的增长，不包括无效经济总量的增加。经济新常态是不断扩大有效经济总量范围、缩小无效经济总量范围的过程。经济总量包括社会总需求和社会总供给两个方面。社会总需求为社会总的购买力（买方），社会总供给为社会商品和服务的总供应量（卖方），如果社会总需求大于社会总供给就会引起通货膨胀，如果社会总需求小于社会总供给则会引起通货紧缩，二者对经济发展都不利。

经济增长属于宏观经济范畴，狭义上指 GDP 增长。经济增长通常是指在一个较长的时间跨度上，一个国家人均产出（或人均收入）水平的持续增加。经济增长率的高低体现了一个国家或地区在一定时期内经济总量的增长速度，也是衡量一个国家或地区总体经济实力增长速度的标志。决定经济增长的直接因素，包括投资量、劳动量、生产率水平（赵娟，2013）。经济正增长一般被认为是整体经济景气的表现。如果一个国家的国内生产总值增长为负数，即当年国内生产总值比往年减少就叫作经济衰退。通常情况下，只有当国内生产总值连续两个季度持续减少，才被称为经济衰退。经济衰退的地区的投资回报低，并且风险性大。投资人不会过多地关注经济衰退的国家与地区，投资人也不愿意承担过多的风险，将大量资金与时间投入到该地区。

政治最直接的目的就是保证一个国家社会的秩序与安全，并且经济发展更需要稳定的政治环境的保护，因为政策的变动和导向作用对经济有着重要影响。政治环境的好坏是企业能否引进全球投资的重要条件，它影响着宏观经济形势，从而也影响着企业的生产经营活动，是企业确定发展规模、发展速度的重要依据。在全球化的商业社会中，稳定的社会环境和有序的市场是吸引全球投资人关注的关键条件。承诺结果的政治环境主要包括两个方面，一个是国内政局的稳定，另一个是国家在全球的政治地位。国内政治稳定是承诺确定的"保健"因素，国家在国际上的地位是承诺确定的激励因素。

政治稳定是指一定社会的政治系统保持动态的有序性和连续性。具体说来，它是指没有全局性的政治动荡和社会骚乱，政权不发生突发性质变；公民不是用非法手段来参与政治或夺取权力，政府也不采用暴力或强制手段压制公民政治行为，以此维护社会秩序。简而言之，政治稳定是把社会冲突控制在一定的秩序

之内。

政治稳定体现在许多方面，主要包括国家的主权稳定、政府稳定、政策稳定、政治生活秩序稳定以及社会政治稳定。对于一个国家来说，从内容上看，应当包含以下四个方面：①国家政治制度和国家政治权力主体的相对稳定。②国家政治生活的稳定。③国家政策、法律、法规的相对稳定。④社会秩序的稳定。

国际地位是指一个国家在国际体系中所处的位置和该国在与其他国际行为主体相互联系、相互作用下形成的国际力量对比结构中的状态。衡量和评估一国国际地位主要看两方面因素：一是综合国力，二是外部世界。一个国家的国际地位越高，该国在世界上的话语权便越大。从全球的角度来看，国际地位高的国家做出的承诺结果也更加具有吸引力。

近30年尤其是21世纪以来，中国的国际地位获得显著提高。在世界形势的转变中，中国变得越来越举足轻重甚至是不可或缺。尽管世人在评论中国时会有分歧的声音，持分歧的立场和观点，但世界越来越关注中国，中国在世界媒体的报道中已成为出现率最高的国家之一，所有这些都能使人直接地体会到中国的国际影响力。国际地位的提升，使中国的承诺可以被更多的国家所关注，并且展开国际合作。合作过程中可以将更多的资源引入中国市场，吸引更多的投资人参与。中国经济的健康持续发展不仅让中国民众拥有更多获得感、幸福感和安全感，也将推动世界经济的发展，使中国的承诺可以鼓舞世界经济的协同发展。并且毋庸置疑，中国已经成为全球治理进程中最为活跃、最为积极的力量，中国的国际地位提升，使世界目光日益聚焦东方，使承诺结果更加具有意义。

（二）沟通确定

沟通确定也是一种重要的承诺结果确定方式，是投资主体之间建立关系的一座桥梁。沟通是主体之间思想、情感的传递和反馈过程，以求思想达成一致和感情的畅通。在商业社会中，选择沟通对象是一种比较的表现形式，在承诺主体确定沟通对象的时候，总是会与其他备选沟通对象进行比较，在现实确定的比较基础上，选择可以创造更大比较价值的对象进行沟通，提高承诺结果的兑现力度与可能性。

沟通是一种贯穿承诺结果全过程的一种确定方式，在现实确定中需要沟通，在共识确定中也需要沟通，没有有效的沟通，就不可能存在承诺结果的确定。承诺主体间的沟通是影响合作与投资的一个重要因素，在每个过程中，都必须进行沟通交流，并且很多问题都是由于沟通不充分所引起的。这就决定了，在承诺确定的过程中，必须严格地把控沟通行为过程中的各个环节。沟通确定可以简化为三个阶段，分别为沟通前、沟通中、沟通后。

承诺人与投资人需要非常重视沟通前的准备工作，在沟通前要进行沟通的

"5W"要素分析，即 Why——为什么沟通、What——沟通什么、Who——与谁沟通、Where——何地沟通、When——何时沟通。"5W"要素分析提高了沟通的效率，使主体之间能够展开有效沟通。有效的沟通能将信息、情感和价值在承诺方与投资人之间传递，增进承诺双方主体的关系，使双方能有更深入的了解，从而达到特定目标。

在主体之间进行沟通的过程中，要注意沟通的"H"要素，即 How——如何沟通，需要重视沟通的方式。沟通方式决定了沟通的效率。进入 21 世纪后，由于信息手段的现代化和经济活动全球化，沟通的效率得到大幅度提升。

在初步沟通结束之后，要注意沟通的"F"要素，即 Feedback——沟通反馈。沟通是信息双向流动的过程，由信息的传递和反馈共同组成。如果信息在沟通的过程中只存在单向传递，而没有反馈，通常意义上意味着沟通的失败或无效，承诺也不会达成。有效的沟通在反馈的过程中要求两个方面，首先是反馈信息的真实、准确，其次是反馈信息的传递迅速、及时。

综上所述，承诺的沟通要素如表 3-1 所示。

表 3-1　沟通的过程

沟通前		沟通中		沟通后	
Why	为什么沟通，沟通目的	How	如何沟通，沟通的方式	Feedback	沟通反馈
What	沟通什么，沟通的内容				
Who	与谁沟通，沟通的对象				
When	何时沟通，沟通的时间				
Where	在哪儿沟通，沟通的场合				

沟通的目标是为更好地促成承诺结果的确定，其作用主要表现在以下四个方面：

（1）通过沟通，获得双方的价值诉求。

（2）通过沟通，表现出双方完成结果的能力。

（3）通过沟通，双方进行充分的磋商，双方的目标基本一致。

（4）通过沟通，双方达成有条件的承诺。

沟通确定是现实确定的补充和完善，现实确定是基础，沟通确定就是支撑，没有沟通就不可能形成承诺结果，因为价值思维多元，很难形成共识，没有共识，承诺无法形成，需要反反复复地沟通和碰撞，才能达成基本一致。

（三）共识确定

通过沟通确定，解决了人们思维的疑惑，共识确定才是承诺结果确定过程中的核心，现实确定与沟通确定都是承诺主体之间达成共识之前的基础和支撑。在商业社会中，实现倍增价值创造是投资人的心理憧憬，因此主体之间的共识主要是指价值共识，价值共识是承诺主体之间在相互交往的过程中，通过深层次的交流与思想沟通，在承诺结果创造的比较价值上形成的某种协调、一致的意见。

价值观念是投资人对于主客体之间客观的价值关系的观念把握，是投资人在认识投资对象中所形成的关于客体对主体是否具有价值、具有什么样的价值以及具有多大的价值的看法。价值共识就是在这种反映着一定的客观的价值关系的价值观念上达成的共识，因此，价值共识属于一种观念层面上的东西，虽然它也经由价值共识主体的价值观念反映着某种客观的价值关系，即它终归是对某种价值的共识，但它与客观的价值关系如人们通常所说的"普遍价值""共同价值"是有本质区别的。

价值共识是承诺结果的重要前提和兑现保障。在商业社会中，任何一个投资人，要追求比较价值的创造，就需努力使全体社会成员认同核心价值观，并根据实际情况促成人们对与核心价值观并不矛盾和冲突的各种非核心价值观的认同或认异。在当代全球性社会中，要维护和促进世界和平，不仅需要当代世界各国的人们自觉认同反映全人类共同利益、共同价值的全球价值观，而且还必须在当代世界文化交往中努力促进和实现不同民族、国家的人们之间的价值认异。

价值共识有两种基本形式：一是价值认同，即人们被交往方的价值观念所同化，自觉或不自觉地赞同和接受对方的价值观念。二是价值认异，即人们虽然并不赞同和接受交往方所持有的价值观念，但能够理解对方所持价值观念产生的缘由和根据，并由此包容、体谅和尊重它。人类的行为和活动总是在一定的思想观念的制导下进行和展开的，人们之间的有效交往、社会的有序运行，都必须具备一定的观念前提。价值共识就是这类重要观念的前提之一（汪信砚，2017）。

人气营商学中承诺结果的共识确定，是指投资主体之间在底线思维上达成一致的共识。底线思维是一种前瞻后顾的思维取向，它是一种思维技巧，注重的是对危机、风险、底线的重视和防范，具体是指根据特定的立场与原则设立最低目标、最低要求、基本立足点等，争取最大倍增价值的思维方式。拥有底线思维技巧的投资者会认真计算风险，估算可能出现的最坏情况，以及最坏情况的前景发展，判断底线的倍增高位。底线思维的判断会影响投资人的决策态度，能够提供继续前进时所必须的那份坦然。在高度不确定的商业环境中，对于金融、证券投资而言，需要谨慎并且精确地把握底线位置以及底线的倍增位置。底线思维可以帮助人们实实在在地考虑在某种环境下可能产生的最坏结果，而不仅仅是凭空想象，这样不仅可以时刻提醒投资人什么才是自己追求的结果，还可以帮助投资人看到更远的前景。加强底线管理是和谐社会建设的重要思维取向。底线思维表达了从坏处着想、主动作为、争取最好的思想观念。在竞争如此激烈的商业社会，做任何投资，都必须判断底线的位置，寻找底线在哪里。突破这些底线的后果会怎样？守住底线的措施是什么？商业社会中的投资人必须时刻将这些问题放在心中，时刻提醒自己。

底线作为建立价值共识的基础，根据时间及空间的变化，需要进行不断的判断。底线的倍增位是判断主体之间是否达成共识的重要依据。从投资的实践来看，满足投资人心理憧憬的条件并不是此刻的低位，而是其倍增的高位。如果判断的底线倍增位不能满足投资人的心理憧憬，则需要寻找新的底线，进行再次判断，以此类推。在商业投资中，底线思维的判断如图 3-13 所示。

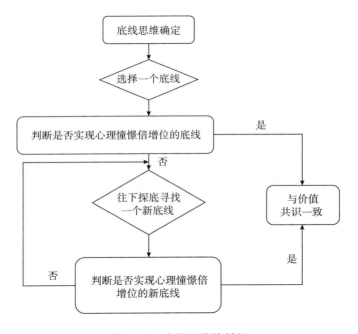

图 3-13 底线思维的判断

综上所述，从商业的角度去研究，底线思维是影响投资人心理憧憬的关键变量。在底线思维上形成价值共识，才能准确地把握对未来投资的承诺结果。通过底线思维的把控，对心理憧憬进行调整，承诺人与投资人在底线思维上形成共识，才能促成承诺结果确定。

第三节　商业社会的承诺结果原理

一、承诺结果原理的理论来源

商业社会的承诺就是承诺结果，商业社会的投资需要更大的增值空间和更快的速度，才能吸引更多人进行投资。承诺在商业社会中的角色和要求都发生了根本性的变化，承诺已经变成了承诺结果。承诺结果原理并非无迹可寻，其具备大量的理论基础，主要可以从投资学和营销学两个领域来进行阐述。其中，投资学主要为承诺结果原理提供了方法支撑，而营销学则为承诺结果原理提供了主要思维源泉。

（一）投资学来源

投资回报率（ROI）是指通过投资而应返回的价值，即企业从一项投资活动中得到的经济回报。它涵盖了企业的获利目标。利润和投入经营所必备的财产相关，因为管理人员必须通过投资和现有财产获得利润。投资可分为实业投资和金融投资两大类，人们平常所说的金融投资主要是指证券投资。证券投资的分析方法主要有基本分析、技术分析、演化分析三种。其中，基本分析主要应用于投资标的物的选择上，技术分析和演化分析则主要应用于具体投资操作的时间和空间判断上，作为提高投资分析有效性和可靠性的重要补充。

随着我国居民投资意识的不断增强，人们开始热衷于不同的理财方式，希望能够通过不同的理财工具为自己的资本进行保值或升值，购买股票进行投资是人们常见的投资形式，随着居民的投资意识不断增强，股市的表现开始变得和每个人的切实利益相关。然而如今很多股民却缺乏基本的金融知识，不仅不理解股票的实质是什么，更缺乏理性的、科学的股票投资策略，只是盲目地跟风进行投资，而这样缺乏投资策略的投资方式很有可能将投资者暴露在较高的股票投资风险之中。股票作为一种具有高收益、高风险特征的投资方式，需要公民投资时进行有理智的思考和科学的决策（王艳双，2008）。

在进行投资的过程中，人们总会分析造成投资结果的原因是什么，即对投资结果进行归因。投资者通常将投资结果归因为内部原因（决策、能力）或外部原因（运气、政策、情境）。根据归因效果论，成败者对成败结果的归因解释很大程度上决定了事件结果对人们心理上的影响。进一步地，人们对于投资结果的归因会影响投资者未来的判断、决策和行为。人们在进行归因时，是自我保护的，这就会产生归因偏差。投资者对投资结果的归因偏差也是投资者非理性的表现之一。有证据表明，个体投资者的归因偏差会导致反应过度不足。对投资者的归因进行研究，可以帮助投资者避免由于归因方式带来的不良心态，以及由于归因偏差造成的错误的投资决策行为。

对已有的归因理论进行梳理和总结，主要分为以下几种：

1. Kelly 的协变理论

三维归因理论（Cube Theory），也称炽度理论或立方体理论，由美国社会心理学家凯利（Kelly）于1967年在《社会心理学的归因理论》一书中提出。

凯利认为，对他人行为的归因一般要经历三个阶段，首先是观察行为，其次是判断原因，最后是排除偶然因素和迫于环境的因素。一般人们在归因时要沿着三个方面的线索进行思考，然后把原因归结于刺激物、行为者或环境。由此提出了三条线索：一致性、区别性和一贯性。经试验验证得出，人们通常根据三条线索进行权变的分析，最终形成对原因的推断。

凯利的协变理论在股票市场中具体表现为对错误性投资的归因。投资者归因的情况如表3-2所示。

表3-2　投资者归因的情况

情景 ＼ 特征	一致性（其他投资者是否也在该股票上亏损）	一贯性（该投资者以往的股票是否总体亏损）	区别性（此时该投资者的其他股票是否亏损）	结论（造成该投资者亏损的原因）
情景一	否	是	是	投资者
情景二	是	否	否	该股票
情景三	否	否	否	运气偶然情况

2. J. Rotter 的控制点与归因的关系

控制点由社会学习理论家罗特（J. Rotter）提出，也称控制观，个体在周围环境（包括心理环境）作用的过程中，认识到控制自己生活的力量，也就是每个人对自己的行为方式和行为结果的责任的认识和定向。控制点（Controlpoint）是以一定精度测得该点平面位置、高程和（或）重力加速度等数据的固定点。通常需在点上埋设标石或设置其他标志，在远方对其照准的控制点（如三角点、导线点）上应架设固定的或临时的测标。控制点（Locus of Control），也称内外控倾向，是心理学的一个概念，其指个体对自己的行为和行为后所得报酬间的关系所持的一种信念。

3. E. B. Weiner 的三维归因

人们对事件的归因，会考虑原因源、可控性、稳定性三个方面。原因源是指导致股票亏损的原因是什么，是内部的还是外部的，如股票的选择、新政策出台、整个股市行情等，而每一个原因会相应地引起一种情绪状态，如果是选择错误的原因就会后悔、懊恼，如果是政策的原因就会抱怨。归因的可控性是指造成事件结果的原因是不是投资者可控的。其中涉及个人自尊问题，以投资亏损为例，如果投资者将失败归因于不可控因素，对投资者的自尊水平没有影响；如果投资者承认股票投资失败是自己选股错误，会导致自尊水平下降。投资者为了避免这种情况发生，在进行投资时会从众，或是自我设障，随便选择股票，在投资失败时就会有理由避免承担责任。稳定性是指投资者归因于稳定因素，如能力、智力、人格特质等，或是不稳定因素，如运气、情绪等。投资者归因于稳定因素会对自信水平和自我效能感产生影响，如果将成功归因于稳定因素就会增加投资者的自信和自我效能感；反之，将会降低。这些方法的实质是帮助人们寻求失败和成功的内在和外在原因，使投资人加以借鉴和预防，力求在浩瀚的投资影响因素中进行归因，这是所有投资人都必须掌握的方法。

（二）营销学来源

营销学和经济学的区别在于，营销学更注重投资人创新投资思维的培养，投资学更多关注技术和方法。承诺结果的营销学基础就是顾客营销学。承诺的营销学研究方向是顾客溢利需求机遇承诺。

通过对顾客价值概念的研究易发现，"得失说"得到众多学者一致认同，即顾客感知价值是对感知利得与感知利失进行比较的结果。感知利失是指顾客在购买时所付出的所有成本，包括时间、精力、货币等，而感知利得则由物态因素、人员因素、服务因素及产品的相关技术等构成。"溢利"这一概念正是来源于上述价值感知层面，主要强调两者相比较的溢出部分，可以是正，也可以是负。这种"溢出部分"不仅影响顾客价值，更会对顾客满意路径形成一种传导反应机制。正是由于存在这种传导反应机制，企业才竞相提高绩效、寻求满足顾客需要的最佳方法，不断调整诸如广告、服务、营销等策略，促使顾客价值感知产生动态性变化。这要求企业时刻注意并紧跟顾客价值的动态变化，通过顾客感知利得与感知利失的比较形成"溢出部分"，本书将其定义为"溢利"。

2010年，笔者又借鉴商品价值利益概念进一步完善顾客溢利，既顾客溢利指基于产品、服务表现的顾客心理认知利益。营销学中的利益表示的是一个人在消费或购买某种产品或服务时从中得到的好处，而顾客溢利是指在购买产品或服务过程中顾客感知的利益，是通过过程来触发情感上的反应的，是客观产品利益的主观顾客感知，因此，溢利的实现先于顾客价值利益的实现。

产品为顾客提供利益与顾客实际感知价值可能会存在差距性（其中，差距是指事物之间的差别程度），差距的程度及方向对顾客是否满意和满意的程度具有非常重要的影响作用。顾客溢利是一种顾客心理认知利益，顾客的认知水平直接影响着顾客所重视的溢利。而认知是产生差距的重要原因，要使顾客满意并最终购买就必须提高顾客认知以减少差距。

价值最终是由顾客来评判的，而顾客感知价值溢出部分则是一种主观评价，顾客获得的不是差异的客观利益，而是溢出部分的真实感知利益，即顾客溢利。顾客满意的实现依赖于溢利的实现，主要依赖于对溢出部分的真实感知，依赖于顾客感知价值的提升，应当提高顾客认知减少主观差异。首先应确保价值的有效传递。如果企业创造的价值不能传递给顾客，就谈不上价值的实现。价值的传递既是价值实现的过程，也是价值增值的过程。其次还要进行价值沟通。受认知水平、文化程度、经济差异性、传递途径等影响，价值传递给顾客及顾客进行信息处理的过程中都将会导致特定价值维度传递出现瑕疵。因此，企业不能想当然地以为顾客充分接收到企业提供的价值。有效的价值沟通是解决当前双方之间分歧最好的方法，所以企业很有必要同目标顾客进行价值沟通。价值沟通的目的不仅在于价值的完美传递，还在于缩短企业与顾客之间价值理解的差距。最后保证完善价值的反馈过程。顾客对于企业所提供的价值与自身所渴望的价值并不是任何时候都匹配的，这需要一种反馈过程促进这种匹配达成一致（陈敬东和王丽影，2015）。以上可以看出，顾客承诺强调的是把握顾客心理认知、主观差距的感知溢利，在沟通和提供产品、服务过程中尽量满足顾客的溢利需求，承诺体现在过程中。

无论是投资学，还是传统的顾客营销学，提供的方法和思维都是从人类自身的认知角度出发的，方法是了解人类认识偏差产生的原因，在这方面，人类必须利用工具；思维是体现和承认人类自身的认知偏差，通过认知偏差，满足需求，形成交换。这些都是人气承诺思维产生的理论基础和源泉。

二、商业社会承诺结果原理

（一）基本原理

商业社会承诺结果原理主要是指人的心理憧憬与承诺结果的关系。人的心理憧憬是由人们价值共识形成对承诺结果的判断，进而使承诺结果呈现出基于底线思维的倍增（减）的憧憬性，价值共识是连接心理憧憬与承诺结果的桥梁。因为在商业社会中承诺与结果结合在一起，承诺必须是结果承诺，结果必须是承诺的结果，其他结果多种多样，人们不会关心。心理憧憬是承诺结果原理的核心，其作用机制如图 3-14 所示，商业社会中心理憧憬直接影响承诺结果的大小以及变动方向，结果的变动情况影响投资者的心理憧憬，两者相互作用。

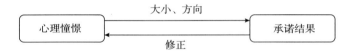

图3-14　承诺结果原理的作用机制

　　心理憧憬之所以可以影响结果的大小是因为，从国家层面上讲，如果全球投资人对于某一国的心理憧憬发生变化，那么就意味着这些投资人发生变化，该国的承诺结果就会发生相应的变化。最好的例子就是当中国的经济总量位居全球第二，全球投资人对于中国股市的心理憧憬发生正向变化，2005~2007年中国A股大盘从1000点附近上涨至6124点，这就是全球投资人对于中国资产价格的心理憧憬放大的结果。同理，如果整个国际社会对于一个国家心理憧憬发生正向变化，那么对于另一个比较的国家就会产生负向变化，该国的承诺结果就会变小，意味着该国在国际舞台上的"双创"能力已经开始减弱，只不过是影响的资产价格不一定是同一类型。例如，人民币币值平台趋势上升，中国的股票价格在2005~2007年上涨，而美国的房价在2008年下跌，人气营商理论的币值对策充分说明，人们对于美元币值的平台地位长期趋势上升已经开始动摇。这个原理正好可以说明，各个国家都在不断努力提升自己在国际舞台上的心理憧憬，心理憧憬大小影响承诺结果的大小。

　　心理憧憬对承诺结果的变动方向也会产生影响，心理憧憬通过运用价值共识形成的底线思维，使全球投资人对某个底线形成思维共识。心理憧憬的底线安全，承诺结果的方向就肯定正向向上；若心理憧憬的底线过高且安全性较差，那么结果的方向很可能向下继续寻求心理底线。仍然以A股大盘为例，2015年6月中国A股下跌至3300点附近，底线思维的价值共识没有达成，继续向下寻求底线，降至3000点、2850点，直到2638点，达成底线思维价值共识，2600点才是安全的底线，倍增位超过本次行情的高位5178点，在5200点附近。说明股市心理憧憬向上的方向没有发生根本性改变。

　　同样地，承诺结果也会反作用于心理憧憬，一个国家如果对全球投资人做出倍增价值的承诺结果，就会吸引更多的资本流入这个国家，从而影响资本市场的心理憧憬，提升全球投资人对该国的心理憧憬。确保倍增的承诺结果对于投资意义重大，所以2015年股市下跌，投资人纷纷看空，国家在3000点以上就开始影响底线思维，到了2600点附近大盘才守住底线，没有改变投资人的长期心理憧憬，否则将对股市产生长期负面影响，后果不堪设想，当然影响心理憧憬的工具和手段不只是守住底线，还包括其他的一些影响因素，但是底线倍增的心理憧憬作为全球投资人的判断，需要承诺结果的变动来修正。通过实际的承诺结果的变动，正确把握和影响投资者的心理憧憬。在商业社会承诺的本质是结果，投资主体的心理憧憬便会因为这种结果的变化而发生改变，这就是所谓的结果能够在一定程度上修正心理憧憬的大小。因此，心理憧憬和承诺结果是相互影响的。

（二）承诺作为结果的研究逻辑

要理解承诺是一种结果，必须理解承诺作为结果的逻辑。商业社会中承诺结果的根本目的是追求倍增价值的创造，而倍增价值创造的过程是通过投资实现的。因此，商业社会中承诺结果的过程也就是投资的过程。投资人投资哪个国家首先基于对这个国家投资结果的肯定，只有对现实的结果给予承诺，全球投资人对于这种结果产生心理憧憬，投资人才会选择该国家进行投资。结果是投资的终点，但更是下一次投资的起点，投资人进行资产投资就会获得相应的收益，而这种收益就是投资的结果，每次投资的结果就是这次投资的终点，同时这个结果又影响下一次投资的心理憧憬的底线起点，这是因为，前一次的投资结果会对后面的投资人进行投资产生重要的影响，使这些投资人在投资之前产生心理憧憬，坚定了对未来投资的信心。

商业社会中某一国进行结果承诺，就会吸引全球投资人对该国家进行投资，一个国家整体是无法衡量是否具有投资价值的，必须通过该国的投资载体加以体现，主要表现在"三价"上。当这个国家承诺结果时，必然带动全球资金投资该国的房价、物价、股价，"三价"资产的价格上涨，也会吸引全球的投资者来投资该国，从而使价值发生增值，实现倍增。承诺结果的逻辑如图3-15所示。

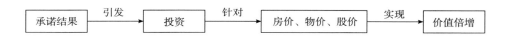

图3-15　承诺结果的逻辑

（三）心理憧憬变化的内在含义

心理憧憬变化的实质是比较价值的变化，承诺结果的表现是一个国家的"双创"能力，只有不断地创新、创业，才能真正守住心理底线，长期保持投资人的心理憧憬；否则无法守住心理底线，底线被突破，心理憧憬发生变化，倍增的价值创造就会出现问题，投资人就会转移，反映在人气线的投资品种上就是资产泡沫破灭，影响全世界投资人对于该国的资产投资。

承诺结果的心理憧憬处于不同阶段时所对应的底线思维的作用是不同的，心理憧憬处于"明星"阶段时底线思维的作用要强于其余阶段，而心理憧憬变化的实质就是底线思维作用由弱到强再到弱的转换过程。

因为心理憧憬是承诺结果原理的核心所在，所以要明确心理憧憬的变动，它实质上是一个国家承诺结果的变化。如果没有承诺结果的变化，人们将很难对该国的价值投资情形进行判断。随着时间的推移，投资者对一个国家的心理憧憬会随着该国的承诺结果能力的变化而发生改变。当对国家的心理憧憬发生改变后，就意味着各个国家间的心理底线发生了变化。

心理憧憬这个概念源于心理学，本书中心理憧憬主要是指投资人对于他们的投资回报的期待与向往。投资人心理憧憬发生变化，即投资人对投资回报的期待和向往发生变化，相应地，各国承诺结果的心理底线就会发生变化。

底线思维的变化的过程可以用图 3-16 示意。在进入商业社会的国家中，选择两个进入人们视野、被相互比较的国家 A 和国家 B。长方形表示人们的视野，椭圆的面积表示 A 国和 B 国的"双创"能力，椭圆的周长范围表示心理憧憬的大小。随着时间的变化，A、B 两国的"双创"能力是不同的。在初期，A 国的"双创"能力跟 B 国"双创"能力相差不大，因此无法判断 A 国和 B 国哪国心理憧憬更大。随着时间的推移，A 国的"双创"能力超过 B 国，在这种情况下，承诺结果也会发生改变，A 国的心理底线作用凸显，从而使 A 国的心理憧憬放大，超过 A 国原有的地位，A 国的承诺结果提高了，反之亦然。

A 国的商业价值提升，会使其商业社会的国际地位上升，该国投资人心理憧憬会提升，有更多的投资人认同其地位，B 国投资人心理憧憬下降；反之，A 国不变，B 国下降，结果是一样的。一国的"双创"能力增速变缓也会导致投资人心理憧憬减小，失去承诺结果。

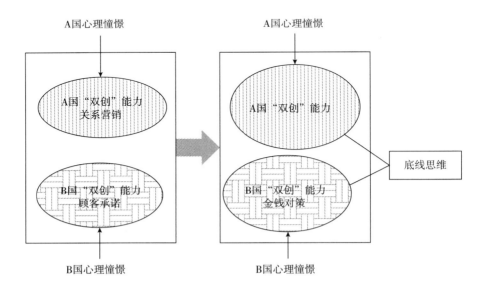

图 3-16　商业社会国家底线思维变动示意

（四）承诺结果的类型及适用对象

了解过承诺结果原理、研究过心理憧憬后，就要研究承诺结果本身。商业社会的每一个国家都会自觉或者不自觉地通过承诺结果影响投资人的心理憧憬变化，因此，对应人气矩阵，可以将承诺的结果按照对人们心理憧憬影响程度主要分为四种类型，这四种类型分别是："瘦狗"结果、"问号"结果、"金牛"结果和"明星"结果，具体如图3-17所示。

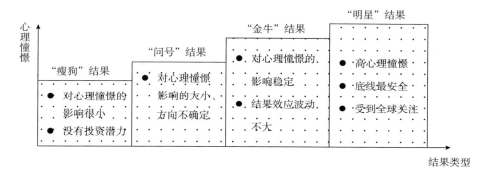

图3-17 商业社会国家中的承诺结果类型

这四种承诺结果的划分主要是基于对于全球投资人的心理憧憬影响程度来划分的。承诺结果的表现是："明星"结果是指对于人们心理憧憬"双创"能力影响较大，引起全球关注的承诺结果，导致该国价值创造的倍增（减）；"金牛"结果是指对于人们心理憧憬影响有限，承诺"双创"能力开始减弱的结果；"问号"结果是指对于人们心理憧憬影响需要时间等待，目前无法立即体现"双创"能力的结果，需要耐心等待；"瘦狗"结果是指对于人们的心理憧憬影响太小，基本不影响人们的投资，无法创造价值的结果。

在这四种不同的结果中，有三个承诺结果影响投资，分别是"明星"结果、"金牛"结果和"问号"结果。因此，要研究这三个承诺结果的特点和使用对象。每个投资人都要结合自己的投资偏好选择不同的结果类型国家进行投资。同时，各个国家自身可以根据不同的结果特性选定承诺结果目标。

1. "明星"承诺结果

特点：具备"明星"承诺结果的国家和地区"双创"能力高，对于全球投资人心理憧憬的影响很大，是商业社会的引领者。由于"水阀"打开，该国就会有资本流入，该国的资产价格就会上涨，所以对投资者来说，可以投资该国的"三价"，从而实现自身价值倍增。由于"双创"能力的增强，该国必须时常保持高度警惕，进行价值创造，否则将出现承诺结果负向影响情况，出现价值倍减，影响该国在商业社会中的领导者地位。保持"明星"承诺结果的正向影响，也就是对社会释放"正能量"。

适用对象：对于资产升值有较高要求的投资者、短时间内资产快速升值的投资者、可以承受双向波动风险的投资者；在该国投资容易出现神奇的投资对象。

2. "金牛"承诺结果

特点：该国和地区的"双创"能力、承诺结果对投资人的心理憧憬的影响进入相对稳定的时期，会有商业社会领导国家的资金流入，以保持心理憧憬的稳定。因此，这种承诺结果跟具有"明星"承诺结果的国家的关联性较大。该承诺结果不可能继续引领世界的发展，它们属于商业社会中的跟随者，会有自己跟随的承诺结果（往往是"明星"承诺结果）。在这种承诺结果的引导下的投资收益非常稳定，波动幅度有限，"双创"能力提升的空间有限。

适用对象：避险资产可以进行投资，以保持稳定回报，适合保值需求的投资者，不适合想谋求更大倍增空间的投资者；对于拥有较大规模的资产的财富拥有者，这些国家是他们用来配置他们需要避险的安全资产的首选地。

3. "问号"承诺结果

特点：短期内"双创"能力、承诺结果对投资人心理憧憬影响大小及变动方向不能确定，可能出现相对较长时间的等待。"问号"承诺结果的表现和对于投资人的心理憧憬的影响，需要通过观察来判定。但该承诺结果的影响水平处于低位，有上升的空间，"双创"能力较低，可以用较低的成本持有该国的资产。

适用对象：希望获得价值增值且愿意等待的投资者；需要有敏锐的判断力和前瞻性，可以从中判断出承诺结果对于未来的"双创"能力的影响，不愿意承担高成本双向波动风险的投资者。

（五）承诺结果的选择步骤

投资人在选择承诺结果、调整心理憧憬的时候要遵循以下三个步骤：

第一步，判断一个国家的"双创"能力大小，具体考察该国是否具有"双创"能力，没有"双创"能力的国家和地区，没有倍增的资产价格增值，是无法进行投资的。判断一个"明星"国家承诺结果对人们心理憧憬的影响，承诺结果只有在被承诺结果的"明星"国家才有作用，才能吸引投资人进行投资，创造更多的倍增价值。因为"明星"国家对人们的心理憧憬的影响相对较大；相反地，如果一个国家对人们的心理憧憬的影响小，该国的未来发展也不会被看好，承诺结果也得不到保障。同时，有些国家希望继续提高本国的承诺结果，那么这就需要现实确定、沟通确定、共识确定（前面已经讨论过）。只有做出承诺结果，才能形成倍增价值的底线思维。

第二步，选择"双创"能力高的国家的投资商品，灵活运用波士顿矩阵进行"三价"人气线投资品种的选择是投资该国资产品种的基本前提。通过承诺结果引导投资，灵活选择具有倍增（减）价值洼地的商品。一个国家只有对未来做出承诺结果，才能创造商品倍增（减）的底线思维，通过"双创"能力做出的承诺结果，必须时刻保持这种承诺，在价值洼地善于利用承诺结果引导商品实现倍增，在价值高位，即没有上升空间的底线思维上，适当减少承诺结果来抑制商品价值上涨。然后寻找新的倍增价值商品创造新的价值，通过承诺结果影响人们的心理憧憬，从而真正实现价值倍增，避免资产泡沫的产生。如图 3-18 所示，承诺结果先影响房价，到了高位，没有倍增空间，再影响物价，最后影响股价。按照人气线心理周期转移，是保证一个国家做出承诺结果的核心。

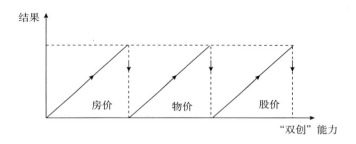

图 3-18　承诺结果"三价"轮转

第三步，投资人需要持续了解该国创新的内容及承诺结果。若该国的创新内容和承诺结果出现问题或者有更优秀的国家出现，投资人必须在全球范围内寻找新的投资对象。该国资产价格就有可能突破底线，导致重新寻求新的底线，或者延长倍增价值创造的时间，成为"金牛"和"问题"商品。必须时刻留意心理底线，底线与倍增（减）的资产价格心理憧憬密切相关。在日常的工作生活和学习中，底线是一个常用的词汇。它的本意是指足球、篮球、羽毛球等运动场地两端的边界线。球一旦越出底线，球队或球员将丧失球权或失分。故此，底线被引申为个人、社会和国家生活中不可逾越的红线。投资学中，底线就是倍增（减）分水岭，守住底线，就会迎来上涨的倍增空间，如倍增快、成倍增、百倍增；如果没有守住底线，就会向下倍减。利用底线判断承诺结果示意图如图 3-19 所示。

一旦某一国家"双创"能力降低，不再能引领世界的发展，不能对未来做出承诺结果，投资人就会尽快减少对该国的投资，转移在该国拥有的商品，避免当该国出现金融危机时，资产市值泡沫破灭，造成惨重的损失。保持国家的"双创"能力，就是要守住底线，培养底线思维，"双创"能力越高，越能给予倍增

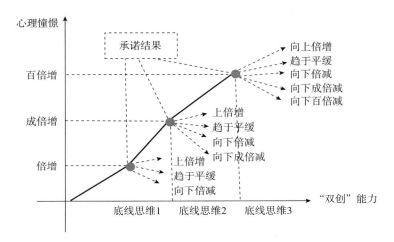

图 3-19　利用底线判断承诺结果

的正方向承诺结果，但是到了高位，"双创"能力不能跟上，心理底线的安全性就会降低，一旦掉头方向向下，其反向作用明显，出现向下倍减、成倍减、百倍减的可能，形成反方向的承诺结果，如 2015 年股市从 3000 点上升的底线倍增位是 6000 点，越往上涨越不安全，在 5178 点形成反方向倍减，下降至 2600 点附近，就是反方向的承诺结果。图 3-20 为承诺结果运用形成反方向底线示意。

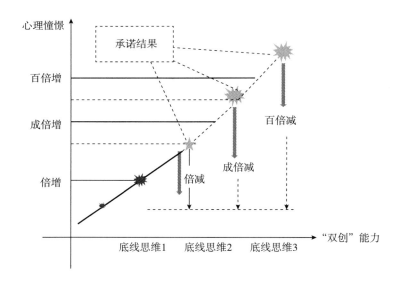

图 3-20　承诺结果运用形成反方向底线示意

（六）商业社会承诺结果的目标

在商业社会中，通过使全社会投资人获得正确的总体目标承诺，保证投资人对于国家的投资信心、创造最大化的价值。每一位投资人进行投资都是为了获得最可靠的回报，无论是投资股价、物价或者是房价，都是为了获得倍增价值，没有倍增价值的资产是不会吸引投资人的。商业社会的承诺结果相当于给投资人指明了一条快速创造财富的通道，从国家层面上讲，一个国家具有"双创"能力，能够引领世界的发展，从而为投资人做出的承诺结果就会非常可靠，引导投资人在本国进行投资。从"三价"层面上讲，房价、物价和股价哪一个价值处于价值洼地，增值空间较大，那么基于这个价值做出的承诺结果就会吸引投资者进行投资。总体来说，商业社会承诺结果的目标是：通过对价值做出倍增的承诺结果，吸引全球投资人进行投资，引导资本大量流向本国。

商业社会承诺结果的具体目标是某一底线思维的底线保障，保障底线是为了保障投资有足够大的升值空间，底线思维的长期形成，有利于正确判断价值成长的上升和下降，把握投资的趋势，是一个国家和地区、投资品种"双创"能力的具体体现，底线思维是倍增比较价值创造的起点，没有对底线思维和心理底线的守住限度分析，满意分析和对策分析就没有目标，只有在底线加以倍增（减）的度量、采取相应对策才更加有效，吸引更多的投资人进行投资，空间才能打开，时机更合适。从价值尺度来看，底线是价值发生倍增（减）的关键节点，通过底线思维，守住底线的最低限度，那么价值就会倍增，包括倍增快、成倍增、百倍增。一旦底线被破坏，倍增就会无法实现，其他成倍增、百倍增更无从谈起。因此，商业社会中，承诺结果的具体目标就是寻找比较价值最大的某一商品的底线，进行满意分析、对策制定，吸引全球投资人进行比较价值投资，也就是房价、物价、股价"三价"人气线投资，底线不确定、底线不作为都是商业价值投资的大忌。

三、承诺结果的"双创"能力选择

（一）承诺结果"双创"能力的时机选择——哲学社会科学时代

哲学社会科学时代的到来，才使创新思维为主的"双创"能力成为社会主流，科学的时代以"双探"能力为主，即探索能力和探险能力。哲学社会科学的特色、风格、气派，是发展到一定阶段的产物，是成熟的标志，是实力的象征，也是自信的体现。我国是哲学社会科学大国，要按照立足中国、借鉴国外，挖掘历史、把握当代，关怀人类、面向未来的思路，着力构建中国特色哲学社会科学，就必须承诺结果，科学地把握现在，承诺过程的实现。

"社会科学和自然科学同等重要。"与在自然科学上的花费相比，世界各地政府在社会科学上的花费相对较少，并且今后一段时间内，西方国家政府也不大可能增加它们在社会科学上的经费投入。中国经济的持续增长使中国的高端教育可能也必须得到进一步发展，这将使中国拥有的更多的从事哲学社会科学研究的学生和学者。在这一背景下，中国迎来了哲学社会科学的发展机遇，中国的哲学社会科学时代已经到来，在经过多年的沉寂之后，中国哲学社会科学将可以再次繁荣。随着哲学社会科学时代的到来，中国政府提出"双创"，即大众创业、万众创新。因此，要对投资人做出承诺结果，在哲学社会科学时代，必须具备"双创"能力，全面地总结过去，科学地把握现在，哲学地预测未来，根据底线思维展望未来。

（二）承诺结果的"双创"能力表现情形选择

通过对人们心理认知的分析，文化、经济和社会价值创造是结果"双创"能力形成的源泉，承诺结果的"双创"能力反映在人们对于未来心理憧憬、利用价值共识对于人们心理憧憬的影响方面。

1. 共识的定义

"共识"一词大家并不陌生，哲学上，黑格尔基于偶然性和必然性之间的相互关系来阐述"个体认同的相互作用形成共识"。"个体所享受的形式的主观自由在于，对普遍事物具有他特有的判断、意见和建议，并予以表达。"价值共识是特定社会共同体在社会生产过程中，为了满足共同的需求、实现共同的利益，通过社会交往实践对社会生活中的某一价值观念所达成的相对一致的理解和认可。

2. 共识的类型

根据共识的定义，结合三种社会的社会形态，以及人们对承诺的不同的看法和理解，可以按照社会发展的规律将人们的共识分为三种：农业社会价值共识、工业社会价值共识和商业社会价值共识。这是因为，人们的活动范围和规模不断扩大，活动领域不断交叉，人们的认知水平不断提高，因而人们在不同社会达成的共识也在不断发生变化。

农业社会是文化价值共识，范围小，属于一元价值共识，具体如图3-21所示。农业社会人们主要在一定范围内进行农业生产活动，涉及领域单一，人们的思维简单，基本都是农业活动和文化交流，因此承诺共识的领域和范围仅局限于农业生产领域，达成共识的领域较少，范围较小，达成的共识都是基本共识，即都是在日常生活中，对国家、民族影响的共识，且范围的幅度波动较小，人们对未来的憧憬基本保持不变，即维持日常的吃、穿、住、行。围绕日常生活达成的共识有车同轨、书同文、统一度量衡等，当然在农业社会要在多个国家达成文化共识并不那么容易。农业社会的共识为人类社会的进步打下坚实基础，没有文化共识，无从谈及经济共识和社会共识。

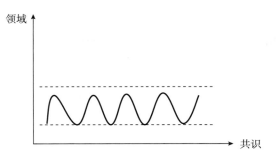

图 3-21　农业社会文化共识

　　工业社会是经济共识，范围扩大，属于二元价值共识，具体如图 3-22 所示。进入工业社会之后，人们的生产活动不再局限于一个狭小的领域，除了满足日常的吃、穿、住、行外，更要进行一些工业产品的制造和交换活动，社会开始更多地联系在一起，人们的生活重心主要在于发展经济，价值共识不再是拥有土地、吃饱穿暖。在工业社会人们的共识是生产优质产品获得更多的利益。共识范围比较广，影响程度大，获得大多数人的认可。随着达成共识人数的增加，且由于不同国家发展程度的不同，每个国家形成各自范围内的共识，这些共识的变化呈现中等幅度变动，人们的心理憧憬发生线性变动。为了给予投资人承诺过程，每个国家就需要不断扩大国际社会对本国"双探"能力的共识。工业社会的经济共识为商业社会的价值共识提供了有力支撑。

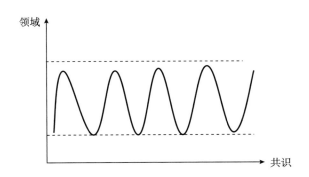

图 3-22　工业社会经济共识

　　商业社会是价值共识，人们在商业社会思维活跃，要达成的共识又称为多元价值共识、大共识，是文化、经济和社会价值的交融，具体如图 3-23 所示。进入商业社会之后，人们不仅在市场进行需求满足的交换活动，还在全球范围内进行投资，创造最大的价值。大共识是指对国际之间、国家与国家间全球投资人影响最大的共识，空间大、范围大、影响大，价值共识影响人们投资。价值投资是商业社会的核心，而进行投资最重要的就是关注投资能不能增值，进入商业社会，形成共识的领域和范围不断扩大，商业全球化使共识不局限在一个国家内部，更多的是国际社会的共识。况且每个国家的资源禀赋、经济实力和社会发展程度不一样，小国与大国、发达国家和广大发展中国家、人口数量大国和小国，价值创造的内容和能力相差极大，因此，国际资本对不同国家形成的价值共识往往呈现两极分化，不同国家达成的共识波动幅度较大，人们心理憧憬的波动也随之变大。为了最大程度地扩大全球投资人的心理憧憬，每一个国家和地区都应当不失时机地让全球投资人认同本国价值洼地的承诺结果，吸引全球资本投资该国；相反，没有获得全球价值共识、形成倍增心理憧憬的国家，就没有人气关注，失去创造倍增比较价值的可能，该国成为"问号""金牛""瘦狗"，投资者只能转而投资其他的国家。人气在比较价值中转向其他国家，该国投资者只能耐心等待下一个人气关注心理周期的到来。

图 3-23　商业社会多元价值共识

3. 商业价值共识的情形

在商业社会中，每个国家都希望国际社会对本国形成较高的心理憧憬，对本国的投资价值达成共识，延长投资人对本国的人气关注心理周期，通过"双创"能力保持国际社会对本国的长期关注，成为全球的"明星"承诺结果国家。该国通过创新能力，引领世界发展，获得世界尊重。对未来创造的价值做出承诺结果，是人们对该国价值洼地达成共识的前提。达成价值共识影响因素很多，在使用承诺结果的过程中，由于价值共识的不同，投资人心理憧憬的"双创"能力强弱程度不同，主要有三种不同的"双创"能力情形选择，分别为："双创"能力低的时候心理底线不断下移，且倍增的可能性较低，波动范围小；"双创"

能力中等的时候底线高度适中，且倍增的可能性有所提高，波动范围变大；"双创"能力高的时候底线不断提高，且倍增的可能性大大提高，波动范围变大。

情形一：

总体趋势：承诺结果表现的"双创"能力处于较低的水平，心理底线不断下移，达成倍增价值共识的程度较低，倍增心理憧憬实现的可能性降低。

优点：投资人对于该国的心理憧憬最小，底线波动变化范围较小，承诺结果不确定性降低。

缺点：承诺结果"双创"能力有限，价值倍增（减）的实现需要漫长的时间。

适用：有一定承诺结果"双创"能力的、资源禀赋较少、人口较少的商业社会国家和过气的商品，对国际地位没有过高要求的商业社会国家和地区或者商品种类。

要求：选择正确的跟随国家，防止跟随承诺结果"双创"能力下降的国家，创造自己的、定量的商业价值；是一个比较舒适的国家和安全的投资品种。

情形一如图 3-24 所示。

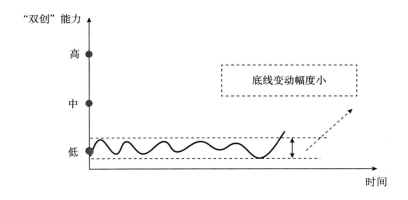

图 3-24 心理憧憬底线变动幅度小

情形二：

总体趋势：承诺结果表现的"双创"能力处于中等的水平，心理底线基本平稳，达成倍增价值共识的程度有所提高，倍增心理憧憬实现的可能性适中。

优点：波动性不大，心理憧憬变动幅度在可控范围内，稳定性比较好。

缺点：具有未知性，难以准确预判出底线带来的价值空间和未来价值共识的认可度高低，心理憧憬认可度变低的可能性较大。

适用：发展到顶端的"金牛"商业社会国家。

要求：防止价值共识认可度提升速度过快，出现超出投资人心理憧憬的泡沫现象，而本国的创新能力又无法跟上，引起该国家较早退出商业社会领袖国家行列。

情形二如图 3-25 所示。

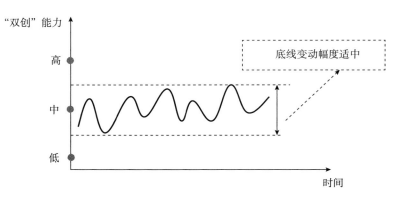

图 3-25　心理憧憬底线变动幅度适中

情形三：

总体趋势：承诺结果表现的"双创"能力处于最高水平，心理底线不断上升，达成倍增价值共识的程度最高，倍增心理憧憬的底线变动幅度最大。

优点：承诺结果表现的"双创"能力认可度高，智慧的投资人能够获得最大的价值倍增（减），创造巨大的商业价值。

缺点：底线确定越清晰，财富增值的速度加快，社会财富越来越往少数会投资人手中集中，中产阶级加速形成，阶层固化加快，社会压力越来越大。

适用：正在快速发展的"明星"商业社会国家、商业社会的领头国家。

要求：这时应该创造性地使用"双创"能力，大力发展商科教育，防止心理憧憬的底线变动幅度过大，而操作又反向，引起过大的价值损失。

情形三如图 3-26 所示。

（三）保持承诺结果"双创"能力不断提升的方法

商业社会中，保持承诺结果"双创"能力不断提升是一个国家、地区和投资品种共同的追求，只有"双创"能力不断提升，底线思维形成的倍增心理憧憬才能实现，创造倍增的比较价值，才能吸引人气，价值共识才能形成，它是从农业社会"双发"能力，即发现能力与发掘能力，发展到工业社会"双探能力"，即探索能力和探险能力，再进一步发展的结果。

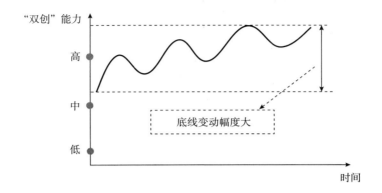

图 3-26　心理憧憬底线变动幅度大

工业社会为"双探能力"，即企业探索能力和探险能力。可以从 SWOT 分析方法入手，基于产品营销宏观环境分析出企业产品需求机会、威胁；基于竞争对手分析出企业产品供给优势、劣势；基于顾客营销中观环境分析出需求机遇、挑战；基于竞争能力分析出企业顾客供给强势、弱势。这些研究在本书的第二章中已经涉及。分析"双创"能力不断提升的方法，可以从 SWOT 分析方法入手，从优势、劣势、机会、威胁几个方面进行研究，从而保证"双创"能力不断得到提升。

1. SWOT 分析方法简介

SWOT 分析方法（Strengths Weakness Opportunity Threats），又称为态势分析法或优劣势分析法，是一种企业内部分析方法，即根据企业自身的既定内在条件进行分析，找出企业的优势、劣势及核心竞争力之所在，从而将公司的战略与公司内部资源、外部环境有机地结合起来。其中，S 代表 Strength（优势），W 代表 Weakness（劣势），O 代表 Opportunity（机会），T 代表 Threat（威胁），S、W 是内部因素，O、T 是外部因素。其中，营销机会存在三个来源：①现有产品供应不足。②使用一种新的或者优良的方式去提供现有的产品和服务。③开发一个全新的产品或服务。环境威胁是一些因素不利的发展趋势所构成的挑战，如果缺乏防御性的营销行动，将导致更低的销售额或者利润。识别有吸引力的机会只是一件事情，另外一件事情就是把握这些机会。因此，只有外部环境分析对一个企业来说是不够的，还必须对企业内部的环境进行分析，每个企业都需要评估其内部的优势和劣势。SWOT 矩阵如图 3-27 所示。

（1）优势与劣势分析（SW）。由于企业是一个整体，并且由于竞争优势来源的广泛性，所以，在做优劣势分析时必须基于整个价值链的每个环节，将企业与竞争对手做详细的对比。如产品是否新颖、制造工艺是否复杂、销售渠道是否

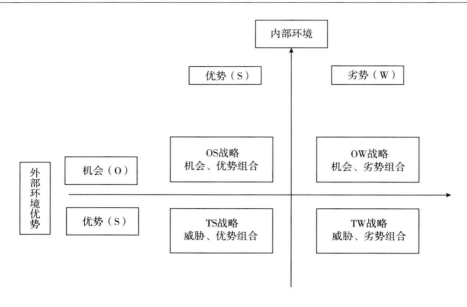

图 3-27　SWOT 矩阵

畅通，以及价格是否具有竞争性等。如果一个企业在某一方面或几个方面的优势正是该行业企业应具备的关键成功要素，那么，该企业的综合竞争优势也许就强一些。需要指出的是，衡量一个企业及其产品是否具有竞争优势，只能站在现有潜在用户角度上，而不是站在企业的角度上。

（2）机会与威胁分析（OT）。机会和威胁是购买者需求变化和外部影响因素共同作用的结果，包括政治、经济、文化、技术和社会方方面面的影响因素，给企业的产品需求带来的机会和威胁，企业要适应、利用环境变化带来的需求机会和面临的威胁及时调整企业的产品，对于企业来讲，其永远面临机会和威胁，只是需要企业经常动态地分析机会和威胁，辨析企业的机会和威胁，结合企业优势和劣势分析，二者结合越紧密、分析越透彻，企业进步就会越快，从而增强购买者的信任感，增加购买量。

（3）整体分析。从整体上看，SWOT 可以分为两部分：第一部分为 SW，主要用来分析内部条件；第二部分为 OT，主要用来分析外部条件。利用这种方法可以从中找出对自己有利的、值得发扬的因素，以及对自己不利的、要避开的因素，发现存在的问题，找出解决办法，并明确以后的发展方向。根据这个分析，可以将问题按轻重缓急分类，明确哪些是急需解决的问题、哪些是可以稍微拖后的事情、哪些属于战略目标上的障碍、哪些属于战术上的问题，并将这些研究对象列举出来，依照矩阵形式排列，然后用系统分析的思想，把各种因素相互匹配起来加以分析，从中得出一系列相应的结论，有利于领导者和管理者做出较正确的决策和规划。

2. 保持承诺结果"双创"能力长期提升的方法

在如图 3-28 所示的认知沟通矩阵中，类似于 SWOT 矩阵分析里面的机会矩阵和威胁矩阵，左上角的单元格 1 认知创新提高并且沟通表现增加，处在这个单元格国家的"双创"能力也就提高，所以在这个单元格的国家最有可能做出承诺结果。右下角单元格 4 认知创新降低并且沟通表现减少，处在这个单元格的国家几乎没有"双创"能力，没有全面认知和沟通而不能做出承诺。右上角单元格 2 和右下角单元格 3 国家的"双创"能力的情况，值得密切观察以便于做出决策。

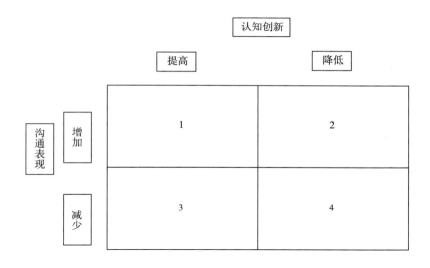

图 3-28 认知沟通矩阵

保持承诺结果"双创"能力长期提升的方法包括认知提高和沟通增加。

认知（Cognition）是指人们获得知识或应用知识的过程，或信息加工的过程，这是人的最基本的心理过程。选择性注意、选择性扭曲、选择性保留是人们认知提高的基本逻辑，体现到国家层面上，认知的提高是指一个国家的"双创"能力得到关注。认知包括感觉、知觉、记忆、思维、想象和语言等。人脑接受外界输入的信息，经过头脑加工处理，转换成内在的心理活动，进而支配人的行为，这个过程就是信息加工的过程，也就是认知过程。认知创新的过程对提升"双创"能力有至关重要的作用，因此有必要仔细探究认知创新的维度，也就是如何帮助人们进行认知创新。

（1）认知创新的来源。商业社会的承诺就是承诺结果，商业社会的投资需要倍增快的投资增值空间，这样才能吸引更多人进行投资。这就需要不断加强对投资人的承诺，需要持续提升认知创新，确定底线思维。认知创新提升和降低源于政策底线认知、支撑底线认知、心理底线认知、密集成交底线认知 4 个主要因素，分析每一种源泉对认知创新提高和降低的具体影响，才能更好地提高认知创新的底线，对未来做出可靠的承诺结果。

1）政策底线认知。政策底线是投资人认知一切底线的基础，又可以分为本国的中长期政策、制度；政府的短期方针、政策、法令；国内外的政治局势三个方面的底线认知。正确理解一个国家的中长期政策、制度是投资这个国家"三价"的基础。比如，国家长期对于房价、股价、物价的关注程度和呵护程度，是投资人对于人气线关注"三价"投资的基本保障，一个国家对于"三价"投资置若罔闻，或者重视程度不够，投资人投资起来心理就不会踏实，没有政策、制度的长期保驾护航和正确制定，这个国家的投资吸引力就会不断衰竭，政策的效力往往超出金钱的效力，政策是投资人心中的定心丸。股市和资本市场在整个国家政策中地位确立，会影响投资人的长期投资和财富增值。

政府的短期方针、政策、法令随着"三价"投资的短期波动扩大而更为灵活，有可能是国家制定，也有可能是地方政府制定，主要作为中长期政策的补充和完善，如降低银行贷款利息、取消限购等，这也是投资人判断底线的一个短期信号。政府能够关注，并且出台相关政策，表明短期底部出现，结合其他政策和底线认知理论综合判断，可以说是政策底，是否为市场底需要综合判断。如 2015 年股价大幅下跌，政策救市，临时出现许多救市政策，而真正出现市场底与政策底相一致是在 2019 年的 2440 点，可见政策底往往是前期信号，需要重视，但是真正的市场底部需要考虑综合因素，如心理底线、密集成交底线等。

2）支撑底线认知。支撑底线是一个国家综合实力的体现，是投资人认知一切底线的底气，没有支撑或者支撑不力的底线，对于投资人提高底线认知是不适当的，各国对于房价、股价、物价"三价"支撑程度不同，有的国家主要支撑房价，有的国家主要支撑股价，有的国家主要支撑物价，这样就不难理解中国股价上证指数从 2007 年降到 3000 点，到了 2022 年底还在 3000 点附近的原因。支撑底线的重要指标是一个国家和地区的经济总量、经济发展速度、居民收入水平。

经济总量对于资产价格底线是非常重要的，没有足够的经济总量，不可能支撑资产价格，底线就只能下降，如同一个国家的地区房价底线高度，就与该地区的经济结构和总量密切相关，如中国上海的房价底线高于西安，就与地区经济总量有关。

经济发展速度快慢也是一个重要指标，其能够支撑资产价格底线。一个国家和地区经济发展速度较快，有利于资产价格底线认知提高。2016 年中心城市房价开始上涨与其经济发展速度加快有直接关系，一个国家经济发展速度变缓或者预期变缓，资产价格底线认知提高就会减弱。正确把握国家和地区经济发展速度，对于投资人正确认知资产价格底线非常重要，如对 2023 年中国经济发展速度的正确预判，国家发展经济的决心和力度直接影响资产价格的底线认知提高程度。

居民收入水平高低是资产价格底线认知提高和降低的重要支撑，富裕国家和地区的居民收入水平提高，是该国和地区资产价格底线认知提高的前提，居民收入水平降低或者预期降低，资产价格底线认知提高的可能性降低，改变居民收入预期是提高资产价格底线认知的基本保障。

3）心理底线认知。心理底线认知是投资人对于资产价格上涨和下跌的趋势性判断，是在政策底线、支撑底线清晰明确的基础之上，投资人对于下跌趋势延续、下跌趋势反弹、上升趋势形成的底线判断，同时心理底线认知也可以帮助投资人正确把握政策底线、支撑底线，与其他底线认知既相互依存，又各自独立，也是市场底线的重要判断依据。如上证指数 2008 年 10 月 1664 点是下跌趋势反弹的心理底线和市场底线，后来大盘反弹至 3400 点附近；2013 年 6 月 1849.65 点就是上涨趋势形成的市场底线。

心理底线的下跌趋势延续说明判断趋势下跌是开始，而不是终结，投资必须远离该类资产，其至少会出现倍减的资产价格下跌，风险较大。该类资产投资人一般较少，对于社会影响不会过大。有些期货品种或者股票开始阶段，只要参与的投资人更多，出现这种下跌趋势，就会产生系统性风险，导致局部或全球性金融危机，必须慎重对待。2007 年中国股市大幅下跌，从 6124 点下跌至 1664 点，出现下跌趋势延续，就是因为中国股市参与的投资人数量不到 1 亿，没有引起系统性风险；美国 2008 年房价大幅下跌，就是因为美国参与投资房产的投资人占比太大，让更多投资人受到损失，引起全球金融危机，从此让投资人对投资美国房产的兴趣大幅减弱。

下跌趋势反弹底线一般是下跌趋势延续后的一个反转，是扭转下跌趋势形成的底线，并不是新一轮上涨的开始，没有下跌趋势反弹底线的形成，投资人不会轻易投资该商品品种，也很难判断下跌趋势是否改变，如 2007 年中国股市的下跌趋势改变就是 2008 年 10 月从 1664 点底线反弹至 3400 点，确立了股价 1664 点的反弹底线，也为下一轮股市上涨趋势形成奠定基础，反弹底线实现倍增后，还会下跌，但是可以肯定的是再也不会下跌至反弹底线，这是心理底线形成的重要一步。

上升趋势形成的心理底线是新一轮上升趋势开始的起点，可能是反弹底线形成倍增后继续探底的结果，也有可能是上涨到一定高度下跌至倍减位之上的某一个点位，需要结合人群环理论分析，是新的人群环形成，还是同一人群环的继续，还要判断是第几个人群环，只要参与的投资人越来越多，上涨趋势形成的心理底线就不会低于倍减位。如 2013 年 6 月 1850 点底线就是反弹底线 1664 点形成倍增后继续探底形成的新底线——上升趋势形成心理底线，标志新的一轮上涨开始，形成第二个人群环。

4）密集成交底线认知。密集成交底线也可以说是心理底线的一个特例，但是它又不同于心理底线，包括在高位形成的密集成交底线，此时下跌至倍减位的情形出现，还有在低位筑底形成的密集成交底线，对于这个底线，投资人必须判断的是密集成交区价位、密集成交区的倍减位、突破底线位下行的时间损失。

密集成交区价位是密集成交区底线认知的基本判断，可能是高位的密集成交，也可能是相对高位的密集成交，还有可能是低位的密集成交，无论是什么点位的密集成交，都伴随成交量的堆积，向上突破和向下突破都会带来价格的大幅波动，往往是倍增、倍减的起始位，必须做好充分的投资准备。如 2016 年以前的西安房价一直在 6000 元/平方米波动，密集成交，比较容易判断是低位筑底，一旦突破向上，房价直接上涨到 12000 元/平方米；上交所在 2015 年形成 4800～4900 点的密集成交区，向下突破一定到达 2400～2450 点，区间的任何价位都无法形成上涨的真正起始位。

密集成交区的倍减位，是在高位和相对高位的重要判断，低位肯定是上涨，高位就会有不同结果，极高位可能不止一次倍减，只是极高位成交量不一定放大。如 2007 年上交所 6124 点高位，成交量不是最大，密集成交区在 3000～4000 点，密集成交应该判断突破这个区域的倍减位。2015 年上交所 5178 点的密集成交区在 4800～4900 点，一旦下跌至 2400～2450 点就是密集成交区的重要倍减位，一定守住这个点位，因为这是相对高位的倍减位，继续下跌就会出现系统性风险，参与的投资人多了，股票质押和融资融券的风险放大，人们越来越重视密集成交区的倍减位，守住这个点位，那么系统性风险出现的可能性就会降低。

突破密集成交底线位下行的时间损失：极高位下行的时间损失往往较大，短期内基本是无力回天，一定要规避这种极高位下行带来的较长时间损失，而且这种时间损失基本是肯定的。如 2007 年股市极高位下跌，2013 年形成新一轮上升的心理底线，需要 6～7 年时间；2015 年股市的密集成交底线倍减下行到 2019 年，时间为 3～4 年。特别是如果不能守住密集成交区的倍减位，到达密集成交区的相对高位会更加漫长，所以 2019 年密集成交区倍减位为 2440 点，2020 年新冠疫情期间，大盘指数最低跌至 2646 点，没有突破前期低位，2022 年国际问题多重叠加，大盘跌至 2863 点，也没有跌破 2440 点位，确保下行时间损失是最少的。

沟通是人们分享信息、思想和情感的过程。这种过程不仅包含口头语言和书面语言，也包含形体语言、个人的习气和方式、物质环境——赋予信息含义的任何东西。除了认知创新，沟通表现是影响"双创"能力的又一个非常重要的因素，在人们的家庭生活及社会活动中，沟通就是更离不开和极为重要的了。在公司内部需要和领导、同事、客户沟通。也许很多人因为设防、固执、懒惰、高傲、自闭而不愿意和别人沟通，使协作没有效率、相处不够融洽，从而缺少了本来应该有的和谐氛围。在家中，要和爱人、孩子、父母沟通，才能更好地和家人相处，使婚姻更美满、家庭更幸福。不论走到哪里，只要有人的地方，就少不了沟通，良好的沟通是与别人打交道的保障。害怕和别人沟通是不自信的表现，只有沟通才会有良好的人际关系，放下那独傲的自尊和怯懦的心理，主动和勇于沟通，大胆说出自己的心中话，微笑面对每一个人，用有声和无声的语言与这个世界沟通，让自己的人生更加完善。只用沟通才能加深人们对这个社会的理解，增加沟通表现对"双创"能力的提高起着至关重要的作用，因此有必要仔细探究沟通的方式和具体应用。

（2）沟通表现的方式和对象选择。商业社会的承诺结果，使投资人实现认知创新，增加或者减少资产增值空间，而沟通表现可以延长或者缩短资产投资损失的时间，吸引投资人进行有效投资。围绕底线需要不断扩大沟通的范围，围绕合适的沟通对象，确定底线思维，缩小分母——时间损失，创造价值。沟通的方式和对象源于普通投资人底线沟通、行业内部底线沟通、相关专家底线沟通、国家顶层底线沟通，分析每一种沟通表现的具体影响和内容，才能更好地利用沟通带来承诺结果的吸引力和确定性，对投资人做出承诺结果，从而增加投资人对未来的信心。

1）普通投资人底线沟通。普通投资人对于房价、股价、物价的底线沟通是投资的基础，每个投资人都会参与其中，都会发表自己的观点，也会听取别人的投资建议，普通投资人会围绕投资品种、投资价位、上涨理由进行充分沟通。

投资品种沟通是指投资人围绕房价、股价、物价发表各自的看法，往往是"三价"出现底部的前兆，该品种没有引起普通投资人关注其价格底线，一般是很难实现短期上涨的，关注时间越长，该品种价格底线出现的时机越成熟。如2015 年股价大幅下跌，投资人关注股价，沟通股价下跌底线，实际上就是股价底线逐渐形成的过程，从 3300 点、3000 点、2850 点、2600 点、2500 点、2440 点，一直探底到 2019 年。

投资价位沟通是针对不同品种，投资人选择的合理价位，有很多投资人投资品种单一，就会格外关注价位，价位也是投资安全的保障。如关注股价的投资人就会选择合适的点位进入股市，不一定是最好的时间点，但却是安全点位，2019年2440点进入股市是安全点位，从此不会低于这个点位，但是真正上涨是在2023年。

上涨理由的沟通也是众说纷纭，投资人观点不一，能够正确把握上涨理由不容易，基本不够正确，可能还很悲观，或者是"事后诸葛亮"，起码能够看到部分投资人是在寻找正确的上涨理由，慢慢有些理由在付诸行动。

2）行业内部底线沟通。投资行业内部沟通是普通投资人沟通的延续，是投资行业内部的观点和看法，房地产行业、证券行业内部看法可能比较专业和清晰，行业现状、行业前景、行业瓶颈的有效沟通都是把握底线的前提，是关于增加和减少投资的行业内部思考。

行业现状的底线沟通，是行业内部判断底线是否到来、离底部形成的时间还有多远、是否继续探底、是增加投资还是继续等待、什么时候是时间拐点……这些都是行业内部比较熟悉的问题，通过行业内部会议、论坛、专题研究，可以推测行业现状形成底线的时间。

行业前景发展的底线沟通，是行业内部投资人判断底线的重要依据，没有良好的发展前景，底线沟通是无效的，也就是说，没有新的增长点判断，行业发展就会不断探底，只有具备光明的行业发展前景，才会使行业探底回升，超越过去。如证券行业的投行业务发展前景远远超过证券的经纪业务，这是全世界的共识，随着投行业务的大发展，投行业务公司的资金投入越来越多。

行业发展瓶颈底线沟通，是行业内部对于房价、股价、物价投资的真正感同身受。行业内沟通投资面临的困境及能否顺利克服困境，这些内容的沟通，对于正确的投资决策具有很大的帮助。

3）专家名人底线沟通。专家是指在某一领域非常专业，出类拔萃的人物，指在某方面很精通的人，即某方面的高手，通过自己深入的研究，对该领域有独到的见解和系统的把握。与专家沟通可以改变自己的思维方式，使自己完成线性思维向跳跃思维的转化。思考问题的根本方法包括线性思维和跳跃思维两种方式，思维方式是看待事物的角度、方式和方法，它对人们的言行起决定性作用。思维方式表面上具有非物质性和物质性。这种非物质性和物质性的交相影响——"无生有，有生无"，就能够构成思维方式演进发展的矛盾运动。不同国籍、文化背景的人看待事物的角度、方式不同，便是思维方式的不同。文化诊断学指出，科学思维、价值思维、应变思维决定着思维方式的完善性。其中，价值思维对人们做出投资决策至关重要。与专家沟通可以培养跳跃思维，形成创新的价值思维，指导投资，通过与专家的沟通，可以减少盲目性，更有针对性，有利于准确确定投资思路和把握时间，对各种专家的观点进行综合分析可以减少更多失误。

专业角度底线沟通是专家、名人沟通最为常用的方式，每个专家都会从自身的专业角度沟通问题，特别是对于底线的看法，多多听取不同专家观点。每个专家运用自身的专业角度看待问题，其看法都是长期实践经验与理论积累的结果。在底线时，专家、名人愿意发声，一旦发声正确，可以让专家一夜成名。如某专家在 2014 年预测股市本轮上涨行情可以到 5000 点，后来 2015 年股市上涨至 5178 点，果然正确，从此该专家名声大振。由此可见，专家、名人观点是投资人必须密切关注的。

权威专家底线沟通是专家、名人沟通的核心，专家可能因为观点正确成为权威专家，也有可能错误发声，因而不能盲从。

创新观点底线沟通是专家、名人沟通应该重点关注的角度。权威专家会有个人的思维惯性和专业局限，创新观点可能是专家、名人的跳跃思维、学科交叉的结果，也可能跳出了人们已经习惯的传统思维。

四、心理憧憬的扩大和调整

（一）心理憧憬调整的类型：主动和被动

对于商业社会的国家来说，心理憧憬的调整分为主动和被动。主动调整是指一国通过承诺结果自行调整，对资本的短期变动方向产生影响。而被动调整指的是顺应国际资本间的底线思维流动，是由国际社会资本流动的一般规律决定的方向性变动，但是，出乎本国意料之外的，必须谨慎应对。

每个国家都应该运用承诺结果进行主动调整，以防超越人们的心理憧憬，产生不利的后果。

在投资市场上也是如此，2014～2015 年股市上涨，2015 年下半年股市大幅下跌，国家迅速反应，主动运用承诺结果调整投资，2015 年下半年中央经济工作会议提出"三去一降一补"，贯穿了整个 2016 年。在降低首付比例、发放购房补贴、税收优惠等一系列政策的影响下，2016 年房地产去库存效果显著。国家统计局 2016 年 12 月 13 日发布的数据显示，截至 11 月末，全国商品房待售面积 69095 万平方米，比 10 月末减少 427 万平方米，全国房地产库存量已经连续减少 9 个月。使人们从股价投资转向房价投资，对股价的心理憧憬下降，对房价的心理憧憬上升。

承诺结果的被动调整是由于心理憧憬发生巨大变化，在投资人意料之外，引起价值的大幅波动，这也是人们会经常遇到的。例如，美国的"9·11"事件对于美国的心理憧憬打击是致命的，2008 年美国的金融危机也是打击惨重，这都是出乎美国意料之外的，美国必须谨慎应对。中国 2015 年下半年股市大幅下跌，出乎投资人的意料，是短期的股市被动调整，在 3600 点附近政府就开始救市，2638 点股市才稳定下来，市场参与各方必须认真应对。只不过有些被动调整是短期的，有些调整将是长期的，短期调整处理不好就会成为长期调整，使这个国家落后几十年，错失发展的良好机遇期。

当一国某种资产处于价值高位时，若不及时主动调整心理憧憬，就难免会出现资本外流的情况；如果该国不进行新的价值创造，该国的人气也会逐渐离开。如果可以实现新的价值创造，那么该国的人气就不会离开，在短暂调整后又会引来新一轮价值升值。对于一个已经进入商业社会的国家而言必须积极应对被动调整，被动调整如果不谨慎应对，很有可能变为长期趋势。

（二）扩大承诺结果的心理憧憬

人们心理憧憬的产生，主要取决于其对一国的国家安全、国际社会贡献、周边国家状态和处理方式、国家形象标识、国民素质、历史文化形象、政府形象、企业城市形象等多个价值共识的衡量，一个国家稍有不慎，社会获得的价值共识出现问题，该国的心理憧憬就会受到挤压，出现被动调整，处理不当，就会导致需要进行长期调整。在国际资本市场中，资本流动的频率非常高，投资者的投机性很强。短期投机资本对各国的政治、经济、军事形势等都十分敏感，有一点风吹草动，就会改变资本的流向。所以任何一点市场信息都可能改变市场心态和人们的心理憧憬，累积到一定的程度就会发生质变，如果没有底线思维，守住底线，就会导致比较价值倍减，从而使国家承诺结果表现的"双创"能力发生巨大变化。

把控承诺结果的心理憧憬，主要有三个步骤：一是寻找影响承诺结果心理憧憬的价值共识，控制承诺结果心理憧憬的核心就是了解影响心理憧憬的价值共识，创造价值共识，是全社会共同的、长期的努力的结果。二是准确把控心理底线，底线思维的建立是承诺结果的核心，守住底线、寻求底线是营商理论承诺结果的体现。比如，2018 年中国上证指数的 2600 点附近就是心理底线，必须坚守。三是围绕底线思维，充分利用各种手段，运用满意倍增度量，基于人气关注对策、币值平台对策、金钱杠杆对策、权力契约对策，选择不同的把控手段，从而改变人们承诺结果的心理憧憬。

影响承诺结果心理憧憬的价值共识，主要分为内部价值共识和外部价值共识，其中，内部价值共识又分为经济价值共识和社会价值共识，外部价值共识分为国际经济价值共识和国际社会价值共识。价值共识的具体内容如图 3-29 所示。

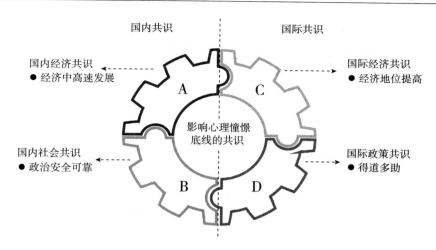

图 3-29　影响心理憧憬底线的价值共识

1. 经济中高速发展

一个国家经济的快速发展获得了世界的广泛认可。从世界经济史来看，长时期的、持续的、快速的经济发展，都是罕见的。经济快速发展的原因如下：

（1）经济禀赋和发展阶段的原因。以中国为例，改革开放之初，中国经济的禀赋可以用两句话来概括：人口具有无与伦比的优势，资金、资源相对短缺。这在当时以静态来看确实是一个让人失望的判断，但对动态的经济发展来说是个非常好的情况。因为好的人口基础可以提供潜力巨大的社会需求，无限供给的低成本劳动力可以有效吸引外来资金、资源的组合，工业化的起步和发展可以迅速地、有效地提高社会供给。从国际经验来看，几乎所有经济体从工业化起步到基本完成阶段的经济发展速度都是最快的。

（2）社会管理体制机制的原因。简单地说，中国的社会管理体制机制是动员式的，地方服从中央。中央制定的经济发展战略和规划，到地方能够得到切实、有效的执行，在这过程中遇到的偏差、困难和问题也能够及时得到应对和处理。

（3）民族文化和性格的原因。从民族文化和性格的角度来看，古代中国除了独特的"士"这个阶层具有修身、齐家、治国、平天下的较为超脱的精神追求之外，多数普通中国人形成了务实、勤奋、节俭的特点。这个特点，非常有利于以追求和实现利益为导向，把多数中国人发展经济的积极性和主动性调动起来。文化对于经济发展的影响，其实远超多数人想象。研究得出，美国与南美的巴西、阿根廷等国家在发展初期的水平是差不多的，人口状况、资源禀赋也差不多，可以说是处在同一起跑线上，后来之所以分化很大，很重要的原因就是文化的影响。中国人的文化特征，其实非常适合发展市场经济。

（4）国际经济发展阶段和格局的原因。或许是对数百年来多灾多难中国人的眷顾，改革开放以来国际环境非常适合中国作为后起国家加快发展。首先，没有对中国和平构成实质性阻碍和影响的战争或威胁。其次，主要发达国家当时都已经完成了工业化进程，向后工业化和发展现代服务业转变，具有进行国际产业转移的动机和条件，而中国的低成本劳动力、低资源环境成本和迅速壮大的市场在承接转移中具有强大优势，并且中国的体制机制又成功地把这种优势发挥了出来，成为国际产业转移的重要受益者，有力加快了工业化进程。

（5）经济的微观主体结构的原因。宏观再有利，经济的发展仍需要具体的微观主体去推动。中国有两个有利因素：一是地方政府。从经济学的眼光来看，中国的各级地方政府企业化的特征非常明显，发展经济、增加税收的冲动很强，客观上有利于发挥各地比较优势，完善市场化的环境。二是国有企业。新中国成立初期，成立众多的大小国企，形成了比较完备的产业体系，同时也造就了具有一定基础的产业工人队伍。这为改革开放以后中国发展自身的现代企业群体提供了难得的、良好的产业基础。现在许多著名的国有或民营大企业，都有当前国企历史传承的影子。

2. 经济地位提高

综合来讲，目前中国是世界上最大、综合实力最强的发展中国家，在国际上的地位不断提高，在国际事务中的"双创"能力不断提高，成为国际舞台上的一支重要力量。

第一，中国是独立自主的政治大国，是经济快速增长的发展中国家，也是拥有较强军事防御力量的国家。第二，中国是联合国安理会常任理事国，并且是发展中国家中唯一的常任理事国。中国积极利用联合国平台伸张正义，主持公道，发挥着越来越重要的作用。第三，中国作为世界上最大的社会主义国家，始终奉行独立自主的和平外交政策，坚定地走有中国特色的社会主义道路，走改革开放的道路，成为世界上极具特色和"双创"能力的国家。第四，中国作为最大的发展中国家，在经济上为其他发展中国家摆脱贫困提供了可资借鉴的成功经验。在政治上，加强同发展中国家的团结与合作，在反对霸权主义、维护和平的事业中，做出了重要贡献。中国和平崛起对于整个世界都有重要的意义：其一，促进了历史的进步和世界格局的转换。其二，中国是反对霸权主义、强权政治和维护世界和平的重要力量。其三，深刻地改变了联合国的面貌，使这一国际组织的地位与作用发生了很大的变化。其四，改变了世界经济的面貌，并推动国际秩序的除旧布新。进入21世纪以来，中国的国际地位出现较为显著的提升。

（1）实力地位显著上升。进入21世纪时，中国的经济实力在世界还只排第七位，GDP 约 1 万亿美元。21 世纪的头 8 年，中国在世界经济中的排名持续攀升，2008 年跃居世界第三大经济体，2010 年成为世界第二大经济体。经济总量在 2008 年达到 4.4 万亿美元，提前 12 年实现"到 2020 年经济总量比 2000 年翻两番的目标"。这一实力地位的变化奠定了中国国际地位变化的基础。

（2）军事、科技、软实力也持续上升。军事上，美国国防部认为，20 多年来中国的军费每年以两位数的速度增长，这么大的投入，使中国的海军、空军等实力比 20 世纪 90 年代有显著的提升，军事活动范围扩大。科技上，航天活动取得突破性的进展，令全世界华人骄傲，令整个世界刮目相看。在软实力方面，中国发展模式得到越来越多的发展中国家和发达国家的认可，成为不少国家试图仿效的样板。国际上出现一定程度的汉语热，也说明中国的地位上升了。

（3）金融实力增强。2008 年国际金融危机以来，中国的实力没有受到根本的伤害，国际地位不降反升。世界普遍寄希望于中国率先走出危机，带领世界复苏。充足的储备使中国成为危机中世界少数的中坚力量。中国银行和企业的实力和国际地位显著上升，海外收购非常活跃。

3. 得道多助

（1）积极探索新型大国关系之路。新型大国关系之所以走得通，核心在于坚持互利共赢的新理念，关键在于中国保持和平发展的势头。其他大国要不要走新型大国关系之路并不重要，甚至有的大国依然无法放弃"冷战"思维，为一己之私不惜将地区搞乱。但只要中国维护和巩固崛起的势头，在与其他大国开展外交关系中坚持互利共赢的理念，就一定有信心赢得新型大国关系的未来。

（2）营造一个更加和平稳定、发展繁荣的周边环境。只要中国坚持和平发展和繁荣稳定的方针，致力于推进周边互联互通，扎扎实实地推进与周边地区的互利合作进程，夯实睦邻关系的社会基础，耐心周旋，妥善处置各种争端，就一定能够找到使自身发展更好惠及周边地区的道路。

（3）大力弘扬新型义利观，构建与发展中国家的命运共同体。尽管中国经济不断发展壮大，但中国仍然是一个发展中国家，对发展中国家的遭遇感同身受，在自身发展起来之后，更应该为广大发展中国家仗义执言，维护和拓展发展中国家的整体权益。

（4）承担积极有为的国际责任。中国越发展，越需要扩大开放，越要承担相应的国际责任。中国不仅要打造中国经济的升级版，更要打造中国对外开放与合作的升级版，为解决世界上的各种问题和挑战提供更多的公共产品。特别是在事关人类和平与发展事业的问题上，既坚定维护当代国际秩序和公认的国际关系准则，又更加积极有为地推动国际体系的变革与完善，充实和完善国际治理体系，充分体现出中国作为世界大国应有的担当和应有的胸怀。在与国内外民众的外交关系上，中国坚持以人为本、外交为民的理念，切实维护好中国公民的海外合法权益。

第四节　承诺结果变化的价值创造

一、承诺结果的研究对象

本章重点对承诺结果的对象进行研究。商业社会的承诺是在全球一体化背景下的承诺结果，承诺结果的变动是一个动态、复杂的变化过程，其具体表现在全球投资人对于该国承诺结果的心理憧憬的提升和挤压上，表现为国际资本对于该国投资的流入和流出，也是人们通常所说的"做多"和"做空"。日常生活中，利用承诺结果，吸引人们投资非常多见。学者申请资助基金，首先就应该承诺发表什么成果，最为底线的成果，才有可能申请上；民间投资承诺高回报率等，只要认可人们就会投资。利用承诺结果吸引投资的事件经常发生，一旦承诺不能兑现，有可能成为诈骗，成为失信人，投资人是冒有巨大风险的，承诺方也有失信的风险。所以，确定底线，让投资人认同底线，使之具有倍增价值的心理憧憬，才会有人投资。承诺结果核心就成为底线思维的确定，底线在什么位置？如何调整？能够体现倍增的比较价值承诺，才是人们投资的首选，所以承诺结果成为人气承诺，没有倍增的承诺不会引起人们关注和投资，也不是本书研究的重点，人气承诺结果帮助该国和每一个投资人创造最大的商业价值。因此，从国家到个人，全世界投资者如何运用承诺结果的底线思维变动，创造倍增的商业价值，成为本章的研究对象。

在现阶段还不是整个世界都进入了商业社会，一些国家仍处于工业社会甚至农业社会中，也就是说该国还处于需求满足阶段，处在承诺过程阶段，该国的承诺结果时代没有到来，不表现出"双创"能力，该国的承诺结果还无法发挥作用，无法寻求全球投资，这时价值投资的承诺结果理论还不适用该国。该国是否进入商业社会，成为了承诺结果是否适用的首要判断依据。

人气承诺结果的研究对象具有三重性，每一个国家和地区都在不断地走向世界，吸引全球投资人投资，只有进入商业社会的国家实现价值创造，才能尽快步入发达国家行列。作为投资者，当一个国家的心理憧憬开始受到挤压，承诺结果的"双创"能力降低时，投资该国商品的心理憧憬提升的空间也会变小，速度变慢，增大了投资者投资该商品实现价值倍增的难度。如何使本国承诺结果

"双创"能力长期提升，并且使本国持续处于"明星"阶段，寻求创造倍增价值的底线思维，这是本章研究的问题。承诺结果的研究首先要判断一个国家是否拥有"明星"结果承诺，及其对于人们心理憧憬的影响。其次要关注该国的具体商品，按照人气线的研究，具体商品就是房价、物价、股价。当承诺的第一重研究对象即国家选择正确之后，就需要对具体的投资商品进行选择。最后要研究底线思维，其贯穿在一重研究对象——国家和二重研究对象——商品（"三价"）中，是它们背后的深层次的重点研究对象，就是该国的"双创"能力的体现——底线思维，底线思维直接影响资本的流动，影响资产价格、价值创造，可能促成资本市场和商品价格的大起大落，底线思维是结果承诺的灵魂，底线确定错误，结果适得其反。只有将这三者结合起来研究，才能更加有效地创造商业社会的价值，推动商业社会进步。具体如图 3-30 所示。

图 3-30 承诺对策的三重研究对象

二、商业社会承诺结果形成"双创"能力变化的类型

商业社会结果承诺"双创"能力表现在对于投资人心理憧憬产生影响，由此对投资者的投资引起的资本流动类型也有很大的影响，不同的心理憧憬导致投资者对于投资的反应也不会相同。依据底线思维变动与商品对象划分的重点承诺类型如表 3-3 所示，这种划分方式分为 6 种不同的类型：国家底线思维正向、国家底线思维稳定、国家底线思维负向、商品底线思维正向、商品底线思维稳定和商品底线思维负向。

在这几种类型中并不是所有类型都需要关注，其中，本书需要重点关注的有四种：国家底线思维正向、商品底线思维正向、商品底线思维稳定和商品底线思维负向。

表 3-3 依据底线思维变动与商品对象划分的重点承诺类型

对象 ＼ 方向	正向	稳定	负向
国家	★		
商品		★	★

人气承诺结果底线思维变动值得重点承诺的是国家底线思维为正向，同时该国的商品底线思维为正向、稳定和负向。因为国家承诺结果底线思维正向，意味着这个国家是人气关注的"明星"国家，具有价值倍增空间，投资该国的商品能创造价值。该国的具体商品"三价"，都是投资人投资的重要对象。可以更加细致地从总趋势和变动方向角度进行划分，具体如图 3-31 所示。

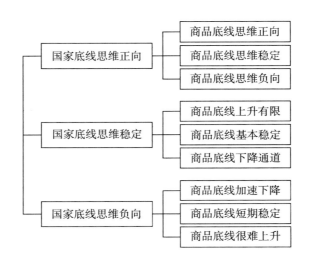

图 3-31　总趋势和变动方向分类

商业社会的每个国家都会经历承诺结果心理底线上升的好时期，这个时期全球投资人投资该国，国内商品价格上涨，财富迅速积累，价值创造得到充分体现，但是很多国家由于多方面的原因，承诺结果心理底线运用不当，得到承诺结果不容易，很快丧失了承诺结果，人们对于该国的心理憧憬大幅下降，甚至崩溃。一个国家"双创"能力有大小和长期、短期之分，短期的"双创"能力上升，对于投资人的影响是短暂的，这种短期上升会加剧外来资本的投机和国内的通货膨胀。从人气营商学的观点来说，如果不想捧得越高、摔得越狠，就要不断地进行新的价值创造和抑制短期的心理底线过快上升。对于一个承诺结果发展速度较快的国家，如果不能谨慎处理和利用好承诺结果，就有可能在世界各国快速关注、结果承诺"双创"能力迅速上升时，把握不好心理憧憬，就会出现严重的坍塌情况，将之前国际资本拉高的国内资产从高位迅速跌入低谷，大量资本撤离，该国就会陷入中等收入陷阱。无论是通过什么方式，最后都是结果承诺丢失。所以这种情况下，每个国家都应该好好思考防止资本短期快速流进和流出，防止重蹈日本泡沫经济的覆辙。

当一个国家的承诺结果心理底线保持上升，人们才会投资该国的商品，投资该国的商品才会安全，才有底线思维。投资人在该国寻求具有倍增比较价值的商品进行投资，寻找基于文化价值、经济价值和社会价值创造的商品标的。同时，一个国家承诺结果"双创"能力的具体表现形式就是该国的商品投资，如果一个国家商品投资的承诺结果利用不好，就会反过来影响该国整体承诺结果"双创"能力的上升，所以该国人气、币值、金钱、权力对策的综合运用相当重要。呵护和监管好房价、物价、股价"三价"商品投资，是商业社会的重中之重，"一价"处理不好，就会影响"三价"整体，"三价"出问题，整个国家就会陷入"双创"能力的陷阱。

三、"三价"的承诺结果投资

一个国家的承诺结果上升，人们就会选择该国的具体商品进行投资，创造价值，实现财富积累，这是商业社会投资人的共同追求。从比较价值内涵和人气线的角度来看，人们选择文化价值的代表——物价、经济价值的代表——股价、社会价值的代表——房价，"三价"是投资人人气关注商品的核心，既有利于全球投资人的投资选择，又是一个国家资产投资的典型代表，有利于承诺结果的运用。商业社会国家的实践也表明，人们特别关注"三价"的承诺结果运用，商业社会国家的成功和失败、资本的流动，大都通过"三价"投资，表现得淋漓尽致。

（一）承诺投资选择步骤

从承诺角度来说，本章分别从承诺的结果原理、心理憧憬、底线思维、结果承诺的方法、应对心理憧憬的挤压等角度说明了承诺结果在商业社会中的运作机理。从国家层面来说，正确把握商业社会中的承诺作用机理，能够使本国的承诺结果心理底线发挥价值创造的作用，使该国更加快速、健康地发展，创造更大的商业价值。一个国家或地区选择适合自己的商业社会承诺结果，是政府和人民必须做出的正确抉择。把握承诺作用机理也便于全球投资人分辨该国政府和地区的承诺结果运用的正确性，从而使自己做出正确的投资决策。但是承诺结果变化并不都是由自己一个国家或地区来决定的，由于承诺结果变化主要是由全球投资人在全球范围内比较后做出的投资决定，具有巨大的不确定性，每一个投资人都是商业社会的参与者，所以，在不同的承诺结果变化类型下，投资者必须选择相应的投资对策。

对于投资人来说，为了更加准确地应对，承诺结果的正确投资选择步骤显得格外重要。一共分为五步，具体如图 3-32 所示。只有根据这个步骤，商业社会的投资人才能更好地实现在商业社会的价值升值，从而在商业社会占得先机。

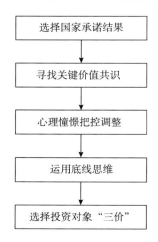

图 3-32 承诺对策投资"三价"的步骤

第一步，选择国家承诺结果。因为不同的承诺结果所拥有的"双创"能力提升空间不同，投资收益也就会不同。上文已经详细介绍了国家要根据自己实际选择合适自己的承诺结果，因为不同承诺结果不是完全由一国和地区主观选择的，而是由一个国家和地区自身的客观因素和全球投资人认同的价值共识决定的。对于投资人来说，国家和地区确定的承诺结果目标和投资人投资心理憧憬的变化是相互匹配的，只有彼此的目标一致，才适宜投资，当全球眼光投资和关注自己的国家时，本国投资人更应该抓住时机，这是本国投资人财富积累最快的时期。

商业社会的投资人，都是为了寻求商业价值的倍增，准确把握底线思维是投资成功的前提。对于投资人来说，最好的承诺结果应该是国家"明星"结果。在"明星"结果下，才可以使投资人实现价值快速倍增。

第二步，寻找关键价值共识。选择好国家和地区的结果后，在一个国家或地区通过寻找关键价值共识决定自己的投资商品是非常重要的。商业社会该国处于"明星"结果承诺阶段，投资人可以投资的商品对象有很多，如教育、医疗、足球、航母、健康、旅游等，通过人气线寻找到具有关键价值共识的投资对象。人们通过底线思维进行判断，决定自己的投资选择。价值判断主要是要明确自己的底线思维目标。这一时期是这个国家商业社会发展最好的时期，投资价值空间大、增值速度快。

第三步，心理憧憬把控调整。一种承诺结果如果缺乏心理憧憬把控调整的能力，那么这种承诺结果的投资前景是备受质疑的。在商业社会中承诺结果存在较高的不确定性，对于这种承诺结果的投资就要看心理憧憬的把控能力，这是应该着重培养的能力，这样才能应对商业社会中的不确定性。对心理憧憬进行把控调整，就是该国政府和投资人善于利用承诺结果的把控思维，使用人气、币值、金钱、权力四个对策正确影响人们的心理憧憬，善于利用"三价"投资创造比较价值，应对别国的被动心理挤压，敢于主动调整人们的心理憧憬，这些在后面的章节都有详细分析。

对于每个投资人来说，一个国家或者地区对自己心理憧憬的把控能力往往是投资分析的重要判断依据。如果一国和地区不能很好地把控承诺结果的心理憧憬，就不能得到全球投资人的信任。如果出现在心理憧憬调整中失败的情况，那么这个承诺结果的价值创造就有可能不能实现。"明星"结果，会转向"金牛"结果，甚至"瘦狗"结果。一个国家如此，一种商品投资也是如此。所以，承诺结果的心理憧憬把控调整能力是投资者对该国承诺结果的研判，具体的调整是投资者对于该国投资价值和节奏的判断依据。每个投资人只有顺应全球投资人对于各国承诺结果心理憧憬的判断趋势，及时调整自己的投资方向，才能创造商业价值。如果投资人不看好该国承诺结果运用的能力，投资人就会撤离该国，在全世界寻求新的投资对象，投资人判断错误，损失也是惨重的。

第四步，运用底线思维。任何一种承诺结果都有倍增（减）空间限制，只是有的国家价值共识多，回旋余地大，但是不能正确利用底线思维调整承诺结果空间，就会出现心理憧憬调整失误。商业社会中承诺结果"双创"能力的选择越多意味着竞争关系越多。在不同的承诺结果影响下，如果不能准确判断承诺结果"双创"能力变化的底线思维，那么底线思维很快就会丧失，倍增不能实现，出现倍减。"双创"能力变化的底线思维直接影响全球投资人的价值选择。能不能把握住底线思维，守住心理底线，就是在考验一个国家的"双创"能力，底线思维是承诺结果的重要判断标准和依据。

底线思维是全球投资人进行投资方向选择的关键。所以，投资者面对即将实现倍增或倍减的价值判断，如果是倍减底线思维，投资人往往会选择离开。随着底线思维的有效利用，该国和地区的商品会出现新的明星"结果"，从而创造倍增的商业价值。形成倍增的底线思维，除了承诺结果"双创"能力继续保持，投资人的心理憧憬也必须保持长期的提升趋势。

第五步，选择投资对象"三价"。房价、物价和股价形成的"三价"是一国和地区人气价值的生动体现，"三价"是价值投资的最优选择对象，人们容易形成共识。承诺结果的变动通过影响资本的流动来影响"三价"的升降情况，这是人气营商的灵魂。根据承诺结果的变动进行投资对象选择也是投资的重要步骤之一。

对于全球投资人来说，可以依据承诺结果原理对一个国家和地区的商品进行投资。但是在选定该国的承诺结果"双创"能力之后，除了关注该国承诺结果带来的心理憧憬变化之外，投资者主要是选择具体的投资对象进行价值投资。"三价"代表的价值资产，是创造价值的最好载体，投资人要将承诺结果理论正确运用在"三价"投资对象上，并且采取相应对策，创造商业价值。

（二）承诺结果底线思维投资"三价"的选择

对于"三价"的投资，承诺结果"双创"能力的变动总是随着底线的变化而变动的。承诺结果"双创"能力的变动过程是在社会价值、经济价值、文化价值之间流动的过程。将三种商业价值具体到重要的三大共识上，人们总是选择房价、股价、物价这"三价"中底线最安全的比较价值进行投资，这是典型"三价"投资心理憧憬底线变化情形。

对于承诺结果理论在"三价"投资中的具体运用，主要依据底线思维研究来进行，底线的变动影响价值创造，它的变动是在商业社会中的商业价值即社会价值、经济价值、文化价值之间转动的过程。也就是说，三价作为三大价值的核心，任何"一价"的底线形成"明星"倍增的价值共识，投资人就会选择投资。可见底线思维在承诺结果投资中的重要性，这便是选择底线价值共识的"三价"进行投资的逻辑。"三价"投资底线思维变化典型示意如图3-33所示。

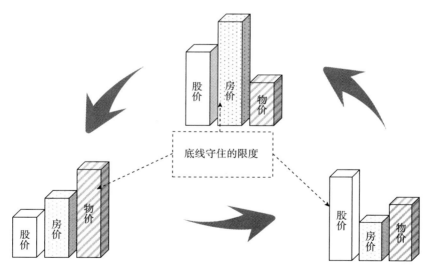

图3-33 "三价"投资底线思维变化典型示意

以上为商业社会最具代表性的三大价值——房价、股价和物价，三者共同组成商业社会备受关注的人气线。人气在"三价"之间进行周期关注是最为常见的现象。通过倍增（减）满意和承诺结果的底线思维进行分析，典型状态下三者底线思维不同会创造不同的价值投资情形。但是在实际的价值投资过程中，往往出现具有底线思维增值空间，但是时机不成熟的投资品种，人气形成的底线思维价值创造不能实现，这时必须将底线思维（人气营商）与界限思维（人群营商）以及顶格思维（人口营商）三者（人群营商、人口营商具体内容见《人群营销学》《人口营商学》）相结合来进行共同研究。A 代表房价，B 代表股价，C 代表物价，三者是一条人气线，共同构成了一组商品束。

为了区分清楚"三价"的底线思维、界限思维以及顶格思维，下面我们将用 A_m^n 代表房价的全集，B_m^n 代表股价的全集，C_m^n 代表物价的全集，其中：

（1）$\{m \mid m \in N_+, N_+$ 为正整数$\}$，$\{n \mid n = (1, 2, 3)\}$，m 和 n 取值不同，含义不同。

（2）m 的不同取值，对应在房价、股价、物价上，分别代表不同地区、区域的房价，不同行业、板块的股价，不同属性的物价。

（3）n＝1 代表底线思维，n＝2 代表界限思维，n＝3 代表顶格思维。

（4）A_m^1（m＝1，2，3……）代表底线思维房价，B_m^1（m＝1，2，3……）代表底线思维股价，C_m^1（m＝1，2，3……）代表底线思维物价；

A_m^2（m＝1，2，3……）代表界限思维房价，B_m^2（m＝1，2，3……）代表界限思维股价，C_m^2（m＝1，2，3……）代表界限思维物价；

A_m^3（m＝1，2，3……）代表顶格思维房价，B_m^3（m＝1，2，3……）代表顶格思维股价，C_m^3（m＝1，2，3……）代表顶格思维物价。

对于承诺结果的底线思维分析，需要正确把握底线思维的限度，正确确定底线位是界限思维、顶格思维分析的基础。"三价"投资尺度判断的具体流程如图 3-34 所示。

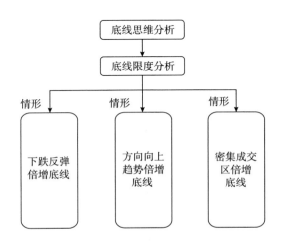

图 3-34 "三价"投资价值尺度判断的具体流程

对于商业社会中的投资人来说，实现自己价值创造的关键一步也是最后一步，就是投资"三价"。然而，对于"三价"的投资，承诺结果的底线思维分析总是随着底线思维的限度情况变动。底线思维分析过程是在商业社会中的商业价值即社会价值、经济价值、文化价值之间分析的过程。因此，投资人的选择总是选择房价、股价、物价这"三价"，根据其底线位倍增的类型进行投资。

底线思维的形成，有利于正确判断人气关注商品价值成长的上升和下降，把握投资的总体趋势，是一个国家和地区、投资商品品种"双创"能力的具体体现。底线思维是倍增比较价值创造的起点，没有底线思维和心理底线的守住限度分析，满意分析和对策分析就没有目标，只有在底线加以倍增（减）的度量、采取相应对策才更加有效，从而吸引更多的投资人进行投资。商业社会中承诺结果就是为了确定守住的底线，度量满意倍增价值，采取有效对策创造商业价值，而底线的确定是价值创造的前提，是商业价值创造起点。因此，商业社会中承诺结果的过程也就是商品价值投资的过程。投资人投资哪个国家是对这个国家商品投资结果的肯定，只有对现实的"三价"商品投资结果给予承诺，全球投资人对于商品投资结果产生心理憧憬，投资人才会选择该国家进行投资。

1. 投资情形一：资产价格下跌反弹倍增底线

一个国家的某一品种资产价格处于下跌趋势，已经从高位经历多次下跌，此时意味着该国资产价格形成下跌趋势，不断探底，是否逆转下跌趋势、开始反弹，就看是否存在倍增的上升空间，如果某价位满足投资人的心理憧憬，资产价格迅速反弹实现倍增，那么该价位就是反弹的底线。如中国股价从 6124 点下跌至 1664 点就是反弹至 3400 点的底线，该底线既要符合当时的经济基本面，同时必须明确是下跌的反弹底线。没有反弹底线形成，上升底线就无法形成和确认，下跌反弹底线一般是参与的投资人较少，下跌幅度较大，杀伤力很强，同时也为下一轮上涨赢得空间和速度。从价值尺度来看，底线是价值发生倍增（减）的关键节点，通过底线思维，守住底线的最低限度，那么价值就会倍增，同时考虑倍增快、成倍增、百倍增，与人群环、人口顶理论相结合进行分析。一旦底线被破坏，倍增就会无法实现，其他成倍增、百倍增更是无从谈起。因此，商业社会中，承诺结果的具体目标就是寻找比较价值最大的某一商品的底线，通过进行满意分析、对策制定，吸引全球投资人进行比较价值投资，也就是房价、股价、物价"三价"人气线投资，底线不确定、底线不作为都是商业价值投资的大忌，也就是说没有守住股价 1664 点底线，就无从谈及股价 1850 点、2440 点底线和 5178 点、12000 点以上的界限及顶格。

2. 情形二：资产价格方向向上趋势形成倍增底线

当一个国家的某一品种资产价格具有方向向上的趋势，并且启动位置高于前期反弹底线位，这时意味着该国的资产价格将保持上升趋势，同时启动的倍增位将高于前期倍增高位。如 1850 点就是 3700 点指数趋势向上的底线限度。对于商业社会的承诺而言，为了引发全球投资人的投资，都希望实现其在商业社会中最具吸引力的承诺结果：资产价格方向向上趋势形成、短期波动调整，这种承诺结果会成为"明星"结果。之所以承诺要实现资产价格方向向上，其原因在于承诺长期趋势上升可以使该国一直处于人气矩阵的"明星"地位，心理憧憬"双创"能力提升，吸引全世界的投资。资产价格方向向上趋势意味着支持该承诺结果的国家和地区在商业社会实现了价值创造。

3. 情形三：资产价格密集成交区倍增底线

当一个国家的某一品种资产价格形成密集成交区，并且资产价格开始下降，意味着此处的底线倍增位起到支撑作用，该国的资产价格上涨、满足投资人的心理憧憬，该价位就是密集成交区倍增底线。如上交所 A 股主板 2440～4900 点是指数上涨密集成交区 2 倍底线思维形成的界限，上交所 A 股主板到 5178 点时，真正的密集成交区在 4800～4900 点。离该点位越近越安全，是资产价格投资的起点。另外，5178 点下降调整可以突破 3062 点、2600 点、2500 点，就是不能突破 2400 点附近，因为 2400 点附近是 4800～4900 点密集成交区的倍减底线思维位，是保持资产价格方向向上趋势形成的重要倍增底线。

本章练习

一、简答题

1. 简述承诺在三个不同社会中的含义、表现和作用。
2. 简述承诺结果原理。
3. 如何理解底线思维？
4. 如何促成投资人之间达成价值共识？
5. 如何利用底线思维守住的限度进行"三价"投资选择？

二、材料分析题

股市是一个资金推动型的市场。不断地有人出高价买股，这样才会一路上涨，水涨船高，所以需要大量资金来运作。2006～2007 年的"牛市"我们称为"998 牛市"，产生牛市前的最低点是 998 点。有人说破 1000 点产生了牛市，这是完全没有道理的。2005 年以前那波大"熊市"是因为宣布国有股减持造成的，大家蜂拥而逃。2005 年 5 月，国家出台政策允许保险资金在二级市场买卖股票，其中包含了社保基金。该政策将在一年之后推行。在这一年中基金公司将进行建仓。这一行为成为了导火索，快速引发了行情，其实行情上涨的真正原因是人民币升值，然后在资金不停的追捧下，造成了 2 年的"牛市"。在股改信息发出以后，同意 QFII 进入中国股市。很多人以为让外国人抄了中国的底，其实错了，QFII 从审批到购买股票都需要很长的时间，等它们进场的时候早就是"牛市"了。其实这轮牛市到 2007 年的 5 月 30 日就差不多结束了。在 5 月 30 日之前，货币政策已经出现了重大的转折，国家开始调高存款准备金率，这一调整意味着市场上流通货币总量将逐渐减少。至此，中国大盘 A 股从 2007 年 10 月 6124 点开始暴跌，一直跌至 2008 年 10 月的 1664 点，之后短暂上涨到 2009 年 8 月的 3478.01 点，具体如图 3-35 所示。

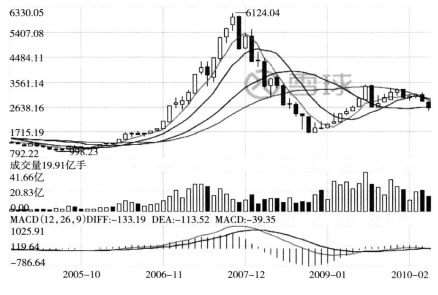

图 3-35　中国 A 股大盘 2005～2010 年走势（部分）

2009 年之后 A 股大盘又开始一路下跌至 2013 年的 1849.65 点，具体如图 3-36 所示。

从 1849 点开始中国股市迈向"牛市"。受"熊市"煎熬多年，大多数股民终于从 2014 年 7 月开始通过"天天向上"的股市感受到了些许快乐。进入 2015 年 3 月，"杠杆牛市"气势之浩大超出了许多老股民的预判，A 股迎来了阔别了 8 年的"大牛市"。自 2014 年末，沪指开启快速拉升模式，3 月 16 日，沪指长阳突破 3400 点关口，就在人们对 2009 年 3478 点高点抛压逐步恐惧时，A 股悄悄开启史上最牛主升浪——仅用了 63 个交易日，沪指从 3400 点攀升到 5178.19 点，具体如图 3-37 所示。

图 3-36　中国 A 股大盘 2009~2013 年走势（部分）

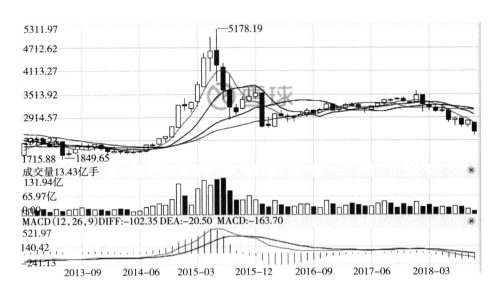

图 3-37　中国 A 股大盘 2013~2018 年走势（部分）

沪深两市单日成交额一再被刷新，不断攀上惊人的万亿元大关，各项指数也不断攀升，尤其是创业板、中小板指数，新高是"只有想不到没有做不到"。

1. 分析中国股市的底线思维的应用在哪一段最为明显。

2. 上交所 A 股 1849 这个点位是底线思维还是顶格思维，二者如何统一？

3. 界限思维在 2005~2007 年的股市行情中如何理解？

第四章 人气满意

第一节 如何理解人气满意

一、满意的理解

（一）满意含义

"满意"一词，最早出现在中国，至今已有几千年的历史。《辞海》中对满意的解释之一为"合意、快意"。满意主要是用来衡量人们内心是否平衡的一个标尺，基于衡量人们的心理感受或心理状态而产生。关于满意的研究较为普遍，从社会学延伸到营销学等各个领域，且日渐成熟。

满意作为一种度量人们内心平衡的标尺，与商业社会人们对于商品投资的心理期望密切相关。本书以日本为例来阐明商业价值投资中满意的重要性。众所周知，"二战"之后日本依靠与国际舞台上独占鳌头的大国结盟，一步步走向成功。纵观其近代的历史进程，可知日本1902~1922年追随英国，1936~1945年追随德国，1952年起则紧跟美国。由于紧跟强势国家使日本经济快速发展，经济曾一度位居世界第二，致使世界人民对日本充满信心，吸引全球的人气关注，让更多的国家投资日本，投资人在投资日本的过程中获得较好的投资期望。但随着日本的强大，日本有更多的失误，人气关注逐渐离开日本，人们对日本的价值投资不能达到心理期望的结果，逐渐不满意，全球投资人转而继续关注更具价值的美国。从世界对日本价值投资的衰落中可以看出满意的度量作用在全球价值投资中的重要性，国家创造价值能力的高低，直接决定投资是否满意，从而影响世界对该国的关注度。

商业社会中，在全球化的商业价值背景下，投资价值增值空间大、时间损失少是投资人的心理期望，是衡量商业社会满意的尺度。虽然满意的基本概念——"合意、快意"，一直未变，但在不同社会其衡量标准不同使对满意的理解大不相同。在农业社会，人们期望衣食无忧、按需分配，满意体现为少投入、多产出；工业社会追求溢利购买，满意体现为顾客溢利最大化、成本最小化；商业社会强调价值投资，满意体现为投资价值增值空间大、时间损失少。

（二）满意演变

研究商业社会的满意，首先需要梳理清楚满意的发展历史，虽然满意的概念一直为"合意、快意"，但满意在不同历史时期有不同的研究主体，使满意的界定也随之发生变化。

粮食作为国计民生最基本物资，在中国的农业社会中扮演了非常重要的角色。粮食问题处理得好，即国泰民安、军力强盛、四夷宾服；粮食问题处理不好，则会导致经济衰退、军心不稳、民心思变。在中国漫长的农业社会中，战争和饥荒的频繁发生，使衣食无忧成为劳动者追求的最低目标。以此为出发点，以较少的体力投入获得较大粮食产出，并将其按需分配，使劳动者付出劳动就会有收获，保证计划分配结果的公平公正，这是决定消费者满意能否实现的关键要素。不仅保证劳动人民有粮吃，而且使富人不浪费粮食。由于这种满意是消费者在进行粮食分配前就可以预判到的，因此被称为按照计划实现合理分配满意。农民预判以较小的体力投入，获得一定的粮食收成，保证劳动者安居乐业，达到其基本的生活需要，满意就得以实现。按劳取酬、按需分配是劳动人民最基本的满意，满意达成，劳动者就会拥护统治者的政权，使国家可以长治久安；否则，将会官逼民反，严重时导致王朝换代。由此可见，粮食分配对中国封建王朝政权的稳固意义重大。

瓦特改良蒸汽机，标志着人类社会开始进入工业社会。随之而来的是机器代替手工劳作，使生产力迅速提升，产品数量急剧膨胀，由"卖方主导型"市场很快演变为"买方主导型"市场。随着市场竞争的加剧和居民消费观念的转变，人们开始注重购买，顾客满意度备受人们重视。此时的顾客购买是建立在溢利层面上的购买，溢利通过影响顾客价值来影响顾客满意。人们在进行具体购买时，通常会预先进行判断，将感知溢利与预期购买结果进行比较，当感知溢利低于期望结果时，顾客就会不满意；当感知溢利与期望相匹配时，顾客就会感到满意；而当感知价值超过期望时，顾客就会高度满意或欣喜。由此可知，工业社会中，顾客看重按照市场规律的差距满意，每一个购买者都有自己的选择标准（VOC），它是关键人用来进行购买决策的价值依据。研究表明，有两类因素——买点与卖点—决定着人们的购买倾向，它们是VOC。买点和卖点是决定关键人购买倾向的两类要素，对于任何关键人来说，买点和卖点可以相同，也可以不同。只有达到购买者心理期望的溢利，并且与付出的成本进行比较，形成购买差距满意，顾客才会决定购买。

2008年美国金融危机的爆发，意味着美国提前进入的商业社会出现了停滞，中国工业社会目标基本完成，GDP总量成为全球第二，标志着以投资为主旋律的商业社会在中国开始到来，基于全球一体化的投资背景，商业社会的核心是创造商业价值，商业价值等于增值除以损失，其中，增值包含文化增值、经济增值、社会增值，损失包含时间损失、精力损失、货币损失、体力损失。人气价值投资和比较价值创造在商业社会互为因果，人气关注是创造比较价值的前提，比较价值大小是吸引人气关注的基础，比较价值的判断是指价值具有倍增（减）特性。投资品种纷繁复杂，所以每一个投资人都需要通过比较具体商品品种的价值来确定投资对象。结果表明，比较价值大的投资品种通常会吸引大量人气关注；反过来，大量人气关注将促使该商品投资品种的价值进一步增长。比较价值判断是人们投资必须进行的，没有价值判断就会出现投资失误。准确进行投资前的价值判断是每一个投资人的共同追求，也是本章研究的重点。只有正确把握比较价值的创造和实现，投资人才能过上美好的生活，这也是商业社会人们热衷投资的重要原因。温饱生活、物质生活的满意已经实现和落后了，追求过上具有尊严的美好生活，实现自身的价值追求，是推动人类社会进步的巨大动力。商业社会的满意以创造倍增（减）的比较价值为主，通过投资商品，创造人气比较价值，促进该国和全球商业社会向前发展。

综上所述，三种社会满意的理解及其演变如图4-1所示。

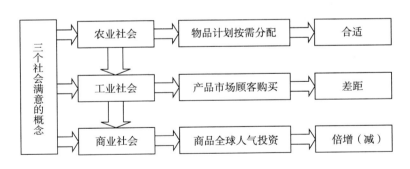

图4-1　满意的理解及其演变

二、满意表现

接下来从三个社会满意的不同侧重点来说明满意的表现，总体来说，满意在三个社会中表现各不相同。

（一）农业社会——创造消费者价值满意，体现为丰衣足食

农业社会，人们依靠土地，土地是消费者主要的生活来源，离开了土地，就相当于没有了养家糊口的食粮，将无法继续生存。因此，消费者对自身的体力付出显得尤为重视，但由于土地产出有限，加上科学的不发达、天灾人祸，收获往往与消费者（农民）的体力投入并不成正比。因此，消费者一直在探索如何以尽可能小的体力投入，获得尽可能多的粮食产出。与此同时，他们也十分注重粮食分配的公平合理性。统治者若能使国运昌盛、粮食丰收，同时大力减免赋税，保障粮食分配制度公正合理，符合农民合适的满意——吃饱穿暖，使得农民可以安居乐业，具有稳定的生活，农民就会感到满意，从而更加拥护统治者的政权。

基于以上分析可知，农业社会的满意是一种基于个人和家庭——消费者价值的合适满意，农业社会的消费者需要，实际上就是农民个人和家庭的需要，消费者价值等于产出与投入之比。农业社会是在自然经济条件下，采用人力、畜力等为主的手工劳动方式，依靠世代积累下来的传统经验进行土地耕作。其基本特征：技术状况长期保持不变、农民对生产要素的需要长期不变、传统生产要素的需要和供应处于长期均衡状态。此时，由于生产力水平不高，使单位土地的产出增长幅度有限，也就是说，产出增长到一定程度，将不再受外界因素影响，基本保持不变。根据消费者价值公式可知，在分子产出保持不变的前提下，要想提高消费者价值，只能尽可能减少分母投入，即消费者价值的大小主要取决于消费者的投入程度。由于合适满意与消费者价值呈正相关关系，故满意主要取决于劳动投入。

综上所述，农业社会的合适满意主要在于消费者减少投入，投入越少、产出越多，创造的消费者价值就越大，合适满意度就越高。具体如图4-2所示。

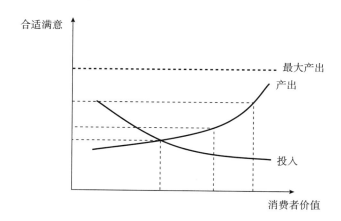

图4-2　农业社会满意表现

（二）工业社会——创造顾客价值满意，体现为繁荣昌盛

机器制造业的快速发展，提高了生产效率。工厂规模化、社会化大生产使五花八门的产品涌现。市场逐渐从"卖方市场"过渡为"买方市场"，顾客具有选择厂家和产品的主动权。市场竞争的日趋激烈，迫使各企业不得不通过为顾客提供符合其偏好的个性化产品和服务，来提高顾客忠诚度和满意度，以此抢占客户资源。通过把握顾客偏好，实现顾客溢利最大化，进而获得差距满意，保留顾客忠诚，这无疑是一个明智之举，掌握顾客偏好对企业取得成功非常重要。

工业社会的满意是一种基于顾客价值的差距满意。其中，顾客价值等于溢利与成本之比。由于人们的物质生活已经相当富裕，且顾客溢利的增长幅度大于顾客成本。因此，在购买产品时，顾客不再过分关注其成本，而是将重点放在购买所带来的顾客溢利上。溢利越大、成本越小，顾客价值越大。换句话讲，顾客价值的大小主要取决于分子溢利，与分母成本关系较小。由于差距满意与顾客价值正相关，使差距满意的实现主要取决于顾客溢利的大小。因此，在经济条件允许的情况下，顾客在购买产品时，通常会忽略成本，直接比较两种产品所能带来的溢利，促使溢利引导购买局面的形成。

基于以上分析可知，工业社会顾客差距满意与顾客价值呈正相关关系，顾客感知溢利越大，顾客价值越大，顾客的满意度也就越高，越容易购买该产品。因此，保证顾客溢利最大化是实现顾客差距满意的基础前提。具体如图4-3所示。

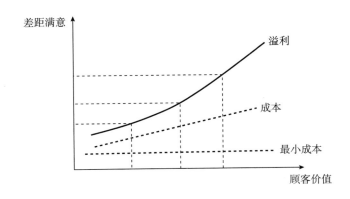

图4-3　工业社会满意的表现

（三）商业社会——创造比较价值满意，体现为神清气爽

理解商业社会的价值投资满意，必须理解商业社会的比较价值，具有比较价

值是价值投资满意形成的基本条件。换句话说，价值投资满意是投资者经过价值比较判断而形成的一种价值倍增（减）满意。价值投资满意在全球一体化的投资背景下形成，比较价值与人气关注之间相辅相成，二者相互转换。两者皆是人们进行价值投资的风向标，达到投资者的心理期望就会产生价值投资满意。投资者进行全球价值投资时，先选择国家和地区这一关注对象，通过对不同国家进行价值比较，选取比较价值最高的国家，进而依据不同的人气线，对该国比较价值较高的商品进行投资，最终实现价值投资满意。

所谓比较价值，就是人通过将主体与主体、客体与客体，其至主体与客体进行比较所生成的状况，造成对主体的作用和影响。根据其含义可知，比较价值不能独立存在，而是通过比较来产生。投资者在价值投资之前，通常需要进行不断的价值比较，主要从两个方面来进行，即价值投资时间与价值投资空间比较。价值投资所需时间越短、空间越大的商品，其比较价值越大，投资者对其关注度越高，越容易实现价值倍增（减）满意；反之则相反。比较价值与价值倍增（减）满意具有正相关关系，投资人在实际价值投资过程之中，需要不断地进行价值比较，以此来调整价值投资对策。

综上所述，商业社会价值倍增（减）满意与比较价值成正相关关系，比较价值越凸显，越容易实现价值投资满意。因此，保证比较价值最大化是实现价值倍增（减）满意的基础条件。具体如图4-4所示。

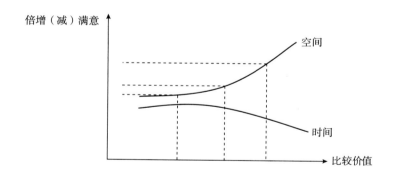

图4-4 商业社会满意的表现

不同的社会形态下，满意的体现有所区别。农业社会的消费者价值主要由消费者体力付出的多少决定，表现为丰衣足食；工业社会顾客价值主要由顾客偏好所带来的溢利决定，表现为繁荣昌盛；商业社会的比较价值受人气汇集影响较大，表现为神清气爽。具体如图4-5所示。

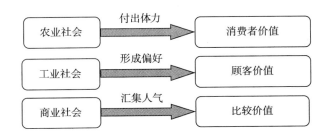

图4-5　三个社会满意的表现

三、满意作用

满意是人们的心理感受和心理状态，正像达尔文发现有机界的发展规律一样，马克思发现了人类历史的发展规律，即历来被繁芜丛杂的意识形态所掩盖着的一个简单事实：人们首先必须解决吃、喝、住、穿，然后才追求政治、科学、艺术、宗教等领域的成就。以此为基础，本书将人类社会分为农业、工业和商业三个社会。由于不同社会人们追求的差异，满意的心理感受也在不断发生变化。

1. 农业社会满意作用——奖励劳动，过上温饱生活

农业社会注重权力，政权稳定是统治者关注的核心，而政权不稳，人们最基本的生活资料就无法正常提供。《酒诰》中有"人无于水监，当于民监"① 的叙述，阐明君王不应当"以水为镜"，而要"以民为镜"。西周杰出的思想家周公旦在总结夏商灭亡的教训中，提出了"敬天保民""明德慎罚"等治国思想主张，以民为本的思想逐渐成为统治阶级的统治原则，开创了"文景之治""贞观之治""康乾盛世"等相对安定、繁荣的局面。受到"重农抑商"政策的影响，"减免税负，注重粮食分配"成为统治者巩固政权、安定社会的重要举措。《尚书》中说："民惟邦本，本固邦宁。"要求统治者关注民生，实施爱民、养民、利民、富民、教民、得民的政策。尽可能公平分配各种物质资源，维持农民生活的粮食供给稳定。由此可见，保持农民满意，维护政权平稳，关键在解决温饱问题。

农业社会追求温饱，温饱问题是农业社会最为关键的问题，关乎统治者的政权稳定，因而很受重视。在粮食问题上，中国算是处理得比较成功的一个国家。民以食为天，中国人口多、人均耕地少，吃饱饭是最重要的事情。封建土地所有制时期，地主通过权力占有大量的土地，通过收取地租或是雇佣他人劳作来获得大量收入，而普通贫民则通过给地主打长工、短工，取得保障生活的劳动收入。

---

① 孔子. 尚书 ［M］. 北京：敦煌文艺出版社，2015.

权力为王是农业社会的特征，统治者将劳动力束缚在土地上，便于加强中央集权和社会管理，进而保障社会稳定。在农业社会的权力背景下，想要过上温饱生活，就必须遵循农业生产的规律，通过付出劳动来获得回报。中华人民共和国成立以后，随着家庭联产承包责任制的开展，赋予农民长期有保障的土地使用权和经营自主权，使几亿农民的生产积极性迅速调动起来，粮食产量迅速增加，并且连年增产，使农民的温饱问题更加保障。农业社会满意的作用如图4-6所示。

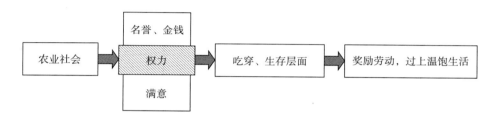

图4-6　农业社会满意的作用

2. 工业社会满意作用——奖励知识，享受物质生活

工业社会开放的市场下，产品迅速丰富整个市场，由工业社会初期的产品供不应求逐渐发展到供过于求的状态，消费者由追求产品数量上的差异逐渐转变为追求质量上的差距，顾客价值最大化成为购买的动机，实现顾客满意、促进顾客购买成为企业的目标。顾客购买对国民经济发展有很明显的促进作用，世界上很多国家都注重通过顾客购买来发展本国经济，通过促进消费来拉动经济增长，实现居民消费率的提高、储蓄率的降低。

工业社会追求物质享受，这就要求科学技术需要不断提高，来生产更多优质产品，满足顾客需求。进入工业社会后，人们的物质生活逐渐富裕，已经彻底摆脱维持温饱的年代，人们的需求趋于多样化。为了满足顾客的需求，要求企业必须不断革新技术。这一过程的实现需要大量的技术知识，这也是企业大量引进科技人才的重要原因。在工业社会没有技术与知识寸步难行，一切都得依靠技术。工业社会如果没有充分的市场化，科技人才的作用得不到充分发挥，人们就不会注重经济效益，更不可能革新技术来生产优质产品满足市场需求。随着知识经济的发展，科技人才已成为企业不可或缺的重要资源，现代企业的竞争归根结底是科技人才的竞争。古语云：为政之要，惟在得人。一个企业若是能引进并留住科技人才，其必将在激烈的市场竞争之中立于不败之地。总而言之，工业社会人们对于购买的满意，就是对拥有知识和技术人才的奖励，只有如此才能保障人们享受物质生活。工业社会满意的作用如图4-7所示。

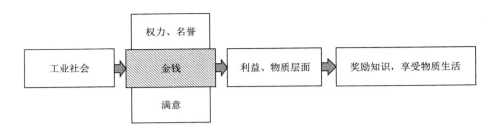

图 4-7 工业社会满意的作用

3. 商业社会满意作用——奖励思想，实现美好生活

商业社会是投资型社会，没有价值投资就无法促进商业社会向前发展。商业社会充满着投资机会，包含各种不同类型的价值投资，主要可分为三种类型，即文化价值投资、经济价值投资和社会价值投资。利用自身创新思维来发掘价值洼地，通过比较价值创造实现价值倍增（减）满意，有利于挖掘投资人的创新思想。由于投资品种纷繁复杂，想要实现价值投资倍增（减）满意，投资者不仅需要掌握充分的金融知识，还要审时度势，依靠个人经验及敏锐的判断力，灵活运用各项投资对策进行价值投资。

商业社会追求美好生活，尊严生活作为美好生活的核心，备受商业社会人们广泛认同。尊严的获得需要个人名誉的提升，获得名誉的重要途径就是创新思想、创造价值。不同于工业社会的创新技术，商业价值的创造需要创新思维模式，美好生活的获得是对于热爱投资和善于投资人们的奖赏。商业社会的价值投资倍增（减）满意取代工业社会的顾客购买差距满意，人们投资商品，进而创造价值，形成价值投资增值，引发人气大量聚集关注。成功的价值投资不仅可以获得大量财富，还将获得社会认可，赢得名誉，最终获得尊严，使投资人过上令人向往的美好生活。商业社会的权力和金钱都围绕着名誉，为其服务。有了名誉之后，金钱和权力就会随之而来；没有名誉，金钱和权力将难以持久。价值投资的跳跃性和不确定性，要求每一个投资人具有创新思维，可以预测未来，精准把握价值投资。创新思维是一种价值投资思想，利用投资人的创新思想，寻求具有比较价值优势的商品进行投资，有利于成功实现价值投资。人们对于价值倍增（减）的满意，是商业社会对于人们创新思想的奖励，只有投资成功才能过上美好生活。工业社会依靠革新技术吸引购买者，商业社会依靠智慧的创新思维来进行价值投资，投资人可以清楚地区分出革新技术和创新思维之间的本质区别，两者均在各自所属的社会中发挥着巨大作用。商业社会满意的作用如图 4-8 所示。

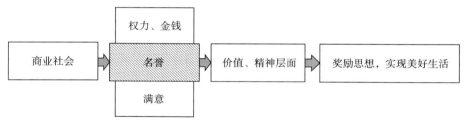

图 4-8 商业社会满意的作用

综上所述，三个社会满意的作用如图 4-9 所示。

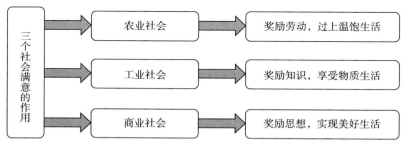

图 4-9 三个社会满意的作用

四、满意赋予

满意在三个社会的表现和作用各不相同，从而使满意在不同社会形态下呈现的内涵也各不相同。在农业社会，满意的获得需要满足两个条件：权力保障和消费者体力付出。首先，统治者必须保证国家安定，为农民提供一个无战乱的环境，使其免受战乱之苦，不用过流离失所的日子，在此基础上，保障粮食分配制度的公平合理，使农民安居乐业，实现温饱生活。其次，土地作为发展农业社会生产的基础，其重要性显而易见，消费者要想以一定的体力投入，获得稳定的粮食产出，就必须拥有部分土地所有权。农业社会追求消费者个人和家庭的基本消费满意，只有把握消费者分配合适的满意，才能保证封建王朝的权力延续。工业社会时期，由于蒸汽机、内燃机的发明以及电力的广泛应用，实现满意的方式由占有土地、减少投入转变为追求顾客溢利的产品及服务购买满意，只有符合顾客购买差距满意，才会促进大量顾客购买，企业才可以赚取更多金钱。满意是为了使企业获取更多利润，即站在企业的角度研究顾客满意。

到了商业社会，虚拟经济的出现使一系列金融衍生产品相继出现在市场中，以供投资者对其进行价值投资。只有通过比较价值的判断，人们才可以分辨出哪些是值得进行价值投资的商品。比较价值创造是人们思维的创新、知识的积累与创新思维的碰撞，研究投资倍增（减）满意实际上是研究人气满意，只有人气投资具有倍增（减）满意，大量的投资人才会投资，投资的目标才会拥有名誉，受到追捧。由此可见，满意的实现是不断变化的，是由人类社会不同历史阶段的特征所赋予的。农业社会满意的赋予者是消费者，目标是实现人们丰衣足食，具体如图4-10所示。

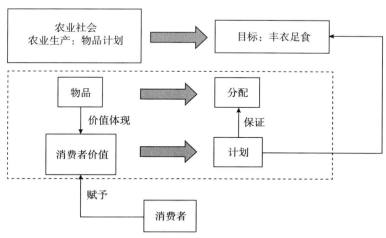

图4-10 农业社会满意的赋予

在工业社会中满意的赋予是由顾客决定的，具体如图4-11所示。工业社会的满意是为了实现顾客溢利最大化，进一步带动发展经济，通过顾客满意来实现工业社会的繁荣昌盛，从而更好地促进购买。在工业社会的满意赋予中，基于产品利益的顾客起到了决定性作用。

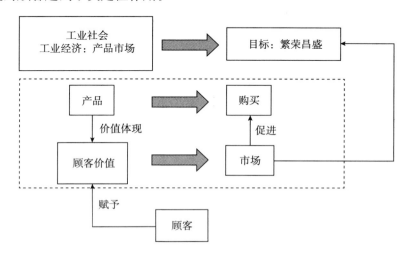

图4-11 工业社会满意的赋予

在商业社会中，全球投资融为一体，追求商业价值增值是人们形成的共识。商业社会满意的赋予如图4-12所示。商业社会的满意主要来源于商品的价值投资。追求商业社会的满意，通过人气赋予的满意，进一步发展商业社会，引导人们正确投资，目标是让全社会的投资人神清气爽。

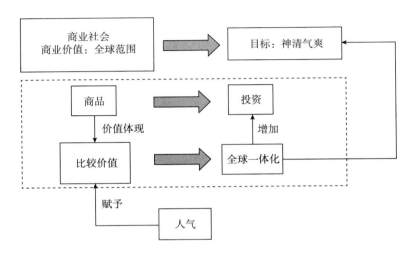

图4-12 商业社会满意的赋予

第二节 商业社会的满意

一、商业社会满意角色变化

(一) 满意与价值的全球化密切相关

正如本章第一节所描述的，价值投资满意是商业社会投资人的一种心理期望，也就是说，创造比较价值的价值投资才符合投资者的心理期望，才能实现价值投资满意。换句话讲，满意与价值的全球化密切相关，投资人在全球范围寻求比较价值投资，是商业社会满意实现的一个显著特征。与工业社会的顾客满意完全不同，顾客满意是基于市场需求的购买满意，国际社会价值投资的人气转移方向，代表着大多数人的投资意愿，影响整个商业社会的发展前景。

从全球视野研究价值投资满意，对全社会商业价值的挖掘与研究具有显著意义。一个国家要想在商业社会中实现价值投资满意，必须具有度量创造比较价值大小的标准，即全球认同的价值尺度。通过自身的努力来成功吸引国际社会的关注，人气关注代表着人气价值的流向。在全球范围内，人气聚集，寻找价值洼地，进行比较价值满意投资。所以国家要想吸引投资，就必须创新思维、吸引人气，结合币值、金钱、权力等对策来不断创造比较价值，即需要人气、币值、金钱、权力四者的有机配合，通过全球比较价值度量的满意，推动商业社会向前发展。满意与价值全球化密切相关，一国满意的变化必将带动或削弱其余国家的满意实现，价值全球化对商业社会投资者的价值投资对策具有决定性作用。

（二）价值满意与各国联动关系更为密切

满意价值与各国联动关系越来越密切，由于价值投资的全球化，各国的价值联动和共振影响巨大。2008 年美国金融危机影响世界，就是由于价值满意与世界联动密切的关系在世界范围产生影响。但是每一次全球范围内价值度量发生变动，对于具有比较价值的国家都是一次重大投资机遇，2009 年中国的房屋资产价格大幅上涨，就是美国金融危机对于世界价值满意发生联动的结果，全球投资人选择中国的房价进行投资。随着各国之间的联动，越来越多的国家为了能在国际联动中站稳脚跟，在国际商业发展中分得一杯羹，纷纷开始成立联合组织，以求共同发展，产生和谐共振。欧盟（EU）、北美自由贸易区（NAFTA）、世界贸易组织（WTO）等重要组织正是形成于这样的背景之下。中国发起共建"一带一路"倡议，参与国家将形成一个整体，荣辱与共、携同发展、共同创造价值。中国未来的发展状况将直接影响同一度量体系的其他各国的发展前景，中国发展将起到"以一带十"的效果。与此同时，任意一个国家创造价值出现问题的时候，势必会影响同一度量体系的其他国家的商业发展。这说明在商业社会中，一个国家的满意价值对于其他国家能否实现价值满意影响重大，各国价值投资满意相互作用。

除此之外，各类组织之间的关系都将印证满意价值与各国关系日渐密切。当然，一个国家要想实现比较价值满意，主要还是需要依靠自身的努力，特别是商业大国，虽然也有来自国际社会的影响，但是主要依靠自身实力和价值度量来取得成功。国家想要实现价值满意，必须加快自身发展，引发国际社会关注，促进大量国际资本投资该国，为自身的长远发展赚取筹码。价值满意实现的逻辑机理如图 4-13 所示。投资者通过价值比较，将具有较大比较价值的商品确定为投资对象，从而进行价值投资，以求实现预期的价值投资满意。相应地，价值投资满意使投资者再次进行价值比较，根据价值增值这一硬性条件，对投资对象进行相应的调整，以期待再次实现价值投资满意。

图 4-13 价值满意实现的逻辑机理

二、商业社会满意新要求

商业社会对于满意而言有两个新要求，这两个要求是基于商业社会全球一体化的背景下提出来的，只有达到这样的要求才能吸引更多的价值投资人关注，实现价值投资满意，创造更大的商业价值，加快商业社会的发展步伐。这两个要求分别如下：

（一）价值满意的广泛影响力

商业社会价值投资满意不只表现为在一个国家或者区域市场实现满意，它是一种全社会价值认同的满意，必须建立在全球一体化价值投资背景之下，具有广泛的影响力。具体表现为一个国家实现了价值投资满意，势必会影响其他国家价值投资满意的实现，即促进与该国有密切价值联动国家的价值满意实现，遏制与其比较国家的价值满意实现。它是一个国家综合实力的体现，一个国家只有获得对世界各国均有广泛影响力的价值创造，才会吸引各国进行价值投资，共同创造商业价值。从而再次提升该国的影响力，使该国实现更大的比较价值创造。

广泛的满意价值影响力意味着有更多的全球投资人认同该国的比较价值创造能力，通过投资该国可以实现预期的心理价值投资期望，价值在国家之间的联动性逐渐增强，一个国家获得价值投资满意，势必会减少价值投资不满意国家的投资。价值满意对全球投资的影响逐渐增强，全球投资人不断地进行人气价值投资，实现比较价值满意。因此，世界各国必须想方设法提升全球价值倍增（减）满意的影响力，同时全球投资人由于倍增（减）满意，纷纷前来投资该国、宣传该国，使该国形成财富效应，进而促使该国人民尽快跳出中等收入陷阱。

（二）价值满意变动的主动性和独立性

价值满意变动的主动性与独立性相互联系，其基本含义是价值满意变动更多的是国家自身进行主动调整，受国际上其他国家资产价值变动的影响较少。在商业社会价值投资过程中，如果一国可以根据自身实力独立创造价值，吸引人气进行关注投资，在其他国家发生价值增值时依旧可以继续保持长期的价值创造状态，则说明该国不仅可以保证本国资本不外流，而且还有使大量国际资本流入本国的能力，从而获得国际社会的长期关注与投资，最终在国际上脱颖而出成为各国效仿跟随的目标对象。

如果一国的价值满意不能保证主动性与独立性，则会对该国的经济发展产生极大的负面影响，轻则造成该国资本外流、发展缓慢，重则使该国陷入长期中等收入陷阱，很难实现新的突破，所以保证价值增值的主动性与独立性至关重要。主动调整需要理智和智慧，是为了防止出现由被动调整所带来的不良现象；还有一些因别国调整而被拖垮，不能实现独立性，需要附属于他国的国家，往往是由于资源较少、实力较差，缺乏持续价值创造的独立性。

总而言之，商业社会的价值投资着眼于全球范围，只有保证创造价值的主动与独立性，才会赢得在国际上崭露头角的机会，吸引大量国际资本流入，获得国际人气的长期关注，实现自身快速发展。

三、满意与资产价格的关系

人气对策是四个对策中最为重要的一个，对商业社会的投资来讲意义重大。第五章将对人气对策的理论和意义进行详细阐述。人气关注是商业社会满意研究的前提，人气关注是人们认知心理作用的结果，没有人气以及其他三个对策的相互配合，投资满意将无从谈起。没有人气说明这个国家的资产价格相对于其他国家没有比较优势，没有比较价值也就不会被人气关注，更不可能成为人气"明星"类国家，也就不能形成该国资产价格的升值，投资满意也就不可能实现，对于资产价格投资而言，研究满意就失去了意义。

满意作为人气营商学的心、肝、肺、肾，其指导人们在四个对策的基础之上，对人气价值投资进行度量，其重要性不言而喻。人气关注如果没有价值度量，不可能产生投资满意，人气关注也不能创造价值。在同一时间段内，人气关注该国，形成比较价值，同时比较价值也是通过价值度量表现出来的，没有价值度量，无法表现比较价值，有了价值度量，经过价值比较，人气开始关注该国，也就产生了人气"明星"类国家，将会吸引大量国际资金流入，引发该国资产价格上涨，带来巨大的社会财富增值，人气投资实现价值增值。关于人气"明星"类国家，将在本书第五章进行重点阐述。比较价值满意和承诺、四个对策以及资产价格变动的关系如图4-14所示，总体来讲，三者组成一个正向反馈循环系统，价值体系变动引发资产价格变动，与此同时，资产价格的变化又导致价值体系变动，价值体系和资产价格变动与比较价值之间又相互作用。

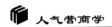
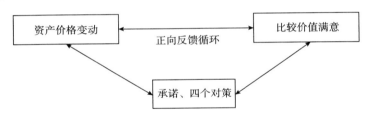

图 4-14   比较价值满意和承诺、四个对策以及资产价格变动的关系

四、商业社会的满意确定

商业社会满意的赋予是人气，但是如何确定满意，主要有三种方式，分别是对策确定、愿景确定和增幅确定，三者并非相互独立，而是相互影响，共同促进满意的实现。

（一）对策确定

倍增（减）满意确定前提是对策确定，只有人气、币值、金钱和权力四个投资对策运用得当，价值度量形成的价值满意才能发挥作用。换句话讲，任何一个对策使用不当，都会使一个国家丧失比较价值创造的机会，成为商业社会中的落后者。以下将对四个对策分别进行分析。

人气对策的确定主要指的是人气关注。通过人气线、人气矩阵、人气模式，利用多元价值思维和思维漏洞，创造比较价值，吸引人气关注，人气关注会产生两种截然不同的结果，即价值投资满意与价值投资不满意。商业社会实现价值投资满意，需要价值投资的时间与空间同时满足要求，结合第五章的人气矩阵可知，人气不仅关注增值速度和增值空间"双高"的商品群（"明星"类商品），同时也关注增值空间大、增值速度慢的商品群（"问号"类商品）及增值空间小、增值速度快的商品群（"金牛"类商品）。由此可见，关注"明星"类的人气投资会实现投资满意，而关注其余两个商品很难实现投资满意。在币值、金钱、权力等相互配合的情况下，主流人气关注的"明星"类商品才会获得价值投资满意的实现，延长人气关注的心理周期。

币值对策主要指的是保持币值平台趋势上升。关于币值平台理论会在第六章做详细的阐述，币值平台是众多人气平台研究中最为重要的一个，币值平台的升降直接影响投资人是否对一个国家进行价值投资。币值平台的变动分很多种情况，每一个国家或地区的币值平台在不同时期的总趋势和变动方向各不相同。在全球背景下相互影响，通过对第六章的梳理不难发现，商业社会要想依靠币值平台吸引人气，实现价值投资满意。就必须保证国家币值整体处于上升趋势，即"明星"平台。当然允许趋势短期内出现稳定或者下降，但总体上升的心理关口不能突破，通过币值平台上升使国际对该国具有投资信心，从而引发投资促使国际资本大量流入，其正向反馈结果更有利于维持币值平台趋势上升。

金钱对策主要指的是金钱杠杆的大小与方向使用得当，关于金钱杠杆的具体原理，本书第七章会进行详细的阐述。金钱杠杆原理是在商业社会全球一体化投资背景之下提出的。随着商业社会国家对价值投资的重视，越来越多的国家通过加大金钱杠杆，创造优越的价值投资条件，来吸引国际社会关注并进行价值投资，使国际资本大量流入，使本国资产价值发生大幅度增值，进一步实现价值投资满意。对于国家而言，如何把握金钱杠杆的力度是一个难题。有道是，高杠杆如瘤，去则痛，不去则危。因此，需要在经济稳增长、缓慢释放资产泡沫和去杠杆三个目标之间取得某种平衡，治本的关键还在于加大金融改革和国企改革的力度。杠杆率过高往往会导致负债方的付息偿债压力过大而无法维持，如果不及时遏制任由市场自发调节，结果就是金融危机爆发。相对于危机后的被动去杠杆，主动去杠杆来得更稳妥，选择空间也更大，但平衡的度并不容易掌握。

权力对策主要指的是契约权力的影响力。权力尤其是政策、法规的运用在商业社会之中对国家的发展影响重大，商业社会的权力，主要指的是契约权力，对此将在第八章做详细的论述。契约权力运用得当，可以有力地促进国际资本的流入，维持国家的快速发展，吸引人气关注，实现投资满意。契约权力运用欠佳，将会导致人气大幅下降，最终使国家发展受挫。契约权力是实现价值满意的基础前提，价值满意和契约权力之间相互作用、相互影响。权力契约主要通过两个方面来影响价值满意的实现，即国家拥有权力契约的时间和影响力。通常来讲，把握好契约权力的时间节点和心理空间。同时，影响力越广泛，越容易实现价值投资满意。

总之，对策运用得当，价值度量的倍增（减）满意才能发挥效应，对策决定价值度量的比较价值判断。没有人气、币值、金钱、权力对策，价值度量只是空中楼阁，商业社会满意实现也只能是镜中之花、水中之月。

（二）愿景确定

商业社会人们关注投资，渴望创造价值，达成长远目标，实现美好愿景。关于愿景的概念，目前还没有一个统一的定义，不同学者有着不同的解释。胡佛（Hoover）对于"愿景"的理解是"人的一种意愿的表达，这种意愿的表达需要良好的知识准备并且具有前瞻性"。在此基础之上，结合商业社会的投资背景，本节将愿景定义为：个人通过丰富的投资经验和知识储备，实现具有前瞻性的长远追求。

美好愿景的实现需要借助价值投资，随着投资人投资经验的增长，对未来预期的逐步精准化，其投资愿景也就发生了相应的变化。通常来讲，愿景随着投资人投资经验和知识的积累，呈现递增趋势。随着人们知识储备的增长，愿景也随之增长，投资者的愿景只会越来越高，不会呈现下降趋势。正如《孙子兵法》所云："法乎其上，则得其中，法乎其中，则得其下。"① 由此可见设立美好愿景的重要性。

投资人愿景越高，越敢于创新、敢于试错，在全社会寻求更多投资机会，寻找更大价值洼地。这一过程的实现需要投资人不断地充实自己，发掘自身的优势，为了实现愿景而付出巨大努力，逐渐成为社会的共识和学习的典范。

愿景对于一个国家和民族无比重要，是正能量，对于个人亦是如此，它以大量的知识积累为前提，愿景本身是一种信心、一种美好追求和向往，有助于增长人们的悟性，提高人们的投资技术与创新思维能力，帮助价值投资取得成功，正确把握未来的价值投资。人们在商业价值投资过程之中，随着时间推移，愿景通常呈现上升趋势，这是投资人技术、阅历和知识积累的必然结果，也是一个国家走向投资时代的一个重要支撑。具体如图 4-15 所示。

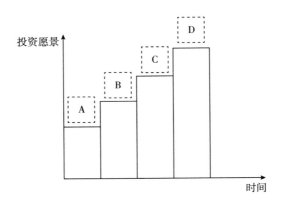

图 4-15　投资过程中的愿景变化

（三）增幅确定

商业社会影响价值满意的第三个因素是增幅。人们往往根据实际需要来研究事物的增幅。商业社会，每个国家都应该想方设法让该国的资产增幅最大化，实现价值创造、资产升值，使该国尽快富强起来，但这不以该国的意志为转移，过快的价值升值，往往适得其反，如何稳妥而持久地实现财富增值，是每一个智慧国家的共同追求，因此在实现价值倍增的同时，就有可能造成价值倍减。倍增（减）幅度就是帮助各个国家，利用价值满意带来的度量尺度，动态把握投资人

---

① 孙武．孙子兵法［M］．北京：人民出版社，2017．

的心理期望，从而引导其正确把握投资机会，尽可能实现价值投资的持久满意，真正实现全社会的财富积累，避免价值投资失误带来巨大损失。

增幅影响投资人的心理期望，进而间接影响比较价值大小与方向，其核心是倍增（减）。在本节中，倍增是投资人实现价值投资满意的基本前提条件，若是不能进入倍增（减）的度量范围，将不会达到投资人的心理期望，难以实现价值投资满意。把握好商业社会满意的倍增（减）度量，如同把握好工业社会满意的溢利差距一样重要，都是人们的心理感觉，没有这种感觉，投资人不会满意，工业社会无法形成顾客购买，商业社会无法形成比较价值投资。一个国家若是不能进入价值倍增（减）度量的尺度范围，就会失去人们的关注，脱离商业比较价值的创造，慢慢落后于其他商业国家。

价值度量就是一种标准，如人们通常所说的股票指数就是一种价值度量，关于价值度量的倍增确定，具体如图 4-16 所示。

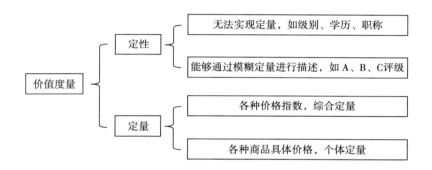

图 4-16 比较价值的倍增满意价值度量

第三节 商业社会的倍增（减）满意原理

一、倍增（减）满意原理的理论来源

满意在商业社会中，其角色和要求都发生了根本性改变。商业社会中，商业主体可以是国家和地区，也可以是能发生价值倍增（减）的所有商品。价值倍增（减）已成为实现商业社会价值投资满意的代名词。商业社会的价值原理主要表现为人们的心理期望及价值倍增（减）变动，倍增（减）满意价值原理并

非无源之水，其具备大量的理论基础，主要可以从投资学与营销学两个学科领域来进行阐述。其中，投资学主要为满意价值原理提供了方法支撑，而营销学则为满意价值原理则提供了主要思维源泉。

（一）投资学来源

价值研究领域相对广泛，主要包括心理学、经济学、会计学、管理学、营销学等，在全球经济一体化进程加快的今天，价值成为各界学者和企业家关注的热点问题。投资学中通常将价值与投资相互联系起来，即投资价值。从本质上来讲，价值投资就是一种投资行为，需要完成对影响证券投资的财务状况、经济因素和公司经营情况的分析，并完成对股票潜在价值和市场的比对。在资本市场中，投资者对价值投资几乎耳熟能详。

价值投资作为一种系统化的投资思想起始于 20 世纪 30 年代。本杰明·格雷厄姆和戴维·多德（David Dodd）出版了经典著作《证券分析》（1934），阐述了价值投资的理念和财务分析方法。因此，本杰明·格雷厄姆被投资界和学术界共同尊为"价值投资之父"。同时，本杰明·格雷厄姆出版了价值投资的另一本经典著作《聪明的投资者》（1949），进一步补充和充实了价值投资的核心思想。这两本经典投资著作奠定了价值投资的分析视角和思想体系。相比之下，在本杰明·格雷厄姆的著作出现之前，证券界充满着神秘主义色彩，主要通过打听消息、看图表等方式来猜测股价涨跌。本杰明·格雷厄姆把股票投资提升为一种具有科学性的商业行为。本杰明·格雷厄姆奠定了价值投资思想大厦的主体思想架构，而沃伦·巴菲特等在实践中发展了价值投资，沃伦·巴菲特成为价值投资思想和实践的集大成者。

投资者在进行价值投资时，追求价值增值，避免价值损失发生。这就要求投资者在实际投资过程中，树立强烈的风险意识，把风险防范放在投资的首要位置。要在投资中取得良好的投资回报，需借助于复利的作用。爱因斯坦深刻地认识到了复利的威力，把复利称为世界第八大奇迹。沃伦·巴菲特曾说过，投资的秘诀在于控制风险，保住本金。正因为优秀的风险防范能力，沃伦·巴菲特在60 余年的投资生涯中，以 20% 左右的长期复利回报而成为伟大的投资大师。要发挥复利的威力，必须高度重视投资的风险防范，尽可能避免投资亏损。当然，这里所谓的投资亏损不是指短期的账面浮亏，而是指资本的永久性损失。沃伦·巴菲特从自身多年的经验中，总结了一整套行之有效的规律和策略，即著名的"十二定律"，被后续投资者视为经典。作为投资者，要知道投资收益的根源在于企业的盈利，所以投资一家公司的股票，需要清楚地了解企业的业绩增长率。

目前，针对价值投资的研究很多，尤其是在市场监管由粗放式走向规范化、投资者队伍由分散化走向机构化、股市进入新一轮扩容高潮、政府对市场的行政式干预逐渐减少的新形势之下，国内外许多学者都针对价值投资展开全面的分析与研究。吴俊良（2018）从个别股票的投资入手，进而推导整体市场的投资时机，认为投资时机呈现一定的周期特征，买入的最佳时机是公司利润即将发生爆发的前夜，即利润拐点处。投资者在进行具体投资时，应该基于准确的信息对公司盈利做出大致方向的判断，且要避免反方向不利因素的影响。樊华（2017）认为，价值投资成功的关键是要建立合理的投资系统，保持长期学习和独立思考，拥有积极豁达的人生态度。王靓靓（2015）认为，价值投资策略在实际应用过程中，具有一定的适用条件，即稳定的市场环境和有效的市场信息传播途径。

投资学与金融学之间联系紧密，两者对投资的研究异曲同工。因而研究满意价值的原理就不得不提到金融学。在金融学所涉及的股市投资中，股票的价格是由股票的内在价值决定的，当股票受到资金追捧时，股票的价格一般高于其内在价值，当股票不受资金追捧时，股票的价格一般会低于股票内在价值。通常运用基本面分析，根据经济学、金融学、会计学及投资学等基本原理，对影响股票内在价值的各种要素进行分析，从而评估股票的投资价值，判断股票的合理价位，并由此提出投资建议。

金融学的价值估值是一个非常复杂的工作，考虑的因素很多，目前还没有全球统一的标准。通常，证券分析师会考虑每股收益、行业市盈率、净利润增长率、流通股本、每股净资产、每股净资产增长率等指标。股票估值方法有三种：绝对估值、相对估值和联合估值。

绝对估值（Absolute Valuation）是通过对上市公司历史及当前的基本面的分析和对未来反映公司经营状况的财务数据的预测获得上市公司股票的内在价值。它常用的两种模型：一是现金流贴现定价模型，二是 B-S 期权定价模型（主要应用于期权定价、权证定价等）。现金流贴现定价模型目前使用最多的是 DDM 和 DCF，而 DCF 估值模型中，最广泛应用的就是 FCFE 股权自由现金流模型，它是最严谨的对企业和股票进行估值的方法，原则上 DCF 模型适用于任何类型的公司。自由现金流替代股利，更科学、不易受人为影响。相对估值是使用市盈率、市净率、市售率、市现率等价格指标与其他多只股票（对比系）进行对比，如果低于对比系的相应的指标值的平均值，股票价格被低估，股价将很有希望上涨，使指标回归对比系的平均值。相对估值包括 PE、PB、PEG、EV/EBITDA 等估值法。通常的做法是对比，一是和该公司历史数据进行对比；二是和国内同行业企业的数据进行对比，确定它的位置；三是和其他市场上同行业重点企业数据进行对比，如美国、英国等市场。联合估值是结合绝对估值和相对估值，寻找股价和相对指标都被低估的股票，这种股票的价格最有希望上涨。其中，前两种票估值方法最为常用。

综合以上投资学和金融学所涉及投资的相关研究可以看出，价值投资研究逐渐被人们所重视。关于价值投资的研究十分全面，最终目的就是让投资者实现增值最大化、损失最小化，引导投资市场实现快速发展。如何将价值投资运用到其他投资领域，更加有效地创造比较价值，实现价值投资满意，在后续内容中有所涉及。

（二）营销学来源

营销学与投资学又有所不同。营销学注重投资人创新投资思维的培养，投资学更多关注技术和方法。价值满意的营商学基础就是顾客营销学。比较价值满意是营商学研究基于顾客价值和顾客满意的考量而提出的。

营销学中，顾客价值是顾客购买和消费的实质，Richins（1994）认为，顾客价值考察是以寻求交换为目的从企业提供的产品或服务视角对顾客感知价值的具体分析。价值是核心产品的附加内容，可以融合在性能质量、服务指引、互动表现、优惠政策以及维修储运等表现形式中。Jackson（1985）首次从利益和成本的对比视角对顾客价值进行研究分析。营销学对价值的关注已有几十年的历史，Kotler（1986）认为，营销是个人和群体通过创造产品和价值并同他人交换，以满足所需所欲的一种社会和管理过程。随着学者对营销模式研究的推进及顾客在市场交易中重要性程度的提高，顾客导向的营销模式将营销研究推向一个新高度，逐渐取代了单一的以产品为核心注重质量的传统市场营销学理论，企业价值创造的目标成为使顾客满意、赢得忠诚顾客。

董大海（2003）在孙伟平五种价值观的基础上将价值观关系概括为：客体论、主体论、主客体关系论，具体如图4-17所示。市场营销理论的发展演进中经历了产品、顾客及社会/关系导向，这恰好与客体、主体和主客体关系论一一对应。社会导向并非指脱离产品或顾客来单独研究关系方互利共赢这一核心问题，而是在产品或顾客的基础上研究关系价值，三种营销导向分别对应三种价值。

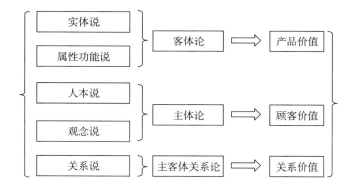

图4-17 哲学与营销学中的价值观关系

由于市场的发展逐渐以顾客为导向，因此，顾客价值备受学者关注，早在1985年Porter就在《竞争优势》一书中提出了"买方价值链"的概念，并指出企业为买方创造的价值如果要得到溢价的回报，它必须为买方所觉察。虽然Porter并没有给出顾客感知价值的概念，但已初见端倪。许多学者（Zeithaml，1988；Sheth et al.，1991；Woodruf，1997）在消费者感知价值方面都有不同的研究成果，这些研究成果对消费者感知价值的定义有所不同。其中，最有影响力的感知价值的定义是：顾客感知价值是对产品效用的整体评估，这个评估建立在感知利得和感知利失的基础上。感知价值就是感知利得和感知利失之间的权衡和比较（Zeithaml，1988）。而顾客价值通常与顾客满意联系在一起，企业追求顾客价值最大化，就是为了实现顾客满意，培养顾客忠诚，最终获得长期利润。

顾客满意这一概念，最早是在1965年被Cardozo首次提出的，其对顾客满意的定义进行了阐述，并将其引入到市场营销领域。他认为，顾客是企业存在的理由，企业的一切经营活动都要围绕顾客进行，通过向顾客提供高质量的产品和高效服务来更好地满足顾客需求、创造顾客满意，进而促进购买是企业实践的主要目标。顾客满意作为连接市场与顾客主体之间的桥梁，能够促进价值交流与传播，在顾客营销的研究领域中占据重要地位。经过国内外众多学者的持续研究，目前已形成较为系统的顾客满意理论，同时，运用经济学、心理学等交叉学科的理论进行的多角度研究也更加丰富了顾客满意的相关研究。

纵观国内外学者对顾客满意理论的研究分析可见，已基本形成满意的市场刺激效应、影响因素两大研究模块。顾客满意作为4C理论的核心与度量在市场营销中作用巨大。与产品导向的STP理论相比，顾客满意理论有了很大的进步和发展，它重视顾客导向，以追求顾客价值最大化为目标，这实际上是在当今顾客在营销中越来越处于主动地位的情况下，市场对企业提出的必然要求。

在商业社会，满意是基于价值尺度倍增（减）来度量是否进行投资的前提，类似于工业社会用差距的感知顾客价值来度量差距满意。顾客价值是基于企业视角，研究企业如何依据顾客偏好，来生产与此相对应的产品，满足顾客需求；而价值投资是基于全球视野，研究全球投资人如何利用智慧来选择投资品种，实现投资价值最大化，获得社会认可，实现名利双收的美好尊严生活。

二、商业社会倍增（减）满意原理

（一）基本原理

商业社会倍增（减）满意原理主要是指心理期望和倍增（减）的关系。因为在商业社会满意与倍增（减）联系在一起，满意即倍增（减）的时间和空间形成的比较价值大小。实现价值的倍增（减）与投资人的心理期望紧密联系在一起，心理期望是倍增（减）满意原理的核心，其作用机理如图4-18所示。商业社会中心理期望直接影响倍增（减）的大小以及变动方向，倍增（减）的变动情况修正投资者的心理期望，两者相互作用。

图4-18　倍增（减）满意原理的作用机理

心理期望是指社会普通民众对处于某一社会地位、角色的个人或某一阶层所应当具有的道德水平和人生观、世界观、价值观的全部内涵的一种主观愿望。心理期望之所以可以影响倍增（减）的大小与方向，主要有以下两个方面的原因：

一方面，全球投资人经过价值比较、判断，决定对心理期望较高的地区和国家进行价值投资。通常来讲，比较价值创造能力强的国家，人们对其心理期望也随之较高。投资人具有智慧的头脑和准确的判断力，使其可以在较短时间内寻找到"明星"类价值国家，从而通过倍增（减）满意对它们进行逐一比较权衡，最终选择倍增（减）满意最大的国家进行投资。也就是说，心理期望的高低代表了一个国家倍增（减）满意的大小。

另一方面，心理期望对倍增（减）满意变动的方向也会产生影响，心理期望对倍增（减）满意变动的方向的影响体现在价值创造方面。在国际投资市场上，国家创造价值的能力在很大程度上由投资者心理期望所左右，当投资者对某个国家的心理期望升高时，他们会重点关注该国家；反之则反。也就是说，如果人们认为某个国家具有持续创造倍增（减）满意的能力，那么他们将采取相应的投资策略，使该国的倍增（减）呈现正向上涨；反之，当人们认为一个国家不具备创造倍增（减）的能力时，将会把大量资金撤离该国，使该国的倍增（减）呈现负向变动。由此可见，心理期望也会影响倍增（减）满意变动方向。

倍增（减）满意大小与方向能够修正人们的心理期望的高低。影响心理期望的因素很多，后续将重点阐述。但是心理期望作为投资者自身的心理判断，需要通过倍增（减）的变动来修正。通过实际的倍增（减）变动，正确把握其如何影响投资者的心理期望，通过提升心理期望来吸引全球的关注与投资，聚敛社会财富，创造更大的商业价值，这应该受到商业社会每一个国家的重视。运用倍增（减）进行合理判断来实现价值投资满意是本章的核心，背后的原理是投资人的心理期望。

（二）满意作为倍增（减）的研究逻辑

要理解满意是倍增（减）的判断，必须理解满意作为倍增（减）研究的逻辑。事实上，倍增（减）不是商业社会的产物，倍增（减）在农业社会已经有所体现，从几何倍增学就得到了体现，如"国王下棋"的故事。

随后在工业社会得到了广泛的发展，计算倍增时间是有重要临床价值的方法，可通过比较两次影像检查时结节体积变化来计算肿瘤生长速度。倍增时间是指结节体积增加一倍所需的时间。过去采用胸部 X 线片和 CT 直接测定肺结节的径线，将数据带入体积计算公式 $V = \pi/6 \times ab2$，倍增时间 $VDT = t \times log2/log（Vt/V0）$，而求得结节肿瘤倍增时间。基于胸部 X 线片结节径线测定而计算的肿瘤体积较 CT（特别是 HRCT）径线测定准确性差。倍增还广泛应用在化学分子的裂变计算中。由于工业社会技术、经济发展基本上呈线性增长，较少使用倍增的思维。

商业社会中，倍增（减）与全球投资价值创造有着密不可分的关系，价值倍增（减）与满意具有相互依存、相互影响的关系。首先，国家不断创造价值倍增（减）就是为了吸引全球投资人进行投资，使该国快速发展，投资人实现价值投资满意，可以说价值创造倍增（减）能力的强弱决定价值投资满意实现的程度，哪里有倍增（减）价值创造，哪里就能使投资者实现价值投资满意。其次，只有投资人实现了价值投资满意，对该国心理期望才会升高，进而加大投资力度，引发该国更多的倍增（减）价值创造。由此可知，只要国家有倍增（减）价值创造能力，就会吸引投资人进行价值投资，实现"双赢"。因此商业社会的倍增（减）满意有别于其他任何社会形态，有着极其重要的作用。同时，互联网时代、共享平台产生后，到处都有倍增（减）现象的发生。

（三）心理期望变化的内在含义

因为心理期望是满意价值倍增（减）原理的核心所在，所以要明确心理期望的变动，实质是倍增（减）的变化。心理期望这个概念源于心理学，主要指个体在付出的基础上，所期望得到的回报。因此，在实际生活中，企业通常根据员工期望的不同来采取不同的激励手段，提高员工工作效率。美国心理学家弗鲁姆（Victor Vroom）于 1964 年在其著作《工作与激励》一书中率先提出了比较完备的期望理论。

倍增（减）比较价值的变化的过程示意如图 4-19 所示。在进入商业社会的国家中，选择两个备受人们关注的、创造倍增（减）价值能力接近且可以相互进行价值比较的国家 A 和 B。长方形的高代表国家创造价值的高低，而两者在横坐标分布的位置代表投资者对该国心理期望的大小。白色和阴影长方形分别代表 A 国和 B 国。随着投资人认知心理的变化，A、B 两国的倍增（减）价值创造能力逐渐发生变化。

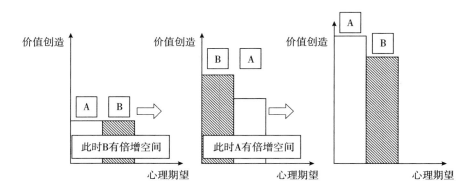

图 4-19　商业社会国家比较价值变动示意

由此可以看出，投资者心理期望是随比较价值变动的，这很好地揭示了商业社会国家为何如此重视比较价值创造。每个国家都在相互竞争，稍不努力就会淹没在不被人关注比较的国家行列，由此将导致一系列不利于该国发展的问题，使该国将远远落后于商业社会的其他国家，最终失去国际话语权。

（四）倍增（减）的类型及适应对象

商业社会的每一个国家都希望通过创造更大价值来影响投资人心理期望的变化，实现倍增（减）价值投资满意。因此，按照 2×2 矩阵进行比较，可以将国家的价值创造能力按照人们对价值（价值＝增值/损失）的定义进行划分，将增值空间设为纵坐标，时间设为横坐标，倍增（减）满意分为四种类型，这四种类型分别是"瘦狗""问号""金牛"和"明星"，具体如图 4-20 所示。

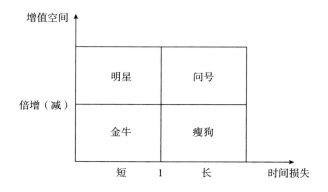

图 4-20　商业社会倍增（减）满意矩阵

商业社会比较价值满意矩阵来源于管理学中的波士顿矩阵，波士顿矩阵根据销售增长率和市场占有率将产品分成了四种类型："明星"类产品、"瘦狗"类产品、"金牛"类产品和"问号"类产品。在倍增（减）满意矩阵中，横坐标代表的是倍增（减）时机，纵坐标代表的是倍增（减）空间。其中，纵坐标以倍增（减）为分界点，分界点以上表示具有倍增（减）空间，以下表示倍增（减）空间受限；横坐标以1为分界点，1表示一国或者一种商品实现价值倍增（减）所需时间与其余国家或者商品实现价值倍增（减）所需的时间比值。以1为分界点，左边表示时间较短，右边表示时间较长。

在这四种不同的价值中，有三种倍增（减）满意状态影响投资，分别是"明星"满意、"金牛"满意和"问号"满意。因此，本节只研究这三种满意状态的特点和使用对象。投资人需要结合自身价值投资偏好，选择不同的价值范畴的国家、地区和商品进行具体投资。同时，各个国家需要根据不同价值的特性来制定自身的发展目标。

1. 倍增（减）"明星"

倍增（减）"明星"是指处于价值洼地，具有价值倍增（减）空间，且实现价值倍增（减）所需时间较短。投资者只需要付出较少的时间损失就可以获得较大的价值增值，这对于所有投资者而言是最理想的投资选择。但"明星"价值往往可遇不可求，投资者需要依靠自身智慧，经过无数次比较判断筛选出来。"明星"价值是"问号"价值经过一段时间的等待、盘整，人气关注达到一定高度，使实现倍增（减）时间缩短而形成，适合具有高风险承受能力的投资者对其进行投资。

特点：具备"明星"价值满意的国家和地区，对投资者心理期望的正、负向影响均很大，但投资者对该国的心理期望最高，是商业社会的引领者。保持"明星"满意价值的心理期望正向最大化，也就相当于保住了该国在商业社会的地位。

适用对象：对于资产增值有较高要求的投资者；短时间内资产快速增值的投资者；可以接受心理期望变动较大，且可以承受双向高风险波动的投资者，在该国投资时容易出现奇迹投资对象。

2. 倍增（减）"金牛"

倍增（减）"金牛"指价值倍增（减）空间受限，但实现价值增值所需时间较短。投资者虽然需要付出较少的时间损失，但获得的价值增值有限。这对于所有投资者而言并非理想的投资选择，但不同投资者可以根据自身偏好和认知，进行选择性投资。在"明星"价值发展过程中，增值空间的逐渐减小，直到剩余的价值增长空间无法满足倍增的时候，就实现了"明星"价值向"金牛"价值的转化。"金牛"价值由于增值空间有限，使其投资风险远远小于现金与问号价值。适合具有中等风险承受能力的投资者，对大胆创新、创业的投资者的价值吸

引力降低。

特点：具备"金牛"满意价值的国家和地区，对投资者心理期望的正、负向影响均一般，但投资者对该国的心理期望较为稳定，是商业社会的跟随者。在商业社会有固定的资金流入，以保持心理期望的稳定。因此，这种价值跟具有"明星"价值的国家的关联性较大。该种价值不可能继续引领商业社会的发展，只会跟随"明星"价值。投资者投资该种价值的投资收益比较稳定，波动幅度有限，因此资产价格上升的空间有限，进行该种价值投资产生富豪级人物的概率降低。

适用对象：避险资产可以进行投资，以保持稳定回报，适合保值需求的投资者，不适合想谋求更大倍增空间的投资者。对于拥有较大规模的资产的财富拥有者，属于"金牛"价值范畴的国家和地区，正是他们用来配置他们资产、保证资产尽可能安全增值的最佳选择。

3. 倍增（减）"问号"

倍增（减）"问号"指具有价值倍增（减）空间，但实现价值倍增（减）所需时间较长。"问号"价值满意处于价值洼地之中，但投资人实现价值倍增（减）所需时间较长。"金牛"价值发展到一定程度，会呈现两极分化，如果价值创造能力增强，就会逐渐转变为"问号"价值；若价值创造能力减弱，就会逐渐转变为"瘦狗"价值。"问号"价值和"明星"价值都具有倍增（减）空间，只是实现倍增（减）时间不同罢了。因此，投资者在进行具体投资时，容易将"问号"价值误认为"明星"价值，投资者需要结合人气、币值、金钱、权力者四个对策来避免陷入误导。适合进行长期投资且具有高风险承受能力的投资者进行投资，不适合短期投资者。

特点：短期内满意价值对于人们心理期望影响大小及变动方向不能确定，可能出现相对较长时间的等待。"问号"价值的表现和对于投资人的心理期望的影响，需要通过观察来判定。但该满意价值的影响水平较低，有上升的空间。

适用对象：希望实现价值倍增（减）且愿意等待的投资者。投资者需要有敏锐的判断力和前瞻性，可以从中判断出满意价值对于未来的影响力。适合愿意承担高风险波动的长期价值投资者。

（五）投资人倍增（减）满意实现的步骤

投资人在选择倍增（减）满意、调整心理期望的时候需要遵循以下三个步骤：

第一步，经过倍增（减）价值比较，判断一个"明星"国家价值对于人们心理期望的影响，只有被人气关注的"明星"价值国家才拥有倍增（减）满意。某国对投资人心理期望具有较大正向和负向影响，则说明该国创造价值的能力较强，可以实现价值投资倍增（减）。

第二步，根据人气线，结合倍增（减）满意在该国寻求具有比较价值的领域进行投资。基于比较价值的倍增（减）满意示意如图 4-21 所示。人气线中的商品①具有"明星"价值，给投资者带来的心理期望值最高，因而投资人纷纷投资商品①，当商品①实现了价值倍增后，其再次倍增的空间受限，使投资人心理期望降低，转而关注比较价值较大的商品②，以此类推，最后是商品③。按照人气线周期转移，来保证各行各业均能实现发展。

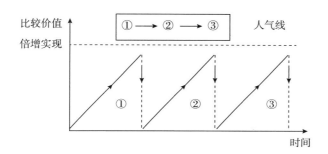

图 4-21　基于比较价值的倍增（减）满意示意

第三步，在商品价值投资过程中，运用倍增（减）满意价值的尺度来度量比较价值。也是最后一步，就是国家和地区要判断满意价值变化的尺度。倍增（减）满意实现过程示意如图 4-22 所示。这里的尺度指的是国家倍增（减）满意价值实现的度量尺度，具有一定的普遍意义，但是价值投资研究过程中真正的尺度，就是商品即将实现价值倍增（减）、成倍增（减）、百倍增（减）。从另一个方面讲，倍增（减）满意价值尺度的运用一定会带来价值创造的深刻变化，带来价值倍增（减），所以满意价值度量运用也形成度量尺度，具体如图 4-23 所示。在倍增、成倍、百倍任意一个度量尺度上，均有可能出现价值倍减的情形，投资人通过分析可以判断出这些价值尺度，具体内容将在后面章节中进行论述。

（六）商业社会倍增（减）满意的目标

对于商业社会的国家而言，为了吸引全球投资人投资，都希望进入倍增（减）满意的"明星"国家行列，希望通过创造价值最大化达到创造财富的目标。商业社会国家与投资人都在追求倍增（减）投资满意的实现，投资人价值投资满意实现的同时，也就意味着被投资国家实现满意。国家通过不断的价值创造来正向影响投资人的心理期望，避免人们心理期望出现持续走低情形，从而引导社会投资人加大对该国的投资力度，创造商业价值。这种倍增（减）满意价

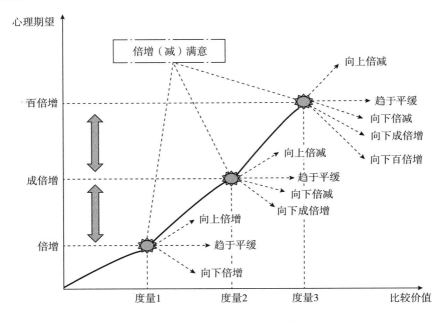

图 4-22　倍增（减）满意实现过程示意

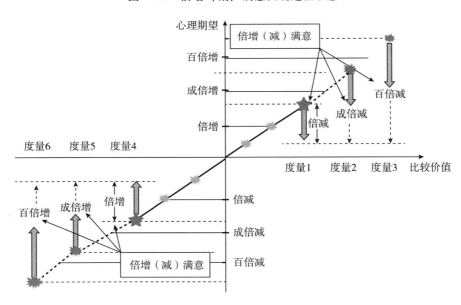

图 4-23　倍增（减）满意实现过程的价值度量形成

值目标主要会使该国在国际社会长期获得人气关注，这样才能不断地创造倍增的比较价值，社会财富快速而大量向该国积累，使该国人民尽快而且永远过上具有尊严的美好生活。但这一目标的实现需要后文提到的多个因素共同作用。

商业社会国家满意价值目标的实现，需要保证投资人对该国的心理期望始终处于正向高位，这是因为，较高的心理期望使该国一直处于人气矩阵的"明星"行列，该国的满意价值就是"明星"价值，吸引全世界的投资。具有"明星"价值就意味着支持，该国和地区具备引领商业社会发展的能力，具有创造倍增（减）比较价值的能力。从投资人对国际社会投资历程可知，如不能给投资人带来较高心理期望的国家，不能被投资人长久关注，终将被淘汰出局。所以，只有心理期望长期处于较好的状态才能保证该国在商业社会的领导地位。

在满意价值对一个国家和地区内心理期望正向影响的过程中，必须善于把握时机创造商业价值，使该国人民尽快实现财富的积累，同时惠及全世界投资人，形成人类社会命运共同体，达到投资人心理期望的结果，这需要依靠倍增（减）来度量满意。投资人在进行具体投资时需要谨慎，不断进行价值比较，不能盲目跟风，防止出现价值升值过快或者出现暴跌，从而使资产泡沫破灭。在全球投资人关注该国，对该国心理期望较高时，该国要合理运用四个对策（人气、币值、金钱和权力对策），及时调整房价、物价、股价"三价"这一人气线关注的价格短期的波动和内部结构的变化，保持人气在该国的长久性关注，使投资该国和该地区的投资人实现价值投资满意，获得社会认可，过上具有尊严的美好生活，同时造福于该国人民和全球投资人，而不是降低投资人对于该国的心理期望，阻碍该国商业社会发展，使该国落入中等收入陷阱。倍增（减）满意吸引全球投资人，投资人创造商业价值，创造该国倍增的商业财富。

三、倍增（减）满意价值投资选择

（一）倍增（减）满意价值投资时机选择——追求高品质生活的时代

由于价值投资在商业社会的普遍性，并且具有全球一体化的特点，那么任何一个国家和投资人在何种条件下使用价值投资变得尤为关键，即商业比较价值投资的时机应该如何选择就显得非常重要。每一个购买者在享受物质利益的时代追求差距溢利购买，期望自己拥有的产品比别人要好。社会发生了变化，在追求高品质（美好）生活为主的时代，每一个投资人追求倍增（减）的商业比较价值投资，价值投资时机是最佳的。因为高品质生活代表的不仅是物质上的极大富有，还代表着精神上的极大满足。具有高品质生活的人，往往是有追求且实现了自身追求、获得社会认可和尊重的人。研究表明，个人受尊重程度一定程度上直接影响其社会地位与社会满足感。只有具有极大社会满足感的人才会心情愉悦，过上舒适、安逸、受人尊重的高品质生活，而实现这一切的主要途径就是进行商业价值投资，只有进行商业投资才会过上高品质生活，这也是发达国家充分验证的结果。

高品质生活的实现需要两个条件：物质上的金钱富裕及精神上的尊严实现。物质上的金钱富裕在工业社会通过经济的快速发展、生产力的迅速提升已经得以实现；精神上的尊严实现需要在商业社会完成。商业社会是以人为主的时代，人的思想备受关注，而思想具有不确定性，不同于工业社会的线性思维模式，商业社会均是跳跃式思维模式，不是倍增就是倍减，而购买很难实现倍增（减）价值创造，只有价值投资才符合人们跳跃的创新思维模式。进行价值投资已经成为商业社会渴望过上品质生活人们的共识，只有进行价值投资创造倍增（减）价值才能成为社会的优秀人才，实现自身美好的愿景，推动商业社会进步。事实上，越来越多投资人意识到价值投资具有高风险与高回报兼容的特性，国家往往通过创造具有倍增（减）的商业比较价值来吸引投资者，扶持投资人创新、创业，保证投资者心理期望始终处于较好的状态，从而实现价值投资满意。

商业社会主要是以讲好故事、创造价值为核心，具有极大的不确定性。在商业价值社会，人的创新思维能力决定个人成败，这同工业社会掌握的科学技术的多少决定人的成败还不一样，技术试验成功是确定的，思维正确与否是很难做试验的，其是对未来和对人的预判。工业社会的线性增长就可以解决人们物质生活的追求，高品质生活就必须比线性增长还要快才能超过别人，线性增长已经不是社会主流。思维的不确定性，不具有线性增长的特性，二者叠加的结果，迫使人们选择跳跃增长——倍增（减），因此倍增（减）的商业比较价值感受是商业社会价值创造的投资人满意衡量标尺。不同的人的创新思维能力使其创造的价值大小也不同，同时创新思维的不断碰撞和思考是价值投资满意的基础前提，社会中的每一个人都有权利和义务来不断创造商业价值，在使自身过上有尊严高品质生活的同时，推动整个商业社会的向前发展。

（二）倍增（减）满意价值投资情形选择

人们的认知心理和沟通行为是创造倍增（减）比较价值的核心驱动，是认知心理和沟通行为在价值投资领域的具体应用，选择性注意—选择性扭曲—选择性保留是认知心理的三部曲，人们最后会保留最有价值空间和时间最短的商品进行投资，并且在人们的相互沟通中达成一致，这里就需要更多的价值体系的形成，以便投资人能够从中选择自己认可的度量尺度，更加有效地投资未来。

虽然价值体系建立不全是营商学研究的范畴，涉及多学科，但是度量标准和体系的建立是否具有价值是营商学研究的问题，价值体系建立起来后，投资人会从中选择具有价值的度量标准和体系进行价值投资。价值体系能否被社会认同、体系多大、如何利用这种价值体系创造倍增（减）的比较价值从而获得全世界投资人的投资，是本章研究的重点之一。

1. 体系的定义

体系一词，对于人们来说并不陌生，存在于很多系统的核心之中，被应用于生活的方方面面。关于体系，往大里说，宇宙是一个体系，各个星系是一个体系；往小里说，社会是一个体系，人文是一个体系，宗教是一个体系，甚至每一学科及其内含的各分支均是一个体系。大体系里含有无穷无尽的小体系，小体系里含有无尽无量的、可以无穷深入的更小的体系。人类社会的发展实际上就是度量标准和体系的发展，本书研究度量体系和度量标准是为了帮助人们实现心理期望满意，创造商业价值。

2. 三个社会的价值体系类型

根据体系的定义，结合不同社会形态、人们对满意的不同理解和追求，可以将衡量满意的度量分为三种社会类型：农业价值体系、工业价值体系和商业价值体系，这是因为人们生产活动的内容和范围在不断扩大，因而度量的体系也在不断增长和发生巨大变化。

农业价值体系又称较少体系，由于农业社会人们主要从事农业生产，使满意体系的范围仅局限于农业生产活动，体系的范围较小、标准较少，且范围的变化呈现小幅波动，人们的心理期望基本不变，仅是为了维持吃饱穿暖。围绕吃饱穿暖方面的体系，如语言、文字、重量、货币等方面的体系，实现多个国家的统一体系也是非常不易的。具体如图 4-24 所示。

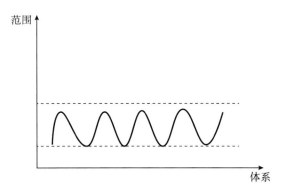

图 4-24　农业价值（较少）体系示意

工业价值体系又称中等体系，进入工业社会之后，人们的生产重心主要倾向于发展经济，使顾客满意体系的范围在农业度量的基础之上，增加了购买领域的体系。体系的范围增大，度量随之增加，且由于不同国家发展程度的不同，体系范围的变化呈现中等幅度变动，人们的心理期望线性变动，为了实现顾客购买满意，核心的体系是技术度量标准和体系的建立，工科发挥重要作用。西方国家技术进步快，制定度量标准和体系往往先于中国，实属正常。具体如图 4-25 所示。

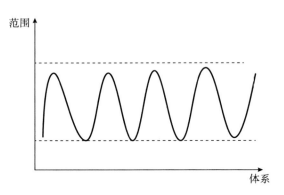

图 4-25　工业价值（中等）体系示意

商业价值体系又称多体系，进入商业社会之后，人们不再过分注重购买，转而开始关注价值投资，使满意体系的范围在工业度量的基础之上，增加了价值投资等思维领域的体系。体系的范围无限增大，标准经常变换，且由于不同国家发展程度的差异，使度量体系呈现两极分化，体系范围呈现大幅波动，人们的心理期望波动较大。为了实现人气投资满意，每一个国家和地区，包括投资人都争先建立起自己的度量标准和体系，希望赢得全球投资人，没有建立度量标准和体系的国家和地区，在世界范围内就没有发言权，只能投资他国。所以商业社会的度量标准和体系纷繁复杂，往往让投资人无所适从。具体如图 4-26 所示。

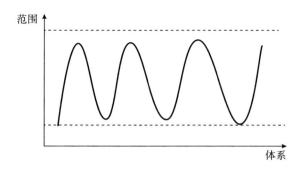

图 4-26　商业价值（多）体系示意

3. 商业体系的情形

商业社会的国家都希望自己国家建立起来的度量标准和体系在投资人的心理期望中保持在比较高的位置，引起投资人的人气关注，并在全球范围内不断提升，长期发挥作用，成为全球的"明星"满意国家，这实际上就是对于该国建立起来的价值度量标准和体系的倍增（减）满意。从价值内涵本身理解，价值内容包括文化、经济和社会价值，依据价值内涵出现如下三种情形：倍增满意比较价值体系有限、倍增满意比较价值体系适中、倍增满意比较价值体系较大。

情形一：倍增满意比较价值体系有限，心理期望的正（负）向尺度变化受限，具体如图 4-27 所示。

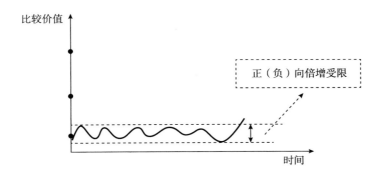

图 4-27 心理期望正（负）向倍增受限

情形一的心理期望变动的总体趋势：倍增满意比较价值度量波动幅度较小且处于低位，心理期望的正（负）向尺度变化受限。

优点：投资人对该国和地区的心理期望最小，正（负）向尺度受限且相对稳定。

缺点：倍增满意价值的度量标准少，倍增满意比较价值相对较小，实现倍增（减）价值创造的空间受限且实现价值增值的时间较长。

适用：小的商业社会国家、跟随商业社会领头羊国家的其他商业社会国家。

要求：选择正确的跟随国家，跟随倍增（减）满意比较价值上升的国家，而非跟随倍增满意比较价值下降的国家；创造自己的商业价值。

心理期望有限的国家也很常见，对于一些在工业社会已经发展较好的国家，由于倍增满意比较价值度量的标准较少，即使进入商业社会，倍增满意度量标准的范围增加程度也有限，所以对于这种国家而言只能跟随商业社会领导国家的发展。如新西兰倍增满意比较价值的度量标准主要集中在农业方面、澳大利亚的倍增满意比较价值度量标准主要集中在矿产资源方面，这些国家的倍增满意比较价值范围较少，其他度量标准无法带给投资人较高的心理期望，无法创造更多的倍增（减）满意比较价值，只能选择正确的跟随国家并且带动自身发展。

情形二：倍增满意比较价值体系适中，心理期望的正（负）向尺度变化适中，具体如图 4-28 所示。

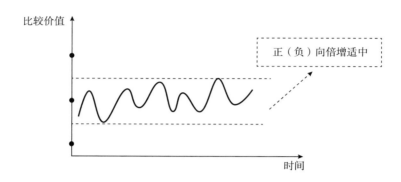

图 4-28　心理期望正（负）向倍增适中

情形二的心理期望变动的总体趋势：倍增满意比较价值度量波动处于中等，投资人心理期望正（负）向倍增尺度变化中等。

优点：投资人对该国的心理期望适中，变动程度在可控范围内。

缺点：倍增满意价值的度量体系适中，比较价值大小适中，实现倍增（减）价值创造的空间适中或实现价值增值的时间适中。

适用：中等规模的商业国家和发展到一定阶段的商业社会国家。

要求：防止比较价值度量标准过多，可能引发比较价值快速创造的假象，超出投资人心理期望，该国家引领商业社会的时间不会很长久。

这种情形也比较常见，德国、英国都是在该国创造倍增满意比较价值的过程之中，比较价值度量迅速增加，二者都曾是引领世界的国家，只不过时间比较短暂，发展到了一定阶段，就无法增加心理期望的倍增空间，将国际领先地位让给了美国。随着美国近百年倍增满意比较价值的度量体系到达了一定的高位，心理期望空间受到了限制，很难继续实现倍增满意比较价值创造，全世界投资人受到中国由"问号"转向"明星"国家倍增满意价值的吸引。在商业社会中投资者对倍增满意比较价值创新越发重视，倍增满意比较价值正随着资本逐渐从美国流向以中国为主的"金砖国家"。

情形三：倍增满意比较价值体系较多，心理期望的正（负）向尺度变化最大，具体如图 4-29 所示。

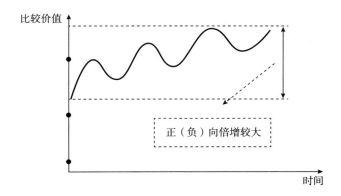

图4-29　心理期望正（负）向倍增较大

情形三的心理期望变动的总体趋势：倍增满意比较价值度量体系较多，投资人心理期望正（负）向尺度变化较大。

优点：投资人对该国的心理期望较高，能够获得较多的倍增（减）价值，创造巨大的商业价值；

缺点：投资人心理期望的变动程度较大，财富增值和贬值的速度加快，社会财富在总体大幅增长的同时，越来越往少数擅长投资人集中，社会越来越向"橄榄型"发展。

适用：正在快速发展的"明星"商业社会国家、商业社会的领头国家。

要求：这时应该谨慎、智慧地使用价值度量体系，防止心理期望的变动程度放大，而操作又反向，引起过大的价值损失。该情形需要该国家有财富积累、丰富的阅历故事，并且加以动态调整。不仅要有大量的财富（储蓄、经济增长、社会发展等方面的优势），还需要有不断创新的价值思维，提升国际地位，来保证自身可以不断地创造倍增满意比较价值。

很多国家都不能保证长期倍增满意比较价值创造，心理期望也不可能始终保持较好的状态，主要原因还是满意度量体系过少。纵观历史，还没有哪个国家从最低位的心理期望一路上升到高位后，长期保持全球倍增满意比较价值创造最大化。近百年来，美国是目前为止保持全球倍增满意比较价值创造最多和最长时间的国家，美国引领世界的时间比较长，就是因为美国具有全球认同的最多的倍增满意比较价值度量体系，这是全世界的共识，从而赢得了全球投资人较高的心理期望。直到2010年，中国GDP总量超越日本，成为仅次于美国的世界第二大经济体。经济力量的上升伴随着倍增满意比较价值的度量体系不断增加和被世界开始认同，中国正在加快吸引着世界各地的投资人加入投资中国的队伍。

（三）保持倍增（减）满意比较价值不断实现的方法

保持倍增（减）满意比较价值的心理期望始终处于较高地位，创造最大化价值，主要有四种不同方法，这四种方法在倍增（减）满意比较价值投资过程中循序渐进，联系紧密，共同保证投资者心理期望的倍增（减）价值实现，最终实现价值投资满意，增加社会财富。

1. 方法一：明显性倍增（减）满意比较价值因素分级

明显性因素分级是保证倍增（减）满意不断实现的首要阶段与方法。人气关注的投资品种纷繁复杂、多种多样，而不同品种的特点又各不相同，为了有利于投资者准确分析，进而选择比较价值较大的目标投资对象，需要对投资品种进行明显性因素分级。本书要对分级进行重新的整理，将人气价值按照四种因素（经济、品种、板块、对策），进行房价、股价、物价三种商品品种倍增（减）比较价值分级。

（1）经济因素分级。经济因素分级比较好理解，就是指根据不同的地区经济水平对投资品种进行分级，人气倍增（减）满意比较价值分级因素首要关注的就是经济因素，经济因素是倍增（减）满意比较价值分级的最为明显的因素之一，上海的房价高于西安房价倍增满意，核心要素就是经济因素。经济因素从GDP总量、人们的收入水平和经济结构三个方面体现。其中，GDP总量是从生产力角度对经济整体的把握，反映经济整体盘面大小。GDP增速越快表明经济发展越快，增速越慢表明经济发展越慢，GDP负增长表明经济陷入衰退。收入水平属于分配制度范畴的概念，反映居民的可支配收入情况。经济结构则从生产力布局情况反映经济系统中各个要素之间的空间关系。具体如图4-30所示。

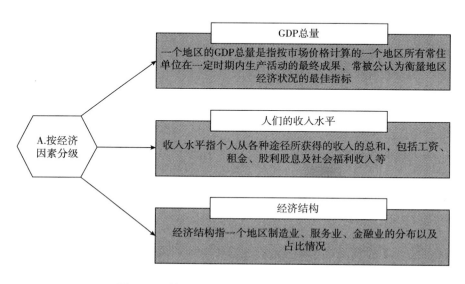

图4-30 按经济因素进行人气比较价值分级

（2）品种因素分级。在经济因素分级的基础上，可以按投资商品品种因素进行进一步分级。根据大类商品品种划分为房价、物价和股价，"三价"构成商品投资品种的各个方面，房价的倍增（减）必须高度关注，因为投资人是最多的，上涨导致资产升值，下跌容易出现资产大幅缩水和社会动荡；股价的倍增（减）也会引起社会反应，相对于房价来说在一定时期的影响范围小一些，但是短线热钱更容易投资股价，形成倍增（减）；物价直接影响人民生活，倍增（减）更要慎重。也可根据品种产量大小和与人民生活的相关性，将商品划分为小品种与大品种，如物价。不同时间，对小品种与大品种的界定也会出现变动。受稀缺性的影响，小品种和大品种呈现出不同的价值内涵，如大蒜、绿豆就有倍增（减）的价值空间，大米就没有。除此之外，还可划分为主流品种与非主流品种，这里的主流品种以人们饮食习惯中的主食为主，非主流就是副食品，如水果品种就有倍增（减）价值空间。具体如图4-31所示。

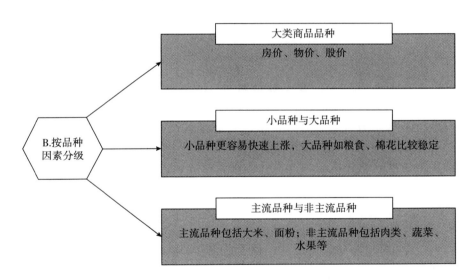

图4-31　品种因素对人气比较价值进行分级

（3）板块因素分级。按照板块因素分级对房价、股价、物价"三价"倍增（减）比较价值进行以下划分：股价指数板块分类齐全，可以参考"人群营商学"；房价是地区板块决定分级；物价是主、副食板块决定分级。股价指数板块主要是主板、创业板与科创板。主板、创业板、科创板都是多层次资本市场的一部分。主板分为上海主板和深圳主板，定位为为大型蓝筹提供融资服务。创业板自从2009年诞生以来，以快速成长的科技型企业为主。中国股市2019年还迎来了科创板，构建多层次投资局面。房价地区板块主要由一线城市、中心城市、中小城市三部分构成，三个板块的比较价值分级是不同的。物价主、副食板块分为大米、面粉板块与蔬菜、水果板块。具体如图 4-32 所示。

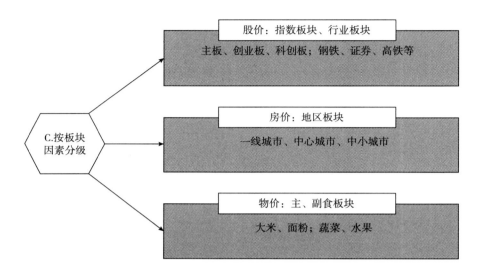

图 4-32　按板块因素对人气比较价值进行分级

　　（4）对策因素分级。以人气、币值、金钱以及权力四个对策为核心是人气营商学的核心，只有人气、币值、金钱和权力四个投资对策运用得当，价值度量形成的倍增（减）价值满意才能发挥作用。换句话讲，任何一个对策使用不当，都会使一个国家商品投资丧失倍增（减）比较价值创造的机会，成为商业社会中的落后者。对价值因素进行分级时，可以从对策因素进行划分。人气对策下，没有人气关注的价值因素不可能创造倍增（减）价值，只有房价、股价、物价"三价"人气线关注的商品品种，才会产生倍增（减）价值；币值对策下的比较价值因素体现在股价上，表现为上涨快，且空间大，房价、物价产生倍增的可能性大大减少；金钱对策下的比较价值因素体现在房价上，股价和物价产生倍增可能性大大减少。相比币值对策和金钱对策，权力对策对于物价的调控能力最强，只是倍减而已，不是倍增。具体如图 4-33 所示。

　　2. 方法二：重要性倍增（减）满意比较价值目标确定

　　通过对目标对象的考量，有助于判断出一个国家和商品最具有倍增（减）比较价值的价值洼地，是对倍增（减）满意比较价值的进一步深化，同时也是倍增（减）满意人气比较价值定档与调整的前提与基础。如何正确确定目标对象，对人气倍增（减）比较价值的研究至关重要。目标人气的确定需要考虑以下四个因素：

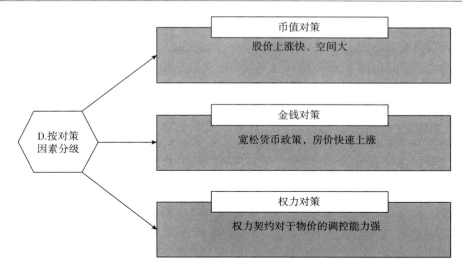

图 4-33　按对策因素对人气比较价值进行分级

（1）逻辑驱动。逻辑驱动作为目标人气确定的首要因素，其体现的是思维层面上对于商业价值判断的创新。只有弄清"三价"上涨的逻辑，才能确定目标对象。如币值平台对于股价影响最大，金钱杠杆对于房价影响最大，股价不上涨就是上涨的逻辑不清晰，逻辑清晰上涨就是确定的，投资商品的目标就是明确的。逻辑清晰，"三价"的品种选择和时机选择才不会犯错误。2014～2015 年股市上涨就是杠杆推动逻辑，去了杠杆，股市下跌，如果不加杠杆，股市上涨动力不足。2016 年人们选择房价投资，股市一直等待杠杆驱动逻辑形成，足以看出逻辑驱动的重要性。逻辑驱动使人们在确定人气倍增（减）满意比较价值的关注点时更加准确、敏锐，进而带来价值倍增（减）。商业社会房价、物价、股价的选择成为目标人气关注的对象确定，就是利用三种价值内涵人气线的思维逻辑来选择关注对象。在商业社会这样一个进行价值投资的时代，价值创造成为一种重要标志。要使快速创造价值成为可能，个人在选择投资时就必须不断进行思维创新，不断进行商业价值的判断，根据自身的商业价值判断来进行人气价值关注点的驱动逻辑选择，从而进行人气价值投资研究，最终使自己实现快速的价值增值，实现人气价值投资满意。商业社会具有高智慧的人才显得尤为重要，逻辑驱动是一种智慧的思维碰撞，是一种商业价值的判断基础，逻辑驱动在商业社会之中显得尤为重要。投资人应该注重逻辑驱动思维模式的培养，从而更好地选择目标投资对象。

（2）平台、专业。平台、专业指的是投资人自身的政治、经济及教育背景，以及可获取资源的专业与平台。如果说逻辑驱动是投资人的思维导向，平台、专业就是其投资实践中的虚拟载体。平台、专业是一个人发展成功的充分条件，可以说，拥有良好的平台、专业不一定会成功，但是没有良好的平台、专业将很难实现成功，这也是人们越来越重视平台和专业的重要原因。平台化发展为专业市场转型提供了一种新的方向和操作思路。专业、平台已经演化成每个人自身发展的一部分。每个人均具备各种各样的平台、专业，选择好的平台和专业是倍增（减）满意比较价值目标确定的重要考量。

（3）个人积累。个人积累指的是个人所见所闻的一种阅历，是一种知识和经验的积累。投资者积累的经验、知识越多，实现目标投资倍增（减）所需的时间就越短，换句话说，就越容易快速选择投资目标创造价值。个人积累是个人投资所需要的重要辅助条件，个人积累不仅是个人阅历的象征，更是一个人智慧的构成部分。个人积累一般和个人的年龄呈正相关，年龄越大个人积累越是丰富，更加博学多才，是商业社会的重要财富。充分利用个人积累是倍增（减）满意比较价值目标确定的重要依据，很多投资人在年轻时投资容易成功，但是在一定时期就会进入"瓶颈"期，这就是因为积累不够，年轻时积累知识和经验，具有丰富的投资经验积累，对于未来的投资目标就会更加清晰。如没有长期的投资经验是不会轻易选择股票投资的，可能选择委托基金公司投资，股价投资的风险远远大于房价。

（4）个人智慧。个人智慧指的是个人先天与后天的综合优势，是一种个人独特的见识和思考。相较于个人积累，个人智慧所涵盖的范围更加广阔，个人积累是一种后天的智慧构成，个人智慧包含后天智慧（个人积累）和先天智慧两大部分，所以说个人智慧是一种重要的个人发展资源，有助于个人的快速发展。先天智慧虽然无法改变，但是后天智慧可以通过直接和间接的学习来不断补充完善，个人智慧的发挥极大地帮助倍增（减）满意比较价值目标确定的实现。投资人善于总结和创新是个人智慧的具体表现，但是片面和肤浅的分析可能会往往适得其反，很多投资人可能自以为聪明，结果"聪明反被聪明误"，贪了小便宜而吃了大亏。把握不了的投资，不要轻易乱投资，如期货投资往往要求更高，一般投资人不要涉及。

3. 方法三：决定性倍增（减）满意比较价值因素定档

决定性因素定档是倍增（减）满意比较价值实现的另一个重要方法，在决定性价值定档环节，倍增（减）满意比较价值决定性因素不一定是重要因素，但肯定是明显因素，因为决定性因素直接决定倍增价值定档。各个国家和地区根据分级因素来选取单个或者多个因素组合来实现商品的价值创造，保证倍增（减）满意比较价值投资满意的实现。基于此，可以将倍增（减）满意的决定性因素分为三个方面，即一重决定性因素定档、二重决定性因素定档和三重决定性因素定档。

（1）一重决定性因素倍增（减）定档：指的是一个国家或者商品的分级因素分为四个方面，其中一个因素的影响力巨大，在比较价值的倍增（减）过程中发挥主导作用。四个因素中的任意一个，在不同国家和时期均可以成为一国商品比较价值创造的主导因素，决定比较价值倍增（减）。一重定档因素并不意味着只有一个因素发挥作用，其余因素均不参与，而是指的是一个因素起主导作用的同时，其余因素主要起辅助作用。此处需要强调的是，比较价值满意的实现需要四个因素共同发挥作用，只是作用的程度不同罢了。如在美国创造倍增（减）满意比较价值的过程之中，美国经济强大，经济因素分级所发挥的价值创造作用可想而知，这只是因素之一；中国的币值对策运用得当，使中国股市 2005～2007 年大幅上涨，这些都是对策因素作用的结果。具体如图 4-34 所示。

图 4-34　比较价值倍增（减）的一重决定性因素定档

（2）二重决定性因素倍增（减）定档：指的是一个国家四个因素的影响程度没有很大的差别，其中比较重要的两个可以组合起来，可以影响比较价值的倍增（减）。二重因素一重定档因素常见。在实际过程中，投资者通常需要将两个因素相结合，共同决定倍增（减）比较价值的创造，缺少二者中的任意一个均不会实现价值投资满意，也就是说很难实现价值投资满意。如品种因素和币值对策因素的结合决定了 2005～2007 年中国股市的快速上涨。具体如图 4-35 所示。

图 4-35　比较价值倍增（减）的二重决定性因素定档

（3）三重决定性因素倍增（减）定档：指的是价值投资的四个分级因素的影响程度没有很大的差别，其中三个决定性因素可以结合起来，共同决定比较价值的倍增（减）经济因素、品种因素、板块因素。具体如图 4-36 所示。

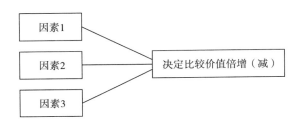

图 4-36　比较价值倍增（减）的三重决定性因素定档

定档因素是倍增（减）满意比较价值实现的决定性因素，作用如同人体的"肝脏"，因素虽然不多，功能也不复杂，往往不被人们重视，但是它决定了价值创造实现的可能性，没有决定性因素无法推动倍增（减）满意比较价值的创造，但是它与目标确定的重要因素是不相同的。

4. 方法四：动态性倍增（减）满意比较价值因素调整

动态性因素调整是保持倍增（减）满意比较价值实现的最后一种方法，动态因素调整存在于比较价值投资满意实现的整个过程之中，动态调整是倍增（减）满意比较价值实现的关键点，必须考虑周全，否则判断失误，可能功亏一篑。主要从倍增（减）比较价值的时间及空间两个角度不断进行动态调整，具体如图 4-37 所示。

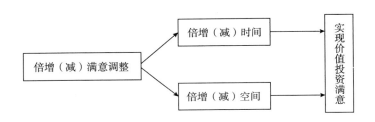

图 4-37　倍增（减）满意比较价值的动态调整过程

在倍增（减）满意比较价值投资的动态调整过程中，调整根据不同的影响因素主要可以分为以下四种类型：

（1）国际和国内动态因素倍增（减）调整。根据倍增（减）满意比较价值调整的范围，可以将其分为国内调整和国际调整两种类型。国际调整主要指的是国际资本市场动向、国际政治、经济变化对倍增（减）满意比较价值投资的影响；国内调整则指的是四个分级因素对倍增（减）满意比较价值投资的影响。

国际调整在商业社会较为常见，调整的范围较国内调整大和不易预测，主要目的是保证全球投资人进行价值投资，实现价值投资倍增（减），减少国际社会对其产生的负面影响。例如，在尚未完全消除美国次贷危机的影响之时，2009年的欧洲主权债务危机爆发又引发世界经济的二次探底和股市的剧烈动荡。希腊主权信用评级由"A-"降为"BBB+"，前景展望为负面，这是希腊主权信用级别在过去10年中首次跌落到A级以下。作为经济晴雨表的股票市场受消息影响波动幅度大幅增加，全球股市应声下跌，债务危机很快蔓延至欧洲其他国家，连欧盟核心国德国也未能幸免。欧元对美元大幅下滑，国际市场避险情绪大幅升温。由此可见，欧债危机对全球金融市场的冲击不容小觑，欧元严重贬值，投资者对金融股持恐慌情绪，致使全球股市大跌。在这样一种情况下，全世界的投资国家都要对自身的价值投资进行相应调整，尽最大可能减少欧债危机对该国价值投资产生的负面影响。

2017年底中国股市上证指数正在从3250点附近进行倍增时，2018年2月初美国股市大幅下跌，导致中国股市也跟随大幅调整至3062点，即上证指数历史高位6124的倍减位，所幸中国股市还在低位徘徊，否则下跌幅度会更大。防止国际调整是全球投资人必须面临的现实问题，要有心理准备。

国内调整主要指的是各个国家内部为了实现价值倍增（减）满意比较价值创造所做的调整。例如，2008年的金融危机导致雷曼公司破产，包括中国在内的全球金融市场，已经受到雷曼兄弟公司倒闭以及美国国际集团（AIG）被接管所带来的冲击，使投资者对全球投资信心不足，此时中国政府向市场投入四万亿元来进行救市，以求中国能尽可能在这次金融危机中减少损失，吸引全球投资人投资中国，很多聪明的投资人在这次国际、国内调整中创造了巨大价值。

综合以上可知，国内调整与国际调整的范围、幅度大小有所不同，但二者均是全球价值投资倍增（减）调整的常态，最终是使投资人实现价值倍增（减）投资满意，实现商业社会价值投资的快速发展。投资人要善于把握这种国际、国内动态调整给全球投资变化所带来的重大价值创造机遇，同时，也不能误判。

（2）大幅与小幅动态因素倍增（减）调整。按照调整的幅度，可以将动态因素调整分为大幅调整与小幅调整，大幅调整主要是指在投资前景非常看好（或者完全看坏）的情形下所进行的动态价值调整类型（见图4-38）；小幅调整指的是在投资前景不明朗，或者被短期看坏情形下的一种调整（见图4-39）。通常大调整将改变一个整体趋势，时间持续较长，而小调整无法改变一个整体趋势，时间不会太长。向下大幅调整时必须迅速回避，向上大幅调整时应该抓住机遇。2007年10月的中国股市上证指数从6124点下跌就是大幅调整，两次倍减至1664点，大盘大幅调整，达到1年多时间。向下小幅调整是为了实现倍增，向上小幅调整是为了实现倍减，2008年9月的中国股市上证指数从1802点调整至

1664 点，就是小幅调整，正好是跌破 3700 点的倍减位 1850 点，调整到该位置，就是为了实现从 1664 点到 3400 点的倍增（低于 3700 点阻力位），向下调整时间较短，就会迎来向上的大幅调整。看懂大幅和小幅动态因素是投资成功的重要一环，否则因小失大，它们的背后都是倍增（减）调整幅度。

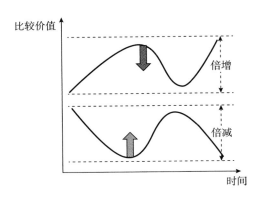

图 4-38　大幅调整示意

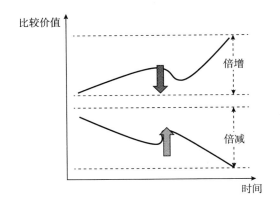

图 4-39　小幅调整示意

（3）向下与向上动态因素倍增（减）调整。根据调整的方向，可以将调整分为向上调整与向下调整两种类型，向上调整往往是因为实现价值倍减的空间受封，需要向上调整打开倍增空间（见图 4-40）；向下调整往往是因为实现价值倍增的空间受限，需要向下调整打开倍减空间（见图 4-41）。在价值投资过程，尤其是股票投资过程中，向上为了实现倍减而调整与向下为了实现倍增而调整的现象时有发生。中国股市上证指数从 2009 年 8 月的 3478 点下跌至 2013 年 6 月的

1849 点，向下调整已经结束，为大盘向上调整至 3700 点倍增作准备，实际上大盘 2015 年 6 月达到 5178 点（约为 3700 点的 1.4 倍），倍增超过；又从 5178 点附近一路向下调整至 2440 点附近（密集成交区 4900 点的倍减位），倍减超过。向上和向下的动态因素往往被人们忽略，而过分强调基本面分析和技术走势分析会导致投资的关键点位判断失误。

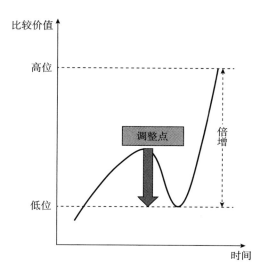

图 4-40 向下调整示意

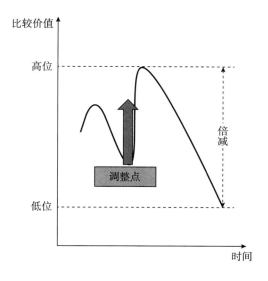

图 4-41 向上调整示意

（4）长期与短期动态因素倍增（减）调整。根据调整的时间，可以将调整分为长期调整与短期调整，长期调整通常在比较价值倍增（减）空间受限的情况下发生，利用时间换取空间（见图4-42）；短期调整往往属于实现倍增（减）过程中的调整，时间较短，利用空间换取时间（见图4-43）。中国股市上证指数由2009年8月的3478点调整至2013年6月25日的1849点，再也不会下跌了，倍增（减）调整到位，用了近4年时间，虽然没有倍减，但是调整时间很长，下跌也是为了倍增至3700点，上证指数从此转换增长方式，由币值平台对策转换为金钱杠杆对策，两年后上证指数实现倍增至5178点；上证指数从2007年2月的2541点倍增至5200点的过程中，5月从4335点下跌至3400点，下跌900多点，只用了6天时间，大盘休整了1个月后，又开始去实现未完成的从2500点附近倍增至5200点的任务，用空间换取时间，直至达到6124点，是1500点的4倍。长期和短期动态因素最容易消磨投资人意志和让激进的投资人遭受重大损失，短期动态因素可能导致股价大起大落，融资的投资人可能遭受爆仓的风险。

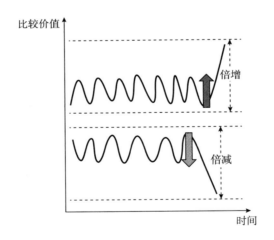

图4-42　长期调整示意

动态性倍增（减）满意比较价值因素调整，是倍增（减）满意实现的最后一环，相当于人的"肾脏"，维持人体平衡，也是倍增（减）满意实现最为灵活的环节，必须正确把握调整的类型和时机、调整的幅度和具体点位，才能最为有效地实现倍增（减）比较价值创造，否则实现倍增（减）满意比较价值创造是一句空话，反而会因为大盘的调整而措手不及、惊慌失措，甚至出现相反的判断，造成巨大失误，这些判断不仅需要理论知识，更需要丰富的实践经验。

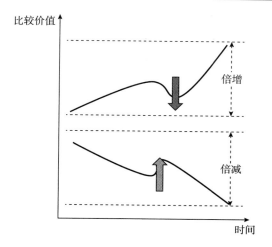

图4-43 短期调整示意

四、心理期望的提高和调整

（一）心理期望调整的类型：主动和被动

对于商业社会的国家来说，倍增（减）满意比较价值心理期望的调整分为主动和被动。主动调整是指一国通过倍增（减）满意价值的创造来自行调整，对资本的短期变动方向产生影响。而被动调整指的是顺应国际资本间的倍增（减）满意比较价值流动，是由国际社会资本流动的比较价值规律决定的方向性变动，但是，往往出乎本国意料之外，必须谨慎应对。

每个国家都应该通过创造倍增（减）满意比较价值主动进行调整，防止与人们的心理期望产生过大落差，造成不利的后果。

中国政府经过几十年的经济改革开放，积极主动地调整，将"引进来与走出去"紧密结合，走出了一条具有中国特色的社会主义建设道路，最终成功实现民族复兴与中国崛起。大力发展经济，追求技术创新，"双创"这一口号的提出正是希望注重创新，更多地完善倍增（减）满意价值体系，不仅拥有"红海"，还要发现"蓝海"。中国将更多的领域纳入发展的蓝图之中，通过不断扩大具有倍增（减）价值的体系提升全球投资人的心理期望，吸引全球投资人关注，赢得全世界人们的投资，实现倍增（减）满意比较价值创造。

倍增（减）满意比较价值的被动调整是由于投资人对于该国商品投资的心理期望发生巨大变化，有可能是意料之中，也有可能是意料之外，一旦出现心理期望发生变化，就会引起国内商品价值的大幅波动，甚至波及全球，这也就是人们常提到的"蝴蝶效应"。

任何国家价值体系的缺憾都会影响投资人倍增（减）满意比较价值的心理期望。只不过有些被动调整是短期的，有些调整将是长期的，短期调整处理不好就会成为长期调整，使这个国家落后几十年，错失发展的良好机遇期。

当一国商业倍增（减）满意比较价值创造处于高位时，往往都会出现一些明显的影响人们投资心理期望的事件和口碑，该国若不及时进行心理期望主动调整，这时就会出现被动调整的可能，该国资本外流加速，商品价值波动加大的情况可能发生，如果该国不进行新的倍增（减）价值创造，不完善倍增（减）的价值体系，而它国正好抓住时机完善自身的价值体系，倍增（减）满意比较价值明显，该国的人气就会加快离开转移到他国。如果该国及时实现新的倍增（减）满意比较价值创造，增加和完善创新的倍增（减）价值体系，那么该国将持续受到人气关注，在短暂调整后又会引来新一轮倍增（减）价值创造。由此可以看出，对于一个已经进入商业社会的国家而言，无论是主动调整还是被动调整，都必须积极应对，若有不慎就会出现比较价值倍减，应付又不及时，就难有实现倍增（减）满意比较价值创造的时机。

（二）提高倍增（减）满意的心理期望

人们心理期望的产生和提高，主要取决于一国是否可以持续创造倍增（减）满的比较价值，而倍增（减）满意比较价值是通过价值体系的多少和不断完善来体现的。一国的度量体系越少（对于一定的度量体系，尺度的变化往往是有限的），说明该国创造倍增（减）满意比较价值的可能性越小，投资人对该国的心理期望就会下降，出现被动的价值调整，处理不好，就会发生长期调整，产生联动效应，影响相关国家或者世界的倍增（减）满意比较价值创造。如何把控和提高投资人心理期望，并且能够运用不断完善的价值体系提高投资者的心理期望，是任何一个商业社会的国家必须经常思考的问题，全球投资人也密切关注各国的倍增（减）满意创造的价值体系多少和完善情况，选择是否投资或者继续投资该国。投资人长期关注并投资该国，最为关注的和最重要的内容是寻求较多的价值体系和创新的价值体系。

提高满意倍增（减）的心理期望，主要有两个步骤：一是建立和搜寻倍增（减）满意比较价值心理期望的价值体系，影响倍增（减）满意比较价值心理期望的核心就是了解、建立人们心理期望的各种价值体系，任何一个商业社会国家都可以先借鉴别的国家，如股票指数，世界各国相互借鉴。本节第三部分着重探讨了价值体系的定义，并将体系分为农业（少）体系、工业（中）体系和商业（多）体系三大类，由此可以看出价值体系在商业社会的涵盖范围十分广泛，任何可以引发价值倍增（减）满意比较价值的标准均可以称为价值体系，只不过价值体系度量尺度的变化范围不同而已，有的空间巨大，有的空间较小，因此寻找重要的价值体系就是要选择多体系，有丰富的价值体系让投资人充分选择，使人人都有投资的愿望。二是创新价值体系，为了持续创造倍增（减）满意比较价值，需要不断创立新的价值体系，通过不断创新和完善全世界的价值体系，并且努力获得全世界投资人的认可，并逐渐推广、获得投资，如中国的高铁就是在创新铁路运输的世界交通运输价值体系；城市划分一线、二线等是在创新城市经济建设的价值体系；共建"一带一路"倡议是在创新世界发展新格局的价值体系；大学教育的"双一流"是在创新大学教育的价值体系等。

影响倍增（减）满意比较价值心理期望的价值体系，主要分为国内价值体系和国外价值体系两个方面。国内价值体系又分为已有价值体系和创新价值体系；国际价值体系分为已有国际价值体系和创新国际价值体系。价值体系的具体内容如图 4-44 所示。

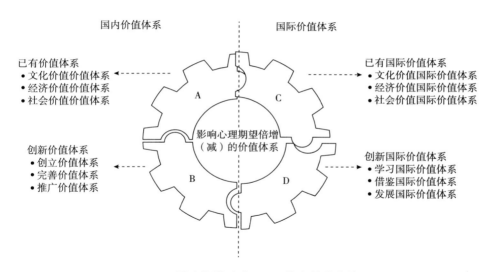

图 4-44　影响倍增（减）心理期望的价值体系

第四节　倍增（减）满意变化的价值创造

一、倍增（减）满意的比较价值投资对象

满意作为人气价值投资研究的"心、肝、肺、肾"，其研究重点自然与人体"四肢"相应的四个"对策"有所不同，即在于倍增（减）满意的价值体系，而

非应对对策。满意在商业社会的含义就是倍增（减），而倍增（减）满意比较价值的分级、确定、定档、调整是价值体系的度量尺度变化的一个复杂、动态的创造过程，远比农业社会的感性满意、工业社会的线性满意复杂得多。从来没有一个社会像商业社会这样关心倍增（减）满意比较价值度量的作用——人气价值投资时代，商业社会是一个可以迅速地放大价值尺度和迅速缩小人们价值尺度的时代，研究倍增（减）满意具体表现为全球中的不同投资主体对于倍增（减）满意比较价值心理期望高低的把握。因此，全世界投资者从投资国家和地区、投资教育、投资健康、投资职业到投资具体商品，都是为了实现倍增（减）满意价值度量，创造倍增（减）商业价值，得到更多的认同，同时积累更多财富，过上美好生活，倍增（减）对象的选择成为本节研究重点。

商业社会中，倍增（减）满意具有三重度量对象，具体如图 4-45 所示。倍增（减）满意的第一重度量对象是国家，也就是判断一个国家是不是倍增（减）"明星"国家、是否有倍增（减）心理期望的价值体系和度量尺度，否则不能吸引全球投资人投资。倍增（减）满意的第二重度量对象是具体商品，在选择了倍增（减）"明星"国家之后，就需要在"明星"国家内，通过人气线选取具有倍增（减）比较价值潜力的商品进行具体投资，每个投资人选择的商品投资对象不同，满意的价值体系度量也将随之发生变化，它们对于社会的推动作用也不尽相同（人群营商学、人口营商学将继续研究）。倍增（减）满意的第三重度量对象，也是贯穿一重（国家）和二重（商品）度量对象背后深层次的重点度量对象，就是比较价值实现。

图 4-45　倍增（减）满意的三重度量对象

无论是国家还是具体商品，其价值投资满意的实现都是通过倍增（减）价值体系度量尺度的变化来实现的。把握好尺度的变化时机与空间、不容许利用倍增（减）比较价值兴风作浪，是具有"明星"比较价值的国家在进行具体商品投资时，必须经常考虑的核心内容。比较价值较为凸显的国家，投资人对其心理期望较高。由于投资人心理认知的作用，将该国作为首要国家进行价值投资，在该国内，对具体商品继续进行价值比较，同样选取比较价值最为凸显的商品进行投资，最终实现满意倍增（减），创造最大化比较价值。但是绝对不容许不通过智慧，利用资金实力搅动资本市场的"野蛮人"入场，要想把握好价值投资，就必须在进行倍增（减）比较价值创造的同时，符合社会整体、和谐发展，否则整个国家就会出现资本市场的大起大落，出现金融危机，投资人将转移人气关注，倍增（减）价值创造就会落空。

商业社会的价值定义是：价值＝增值/损失。从倍增（减）满意比较价值创造方面可以更好帮助投资者看清应该投资的国家、具体投资的商品、价值创造实现的节奏，减少时间损失、获得更大的增值空间。如果投资者对一国的心理期望放大，那么就意味着该国受到了投资人的关注。资产升值空间打开，也是投资人气聚集的一个重要原因。在这种倍增（减）满意正反馈机制中对投资人比较价值发现和比较价值创造提出了新的富有挑战力的要求。因此，倍增（减）满意度量体系在微观层面上对所有投资人都具有重要意义。

二、商业社会倍增（减）满意形成比较价值变化的类型

商业社会倍增（减）满意表现在对投资人心理期望所产生的影响方面，由此对投资者比较价值变化也会产生很大影响，不同的心理期望导致不同的投资反应产生。根据倍增（减）比较价值和对象两个因素进行划分，结果如表4-1所示。这种划分方式分为六种不同的类型：国家倍增（减）比较价值变动正向、国家倍增（减）比较价值变动稳定、国家倍增（减）比较价值变动负向、商品倍增（减）比较价值变动正向、商品倍增（减）比较价值变动稳定和商品倍增（减）比较价值变动负向。

在这几种类型中并不是所有类型都需要关注，需要重点关注的有四种：国家倍增（减）比较价值变动正向、商品倍增（减）比较价值变动正向、商品倍增（减）比较价值变动稳定和商品倍增（减）比较价值变动负向四种类型。

表4-1 倍增（减）比较价值变动与商品对象划分法的重点关注类型

比较价值＼对象	正向	稳定	负向
国家	★		
具体商品	★	★	★

国家倍增（减）比较价值变动正向值得重点关注的是国家商品价值正向升值，同时该国的商品比较价值正向上升、稳定和负向下降。因为国家比较价值不断上升，意味着这个国家是人气关注的"明星"国家，具有创造比较价值的倍增空间和时机，投资该国的商品可能创造倍增（减）比较价值。该国的商品比较价值正向升值、稳定和负向下降都必须关注，其是全球投资人投资的重要对象。

可以更加细致地从总趋势和变动方向两个方面进行划分，结果如图 4-46 所示。

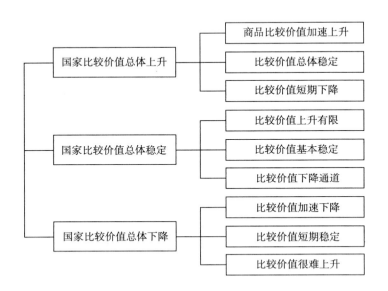

图 4-46　国家比较价值变动总趋势和商品比较价值变动

　　商业社会的每个国家都会经历倍增（减）满意比较价值正向上升的好时期，这个时期全球投资人投资该国，国内商品价格上涨，财富迅速积累，价值创造得到充分体现。但是很多国家由于多方面的原因，对人气、币值、金钱和权力四个对策运用不当，不能有效进行倍增（减）满意比较价值度量体系的建立和价值尺度的实现，很快丧失投资机遇，人们对于该国的心理期望大幅下降，甚至崩溃。一个国家的倍增（减）满意比较价值有大小和长期、短期之分，短期的比较价值上升，对于投资人的影响是短暂的，这种短期上升会加剧外来资金投机和国内的资产价格暴涨。如果资产价格过高、价值度量不够多，比较价值就会寻求负向度量，引起资产价格暴跌，因此要不断地进行新的倍增（减）价值创造和度量，从而抑制短期的比较价值过快上升。对于一个比较价值发展速度较快的国家，如果不能运用好倍增（减）满意度量，就有可能在世界各国引起快速关注，比较价值迅速上升时，出现心理期望把握不好，进而严重坍塌情况，之前国际关注投资拉高的国内资产从高位迅速跌入低谷，大量人气和资金同时撤离，使该国陷入中等收入陷阱。无论通过什么方式，最后的结果都是未实现倍增（减）满意度量。所以这种情况下，每个国家都应该好好思考防止倍增（减）满意比较价值短期的快速上升和下降，防止本国的资产泡沫破灭、金融危机频发，以免对全球价值投资产生致命打击。

只有当一个国家的倍增（减）满意比较价值保持上升，实现人们的心理期望，人们才会投资该国的商品，投资该国的商品才会安全，才有比较价值。投资人在该国寻求倍增（减）满意比较价值上升的商品进行投资，寻找由文化价值、经济价值和社会价值创造的商品标的。同时，一个国家倍增（减）满意比较价值的具体表现形式就是该国的商品投资，如果一个国家商品投资的倍增（减）满意度量利用不好，会反过来影响该国的整体倍增（减）满意比较价值上升。所以，扩大倍增（减）满意比较价值度量范围的方法相当重要，挖掘价值度量体系和适度放大比较价值的度量尺度，是商业社会的重中之重，也是本书选择倍增（减）满意形成比较价值变化的几种类型进行研究的重要原因。

综上所述，每一个国家或地区的心理期望在不同时期的总趋势和变动方向各不相同，在全球背景下又相互影响。通过前文的论述清晰地说明，商业社会国家心理期望以正向上升为主旋律，才能吸引人气，但是心理期望上升的道路并不是一帆风顺的，也不可能永远上升，在一定时期也相对会有一些国家和地区的心理期望减弱。倍增（减）满意心理期望的变化是投资人在全球一体化的商业社会进行价值投资选择和比较价值动态变化判断的重要参考，是人气营商学研究的"心、肝、肺、肾"。在一国或地区心理期望在长期趋势上升的前提下，投资者根据该国倍增（减）满意的比较价值度量体系，在商业价值投资过程中如何放大价值尺度，实现比较价值创造是本节研究的重点。

三、"三价"的倍增（减）满意比较价值投资

（一）倍增（减）满意投资的实现步骤

从倍增（减）满意的内容来说，本章分别从满意在商业社会的表现形式——比较价值，满意价值原理——心理期望、度量体系，增加倍增（减）满意度量的方法、提高心理期望——建立和创新价值度量体系等方面主要说明了倍增（减）满意比较价值度量在商业社会中的运作机理。从国家层面来说，正确把握商业社会中的倍增（减）满意作用机理能够使本国的倍增（减）满意比较价值心理期望更大，使其快速且安全平稳发展，创造更大的比较价值，有助于一个国家或地区选择适合自己的商业社会倍增（减）满意度量体系与标准，是一个国家和投资人必须作出的正确抉择。把握倍增（减）满意作用机理也便于全球投资人分辨该国政府和地区的满意度量是否更加具有吸引力，从而作出正确的投资决策。但是倍增（减）满意比较价值变化并不都是由一个国家或地区自身来决定的，由于满意价值变化在商业社会主要是由全球投资人共同决定的，具有巨大的不确定性，每一个投资人都是商业社会的参与者，所以，在倍增

（减）满意不同的比较价值变化类型下，投资者必须选择相应的价值投资度量对象。

对于投资人来说，投资度量体系选择一共分为五步，具体如图4-47所示。只有根据这五个步骤，商业社会的投资人才能更好地实现自己在商业社会的资产升值，创造最大化的倍增（减）比较价值，从而在商业社会占得先机。

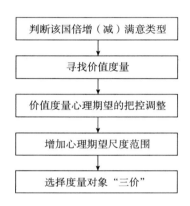

图4-47　倍增（减）满意度量"三价"的步骤

第一步，判断该国倍增（减）满意类型。因为不同国家的倍增（减）满意比较价值所形成的正向价值尺度不同，投资收益也就会不同。前文已经详细论述了各国要根据实际选择合适的倍增（减）满意比较价值类型，否则会事与愿违，因为不同倍增（减）满意比较价值类型不是完全由一国和地区的主观选择决定的，而是由于一个国家和地区自身的客观因素和全球投资人认同的价值度量决定的。对于投资人来说，国家和地区确定的倍增（减）满意价值度量目标和投资人投资心理期望的度量尺度是相互匹配的，只有彼此的目标一致，才适宜进行价值投资。

商业社会的投资人，都是为了寻求商业价值的倍增（减），追求比较价值最大化。因此，对于投资人来说，最好的满意类型应该是倍增（减）"明星"。在"明星"价值上，才可以使投资人在全球视野的投资中占得先机，不断地实现价值倍增（减），但是也不尽然，一些资金拥有量较大的投资者，往往会选择较为保守的倍增（减）"金牛"国家进行投资，保证收益稳定，避免承担高风险的损失，或者是将在"明星"国家获得的投资收益转移到"金牛"国家获得稳定收益。但是，任何一个国家对于转移资产、"吃里扒外的投资人"都不会坐视不管，大多数投资人都会选择倍增（减）"明星"国家进行投资，除非投资人对于该国投资信心不足，不能够长期实现倍增（减）满意比较价值创造。因此，投资者在自身认知的判断下，不会错过在倍增（减）满意"明星"国家投资这一难得的机遇，特别是在工业社会没有赚取足够财富的年轻创新、创业投资人。

第二步，寻找价值度量。选择好倍增（减）"明星"国家和地区后，进而在该国通过比较价值判断选择倍增（减）满意"明星"商品进行具体投资，如同工业社会的每一个人在不同岗位的工资待遇不同一样，商业社会投资人选择投资的度量体系决定了倍增（减）比较价值的大小。在这一环节，投资人要通过倍增（减）价值度量体系的价值尺度来判断具体投资。倍增（减）满意价值度量体系判断还要通过不断创新度量体系、进行价值比较来实现。

所谓的倍增（减）满意价值度量判断是根据"商业社会价值＝增值/损失"的公式，寻求增值空间大、时间损失小的商品进行投资，即选择具有倍增（减）满意比较价值的商品进行投资。投资人的倍增（减）满意价值度量判断环节从总体角度考虑，通过对该国和地区的比较价值心理期望的变化情况不断修正自己的投资标的，判断总体上的比较价值变化。因为倍增（减）满意度量确定后，心理期望还会发生动态变化。要密切关注选择的心理期望变化和度量体系的动态变化，而不是选定倍增（减）度量范围就可以一劳永逸，创造最大化比较价值才是倍增（减）满意价值度量的核心。

第三步，价值度量心理期望的把控调整。选择好一种度量体系，还要了解实现度量体系的倍增（减）满意的比较价值时间、空间节奏，如果倍增（减）满意比较价值度量体系的心理期望把控调整能力缺乏，那么该国家或者地区的前景就备受质疑。在商业社会中实现倍增（减）满意比较价值的度量体系存在较高的不确定性，对于这种倍增（减）满意投资，心理期望把控能力是应该着重培养的能力，这样投资者才能应对商业社会中的不确定性。如何对价值度量心理期望进行把控调整，本章第三节已经有了详细的分析。

对每个投资人来说，一个国家或者地区对自身价值度量心理期望的把控能力往往是重要判断依据。如果一国和地区做不好价值度量的心理期望把控，就不能得到全球投资人的认同，没有价值度量，或者价值度量体系不健全，就不能充分发挥满意价值度量的作用。价值度量体系把控失误，那么倍增（减）满意比较价值的创造就不能实现。倍增（减）"明星"价值，会转向"金牛"价值，甚至是"瘦狗"价值。所以，全社会心理期望和价值度量把控调整能力是投资者对倍增（减）满意的判读。

第四步，增加心理期望尺度范围。商业社会中倍增（减）满意的度量体系越来越广，不同价值度量实现的价值创造不同。在不同的国家与地区，如果不能判断价值度量引起倍增（减）满意心理期望变化的尺度范围，那么比较价值很快就会丧失。心理期望变化的度量尺度范围直接影响全球投资人的价值投资选择。能不

能增加心理期望的度量尺度范围，相当于能否创造比较价值的优势，吸引全球资金进行价值投资（心理期望的度量尺度范围越大，价值投资收益就越大）。

比较价值的优势是全球投资人进行投资方向性选择的关键，所以投资者面对即将实现倍减的时机，也就是负向度量不断向下移动，投资人往往会选择离开。随着人气的转移，新的"明星"价值又会出现。如果可以有效地扩大心理期望变化的度量尺度范围，那么除了倍增（减）满意可以一直保持增长的趋势，投资者的人气也会聚集在该国。房价、物价和股价投资全面激活，形成人气在倍增（减）满意比较价值度量尺度下的文化、经济和社会价值周期关注。

第五步，选择度量对象"三价"。房价、物价和股价形成的"三价"是一国和地区人气价值的生动体现，"三价"也是倍增（减）满意比较价值的重要度量对象，对此人们容易形成共识，从而形成全社会投资人共同认同的价值度量体系。倍增（减）满意度量尺度的变动通过影响资金的流动，来影响"三价"比较价值的变动，从而影响"三价"的价格升降。根据倍增（减）满意的心理期望、心理度量尺度变动进行房价、物价、股价投资对象选择是倍增（减）满意度量比较价值投资重要步骤之一。

对全球投资人来说，可以依据倍增（减）满意原理对一个国家和地区进行价值投资，可以选择进行投资的价值度量很多，同时投资人也可以对该国的房价、股价、物价三大价值度量进行比较来投资。"三价"代表着该国的文化、经济、社会价值资产，是创造价值的最好载体，投资人要依据倍增（减）满意度量和"三价"之间变动关系的规律，审时度势针对"三价"进行具体投资。

（二）倍增（减）满意投资的比较价值选择

从投资人的选择自由来说，投资人当然可以选择不同的倍增（减）满意价值类型的国家与商品进行具体投资。倍增（减）"明星"价值类型的国家和地区有更多的价值空间，其比较价值凸显，可以使投资人在较短时间内创造较大价值。在商业社会，全球智慧的投资人选择的是倍增（减）满意价值矩阵"明星"国家和地区。

选择倍增（减）"明星"国家主要有以下两个原因：

第一，实现投资该国资产的价值尽快升值，使该国财富迅速积累。前文已经提到，投资人可以对"明星""问号"和"金牛"商品进行投资。只是从商业社会的理想目标来讲，国家和地区都渴望成为"明星"价值国家和地区。"问号"价值，可以通过等待变为"明星"价值；"金牛"价值，可以通过价值再创造变为"明星"价值。一个国家或者地区，只有"明星"价值可以引领商业社会的发展，在商业社会获得更多话语权。吸引全球投资者投资该国，不仅实现了自身的长远良好发展，同时通过影响世界，带动世界上其余商业社会国家的快速发展，为商业社会的进步作出应有贡献。

第二，投资人投资"明星"价值，可以放大该国倍增（减）满意比较价值的心理期望。在商业社会中，商业社会就有全球化价值投资特征。"明星"价值国家的资产成为了全球投资人相互追逐的国际资产，如果选择"明星"价值的国家资产，随着满意比较价值心理期望范围的扩大，有利于该国在短时间内创造更大价值。所以，为了更好地实现商业社会的价值投资，就应该选择具有比较价值优势的"明星"价值进行投资，增加满意价值度量尺度范围，过上高品质尊严生活。

本书提到了倍增（减）满意，如果一个国家或者地区不是倍增（减）"明星"，投资人通常不会对该国或地区进行价值投资，更不会选择该国的资产进行价值投资，倍增（减）满意比较价值的心理期望就不会变大，该国的核心资产市值不可能实现倍增、成倍增、百倍增。倍增（减）"明星"价值的心理期望变化类型从总趋势上讲是正向上升，也就只有在这种倍增（减）"明星价值"的国家中，研究"三价"的价值投资才有意义。

（三）倍增（减）满意比较价值投资"三价"的选择

商业社会中倍增（减）满意比较价值的心理期望度量范围受到价值度量体系的影响，主要表现为国内度量体系和国际度量体系两大方面。无论是对一个国家还是具体商品进行价值投资，都要根据心理期望与比较价值的度量尺度的变动进行不断调整。商业社会之所以将度量"三价"作为最后一个步骤，主要原因是"三价"这一度量体系中参与的投资人最多，且与人们的日常生活紧密相关，作为商业社会的主要人气线，投资人对其关注度极高。对于"三价"的度量主要依据价值尺度来进行，倍增（减）满意比较价值的变动总是随着度量尺度进行变动，其变动过程是在商业社会中的商业价值即经济价值、文化价值、社会价值之间转动的过程，"三价"作为三大价值的核心，成为其载体被不断比较度量。"三价"投资心理期望尺度变化典型示意如图4-48所示。

以上为商业社会最具代表性的三大价值：房价、物价和股价，三者共同组成商业社会备受关注的人气线。人气在三价之间依次周期关注是最为常见的现象，通过倍增（减）满意的比较价值度量体系来分析，三者在典型状态下的价值尺度和时机不同，会创造不同的价值投资情形。但是在实际的价值投资过程中，往往出现具有比较价值增值空间但时机不成熟的投资品种，人气形成的比较价值创造不能实现，这时必须将比较价值（人气营商）与相对价值（人群营商）以及绝对价值（人口营商）三者（人群营商、人口营商具体内容将在《人群营商学》《人口营商学》中进行研究）相结合来进行研究。以 A 代表房价，B 代表股价，C 代表物价，三者是一条人气线，共同构成了一组商品束。

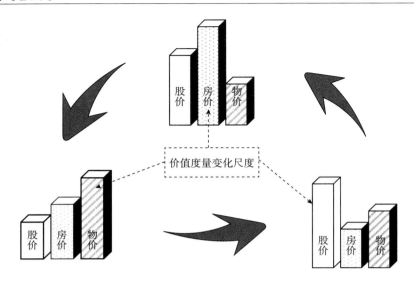

图4-48 "三价"投资心理期望尺度变化典型示意

为了区分清楚三价的比较价值、相对价值以及绝对价值，下面我们将以 A_m^n 代表房价的全集，B_m^n 代表股价的全集，C_m^n 代表物价的全集，其中：

$\{m \mid m \in N_+，N_+$ 为正整数 $\}$，$\{n \mid n = (1，2，3)\}$，m 和 n 取值不同，含义不同。

m 的不同取值，对应在房、屋、股三价上，分别代表不同地区、区域的房价、不同属性的物价和不同行业、板块的股价。

n=1 代表比较价值，n=2 代表相对价值，n=3 代表绝对价值。

（1）A_m^1（m=1，2，3……）代表比较价值房价，B_m^1（m=1，2，3……）代表比较价值股价，C_m^1（m=1，2，3……）代表比较价值物价。

（2）A_m^2（m=1，2，3……）代表相对价值房价，B_m^2（m=1，2，3……）代表相对价值股价，C_m^2（m=1，2，3……）代表相对价值物价。

（3）A_m^3（m=1，2，3……）代表绝对价值房价，B_m^3（m=1，2，3……）代表绝对价值股价，C_m^3（m=1，2，3……）代表绝对价值物价。

投资者在实际价值投资之中，通常是按照"三价"典型示意图（房价—物价—股价）描述这一商业社会最为基础、最为重要的人气线进行比较价值投资。"三价"投资价值尺度判断的具体流程如图 4-49 所示。假定房价的价值（A_m^n）心理期望价值尺度变化最大，投资人优先投资房地产市场，即投资人的确定性投资为房价，在房地产市场的比较价值度量尺度达到最大后，没有倍增（减）的可能时，就需要在物价（C_m^n）与股价（B_m^n）之间进行相互比较，选取二者中比较价值度量尺度变化较大的进行投资，可能是股价也可能是物价。无论是选择股价还是物价，根据判断依据的不同，均会出现三种情形。为了避免内容重复累赘，此处以物价（C_m^n）为例进行具体阐明，选取股价的情形与之相类似。

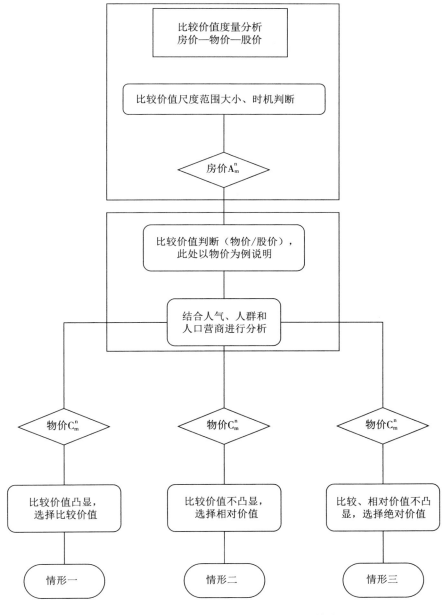

图 4-49 "三价"投资价值尺度判断的具体流程

在确定了由房价→物价的价值投资顺序之后，结合人气、人群和人口营商理论进行综合分析，物价投资后根据投资依据的不同，可以分为以下三种投资情形：比较价值（人气营商）、相对价值（人群营商）和绝对价值（人口营商），关于相对价值与绝对价值，《人群营商学》《人口营商学》会有所提及，此处只需要理解比较价值是相对价值产生的基础，相对价值又是绝对价值产生的基础即可。三者的重要程度为绝对价值>相对价值>比较价值。具体判断逻辑顺序如表4-2所示。

表4-2　三价进行价值投资的判断逻辑

选择顺序　　价值属性	比较价值	相对价值	绝对价值	"三价"的投资选择结果
降序排列↓	$B_m^1 > A_m^1$	有	有	B_m^1
	$A_m^1 > B_m^1$	有	有	A_m^1
	无	$B_m^2 > A_m^2$	有	B_m^2
	无	$A_m^2 > B_m^2$	有	A_m^2
	无	无	$B_m^3 > A_m^3$	B_m^3
	无	无	$A_m^3 > B_m^3$	A_m^3

注：表4-2是对比较、相对、绝对价值的价值空间和时机进行判断和分析得出的不同结果选择。

如表4-2所示，投资者在实际价值投资过程之中，三种价值往往是相互交织在一起，共同影响投资者的价值投资选择。但是三种价值对投资者价值投资的影响具有一定的优先顺序，在比较价值存在的情形下，仅根据比较价值的大小和时机进行判断，不需要考虑相对与绝对价值是否存在；当比较价值具有空间，但是时机不到时，根据相对价值大小来判断；当相对价值具有空间，但是时机不到时，按照绝对价值大小来判断。投资者只有准确判断三种价值的变化，才是明智之举，才会实现价值投资满意。为了准确判断三种价值投资，需要投资者不断进行投资经验的积累和理论知识的提升。

具体情形分析如下：

1. 投资情形一：只有比较价值参与

投资顺序：房价→物价→股价（B_m^1）。

投资判断依据：以上是只有比较价值参与的价值投资情形，是完全依据三价典型的人气线示意图，依次进行人气周期关注。由于物价之前投资的是房价，因而物价之后的投资标的将是股价。从物价到股价的投资选择，主要依据比较价值的大小来进行判断，说明股价的整体比较价值较大，且较为凸显。如前文所述，这里以 B_m^1 为股价比较价值，选择比较价值 B_m^1 后，在股价 B_m^1 中选取具有相对价值的股价板块 B_m^2、绝对价值龙头 B_m^3 进行价值投资，投资的具体逻辑如图4-50所示。利用绝对价值带动相对价值和比较价值，创造价值最大化，由于篇幅原因，相对价值选择、绝对价值选择将在《人群营商学》《人口营商学》中进行研究。

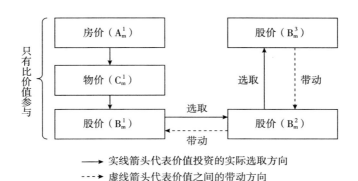

图4-50 投资情形一的价值投资思维逻辑判断

2. 投资情形二：比较价值可能时机未到，具有相对价值人群

投资顺序：房价→物价→? 优先顺序（$B_m^2 > A_m^2 > B_m^1 > A_m^1$）。

投资判断依据：以上需要将人气线和比较价值与相对价值三者相结合来考虑。此时比较价值与相对价值共同参与来影响价值投资，因而不能仅按照人气线进行周期关注。价值投资具有一定的优先顺序，考虑到相对价值，需要先寻找相对价值进行投资，随后是比较价值；但是按照人气线，应先关注股价，随后是房价。两者结合考虑，才有了以上（$B_m^2 > A_m^2 > B_m^1 > A_m^1$）的优先偏好投资顺序。

这也是为何2009~2010年房价 A_m^1 整体上涨，并且导致上海等一线城市 A_m^2 上涨，2011年物价 C_m^1 整体上涨，2012年股价 B_m^1（比较价值）或主板股票 B_m^2（相对价值）本该整体上涨，空间有、时机未到，最终却使一线经济发达城市的相对价值房价（A_m^2）上涨。投资人的价值投资判断依据就是人群营商学的相对价值理论和人气营商学的人气线。三价的价值投资并不仅按照原有的典型状态进行，还有很多特殊情况的产生。比较价值与相对价值共同参与的价值投资逻辑判断如图4-51所示。

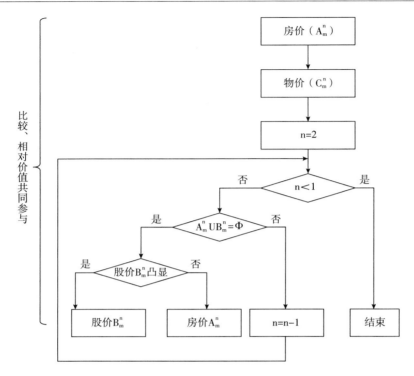

图4-51 投资情形二的价值投资思维逻辑判断

3. 投资情形三：比较价值无空间、相对价值有空间，时机未到，绝对价值参与判断

投资顺序：房价→物价→？（按照优先顺序：$B_m^3 > A_m^3 > B_m^2 > A_m^2 > B_m^1 > A_m^1$）。

投资判断依据：按照价值最大化原则，将人气线和比较、相对、绝对价值综合进行投资判断。在物价的比较价值度量尺度达到最大后，没有倍增（减）的可能时，就需要先判断绝对价值是否存在，然后判断相对价值，最终判断比较价值。选择优先顺序为 $B_m^3 > A_m^3 > B_m^2 > A_m^2 > B_m^1 > A_m^1$，逻辑判断如图4-52所示。

2017年整体股价 A_m^1 代表的不是以沿海经济城市为主的整个房价，而是以中西部文化城市为主的房价，没有倍增（减）空间，整体房价2009～2010年已经上涨过了；相对价值主板股票 B_m^2、中西部相对价值房价 A_m^2 虽有成倍增（减）空间，但时机未到。根据绝对价值理论，此时，投资者选取股票中的龙头股（B_m^3）——贵州茅台进行重点投资，实现百倍的价值创造。股价上涨到800元/股，紧接着中西部房价龙头——西安房价具有绝对价值（A_m^3）开始上涨。

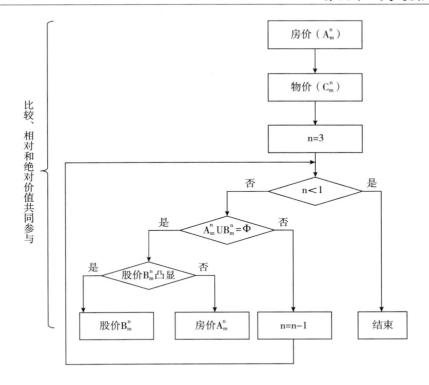

图 4-52 投资情形三的价值投资思维逻辑判断

　　情形一为"三价"投资的人气价值投资典型情形，按照"三价"人气线依次进行周期关注。情形二和情形三为"三价"投资的非典型情形，超出人气比较价值的可解释范畴，需要依靠人群相对价值理论和人口绝对价值理论来进行解释，以上三种情形虽只解释了从房价（A_m^n）到物价（C_m^n）的下一步分析判断，但投资人在分析其他情况时可以依据上述原理进行价值投资选择。

本章练习

一、简答题

1. 简述满意在三个社会中含义、表现和作用的演变。

2. 简述满意倍增（减）原理。

3. 如何理解价值度量？

4. 如何保持倍增（减）满意不断实现？

5. 如何进行倍增（减）满意比较价值投资"三价"的选择？试举例说明。

二、材料分析题

房价、物价、股价虽然存在一定的周期性，但是这种周期并非固定不变。具有倍增（减）空间，就会吸引人气进行投资，从而实现价值投资满意，当然人们在进行具体投资时，通常会在比较价值中选取相对和绝对价值进行投资。

材料一：上证指数自 2013 年 6 月 25 日 1849.65 点见底，在经历了近两年的"牛市"后，上涨到 2015 年 6 月的 5178.19 点。2013~2016 年上证指数走势如图 4-53 所示。

图 4-53 2013~2016 年上证指数走势

材料二：自 2015 年 6 月 15 日起进入暴跌行情，第一次为 6 月 15 日至 7 月 8 日，跌幅超过 35%，第二次为 8 月 18~26 日，跌幅近 30%，市场舆论的矛头一致指向股指期货市场的高频交易者和量化对冲基金。与此同时，以上海等一线城市为主的房价却从 2015 年下半年开始上涨，北、上、深三大一线城市在 2015 年初到 2016 年末，先后经历了多年未见的房价暴涨。

材料三：2016 年合肥的楼市陷入一种怪现象，刚从三线城市升级到二线城市没多久，还处在二线下游的尴尬地位，但是开年来合肥的房价飙升速度却直追北上广。据国家统计局数据，合肥 2016 年上半年房价上涨了 39.57%，位居各大城市首位。2015 年 12 月，合肥楼市均价为 8493 元/平方米，在中西部城市中排在武汉、郑州和南昌之后。到 2016 年 6 月，合肥房价已经上升到 11854 元/平方米，上升至中西部各城市第一位。

高涨的房价也引发外界的担忧，并最终带来楼市政策的收紧。合肥发布新政策，政策强调合肥将执行限贷，并且提高二套房和三套房的首付比例，同时加大土地供应，对"地王"现象进行严控。即使如此，合肥房价仍在温和上涨。数据显示，2016 年 7 月合肥均价已突破 1.2 万元/平方米大关。2016 年上半年均价万元以上城市涨幅排行如表 4-3 所示。

表 4-3　2016 年上半年均价万元以上城市涨幅排行

排名	城市	6月均价（元/平方米）	同比增幅（%）	半年涨幅（%）
1	合肥	11854	49.88	39.57
2	廊坊	12057	48.39	33.37
3	苏州	15503	50.69	31.43
4	厦门	31363	36.06	24.59
5	东莞	11008	33.01	21.68
6	北京	45400	33.32	18.63
7	上海	41865	29.25	18.53
8	南京	21320	21.69	18.25
9	珠海	18382	32.83	17.05
10	天津	18007	16.87	14.84

材料四：2016 年，我国钢材价格在钢铁行业供给侧结构性改革和钢材原燃材料价格上涨的作用下，出现自 2012 年以来久违的震荡上涨行情。以 CSPI 中国钢材价格指数为例，到 2016 年 12 月末，钢材综合价格指数为 99.51 点，相较于年初的 56.37 点，上涨了 43.14 点，涨幅 76.53%，12 月中旬价格指数曾一度突破 100 点大关，创出 2013 年 3 月以来的新高。

2016 年末，八大主要钢材品种全部呈现出逆转趋势。其中，热轧卷板表现最为抢眼，价格上涨 1877 元/吨，涨幅超过 90%，达到 90.68%；中厚板、冷轧薄板涨幅明显，价格分别上涨 1665 元/吨、2177 元/吨，涨幅为 85.34% 和 83.96%；高线、螺纹钢、镀锌板涨幅居中，价格分别为 1388 元/吨、1358 元/吨和 2053 元/吨，涨幅在 68.17%~69.75%；角钢和无缝管涨幅相对较小，价格分别为 1317 元/吨、1595 元/吨，涨幅为 62.51% 和 59.12%。

材料五：2017 年西安房价均价从 6000~7000 元/平方米上涨至 12000~14000 元/平方米。易居研究院数据统计显示，2016 年 10 月至 2017 年 10 月，西安在全国 53 个大中城市商品住宅成交均价中涨幅高达 68%，排名全国第一，涨幅竟然超过了杭州（48%）、北京（38%）等城市。具体如表 4-4 所示。

表 4-4　2016 年 10 月至 2017 年 10 月全国房价涨幅排行

序号	城市	元/平方米（2016年10月）	元/平方米（2017年10月）	增幅（%）
1	西安	6979	11707	68
2	清远	5295	8551	61

序号	城市	元/平方米（2016 年 10 月）	元/平方米（2017 年 10 月）	增幅（%）
3	常州	8313	12592	51
4	杭州	18983	28106	48

材料六：2016 年 9 月，贵州茅台股票指数从 287.56 点上涨至 2018 年 6 月的 803.50 点。具体如图 4-54 所示。

图 4-54　2016 年 8 月至 2019 年 9 月贵州茅台股票走势

1. 西安房价上涨是基于倍增的比较价值，还是成倍的相对价值、百倍的绝对价值？如何判断？

2. 2016 年合肥等二线城市房价上涨，属于成倍的相对价值上涨吗？如何判断？

3. 浅谈从 2015 年股市下跌以来，投资人选择投资品种的逻辑判断。从中可以得出哪些结论？

第五章　人气对策

第一节　如何理解人气

一、人气含义

（一）人气

人气的含义众多，因情景而定，主要可以归为两类：一是围绕人的相关解释，含义为人的意气、气质、感情、气味、气息、心气和情绪。二是指被关注和偏爱。从这两种定义可以看出，人气主要是强调人。所有的各项解释都围绕"人"和"气"这两个概念展开。本章中所讲到的人气，也是围绕"人"这一概念展开的，综合之前的"人气"含义，将其归纳总结为人们思维的认同。当商业社会中投资人的思维对某一价值判断形成共识后，自然会形成"人气"。因此，"人气"也就具有了流动的势能和汇集的量能。

在商业社会中，人气在全球范围内变动。人气在全球范围内的每一次变动，对于流出国和流入国都会产生巨大的影响，从而也促使投资者必须采取相应的对策。人气的转移是商业社会的重要特征，一个国家受到人气关注，就会引起人气关注国的资产价格不断上升，国际投资人转而投资该国。当一个国家的人气不能持续上升时，人气就会发生转移，则必然会导致该国的人气持续下降。

随着商业社会的发展和人气全球化进程不断推进，人气在全球范围内的转移开始愈加频繁，人气转移对国家或地区产生的影响也在不断加强。美国金融危机、欧债危机、英国脱欧等都是近年来人气关注发生转移造成严重后果的典型代表。这些国家的价值到了高位，增值空间变小，不能继续创造新的比较价值。人气关注这些国家很难实现倍增，于是就发生了转移，转而关注新的国家。因此，如何持续地吸引人气，使人气关注一个国家和地区的时间更长，是商业社会中的一个重要命题。

（二）人气的演变

"人气"这一概念并不是新造词汇，在源远流长的中国传统文化中，人气这一概念一直存在。人气早在农业社会中的先秦诸子散文中就已经出现。如《庄子·人间世》："且德厚信证，未达人气；名闻不争，未达人心。"《墨子·非儒下》："是若人气，赚鼠藏，而抵羊视，责氦起。"农业社会中"人气"一词是指人思维认同的是人的德行、诚信，是人品德的表现。在之后，都将其解释为人的意气、气质、感情、气味、气息、心气和情绪，以及此类相关衍生含义。

进入工业社会后，"人气"的含义发生了转变。人们对人气的普遍理解是某一事物的受欢迎程度，强调被人喜欢和接受。如曹东华（2000）在《流行语拾贝》中认为"人气"是源于日语中的"人気"（ninki），表示人的思想和行为的社会趋向，因为汉语中没有与之相对应的词，故而在借用和创造相结合的基础上产生了"人气"一词。刘云在《新词新义集萃》中赞同曹东华的见解，认为现代汉语使用的"人气"来自"人気"。日语借用汉语的"人気"去意译英语的"poppopular"（杨金萍，2011）。如"受欢迎的作家"，日语可写成"人気作家"。具体地说，工业社会的"人气"虽然也是围绕人的定义，但是更多的是强调通过人，所实现的购买增加。所以，像"人气正旺、人气旺盛"这一类说法，用于企业，指"生意兴隆、购销两旺"；用于公众人物，指"受欢迎、名气大、人缘好"；用于某一种行业，指"吃香、走红、从业者众多"。而"人气不足""没有人气"等说法则指相反的情形。

从大家的熟悉程度来讲，工业社会中人们普遍理解的人气是经济上的人气，用来表现产品、服务的受欢迎程度，通常被用作表现产品、服务积极的一方面，表示其受到人们喜欢、偏爱的程度，体现在人的购买数量上，购买的人越多，人气越旺。

但随着社会的发展，商业社会中的人气的含义已经发生了变化。在金融中已经出现"人气指数"的使用，随后很多投资领域都出现了有关"人气指数"的运用。在人气指数的指标体系中，人气已经不再只是通过购买成交实现，而是反映了市场信息和判断。这说明商业社会中的人气来源于人的思想，表示人们思维对某一事物的关注，是人心所向，是由人的思维主导的、对于事物未来的哲学思维的认同，是对所关注事物创造比较价值能力的认同，只有创造比较价值的事物才能得到人气关注。

综上所述，人气在三个社会的演变路线如图5-1所示。

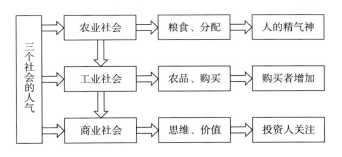

图 5-1 人气的演变

二、人气表现

人气的表现主要从人气在三个社会中的流动范围和速度来衡量。总体来说，人气在三个社会中呈现出三种不同的变化特征。在农业社会中，"人气"是人的精气神，表现为生产力的稳定；在工业社会中，"人气"是购买者数量的增加，表现为购买力的旺盛；在商业社会中，"人气"是指投资人的关注，表现为关注力的转移。

（一）农业社会——表现为生产力的稳定

在农业社会，由于人们的温饱问题尚未得到解决，很多问题都围绕保证粮食等农作物的供应展开。正是因为粮食的生产离不开土地和规律，人们需要依赖土地、遵循规律才能更好地生产，最后实现自己基本的温饱需要。只有掌握自然规律，才可以保证农作物收成，才可以使百姓丰衣足食。《史记·管晏列传》中"仓廪实而知礼节，衣食足而知荣辱"，意为粮仓充实、衣食饱暖，荣辱的观念才有条件深入人心，老百姓也才能自发、自觉、普遍地注重礼节、崇尚礼仪。依照马斯洛的需求层次理论，人的需求层次由低到高，在满足了低层次的需要后，个体才能感到基本上舒适，顶部的自我实现需要才可能实现。因此，只有当人们的温饱得到保证后，才会有好的品行和精气神。

农业社会的家庭结构中主要以"男耕女织"的模式为主。这种模式的关键在于以农业之"耕"与手工业之"织"结合于小家庭内部，同时解决了农业社会中的吃饭穿衣问题，满足了人们的基本生存需要（汪建红，2015）。因为这样的模式满足了人们的温饱需要，所以能够让从事农业生产的劳动者保持更好的体力状态。总体来说，在农业社会，人气主要指人的精气神。一个国家生产力稳定，生活在该国家里的人自然都有很好的精气神。"政通人和"就会说明了在农业社会中，人气表现在生产力稳定上。

人的温饱问题得到了解决，生产力也就稳定了，其又能够使人的精神状态更好，二者相互影响，从而进入一种良性循环状态。农业社会的人气表现如图5-2所示。不同人气水平代表着不同的生产力水平，由于人气会有不同的变换状态，所以农业社会的人气表现为一定生产力情况下人气波动的一个线段。在一定人气状态下，社会生产力水平是稳定的，所以就要保证农业社会中农业工作者拥有一个好的劳作状态，这样社会的生产力水平就有保证，社会就会有稳定的生产水平。

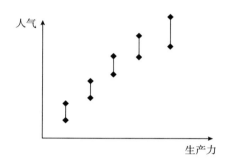

图5-2　农业社会人气的表现

（二）工业社会——表现为购买力的旺盛

工业社会中，温饱问题已经得到了基本解决，随之而来的社会目标升级，即满足人们的各项物质需求。为了实现这一目标不能仅依靠原有的土地资源，人们开始强调自己的主观能动性，利用和改造升级工具。人们通过发展和完善科学技术，制造出各种机械化设备，以此来满足日益增长的物质需求。通过这些设备来生产出能够满足顾客各种需求的产品后，就要通过顾客的购买活动实现交换。因此，如何制造出备受消费者偏爱的产品成了企业主的主要思考问题。对于企业而言，人气是热销品的主要参考，是对产品的认同。人气产品是通过销售量的持续攀升才被广泛了解的。所以工业社会的人气强调购买数量，通过购买数量增加从而产生和获得利润。

工业社会中构成市场的三要素包括需求的顾客、顾客的购买意愿、顾客的购买力。一个国家的人口基数决定着这个国家的有需求顾客数量的绝对值。随着中国经济发展水平的不断提高，居民的购买力也在不断增加，因而交换实现的频率也在不断提高。所以在工业社会中，人气表现为购买者的数量很多、购买力旺盛。一个企业产品购买者数量越多，说明该企业的人气越来越旺。

如图5-3所示，人气和购买力呈正相关关系，当人气高时，购买力就旺盛。工业社会的人气不同于农业社会，其含义已经发生了改变，人气的影响也变得极为直接和现实。人气通过购买的人数对工业经济产生正负向的影响。工业社会有丰富的工业产品，以满足人们日益多样化的需求。在众多的产品中，人气单品数量并不多，只有实现销售量居高不下的产品，才可以称为人气产品。所以，此时人气表现为购买者数量的多少。消费者的数量越多越有助于实现国家的经济发展，因为市场需求扩大往往是推动工业社会经济进步的重要一环。购买的人数多，意味着需求多，有助于提高国家在工业社会中的发展速度。改革开放后中国大力发展经济，当今已经成为世界第二大经济强国，用三十年时间赶上了欧美国家上百年的发展，这与中国人的数量多是密切相关的。工业社会中满足需求是通过产品交换实现的，而交换是通过顾客的购买活动来实现的。

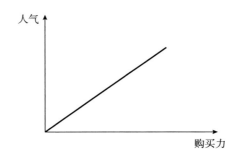

图 5-3　工业社会人气的表现

（三）商业社会——表现为关注力的转移

进入商业社会，人气不再仅强调人的数量多少，更重要的是投资人的关注时间。商业社会中，人气的概念已经发生了变化，强调投资人的思维所达成的认同。人们可以关注的事物，较以前的工业社会，已经发生了指数级的增加。可供选择的关注对象有很多，一个投资对象出现总能很快地让人了解，所以人气在一个对象上关注的时间成了关键。

商业社会的人气表现为关注力的转移。商业社会中，人气研究的重点就是全球的投资人关注某一个国家或地区时间的长短，也就是对于该国可供投资的商业价值的关注时间的长短。一个国家受人气关注的时间越长，商业投资前景就越好，如果一个国家不能使人气持续关注，那么当人气开始转移后会对其造成重大影响：人气转移使这个国家无法继续创造比较价值，从而引起人气持续流出，最终陷入到一个恶性循环当中，如果不努力，该国就会被边缘化。

商业社会的人气表现如图 5-4 所示。人气、时间和关注力组成了不同的平面，在这些平面上会有不同的国家或地区，也可以是一国或地区的投资品，总之，这些平面上都是投资对象。人气关注会在这些平面间转移，由于商业社会中的思维是跳跃的，所以这些平面可能是平行也可以是相交的。人气最强、关注力最强、关注时间最长的这种平面，是商业社会国家或地区最希望成为的。因为，商业社会中人气关注某一个国家或地区的时间越长，创造的比较价值越大，该国越有可能实现价值倍增，甚至实现多次倍增。当人气关注的时间较短时，该国商业价值就可能无法实现倍增，或者可能出现巨大的倍增、倍减波动。

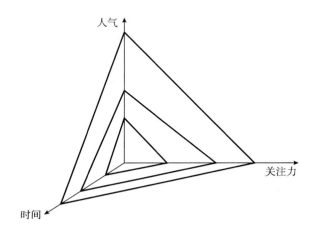

图5-4　商业社会人气的表现

三、人气作用

人气在不同社会的作用也发生了不同的变化。三个社会中，人气作用是不同的。总体来说，农业社会人气是为了更好地保障供应，工业社会人气是为了推动技术进步、满足需求，商业社会的人气作用是为了更好地创造价值，具体见图5-5。

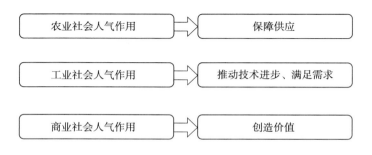

图5-5　人气在三个社会的作用

在农业社会中，人气指的是人的精气神，其发挥着一定的作用，当社会中人的品行都提高后，权力就得到了维护。所以人气能够起到维护权力、保障供应的作用。

农业社会人需要依附于土地才能生存，人类经历了漫长的农业社会，社会形态的缓慢变迁使人气在农业社会的发展缓慢而持久。在农业社会中，人们的良好的品行能够帮助农业生产顺利进行。此时，人气的表现主要是人精气神的好坏。好的精气神得到社会的提倡和褒奖，才能保证农业社会中统治的稳定。农业社会时期人们对于资源的使用能力低下，抵抗自然灾害的能力较弱，社会认同主要停留在能够解决温饱的农产品及其衍生品上面（安吉，2007）。传统农业中，人是农业生产的三要素之一，"夫稼，为之者人也，养之者天也"（《吕氏春秋·审时》），意为万事万物是相互影响、相互联系的，庄稼的长大是人劳作、地生长、天淋养，多种力量相互作用的综合结果，万事万物的生长不是独立的，而是相互联系的。其中也体现了人、地、天的不同影响作用，地、天是客观因素，而人在农业社会中起着一定的作用。人发挥主观能动性，去积极地作为，才能促进庄稼成长。

也正是如此，在农业社会，"天、地、人"三才中"地"是核心，人和天只能起到辅助作用，具体如图 5-6 所示。辅助作用体现在人的品行上，这种品行作用于农业生产，是人们进行耕耘、体力劳作的动力。人的品行好坏，直接影响社会稳定。

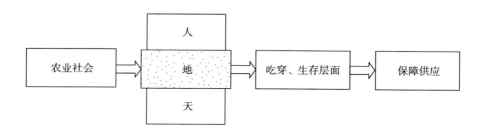

图 5-6 农业社会的核心

在工业社会中，人气起到的作用也是有限的，人气主要是通过购买实现交换，从而推动工业社会的技术发展和进步。

18 世纪 60 年代以后，蒸汽机车的出现使人类的社会发展开始进入到了工业社会，这是人类社会发展的一次重大飞跃。工业社会是在农业社会长久积累的物质和精神财富的基础之上演变而来的，更是对农业社会的超越。如图 5-7 所示，工业社会"天"起到了很重要的作用。

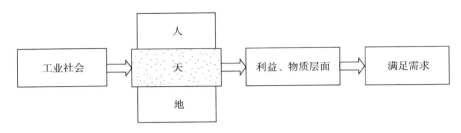

图 5-7 工业社会的核心

从工业社会发展历程来看，科学技术是推动经济社会进步的主要动力，而人气发展的主要动力则是工业社会发展过程中经济增长对于人类物质需求的极大刺激。农业社会人气虽然存在，但是物质需求往往不能得到满足。进入工业社会，企业家手中的机器资源可以生产出满足人类不同需求的产品。

在工业社会中，人们从吃穿、生存层面转移到了利益、物质层面。工业革命使劳动力生产水平提高，人类开始逐渐进入机械化、电气化时代。更高层次的生产力水平促进了社会生产关系的发展，人类的物质需求得到极大满足；差异化的需求使企业主利用手中的机器资源，生产出满足不同消费群体或者特定群体的产品，来满足这种需求。所以工业社会中以天为主，人们需要尽可能地去了解天，要掌握并利用技术，通过科学实验来提高技术，所以人的思维认同只能形成对于产品的偏爱，从而形成产品购买。

从电子自动化生产的兴起，到微电子技术和网络技术的发展，科学技术不断推动生产力的发展，工业社会的发展达到了巅峰状态。但因美国次贷危机的爆发而引发的全球金融危机，使人们愈加认识到资产、资本在社会中的地位，同时更说明了当前社会是不同于以往的社会形态。需求经济基本被满足，制造业对工业经济的边际贡献已经有所减弱，资产价值的增值成为影响经济的重要因素。金融危机让我们认识到只注重以制造业为主的工业社会已不能适应社会发展，当前社会现象和经济行为需要用价值投资思维来判断，需要树立价值思维。

展望新的发展机遇，在商业社会，资产已不简单是机器或者土地，顾客日益复杂且多样化的需求已得到充分满足，如今需求不能体现价值的真实本质，人们亟须一种新的依据来判断价值。此时开始转向商品投资，即投资人创造价值，人们更多的是对未来周期内可能获取的报酬进行关注。商业社会到来之际，价值这一概念逐渐被学界和商界发现并给予重视，增加增值和减少损失是创造价值的最基本思想。商业社会中的损失，不仅指金钱的损失，更重要的是时间损失。而体现这种思想的最佳标的物就是人气，人气在商业社会逐渐开始从关注物质需求转向发现和探索价值，并且对价值判断产生影响。进而可以得知，商业社会关注人气就是关注价值，而关注价值才能拥有投资机会。资产的增值空间放大及损失的减少才是价值的精髓所在，由此人气在商业社会终于从价值判断的附属升格成为社会的主流。

商业社会中人气是对事物未来的哲学思维认同，通过人气才能创造比较价值，从而实现商业价值的创造。商业社会中，推动社会进步的是人，人的认知才是推动价值创造的原动力。不同于工业社会中的主体是企业，企业通过利用各种科学技术创造出产品或者服务来满足需求，商业社会中的价值主体可能是国家、地区、企业、家庭，甚至是个人提供的商品，范围广泛。因此，在以投资为主的商业社会，通过人气关注来创造价值，人气可以关注任何商业主体。人气已经从利益、物质层面的购买转向价值、精神层面的关注，人们向往美好生活。商业社会中的核心是创造价值，人的思维开始变得重要，此时人气关注创造价值。商业社会的核心如图 5-8 所示。

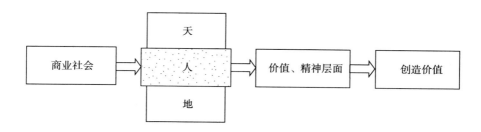

图 5-8　商业社会的核心

在商业社会形成的人气成为价值的主要判断依据，人们可以通过对人气关注的转移进行判断，从而做出正确的投资决定，获得预期的投资收益。人气关注以价值为核心，转移到价值洼地。投资者可以根据人气关注的转移发现价值洼地，寻找具有比较价值的投资标的，从而保证投资成功，打开增值空间、减少时间损失。

四、人气形成

人气在三个社会有不同的形成机理：农业社会主要通过规律的探寻，工业社会主要通过技术进步，商业社会主要是通过思维的创新。

农业社会具有封闭性、保守性和专制性，而且其内部的道德和宗教是封闭和静态的。这种封闭道德和静态宗教的共同目的就是要个人服从国家意志，从而使国家团结得更紧、更好地生存下去（杨和英，2009）。在这种封闭社会中，人气只能形成于各自的国家或地区内部，无法在不同的国家或地区之间进行流动。

农业社会中，生产力低下，人类利用和改造自然的能力弱，人们的生存和温饱是最重要的问题。保障物品的供应、解决人的温饱问题是保障社会稳定的基础，而这个保障必须依靠土地才能实现。统治阶级为了维护政权，便积极引导并充分利用了农业的社会功能。因此，一方面，中国传统农业为统治阶级的政权稳固提供了物质基础；另一方面，它在维持社会经济、解决农民就业、保障食物安全、维持社会安定及军事等方面发挥了重要作用（吕耀，2009）。因此，人气的形成与土地密切相关，对自然规律的探索是农业社会人的精气神产生的前提。

农业社会中的核心是土地，人依附于土地生存，人气也是基于土地而产生的，人气体现在生产力稳定上，随着对规律的探寻，逐渐形成人气。当人认识和了解规律后才顺应规律调整自身。自然规律作用于土地之上，帮助人们进行农业生产，所得的粮食、棉花等物品帮助人们解决温饱问题，而这正是农业社会中的人气在。人气可以提高农业生产效率，人气形成的原因就是对于农业生产规律的探寻。具体如图5-9所示。

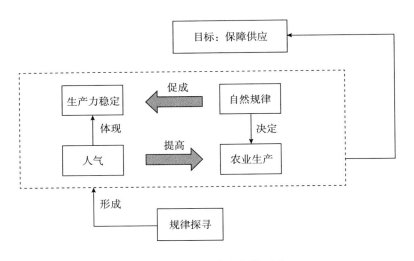

图5-9　农业社会人气的形成

工业社会逐渐开放市场，人气开始在开放的市场间流动。工业社会中，人气主要体现为购买力旺盛。购买的人多就说明人气高涨，反之则人气低落。人的大量购买源于科学技术的发展。在工业社会中每一项技术进步都形成新的人气，正如蒸汽机的发明、飞机的发明、智能手机的发明。要想成为引领消费者需求的"弄潮儿"，促进消费者的购买，获得更多的利润以发展经济，就需要真正地掌握核心技术，引领技术的进步。而一国的科学技术水平，往往决定了工业生产。

具体如图 5–10 所示。

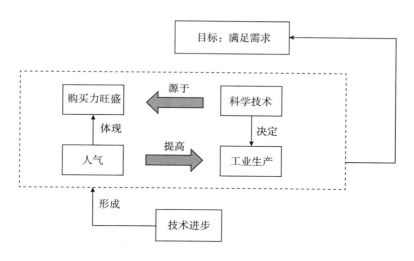

图 5–10　工业社会人气的形成

工业社会技术进步是人气形成的基础和依托，人气依靠科学技术进行生产，生产力越先进、产品越丰富，购买者数量越多、购买力越旺盛。科学技术水平决定了工业生产水平，人气可以提高工业生产水平，因为有人气就意味着有购买，企业就有了利润，从而有了不断生产和提高技术以满足需求的愿望，从而达成了工业社会满足需求的目标。

进入商业社会后，人气关注是由认知创新形成的，认知创新是全球化的，价值创造也是在全球范围内进行的，人气的关注在互联网时代会朝着全球任何一个比较价值大的国家或地区流动，不受地理界限的影响。所以人气在现代商业社会不是形成于某一个国家或者局部地区，而是形成于全世界。人气可以关注任何一个具有价值的国家或地区，任何一个国家都可以通过认知创新吸引全球人气的关注。

商业社会中，人气表现为投资人的关注。关注是由人们的认知思维形成的，所以关注力转移源于思维认同发生变化。认知创新在商业社会中显得越发重要。只有跳跃思维的认知创新才能让投资者的思维从原有思维惯性里跳脱出来，使投资人的关注力发生转移。认知创新形成商业社会的人气，思维认同决定了投资，人气转移变化影响投资。最终，达到了在商业社会中创造价值的目标。具体如图 5–11 所示。

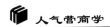

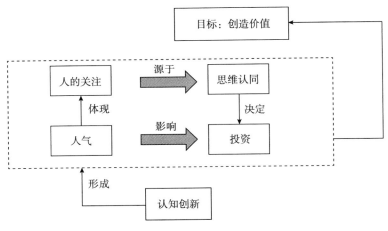

图 5-11 商业社会人气的形成

第二节 商业社会的人气

一、商业社会人气角色变化

（一）人气与关注的全球化密切相关

首先，讨论商业社会的关注全球化。进入了商业社会，就意味着全球投资人和投资市场成为了紧密连接的一体。全球化带来投资人和投资市场的升级。投资人不再是一国的投资人，而是全球的投资人，可供投资的对象也跨越了国界，成为全球化的投资对象。人气和关注的关系源于认知心理学，所以人气角色会随着关注全球化产生转变。

其次，随着商业社会的全球化，人气开始逐渐从开放的市场购买流入全球化商业投资中。人气在现代商业社会已不是存在于一个国家或者局部地区，而是存在于全球范围内，并对全球的商业发展产生重大影响。因为当进入商业社会之后，价值创造是在全球范围内进行的，人气会朝向全球中任何一个比较价值大的国家或地区流动，不受地理界限的影响。人气在全球范围内流动，这种流动对人气的流出国和流入国的投资均会产生巨大的影响。所以，人气在商业社会中角色的变化离不开全球化的变化。如图 5-12 所示，商业社会中人气汇集的过程离不开投资人的认同。随着全球化推进，投资人基数增多。随着关注人数的上升，人气带来投资，帮助实现价值倍增。同时，人气的全球化也是币值、金钱、权力对策的基础。因为只有来自全球的人气关注某个国家时，这个国家币值平台的升降、金钱杠杆的方向、契约权力的使用才会受到全球投资者的关注，从而影响该国的投资和比较价值创造。

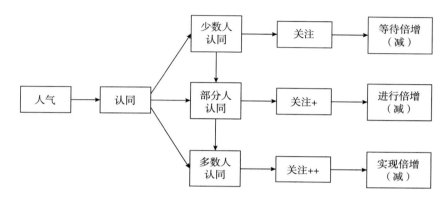

图5-12 商业社会中人气的认同与关注

商业社会虽然强调发生在未来、是不确定的，但也并非不可预测。所谓未来的不确定性是指运用经济模型、数据分析等方式很难对未来所发生的一切进行准确预判，但是人气是通过人们的认知思维，对人气的关注进行分析从而预判未来可能会出现的结果。通过人气线、人气矩阵、人气模式的引导，可以在相当程度上预判出人气关注对国家产生的影响，判断出人气关注的路线会产生的结果，再通过币值、金钱、权力对策的具体操作，可以对结果起到一定的控制效果。

（二）人气创造比较价值

商业社会中，人气创造比较价值。主要有两个方面：

一方面，商业社会研究人气是为了获得比较价值，人气关注一个国家的过程就是利用人气关注吸引的投资在该国创造比较价值的过程。人气营商强调投资人进行的价值投资所创造的比较价值最大化，这是人气营商学的哲学灵魂。所谓比较价值，是人通过将主体与主体、客体与客体，甚至主体与客体进行比较而生成的"感性"存在状况对主体的作用和影响（易小明，2015）。人气关注聚集起量能，促使投资人的认知发生转变，在认知中就慢慢形成了比较价值的差异。比较价值主要反映在投资者的心理认知上，不同指标和考量都通过投资者最终形成心理认知决定。

另一方面，比较价值引发关注对象发生变化，从而影响到人气。随着该国比较价值的不断增加，该国的性质也在逐渐发生变化。例如，"9·11"事件发生前美国一直是超级大国，是无数投资者心中的投资圣地，大量国际资本源源不断地流向美国，聚焦着来自全球的人气关注。而自"9·11"发生后，部分投资者开始对美国失去信心，人气开始逐渐转向关注中国，在中国创造比较价值。近年来中国稳居世界第二大经济体，并且正在缩小与美国的差距，同时中国的国际地位与国际话语权也在不断提高。

根据质量互变规律，事物发展包含量变和质变两种状态。质量互变是由事物内部矛盾所决定的由量变到质变再到新的量变的发展过程。当比较价值达到一定的程度时，受关注对象会发生质变。近年来随着人气的关注，中国已经发展为了一个政治、军事、经济都位居世界前列的强国。而这些特征又会吸引更多的人气关注中国，形成了一个正向的反馈循环系统。人气关注的作用如图 5-13 所示。

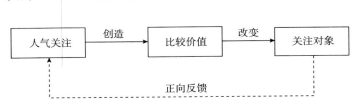

图 5-13 人气关注的作用

二、商业社会人气的新要求

(一) 人气的广泛影响力

商业社会中人气可以创造比较价值，通过比较价值带来投资人关注转移，能够帮助投资人实现价值倍增，因而人气在商业社会中的影响力是极其广泛的。从国家层面来讲，人气可以对一个国家的发展产生重要影响。当人气关注某个国家时，会引起来自全球的投资者投资这个国家，造成大量的国际资本流入。而国际资本的流入可以看作是这个国家总资本的净增加，它可以直接参与这个国家国内资本的形成，通过扩大投资来促进该国的商业发展。同时，国际资本的流入也可以从效率上促进经济增长，因为通过外商的直接投资，国内企业可以向外资学习或者同它们建立商业联系，从而产生"溢出效应"（黎贵财和卢获，2014）。从投资者层面来讲，人气关注会对投资者进行投资的商品价格产生重要影响。当人气大量关注商业价值时，商业价值的代表房价、物价、股价就会大幅增值，实现倍增。

人气的广泛影响力使任何一个国家都希望受到人气的关注，以此使本国在商业社会有望获得自己新的发展契机。人气关注有助于该国方方面面的发展。同时，投资人也希望投资人气关注的商品，以提高倍增实现的可能性。通过人气关注的转移和集中，使商业社会的国家有望实现自身在商业社会的价值创造，使投资人过上向往的美好生活。

（二）人气的主动性和独立性

商业社会的人气是由认知创新引发的，投资人通过比较价值的判断形成的投资使各国和地区的商业价值发生倍增或倍减。当大量人气关注某一个国家时，大量的国际资本流入可能使短期内的国内资产市值增值加速，但是随后会明显下降（Roberto Cardarelli & Selim Elekdag，2009），对一个国家的商业前景和经济长期稳定发展产生一定的制约。因此，如果不能有效地引导和梳理人气，会对国家和地区的发展产生极大的副作用，轻则造成该国公民的生活压力增大和财富的流失，重则使该国永远陷入中等收入陷阱，长期不能自拔。所以应当主动调整人气，使人气关注有利于国家的价值创造。中国2015年的股价大幅下跌，就是人气主动调整的结果。上证指数从2014年7月的2033点上涨到2015年6月的5178点只用了短短11个月的时间，此时大量的人气关注股市，使指数上涨速度极快。如果不加以控制、主动调整，很有可能上涨到6000点以上，当时的经济状况是无法支撑这个点位的，政府主动调整人气，使上证指数发生急速的倍减。随后，2015~2017年，中国吸引人气关注转移的相关政策出台，"去库存、去产能"，使"房价"和"物价"轮番上涨，人气关注从股价转移到物价、房价，这就是合理运用人气的表现。这是国家和地区主动调整人气的表现，也说明人气是具有主动性的。

由于人们的认知创新种类不同，人气对不同创新类型的国家的关注是相互独立、互不影响的。如人气在关注澳大利亚这类资源国以及新西兰这类农业发达的国家同时，也会关注德国这种具有工匠精神的工业发达的国家。也就是说，一个国家进入商业社会之后，只要不断进步，没有别的国家会在这一领域超过该国，那么对于这个国家和地区的关注就是独立的，不会因为人气关注其他国家而失去对该国的关注，只是对于新型国家或地区的关注层面和创新内容不同而已，新型国家只有创新人们的认知，形成比较价值，才能吸引到人气关注。但是对于新型国家的人气关注肯定会削弱对于以前老牌发达国家的关注，使新型国家成为人气"明星"，从而使老牌发达国家比较价值下降，这也是许多发达国家努力保持人气关注、新型国家努力吸引人气关注的重要原因。形成在全球范围内的人气投资国家之间的"多空"转换，价值创造和社会财富在全球大挪移，从而推动整个人类社会的进步和发展，这是商业社会发展的历史潮流和驱动逻辑，是对思维创新国家的人们和智慧投资人的奖赏。

三、人气和资产价格的关系

一个国家的资产价格若要发生倍增（减），首先需要来自全球的人气关注这个国家，否则这个国家无法创造比较价值。一个国家和地区市场只有购买，则无法形成投资，资产价格只能发生线性变化。进入了商业社会的国家，人气如果持续上升，说明这个国家开始受到来自全球投资人的关注，该国在国际上的地位提高。人气关注某个国家，会带来大量的投资，从而直接促使这个国家的资产价格实现倍增及成倍、百倍上涨，带来巨大的社会财富增值，从而使该国较快进入发达国家行列。

其次，当人气关注一个国家时，还需要通过币值、金钱、权力对策的配合，从而更好地提升一个国家的资产价格。如同产品营销中，企业拥有了优质的产品，还需要通过制定合理的价格、适合的分销渠道和有效的促销手段，才能促使顾客购买，实现交换。若币值、金钱、权力三个对策无法配合人气对策，可能会使投资者对该国失去信心，从而使人气关注发生转移，会使资产价格的上涨受到一定限制甚至出现下降的情况，只有综合运用人气、币值、金钱、权力四个对策，才能实现商业社会的价值创造。人气关注与其他三个对策和资产价格的关系如图 5-14 所示。

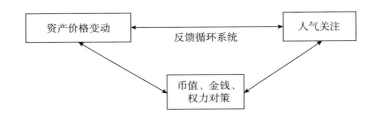

图 5-14　人气关注与其他三个对策和资产价格的关系

同样地，资产价格的变动也会对一个国家的人气产生直接影响。当一个国家的资产价格不断增长时，就会吸引更多的人气关注这个国家。投资者通过判断发现该国的资产价格正在增长并且后期仍然存在增值的空间时，会把注意力充分地转移到该国。以美国为例，过去的 100 年，美国的资产价格——房价、物价和股价轮番上涨，吸引全球人气关注美国，美国的资产价格中的股价近几年持续上涨，吸引全球资本流动到美国投资股票。反过来，若一个国家的资产价格不断下降，投资者就会转而关注其他资产价格上升的国家。

四、商业社会人气确定

（一）比较确定

古罗马著名学者塔西陀曾说："要想认识自己，就要把自己同别人进行比较。"比较是认识事物的基础，是人类认识、区别和确定事物异同关系的最常用的思维方法。比较研究法现已被广泛运用于科学研究的各个领域。在教育科学领域，比较研究是一种重要的研究方法。

人气选择关注对象，总是会对关注对象进行两两比较，选择比较价值更大的对象进行关注。人气一直在不同的国家之间寻找比较价值。站在全球角度看，世界各国或地区由于历史原因和经济全球化中的国际分工不同都有自己的主流价值形态。根据国家之间的军事实力、经济实力、人口数量等条件，比较确定人气时可能会出现两类情况，即比较对象之间差距较小、比较对象之间差距较大。

1. 比较对象之间差距较小

比较对象差距较小时，人气关注会起到非常重要的作用；当比较对象之间实力相当，差距可以忽略不计时，人气的关注可能会使两者之间产生差距，并随着人气的持续关注而拉大差距，具体如图 5-15 所示。

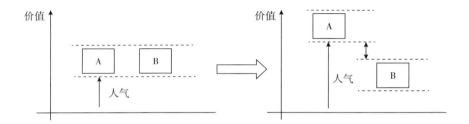

图 5-15　比较对象实力相当

当比较对象之间虽然存在一定的差距，能够区分二者孰优孰劣，但差距较小时，人气的关注可能会使劣势一方追赶甚至超越优势一方，具体如图 5-16 所示。

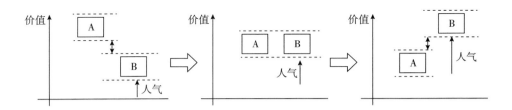

图 5-16　比较对象之间存在较小差距

2010 年，中国 GDP 总量超越日本，成为了仅次于美国的世界第二大经济体。近年来美国受到人气关注价值创造到了一定的高位，增值空间受到了限制，很难继续实现倍增。同时，在商业社会中投资人对思维创新越发重视。2012 年美国

GDP 为 162427 亿美元，中国 GDP 为 83492 亿美元，美国约为中国 GDP 的 1.95 倍。随着人气的关注，这一差距正在逐年递减，2016 年美国 GDP 为 175816 亿美元，约为中国的 1.6 倍。若中国继续通过人气对策调整把控好人气，使人气能够持续地关注中国，这一差距会逐渐消失甚至反超美国。

2. 比较对象之间差距较大

人气总是会关注与其他对象差距显著的、呈现出两极分化状态的对象，这些产生两极分化的内容可以非常丰富，如国家面积大小、人口多少、资源赋予等。而对这种差距大的关注对象，人气关注可能会产生两种结果，第一种是人气关注后，人气对两种对象产生相向作用，具体如图 5-17 所示。同物理学中力对物体做功的原理一样，使二者之间差距逐渐缩小，而这个缩小的过程也是人气创造比较价值的过程。

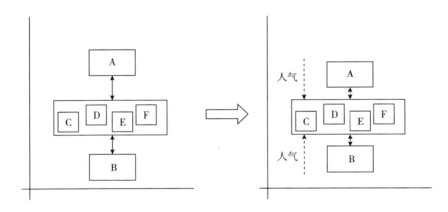

图 5-17　人气关注缩小差距

第二种是人气关注对二者产生相反作用，使被关注对象之间的差距逐渐增大，这个过程同样是人气创造比较价值的过程，具体如图 5-18 所示。美国受到关注后，发展更快，成为全球瞩目的国家。新西兰是以农业、畜牧业发达而闻名小国，被关注后，随着人气不断增加，新西兰的农业、畜牧业水平与其他国家的差距逐渐拉大，成为了全球农业最发达的国家之一。

（二）价值确定

商业社会中，价值=增值/损失，人气在确定关注对象的时候，总是会将关注可能获得的价值增值与付出的时间损失进行对比，选择比较价值最大的对象进行关注。而当关注对象的增值空间受限，无法实现倍增，或者投资者需要付出较大的时间损失才能实现倍增时，人气关注就会发生转移。因而利用价值确定人气关注时，可以从增值空间和增值速度两个维度来确定。

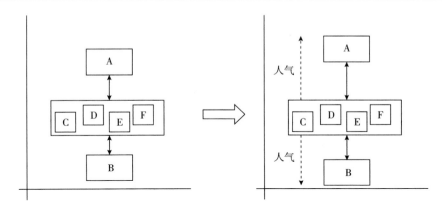

图5-18　人气关注拉大差距

1. 增值空间大

从增值空间的角度来看，人气总是会关注增值空间更大的对象。增值空间大意味着人气关注这个国家时，可能会创造更大的比较价值，实现倍增的可能性更大。若增值空间过小，那么人气关注这个国家的时间虽然很长，却也无法实现倍增。

以金砖国家为例，从政治和安全方面考虑，俄罗斯和中国都是联合国安理会常任理事国，至2013年，巴西、印度、南非都是非常任理事国。从经济上看，2010年金砖五国国内生产总值约占世界总量的18%，贸易额占世界的15%。金砖国家人口多、面积大，具有更大的增值空间，人气关注这些国家有可能实现倍增，因而人气现已越来越多地开始从处于价值高位的欧美国家转向处于价值洼地的金砖国家。

2. 增值速度快

利用价值确定人气关注时，除增值空间外，增值速度也是人气关注的重要影响因素。相比于增值速度慢的国家，人气更愿意关注那些比较价值增值快的国家。人气关注这些国家时只需要付出较少的时间损失就能获得同样的比较价值增值。

20世纪60年代起，中国香港、台湾地区以及新加坡和韩国推行出口导向型战略，重点发展劳动密集型的加工产业，在短时间内实现了经济的腾飞，一跃成为全亚洲发达富裕的地区，合称"亚洲四小龙"。1971年，韩国、新加坡以及中国的香港、台湾地区GDP分别为700.7亿美元、112.9亿美元、237.0亿美元、356.2亿美元，至2000年时已分别增长至7127.5亿美元、1003.8亿美元、1476.4亿美元、3057.5亿美元，短短30年的时间GDP总量就增长了十倍。

（三）创新确定

商业社会中，创新已经逐渐成为了世界主题，是未来社会发展的潮流与趋

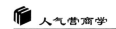

势。只有把创新发展放在发展的核心位置，才能适应和引领商业社会的发展大势。创新是一个国家发展的原动力，是人气关注这个国家进而创造比较价值的根本原因。一个创新思维得到投资人的认同程度是人气创新确定的内涵。

从方式角度来讲，创新的方式主要分为规律创新、技术创新和思维创新。正如本章第一节中提及的人气的形成有三个途径，即规律创新、技术创新和认知创新。商业社会的人气产生，也依靠规律创新、技术创新和认知创新。

1. 规律创新

规律在商业社会中属于创新的基础和源泉。规律创新对于农业生产的作用巨大，规律的创新会一直吸引人气。在商业社会中，由规律创新带动技术创新、认知创新的情况经常出现。人类对于自然规律的创新从未停止，规律创新随着人类认识自然的探索进程的推进。规律创新推动技术创新和认知创新，三者相辅相成。

在吸引人气的创新过程中，从规律创新到技术创新再到认知创新的过程，一直有效。随着对农业规律的认识不断加深，农业生产技术得到发展，人们的思维认知也有了新的转变。随着对于规律创新的认识，人们意识到尊重农业自然规律的重要性，以新西兰为首的有机农业国家再度引发了世界的关注，吸引了人气。技术创新、认知创新离不开规律创新，贵州茅台就进行了规律创新——弘扬白酒文化，发展创新酿造技术。

2. 技术创新

技术创新是认知创新的支撑，有了科技创新才能更好地促进新的认知出现。现在，全球范围内正在不断地进行科技创新，如信息科技、生物科技、新材料技术、新能源技术广泛渗透等。世界大国都在积极强化创新部署，如美国实施再工业化战略，德国提出工业4.0战略。纵观引领过全球发展的国家，都有着极强的技术创新能力。如德国，它是一个将工业制造做到极致的国家，通过它的"工匠精神"引领世界发展。德国在工业制造中总是竭尽全力将误差降到最低，因为这些误差的负面影响经过流水线的每个环节会逐级放大，必然会影响最终产品的品质。因此在整个产品的生产过程中，误差越大、环节越多，最终产品出问题的可能性就越大。所以德国人用机械代替人工，就是在生产环节动用一切可能的手段把人的天然影响因素降低到最小，把每件事情都分解成机器能简单执行的指令。其他通过"工匠精神"创新吸引人气关注的国家还有日本、法国等。

目前引领商业社会、吸引人气关注时间最长的国家——美国，则依靠另外一种创新技术方式——给电脑"洗脑"。众所周知，美国的IT业是全球最发达的，其拥有微软、苹果、谷歌等多个IT业巨头企业。这为美国引领世界商业社会做出了巨大的科技创新贡献，一个国家如果不能占领全球技术的制高点，那么得到长期全球关注是不可能的。

3. 认知创新

随着商业社会的推进，技术创新已经不能满足价值智造的需要，思维创新变得更为重要，而思维创新的起点就是认知创新。通过三次技术革命，人类走到今天，每一次技术革命的前期都是技术的竞争，而后期运用的升级，大都源于思维的创新。中国的高铁技术应用就是认知创新的最好例证，高铁技术应用成为中国认知创新的突破口，中国政府顶住一切压力，创新人们的心理认知，终于促使全球人们将关注点从汽车、飞机转移至高铁。

认知创新依靠良好的国家和地区的文化土壤和先进的科学技术，更需要投资人的思维认同。自古以来中国人最擅长的就是思维的创新和碰撞，从春秋时期各大思想学派的百家争鸣，到现今的共建"一带一路"倡议，都是最好证明。而在商业社会中吸引人气的关注，最重要的就是寻找人们思维的认同人气线——人们关注停留的路线。

由于商业社会思维是跳跃的、多元的，所以思维创新中很容易出现新的、复杂的人气认知路线，经过反复碰撞和坚持，才能形成人们认同的人气线。它既可以吸引投资人的关注，也会造成投资人因盲目跟风形成资产泡沫破灭而受到打击。人气线来源于思维漏洞，是指并未被大众所认知的、处于关注盲点的事物。思维漏洞一旦形成清晰的人气线，那么它往往是正确的、符合国家和社会发展规律的事物，只是被一些先知先觉的投资人发现，且采取行动，获得巨大的价值增值，同时也弥补了思维漏洞。投资人要及时梳理、尽早发现多元价值思维漏洞，鼓励人们敢于思考，就可以更深层次地挖掘人气线，寻找更多投资机会。认识思维漏洞形成人气线的四大影响因素分别为他国以前走过的路、他国的长处、本国的短处、本国未来可能走的路，具体如图 5-19 所示。

他国	本国
他国以前走过的路	本国未来可能走的路
他国的长处	本国的短处

图 5-19　思维漏洞形成人气线的影响因素

第一个因素是他国以前走过的路。他国走过的路对其他国家乃至全球的商业社会发展来说都是宝贵的经验。由于其他国家走过的路，本国也可能会走，所以智慧的投资者应当及时发现这些思维漏洞所形成的人气线进行投资，如西方国家的汽车发展之路线就是如此，一个紧跟一个，把对汽车的关注推向极致。第二个因素是本国未来可能走的路。只要是思维创新都会存在漏洞，故而投资者应当不断地对本国当前的具体情况和受到人气关注的状态进行分析，把握本国的思维漏洞，选择时机进行投资，以获得更大的价值增值空间和实现价值倍增的可能。别人走过的路线，不一定适合本国，寻求自己的路线，空间更大，别国发展汽车已到极致，很难超过，中国选择合适的时机，发展高铁，空间更大。第三个因素是他国的长处。他国的长处很可能就是本国存在的漏洞。本国与他国之间的差距越大、缩小差距的时间越短，意味着投资者获得的价值增值空间也就更大，付出的时间损失也更小，中国发展工业的选择，就是当时与西方国家差距太大，一旦认知统一，发展速度快、空间大。第四个因素是本国的短处。对于由本国的短处造成的漏洞所形成的人气线，要通过认知创新发现它，因为本国的短处意味着空间巨大，短期可以通过模仿创新迅速跟上，但是想引领世界需要巨大的认知创新，根据规律创新和技术创新形成新的人气线，以获得人们的关注，创造价值增值。

综上所述，三种方式的创新都会引起商业社会人气的关注，也就是说，这三种创新可以直接引起人气关注。同时，规律创新和技术创新必须通过思维创新发挥作用，改变人们的思维认知从而引起人气关注。思维创新是商业社会的主旋律，本书是以认知心理学的思维创新为主的研究。

第三节　商业社会的人气关注原理

一、人气关注原理的理论来源

商业社会中的人气是投资人的关注。人气关注某一事物的过程就是人气对该事物产生影响的过程，也是人气创造比较价值的过程。商业社会中的人气关注原理主要表现为人们的心理认知和周期，这个关注原理的理论来源主要包括经济学和营销学两个方面。

（一）经济学来源

从周期概念上讲，经济学中也有相应的概念。经济周期，也称商业周期、景气循环，经济周期一般指经济活动沿着经济发展的总体趋势所经历的有规律的扩张和收缩，是国民总产出、总收入和总就业的波动，是国民收入或总体经济活动扩张与紧缩的交替或周期性波动变化，主要分为繁荣、衰退、萧条和复苏四个阶段。凯恩斯的《就业、信息和货币通论》（1936）和哈伯勒的《繁荣与萧条》（1937）把经济周期理论研究划分成了前后两个阶段（唐可欣和魏玮，2010）：第一个是前凯恩斯时代的经济周期思想，其中比较有影响力的理论主要有魏克塞尔的累积过程理论、霍曲莱的纯货币商业循环论等，但由于这些理论主要是从货币以及产品购买的角度来研究经济周期，所以在本书中不做过多赘述。第二个是凯恩斯主义学派的经济周期理论体系，其主要以投资分析为中心来进行研究，从分析投资变动的原因角度来探讨经济周期形成的原因、过程和影响。该学派主要由凯恩斯经济周期理论和萨缪尔森及希克斯的乘数—加速数周期模型构成。

凯恩斯在《就业、利息和货币通论》中提出，经济发展必然会出现一种先向上后向下再重新向上的周期性运动，并具有明显的规则性，即经济周期。从分析方法上来看，凯恩斯的短期静态和比较静态分析法忽视了经济周期的动态性，需要进行理论补充与扩展，于是出现了乘数—加速数周期模型。

萨缪尔森在《乘数分析与加速数原理的相互作用》一文中引入了带有时滞结构的乘数—加速数线性模型，对凯恩斯理论进行了动态化研究。萨缪尔森用乘数与加速数相互作用的原理，说明了经济系统一个小的因素扰动就会引起一个大的经济周期变动的原因。同时，希克斯也建立了一个以周期和趋势之间关系为基础的经济稳定与经济增长相互作用的模型（郝伟，2006）。在希克斯模型中，自发投资是外部给定并呈指数及增长的，所以，希克斯模型是一个增长周期模型。另外，希克斯模型中在扩张阶段和收缩阶段使用的是不同的投资函数，即在周期变动的不同阶段，加速数是不同的。希克斯巧妙地把经济增长的长期趋势与经济周期变动组合在一起，揭示了自发投资增长是诱导经济体系重新扩张的重要刺激因素。而人气恰恰是自发投资的明显代表，当一个国家的经济进入增长阶段的时候，其自发投资是不断增长的，同时，人气也在不断向这个国家汇集。

对已有的商业周期研究进行梳理与总结，主要分为以下几种：

1. 蛛网周期

指某些商品的价格与产量变动相互影响，引起规律性的循环变动。1930 年由美国的舒尔茨、荷兰的简·丁伯根和意大利的里奇各自独立提出，1934 年英国的卡尔多将这种理论命名为蛛网理论。蛛网周期是一种动态均衡分析。古典经济学理论认为，如果供给量和价格的均衡被打破，经过竞争，均衡状态会自动恢复。蛛网理论却认为，均衡一旦被打破，经济系统并不一定会自动恢复均衡。

2. 基钦周期

又称"短波理论"。1923 年英国的约瑟夫·基钦从厂商生产过多时，会形成存货，从而减少生产的现象出发，在《经济因素中的周期与倾向》中把这种 2~4 年的短期调整称为"存货"周期，人们亦称之为"基钦周期"。他认为，经济周期有大、小两种。资本主义的经济周期只有 3~5 年，大周期约包括 2 个小周期或者 3 个小周期，小周期平均长度约为 40 个月。

3. 朱格拉周期

1862 年法国医生、经济学家克里门特·朱格拉在《论法国、英国和美国的商业危机以及发生周期》一书中首次提出了市场经济存在着 9~10 年的周期波动。这种中等长度的经济周期被后人称为"朱格拉周期"。朱格拉在研究人口、结婚、出生、死亡等统计时注意到经济事物存在着有规则的波动现象。他认为，存在着危机或恐慌并不是一种独立的现象，而是社会经济运动三个阶段中的一个，这三个阶段是繁荣、危机与萧条，三个阶段的反复出现就形成了周期现象。

4. 库兹涅茨周期

1930 年美国经济学家西蒙·库兹涅茨在《生产和价格的长期运动》一书中提出的一种为期 15~25 年，平均长度为 20 年左右的经济周期。由于该周期主要是基于建筑业的兴旺和衰落这一周期性波动现象加以划分的，所以也被称为"建筑周期"。他认为，现代经济体系是不断变化的，这种变化存在一种持续、不可逆转的运动，即"长期运动"。

5. 康德拉季耶夫周期

康德拉季耶夫周期是考察资本主义经济中历时 50~60 年的周期性波动的理论。从科学技术是生产力发展的动力来看，康德拉季耶夫周期是生产力发展的周期，这种生产力发展的周期由科学技术发展的周期决定。康德拉季耶夫周期理论把科学技术体系划分为科学原理、技术原理和应用技术三个层次。

对上述商业周期的总结如表 5-1 所示。

表 5-1　经济周期总结

类型	常用名称	学术名称	长度	原因
经济周期	农业生产周期	蛛网周期	1~12 个月	生产对价格的反应具有时滞性
	工商存货周期	基钦周期	2~4 年	增长与通胀预期
	设备投资周期	朱格拉周期	9~10 年	经济景气、设备寿命
	住房建设周期	库兹涅茨周期	15~25 年	人口、移民
	创新周期	康德拉耶夫周期	50~60 年	创新的集聚发生及退潮

通过对经济周期的梳理和总结可以发现，经济学的周期种类多样，时间长短不一。其中，创新周期的时间最长。这说明，由于创新的难能可贵，且对社会的推动作用巨大，所以引发社会变革需要一定的时间才能实现。由此可以看出，创新周期的提出为人气关注的心理周期研究提供了很好的基础。创新带来不同于之前的长周期，人气关注的心理周期的创新研究具有重要意义。人气关注的心理周期、人气线的关注力转移与资产价格的增值空间和速度紧密相联。因此，经济学中周期理论为人气关注的心理周期的提出提供了理论基础。

（二）营销学来源

人气营商学的理论框架来源于顾客营销。1990 年，美国著名的营销专家劳特朋提出了 4C 理论，即顾客、成本、便利、沟通。其中，顾客对策就是人气关注原理的理论来源。消费者对策强调消费者的需求与欲望，企业不再是简单地出售所制造的产品，而是要出售顾客想要购买的产品。

企业在营销时需要对顾客的需求进行分析和研究，并以顾客的需求为基础，确定要提供什么样的能满足顾客需求的产品和服务。同时，对于企业来说更加重要的是通过为顾客提供产品和服务而产生的顾客价值。企业必须将"以顾客为中心"作为一切活动的前提和中心，从顾客的角度出发，更好地满足顾客的需求。

顾客是 4C 对策的核心，而人气对策则是人气营商学的核心，二者的联系在于顾客营销中通过顾客的购买活动满足顾客溢利，人气营商中通过认知心理学选择性注意、扭曲、保留形成人气关注来创造价值，都是与核心概念产生直接联系的对策。顾客营销中，顾客需求是核心，企业会根据不同的顾客需求情况对成本、便利、沟通对策进行相应的调整，使顾客溢利最大化；而人气营商中，人气是核心，人们会根据人气的关注对币值、金钱、权力对策进行相应的调整，使创造的比较价值最大化。

人气与关注来源于认知心理学，人们在关注某一事物时总是采取选择性注意的方式。选择性注意是现代认知心理学、认知神经科学和运动心理学研究最充分的领域之一，指从外界环境中优先选择特定的信息进行加工，同时忽略其他信息的认知过程。选择性注意保证了个体能在有限的时间内将有限的心理资源用于对个体生存具有重要价值的刺激或事件的加工上。通过选择性注意，人气会筛除掉那些没有比较价值的事物，只选择具有比较价值的事物进行关注，这样就形成了人气的关注。这也与顾客营销的顾客感知价值产生于顾客的心理认知一致，只有顾客感知溢利才能刺激顾客购买。

人气关注的认知心理与顾客营销的顾客感知理论有理论渊源，人气产生关注是人的认知心理作用的结果。如何使人们的关注心理周期延长？经济学的周期理论帮助人们拓展思维——创新周期。中国的孔子思想指导中国农业社会，时至今日依然受到推崇，足以证明思维创新能够推动人类社会发展几千年。

二、商业社会人气关注原理

（一）基本原理

商业社会人气关注原理主要是指心理周期与人气关注的关系。人气关注来源于人的思维的认同，而这个认同是与人们的心理周期相关联的。人的心理周期通过影响人们思维的认同，进而使人气的关注呈现出周期性，思维的认同是连接心理周期与人气关注的桥梁。所以在商业社会中，如何延长某一国家的人气关注时间是一个重要课题，也是人气对策的研究重点。

经济周期理论从农业生产、工商存货、设备投资、住房建设、创新等方面研究了周期性变化；产品生命周期研究了产品进入市场后与市场之间关系的变化。任何周期都是有时间范围的，从人气与比较价值来看，人气关注某一个国家的周期越长，在该国创造的比较价值就越大，也说明该国对于全世界投资人具有吸引力，对该国也就越有利。因此，增加人气关注时间的心理周期是人气关注研究的核心。

人气关注原理的作用机理如图 5-20 所示。心理周期直接影响人气关注某一个国家时间的长短，而人气关注的变化情况又会影响心理周期的长度，两者相互作用、相互影响。前面讲到，心理周期受创新影响较大，创新周期长，一个国家就能够持续创新，人气关注的心理周期就会延长，投资人投资该国创造的价值就会越来越大，因此吸引着全世界的人气关注，一旦该国的创新能力受到限制，价值投资空间就会受到限制，倍增的时间也会拉长，人气就会转移。创新的内容分为规律创新、技术创新、思维创新，三种创新交相呼应，思维创新是商业社会的核心，只有创新的思维才能长久地吸引人气，才能有效结合规律和技术的创新。美国的技术创新能力是世界公认的，其以技术创新吸引世界人气近百年，全世界正处在呼唤思维创新的新时代。一个国家智慧的人越多，创新思维的能力越强，思维的深度越深、广度越广，就越会吸引长时间的人气关注。虽然影响人气关注的相关因素很多，详细内容在本节第四部分会介绍，但是从人们的心理认知角度创新思维研究，是本节的重点和难点。

图 5-20　人气关注原理的作用机理

心理周期对于人气投资的影响巨大，反过来，人气关注影响心理周期。商业社会中人气的关注，呈现周期性特征，其核心思想是在全球范围内，人气将以一个国家为主，而其他国家只能跟随这个汇集人气最多的国家，或者等待人气流向自己国家的时机的到来。人气越高，拥有的"势能"越大，而维持这个势能所需要的能量也就越大，这个能量就是比较价值。当一个国家创造的价值无法满足其极高的人气，即无法达到倍增价值空间和增速变缓的时候，人气就开始流出、分散，直到重新找到可以倍增的新的国家。

所以选择合适的时机吸引人气是人气关注的良好开端，人气关注太早，维持不住人气反而对自身不利，没有人气关注，价值创造的空间变小，时间变长，无法实现。一国一旦吸引人气，就应该利用智慧，想方设法保持人气的长期关注，延长投资人的心理周期，这样将给该国和全球投资人带来更多、更好的回报。

（二）人气作为关注的研究逻辑

要理解人气是一种关注，必须理解人气作为关注的逻辑。商业社会中关注的根本目的是创造比较价值，而创造比较价值的过程是通过投资人关注进行的。商业社会中人气关注的过程也就是投资者选择投资对象的过程，商业社会以人为主，人气认知心理学形成的人气线关注，才是商业社会最重要的关注，才能更加有效地创造价值。投资人投资某一国家，就要先关注该国。在人们的心理认知中，对于该国必须进行选择性注意、选择性扭曲、选择性保留，落脚点就是关注，只有关注才能投资，商业社会的主旋律就是投资，这一点在前面的章节进行了叙述，戴维斯甚至直接把当时的美国社会称为"投资人社会"。没有关注是不可能进行投资的，关注是投资的起点，投资是关注的表现。

商业社会中关注该国，就会对该国进行投资。一个国家整体是无法衡量是否具有投资价值的，只有通过该国的投资载体加以体现，主要表现在"三价"上。当人气关注这个国家时，必然会使全球资金投资该国的房价、物价、股价，"三价"资产的价格上涨，也会吸引全球的投资者来投资该国，从而使价值发生增值甚至实现倍增。人气关注的逻辑如图 5-21 所示。

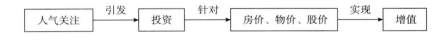

图 5-21　人气关注的逻辑

（三）心理周期变化的内在含义

心理周期是人气关注原理的核心，所以在研究人气关注的周期原理时应当明确心理周期变化的内在含义。首先要明确的是，心理周期变化的实质是因为比较价值发生了变化。随着时间的变化，一个人气关注对象的心理周期会发生变化，其比较价值也随之发生改变，进而对关注对象的价值创造产生影响。商业社会中比较价值的创造是通过人气关注实现的，因此人气关注该国并使其处于"明星"阶段的时间越长，则创造的比较价值越大。

自 1955 年开始，日本经济进入了高速增长阶段，GDP 连续十几年高速增长，年均增长超过 10%。到 1968 年，日本经济 GDP 一举超过当时世界第三经济强国西德，跃居世界第三位。这种经济的超高速增长一直持续到 1973 年的石油危机爆发才结束，但是也奠定了日本经济强国的地位（周煊明等，2010）。当时日本确立了以银行和间接融资结构为主的社会金融结构，在银行与企业之间建立了稳定的联系，并且由政府提供担保和支持，吸引了人气关注，世界各地的投资者开始大量涌入日本，进而使日本经济飞速发展（白钦先和王兆刚，1999）。日本如果持续把握这种势头，有效引导利用人气，延长人气关注它的周期，就会创造更大的比较价值，吸引更多的人气，达到一个良性循环。但是进入 20 世纪 80 年代后，日本的金融体制改革滞后，政府对于货币政策的过分干预以及对银行缺乏有效的监管，导致了日本经济泡沫的破裂，引起了通货紧缩逐步加深、工业生产与效益下降、内需萎缩不振、经济持续低迷等一系列问题，从而导致人气开始转移，人气周期进入了衰退期并且逐渐结束，使日本陷入了"黑色十年"，失去了取代美国成为引领商业社会发展国家的机会。

衡量人气关注的心理周期就是判断创造比较价值的能力，"明星"商品创造比较价值的能力要强于其他商品。没有倍增的比较价值，心理周期就会影响人气线，人气关注就会转移。

（四）关注类型的特点及适应对象

人气关注聚集的初期并不明显，投资者很难判断人气正在向某一事物聚集。而当人气关注过程中开始创造比较价值并形成正向反馈时，人气转移向该对象的速度将变快，但是所剩空间和时间就会相对有限，投资者很难在投资中实现倍增，所以这就成为了人们投资的一大难题。本书在这里引入了人气矩阵，通过比较时间损失和增值空间双重维度来分析和判断人气关注某一阶段的类型特点及适应对象，以指导人们的投资。

1. 人气矩阵的概念及来源

商业社会的主旋律就是投资，而一项有效的投资，不仅要具有增值空间，还要减少时间损失，否则这项投资对投资人而言就是失败的，因为投资人在这个投资过程中所付出的时间损失是投资人最为担忧的事情，时间损失是无法用金钱买回的，但是损失的金钱是可以用等待时间挽回的。以美国为例，美国金融业所创造利润的比重从 1950 年的 10% 上升到 2001 年的 46% 左右，与制造业对于经济的贡献相比发生了极大的逆转。正是由于这段时间美国金融业的快速发展，使美国的收入差距更大，金融寡头和富人们从金融行业中获得了巨大的增值。从而又使更多的投资人看到了金融行业相比于制造业的增值空间。同时，金融业也正处于发展阶段，这就达到了空间与时机的同时满足，于是美国才产生了"全民投资"的现象，各种针对中产阶级的投资公司开始兴起。当一个国家民众都开始产生投资的意识的时候，也就意味着这个国家开始进入商业社会，开始受到来自世界各国投资人的关注，即人气开始流向这个国家。人气的走向将成为投资的风向标，所以充分把握、利用和分析人气就成为了进入商业社会国家的一个重要课题。

人气不以个人的意志而转移，而是会自发地转向具有增值空间的事物，即转向价值洼地。因为对价值洼地的投资，有更大的增值空间，对于投资人来说才会产生最大的潜在增值收益。虽然这个增值收益需要满足增值的时机才能实现，但是和价值饱和的投资项目相比较，更能吸引投资者的关注，即价值洼地往往具有更大的比较价值。

美国著名的管理学家、波士顿咨询公司的创始人布鲁斯·亨德森于1970年创立了波士顿矩阵，具体如图5-22所示。波士顿矩阵根据销售增长率和市场占有率将产品分成了四种类型：①销售增长率和市场占有率"双高"的产品群（"明星"类产品）。②销售增长率和市场占有率"双低"的产品群（"瘦狗"类产品）。③销售增长率高、市场占有率低的产品群（"问号"类产品）。④销售增长率低、市场占有率高的产品群（"金牛"类产品）。

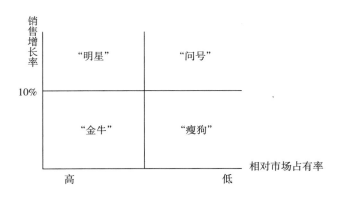

图5-22 波士顿矩阵

类比于波士顿矩阵，人们用于投资的商品也可以分为四种类型：①增值速度和增值空间"双高"的商品群（"明星"类商品）。②增值速度和增值空间"双低"的商品群（"瘦狗"类商品）。③增值空间大、增值速度慢的商品群（"问号"类商品）。④增值空间小、增值速度快的商品群（"金牛"类商品）。具体如图5-23所示。决定商品类型的两个维度——增值速度和增值空间则分别与人气关注和商品自身有着密不可分的联系。增值空间是指用于投资的商品价值的顶部与底部是否有倍增（减）空间，倍增（减）是投资人判断投资空间的重要尺度。增值速度是指商品在增值的过程中价值变化的时间快慢，当一个商品满足增值时机的时候，就意味着它进入了快速增值的通道中。增值空间吸引人气聚集，人气聚集程度影响速度的快慢。

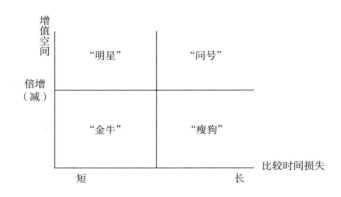

图 5-23　人气矩阵

2. 人气矩阵的特征描述

（1）"问号"类投资品。处于价值洼地之中，未来具有极大的增值空间，但由于增值的时机此时并未到来，因此需要等待，会付出一定的时间损失，但同时，获得的价值增值可能也更多，长期投资者宜选择此类商品进行投资。

"问号"类投资品的时间损失比较长，这个时间损失长是与其他某类商品进行比较而得出的，并不是一个绝对时间。例如，在工业社会中，工科比商科重要，所以商科在工业社会就是"问号"，时间损失有几十年的时间。另外，房价、物价、股价"三价"的转换时间则不会太长，2014～2015 年中国股市上涨，2015 年下半年房价就开始上涨，从股价转换到房价不到一年时间。类似地，在其他情况中时间损失可能只有几天，甚至几秒，都属于"问号"类商品。因此，"问号"类商品的时间损失长短是与其他类型的投资品进行比较而来的。

"问号"类商品具有比较大的增值空间，能够达到倍增及以上。而这里所说的倍增空间，是与时间损失比较得出的，即所有"问号"类商品都有倍增的空间。"问号"类商品正是由于具有巨大的增值空间才能吸引投资人的关注，使人气不断汇集，人们才愿意等待。

"问号"类商品大多出现在投资的初期，通常处于一类商品发展的起始阶段。人们因其巨大的增值空间而选择投资此类商品，之后人气聚集，投资也不断增加，商品才开始向其他类型转化。但正因为是在投资初期，所以容易呈现一些假象，被误认为进入快速增长期。因此，必须研究人气线其他商品所处的阶段并结合币值、金钱、权力等对策进行分析。

（2）"明星"类商品。"明星"类产品是那些处于价值洼地，同时也正好满足了增值时机的产品，投资者只需要付出较少的时间损失就可以获得较大的增值，这是对于所有投资者而言最理想的投资商品。但是由于这类商品需要同时满足增值空间和增值时机，对投资者判断力的要求很高，故而这种投资是可遇而不可求的。

"明星"类商品是"问号"类商品经过一段时间的等待、盘整，人气聚集达到了一定的程度而出现的，开始进入快速增值的通道，此时人气聚集速度极快，价值在短期内飞速增长。投资者一旦判断出商品属于"明星"类的，就应当立即决断，进行投资，可以在短期内获得极大的增值。人气创造比较价值的过程是快速的，因此大多数有增值空间的商品经过一段时间的盘整等待之后，人气一旦开始聚集，就会立即开始快速增值，这也是人气关注的特点，即人气关注的初期总会引起商品快速的倍增（减）。"明星"类商品增值速度很快，其价值在很短的时间内就能增长到一定的高位，此时投资者进行投资，如果发生价值下滑的现象，将会给投资者带来巨大的损失。"明星"类商品风险要比"问号"类更高，对于处于原始积累的投资人来说非常有吸引力。如果一个国家处于"明星"阶段，那么这个国家就会吸引投资人来冒险，极具活力，这个国家会出现社会财富加速洗牌的现象，经常出现造富神话，但也会经常有企业破产，该国社会财富从"哑铃状"加速转向"橄榄状"演进。

（3）"金牛"类商品。由于"明星"类商品自身特点的优异性，会对投资人产生极强的吸引力，从而吸引大量的投资人关注。随着投资人对"明星"类商品的关注度不断增长，投资不断增加，其所创造的价值也不断上升。相应地，"明星"类商品的增值空间会逐渐变小，直到剩余的价值增长空间无法满足倍增的时候，商品就由"明星"类转化为"金牛"类。"金牛"类的商品经过一段时间的价值增长，价值创造到了一定的高位，增值空间受限，往往很难继续完成倍增。但与"明星"类商品相似的是，"金牛"类商品在短期内仍具有较快的增值速率，投资此类商品的投资者可能在短期内获得一定的增值。但同时，"金牛"类商品的投资风险要远小于"明星"类商品和"问号"类商品。因为"金牛"类商品是由"明星"类商品经过一定程度的增值转化而来的，因而其价值空间低于"明星"类商品，也不可能发生倍减，投资者的损失会小于"明星"类和"问号"类商品。"金牛"类商品已经处于成熟阶段，发展到了顶部。

"金牛"类商品发展到后期，价值增长到了一定的高位，向上继续增长的空间十分有限，已经处在价值顶位附近，可能会在这个顶位进行一段时间的盘整，此时波动幅度和变化速度都将减小。在此阶段的国家，很难吸引全球的投资人进行投资，因而适合社会的主流人群实现稳定的投资收益，没有活力，对于创新、创业投资人的吸引力大幅下降。

（4）"瘦狗"类商品。"金牛"类商品，即持续增长型商品经过短时间的人气聚集，持续创造比较价值，而使价值增长空间到达了顶端，很难继续增长，此时人气开始大量流失，投资人开始寻找新的具有比较价值的商品。"金牛"类商品变成了"瘦狗"类商品，"瘦狗"类的商品增值空间极其有限，同时，获得这有限的价值增值还需要付出较长的时间损失。

此类投资品的时间损失比较长。"瘦狗"类商品经过"明星"类和"金牛"类商品的快速增值，其价值增值速度开始明显变缓。同时，增值空间较小，无倍增（减）的空间。此时价值已经处于一个高位，剩余的增值空间所剩无几，很难继续获得较大的收益。

大部分商品在投资末期都会走向"瘦狗"阶段。大部分商品在发展过程中由于价值不断增长，剩余的增值空间不断减小，增值速度变慢，最后都会变成低增速、低增长的"双低瘦狗"型商品。正因为这种商品增值空间小、变化速度又慢，慢慢就会被遗忘、被边缘化。

合理的人气投资路径："问号"→"明星"→"金牛"→"瘦狗"。人们最开始从增值空间大的"问号"类商品开始关注、等待时机，在此阶段尽快熟悉该国的投资环境和适应该国的文化，当时机成熟时，增值空间又较大，该商品就从"问号"类商品转化为"明星"类商品，人们把握好"明星"阶段投资，会获得最大收益，加速财富的转移和积累。但是"明星"阶段的时间不会很长，没有倍增的空间、加速的时间。随着更多投资者的加入，商品倍增（减）值空间减少，商品投资转化为"金牛"类，"金牛"类商品构筑顶部，增值速度虽然还是较快，但是吸引全球资本的能力减弱，尽量延长"金牛"类，可以保持本国主流资本投资本国。当增值空间越来越少的时候，增值速度也越来越慢，此时商品转化为"瘦狗"类商品，本国的主流投资人都会转而投资别的国家。

人们认同的商品品种可以是无限的，但是人气一定是选择达到思维认同的国家进行关注，具体表现为寻找具有倍增（减）空间且时间损失少的"明星"类商品进行投资。而当一个价值开始处于"明星"阶段的时候，其相应的投资品也处于"明星"阶段，此时大量人气关注此类投资品。当人气关注的某一价值的"明星"阶段结束时，失去了倍增（减）空间，相应地，其对应的投资品也由"明星"变成了"金牛"。此时，必然有其他的价值内容正处于"明星"阶段，于是人气就会转移关注新的价值，便形成了人气的"心理周期"。人们投资商品时，对熟悉的投资品种和价值内含进行价值比较和创造，在人气线上保持合理的投资结构，"问号"类商品、"明星"类商品、"金牛"类商品都需要保持一定的比例，合理搭配。"金牛"类商品在发展到一定程度时，一定会转化为"瘦狗"类，所以投资者应当不断创新，找到新的"问号"类商品以保持投资的收益。

（五）投资人人气关注选择的步骤

投资人在选择关注对象的时候要遵循以下三个步骤：

第一步要判断投资对象所在国的比较价值大小，判断其是否吸引人气的关注，没有人气关注，或者人气关注的"瘦狗"类国家和地区，是无法进行投资的。上一节中已经讲到了商业社会的人气确定方式，人气关注最根本前提就是这个对象要具有比较确定、价值确定、创新确定。

第二步要判断比较价值国家的投资品种，一个国家有了比较价值后是通过该国资产价格的变化来反映价值投资收益的，"三价"投资品种的选择，是人气矩阵在该国投资中的有效体现，能够正确和灵活运用人气矩阵进行"三价"投资品种的选择是投资该国资产品种的基本前提，还要配合人群、人口营商，这样才能准确投资，保障投资收益最大化。

第三步要判断具有比较价值的国家和地区或者投资品种的心理周期，一个国家或某个投资品种吸引人气并不困难，但是保持人气相当难。投资人必须经常保持头脑清醒，及时和审慎关注该国创新的内容及其时间周期，一旦该国投资和投资品种的心理周期不明确，思维创新出现问题，投资人就必须在全球范围内寻找新的投资对象，转移和减少对于该国和该国资产品种的投资，避免该国出现金融危机，带来资产泡沫破灭。人气关注的倍增、成倍、百倍位，都是投资人判断心理周期的标准，不断审视投资的倍增（减）、成倍、百倍空间和时间，在人气线上为关注力是持续关注，还是转移关注寻找重要依据。人气关注的心理周期示意如图5-24所示。

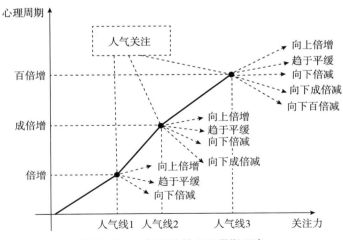

图 5-24　人气关注的心理周期示意

在人气关注的上升周期中，也可能会产生倍减、成倍减、百倍减的人气线，这通常是人气线的主动或者被动调整，从而形成人气关注力的被动转移。由此可见，针对人气关注的国家和地区或者各种商品，必须经常审视人气线的空间和时间，以防人气关注周期的缩短和关注力的转移，从而导致资产缩水。人气关注转移的心理周期示意如图 5-25 所示。

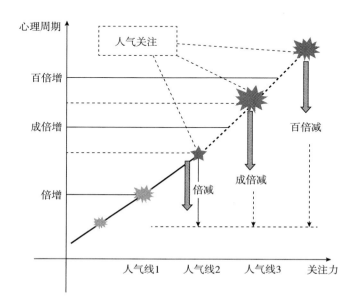

图 5-25　人气关注转移的心理周期示意

（六）商业社会人气关注的目标

为了使全球的投资人投资一个国家，使人气关注该国创造比较价值，该国希望实现其在商业社会中最具吸引力的目标：人气长期关注、短期波动调整。这种人气目标使一个国家能够被人气关注的时间更长并且处于"明星"阶段的时间更长，这样才能不断地创造比较价值并且效率更高，社会财富快速而大量向该国积累，使该国人民尽快过上美好生活。

首先，之所以要使人气长期关注一个国家，一方面是因为这个国家一开始吸引人气关注的难度较大。人气关注一个国家，除了与这个国家的当前政治、经济等条件有关，还与这个国家的天然条件紧密相关，不是任何国家都能够吸引人气关注的。另一方面一旦人气从本国流出，开始转向他国，再次吸引人气关注的难度也很大。因为本国在创造比较价值吸引人气关注的同时，他国也在努力吸引人气关注，本国必须拥有比其他国家更大的比较价值才能吸引人气的重新关注，许多国家都是因为人气转移流出之后无法重新吸引人气关注而被边缘化了。

但是某个国家在保持人气长期关注的时候，也需要短期的波动和内部结构的调整，否则可能会使人气关注国家从"明星"阶段很快转向"金牛"或"瘦狗"阶段，降低创造比较价值的效率。而短期波动调整人气时，除了利用人气线、人气矩阵、人气模式等方式调整，还需要合理利用币值、金钱、权力对策配合人气对策进行调整，使人气不离开本国和地区，让人气转移的时间损失减少，拓展增值空间。例如，当前美国的价值创造到了一定的高位，增值空间受限，因此，美国开始从全球扩张转向国内收缩，短期内调整人气的关注，等待发现国内的比较价值，实现创新，创造新的增值空间，之后希望再次吸引人气关注，这对于中国来说正是吸引人气关注的最好时机。中国是大国，中国人气的吸引是大国之间的较量，中国经济的快速发展是吸引人气的重要支撑，中国希望通过这次人气的关注，长期保持人气，将人气从美国转移到本国。为此，必须有较高的智慧和更多的创新人才。

三、人气关注力提升选择

（一）人气关注力提升时机的选择——人们追求名誉

在工业社会，人们追求金钱，通过金钱购买实现利益的最大化，工业社会发展到一定阶段，物质生活极大丰富，工业社会发展到了顶部，人们开始思考，这种追求金钱、利益最大化的社会是否能够持续，智慧的人们发动跳跃思维，改变推动社会进步的思维方式，从追求金钱转向追求名誉、购买转向投资、利益转向价值，人们的认知心理发生根本性的改变，这时人气的含义才真正从购买数量增加转向投资人的关注。

在人类的历史长河中，人们一直在不断进步，不断地改变自己的思维，农业社会中人们认同权力、工业社会认同金钱、商业社会认同名誉，这就是人们的心理认知发挥作用。关注对象转移是社会发展、人们心理认知发生变化的结果。利用人们的心理认知，分析人们关注转移的对象和方式，是商业社会价值思维的重要创新之一。

（二）人气关注力提升情形选择

通过人们心理认知的分析，文化、经济和社会价值创造是人气周期关注形成的源泉，人气关注转移反映在人们实现倍增（减）的心理周期方面。利用多元价值思维分析和判断人气关注创造价值的变化，能够帮助人们把握心理周期和选择人气关注转移的方向。

通过人类社会历史发展进程和人们心理认知的分析，为了正确把握多元价值思维，帮助投资人弥补漏洞、正确投资，把握人气关注的转移方向和路线，本书提出了人气线及人气组合的概念来对人气关注转移的对象和情形进行分析。

1. 人气线

（1）人气线的定义。商业社会中，与工业社会产品营销中的产品线相似，人气营商中同样存在着人气线，但是人气线与产品线含义完全不同，人气线是人通过思维创造出来的，产品线是靠技术制造出来的。人气线是人们心理认知所形成的一条逻辑思考路线，是人们创新思维的起点、中点和终点"三点"的连接路径。同一条人气线上的内容属于同一逻辑范畴，且分别代表着商业社会中文化、经济、社会三种价值内容。所以，人气线的延伸没有绝对的方向性，但却会完整地包含文化价值、经济价值、社会价值所代表的内容。但代表着三个价值的元素并不一定属于一条人气线，知道人气线的起点，就会分析中间点和终点，知道任何一点，就会知道另外两点。研究商业社会中人气关注的转移和变化时，必须在同一条人气线上进行比较，如果所研究的内容不属于同一条人气线，比较所得的结果往往会出错，与实际情况不符。如权力—金钱—名誉属于同一条人气线，且分别代表了文化价值、经济价值、社会价值，而物价—股价—房价这条人气线也同样代表了这三个价值，但这两条人气线不能交叉研究。例如，权力、股价、名誉三个元素不能放在同一条人气线上，虽然也是代表着商业社会中的三个价值，但无法通过对这三者的比较得出有效的人气转移方向。

（2）人气线的形成。人气线来源于人们的大量生产、生活、工作实践中的思维焦点。"实践出真知"，"真知"来源于实践，人气线也是"真知"的一部分，所以同样来自于实践中、生活中、工作中。随着社会的发展，实践是在不断进行并发展的，所以人气线也在不断更新，创新永无止境。

人气线是由智慧的人利用跳跃的思维从大量的实践中发现的思维焦点中抽象出来的。跳跃思维并不是无法控制的、无规律的跳跃，而是在本质上体现了人对事物了解的迫切度，是大脑思维碰撞的一种表现方式。人们看见某个事物，根据已知存储的知识加以联想。之所以联想，是因为了解一个事物不能使之孤立，而要全面了解它，将其与其他事物联系起来。而人气线上的各元素本身有一定的联系，但是无法通过逻辑推导直接得出，需要根据跳跃思维将它们归在一条人气线上。人们思维是多元的，所以由思维形成的人气线也在不断发展，只有不断分析和把握人气线，才不会被社会淘汰。

基于这些抽象出来的结果，经过思维的碰撞并且最终达成了人类共识。人气线是由智慧的人利用跳跃思维抽象出来的，但是由于每个人的思维都是不尽相同的，故而抽象出的人气线也各不相同。所以还需要人们不断地进行思维的碰撞，并且最终在一定程度上达成共识。只有得到大多数人认同的人气线才符合当前社会发展的特点，才能对创造比较价值起到积极作用。图5-26为人气线的形成过程。

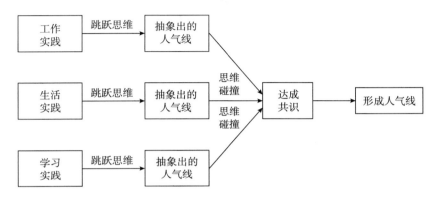

图5-26　人气线的形成过程

（3）人气线的特征如下：

1）人气线的形成需要思维的碰撞，即跳跃思维和逻辑思维之间的碰撞。人们通过跳跃思维发现事物之间的关系，再通过逻辑思维将它们联系在一起构成人气线。思维碰撞产生的人气线使其数量应当是无限的。针对同一事物或问题，不同的思维模式将会产生不同类型及数量的人气线，如有人一生关注权力、金钱、名誉，有人关注爱情、婚姻、健康，人们要关注最高级别的人气线，但是也不能忽视其他人气线，这样人生才会丰富多彩。

2）从时间的维度来看，不同的人气线涉及的时间跨度也是不同的，这就是人气的心理周期，有长有短，具体如图5-27所示。有些跨越的时间相对长，如"农业社会—工业社会—商业社会"人气线，持续时间长达数千年，表现了社会形态的变迁，关注三个社会的变化是为了抽象出文化、经济和社会三个价值。有些时间比较短，如关注"早—中—晚"人气线，是为了让人们把握好人生的每一天。而投资人选择"房价—物价—股价"人气线，是商业社会投资人的明智选择，是商业社会其他人气线的核心，代表了全球财富流动的方向、全球投资人的选择。一个国家离开全球投资人对其"三价"人气线的关注，该国就难以寻求引起全球共同关注的比较价值人气线，只能创造相对价值和绝对价值，久而久之，该国就会失去全球关注的核心地位。

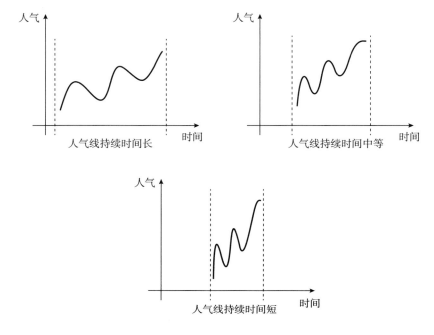

图 5-27　人气线持续时间

3）人气线不属于科学的范畴，而是属于哲学的范畴。人气线形成需要人们有一定的阅历、专业理论和智慧，否则无法通过跳跃思维发现人气线上这些元素之间的联系，难以形成共识，只有广泛涉猎、视野开阔、善于思考，才能创新和理解人气线。

4）在现实中，人气的关注是一种稀缺资源，需要眼光和耐心，关注正确与否和创造价值的大小，会对每个商业社会个人和家庭的未来产生重大影响。投资市场中，可投资的商品种类繁多，人们所处行业、地区、职业、教育背景、家庭环境不同，会对不同人气线产生关注。只不过商业社会中人们关注最多的是三种价格——房价、物价、股价人气线而已。

2. 人气组合

（1）人气组合的含义。人气组合来源于产品组合的概念。产品组合，也称"产品的各色品种集合"，是指一个企业在一定时期内生产经营的各种不同产品、产品项目的组合。企业不能仅经营单一的产品，世界上很多企业经营的产品种类繁多，如美国光学公司生产的产品超过 3 万种，美国通用电气公司经营的产品多达 25 万种。同样地，由于商业社会中的人气线数量无穷无尽，因而若干条人气线组合在一起也会形成一个人气组合，人气组合是商业社会中多元的人气元素的集合。不同种类、不同数量的人气线组合在一起产生不同的人气组合，这些人气组合可以表现出商业社会的多元，并且可以被用来分析研究不同的社会问题。人气组合中所含的人气线数量越多，所能够分析的问题越具体、细致。

（2）人气组合的特征如下：

1）商业社会中人们的思维是不尽相同的，不存在完全一致的思维，这也就造成了人气线数量的无限性。如果没有一定的约束条件限定人气组合的内容，其中所包含的人气线的数量也是无限的。但是为了分析问题更加精准、便捷，往往会在分析研究问题时对人气组合施加一定的约束条件，以便更好地分析问题。

2）只有当认同的程度达到一定的水平，才能引起广泛的关注，进而才能创造比较价值，所以必须鼓励人们试错，提倡"创新、创业"。

3）如同技术创新是产品利益需求满足的源泉一样，人气线、人气组合的创新是比较价值创造的源泉，人们必须鼓励思维的创新，利用跳跃思维、逻辑推理创新人气线，推动商业社会不断向前发展。

图5-28展示了商业社会中的典型人气线、人气组合，共由十五条人气线组成。研究人气的变化时应当分别在每一条人气线上进行研究，最后综合判定结果。

农业	工业	商业	社会发展人气线
权力	金钱	名誉	追求目标人气线
军队	企业	教育	社会主体人气线
衣食	出行	住房	基本需要人气线
规律	技术	思维	社会创新人气线
供应	需求	价值	商科主体人气线
文科	工科	商科	学科地位人气线
分配	购买	投资	资源获取人气线
管理	经济	营销	商科发展人气线
封闭	开放	全球	国家发展人气线
勤劳	勇敢	智慧	自身发展人气线
幸福	富裕	尊严	生活层次人气线
爱情	婚姻	健康	家庭生活人气线
物价	股价	房价	投资标的人气线
乒乓球	篮球	足球	球类体育人气线

图5-28　人们认同的典型人气线、人气组合

人气线和人气组合帮助投资人确定投资对象如何转移，正确选择关注的人气线，只有正确分析人气线，才能与全球投资人同步投资，不会犯方向性错误，否则就会造成较大失误。全球投资人选择投资标的是按照人们思维认同的人气线进行的，如果不了解人气线，人气关注转移就有极大的盲目性，所以人气线的分析和判断是投资的前提，结合币值平台、金钱杠杆、权力契约对策，可以更加准确地把握投资对象的转移。当然，人气线的分析和把握有一定难度，需要人们生活阅历的积累、思维的碰撞，这样才能正确把握，错误的人气线分析会使投资人失去重大投资机会。

（三）提升人气关注力的方法

要使人气长期关注一个国家和地区，保持投资人的关注力，除了选择人气关注转移的时机决定选择不同的人气线进行关注外，还要正确运用把握人气关注的方法，真正保持人气关注力。本书结合人们经常提出的商业模式研究，创新地提出人气关注的模式，简称人气模式，较为系统地分析保持投资人长期关注的方法，帮助解释很多商品不能引起人们的关注或者关注时间不长的原因。

1. 人气模式的概念

人气模式对保持关注力起到关键的作用，人气模式属于人气营商学的创新方法，是针对人气这一虚拟的、基于人们思维认同而存在的概念。人气模式的提出，可以为商业社会的价值创造提供思路，同时也可以为通过价值创造延长人气关注周期提供思路。

人气模式的思想来源是商业模式，两者都强调创新和驱动力。商业模式体现了商业创意，商业创意来自于机会的丰富和逻辑化，并有可能最终演变为商业模式。商业模式是一种包含了一系列要素及其关系的概念性工具，用以阐明某个特定实体的商业逻辑。它描述了公司所能为客户提供的价值以及公司的内部结构、合作伙伴网络和关系资本等用以实现（创造、推销和交付）这一价值并产生可持续盈利收入的要素。人气模式则是指国家、企业或个人通过其所拥有的载体结合自身拥有的创新能力创造比较价值、实现倍增（减）的一般方式。由于不同的个体所拥有的载体和创新能力都是不同的，所以其使用的人气模式也是千差万别的。人气模式包括载体（由平台和专业构成）以及创新（由跳跃思维和驱动逻辑构成），商业模式是研究人气模式的支撑，必须拥有产生可持续盈利收入的要素，人气模式是商业模式的发展，强调"故事"能否被人们长期关注，从而实现商业价值，后者更加偏重思维创新、虚拟性。

2. 人气模式的内容

人气模式包括两个部分——载体和创新，具体如图 5-29 所示。载体是由平台和专业构成的，是基于投资者自身客观存在的。随着商业社会中人气全球化的程度变高，投资者应该在全球范围内对载体进行比较。创新是由跳跃思维和逻辑驱动构成的，这是随投资者所拥有的载体及其所处的环境不断变化的思维。

（1）载体具体如下：

1）平台。平台是创造价值和投资的基本前提，如同品牌是购买的前提，没有平台和平台心理，预期不能提升、地位不高，不可能吸引人们的关注。关注是人们在商业社会创造价值的一种心理认同，是人们共同认知形成的一种虚拟判

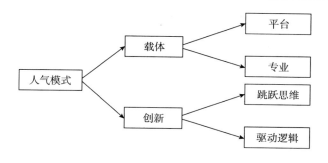

图 5-29 人气模式

断。人们基于对这种认同的共识，来创造比较价值。进入商业社会，人气开始全球化，平台的高低也应该在全球范围内进行比较。平台的种类很多，国家平台是最基础的平台，因为如果人气没有关注这个国家，这个国家的任何一个平台都不会受到关注。商业社会国家平台是最大的平台，没有国家平台，所有投资的价值创造无从谈起。

平台是虚拟的，所以很多企业就是平台，互联网企业大部分都是平台企业，实体只是平台的支撑，并不能完全代表平台。平台是基于投资人的心理判断形成的，虽然也是客观存在的，但是受主观判断的影响程度很大。由于人的思维各不相同，所以每个人对平台的判断也是不同的。因此，同样的一个平台，一些人可能认为该平台是优质平台，另一些人则可能认为该平台只是普通平台。

平台是创造价值的立足点、出发点。无论有多么优秀的专业，没有平台，专业就没有了依托，也就无法发挥作用。平台是创造价值的根本保证，所以人们总是在构建平台、紧跟平台、提高平台，直至自己所依托的平台走向世界。平台搭建起来并不是太难，也不意味着有了平台就一定能创造价值。有时候虽然有一个优质的平台，但是却没有好的专业、合适的驱动逻辑，创造比较价值的能力也是有限的；而有些时候虽然平台普通，但是却有优秀的专业，仍然可以创造比较价值。所以平台对价值创造是必要但不充分的，还要与专业、驱动逻辑、跳跃思维相结合。

平台具有多重性。任何一个投资者，其所拥有的平台不是唯一的，而是多重的，这些平台既可以相互影响、相互叠加，又可以相互独立、互不干扰。平台的高低直接影响人们价值的创造，所以平台本身需要不断地创新、提升。

2）专业。专业是人们对于所从事的行业、领域特有的心理认同，是一种特有的心理领悟，所从事的、学习的专业，也代表了个人的投资眼光。专业知识和智慧是创造价值的核心竞争力，专业是投资人关注的重要因素之一。专业是全球范围内投资人的心理认同，需要在全球范围内进行比较。专业性越强、领悟越高，创造比较价值的能力越强。中国的白酒专业是全球投资人关注的专业，才使贵州茅台股票价格涨至高位。专业作为载体的另一构成，与平台有着千丝万缕的联系，按照与平台的关系，专业大致可以分为两种类型：

第一种是配合型专业。顾名思义，配合型专业是与自身所在的平台相匹配的专业，表明自身拥有的专业恰好与所在的平台相互配合、相互呼应。这种匹配的平台与专业结合起来能够产生化学反应，构成了理想的载体，使人气模式在比较价值创造中起到事半功倍的效果。一个人考上名校，同时就读该校的王牌专业，那就是平台和专业配合很好，相得益彰。

第二种是弥补型专业。专业可以与平台配合，也可以超越平台，弥补平台的不足，这种就是弥补型专业。对于平台低的投资人，这类专业尤为重要。如中国诺贝尔医学奖获得者屠呦呦曾因为没有博士学位、留洋背景和院士称号被媒体称为"三无"科学家，但是因为其拥有优秀的专业——中国的中医药专业，通过多年的研究发现了青蒿素——用于治疗疟疾的药物，获得了 2015 年的诺贝尔医学奖，成为了第一位获得诺贝尔医学奖项的中国本土科学家，专业弥补平台，提升了中国中医药专业的地位，进而帮助提升了中国国家平台的地位。

（2）创新具体如下：

1）跳跃思维。跳跃思维是指人的思想和思考不是按照某种特定的顺序和程序进行的，不具有严格的连贯性和有序性，可以从一个序列跳跃到另一个序列。跳跃思维对事物的认识切入点往往很多，多进行多方面思考或者换位思考，具有灵活、新颖、变通等发散性思维的特点。拥有跳跃思维的人不会对事物钻牛角尖，会对事物提出多方面质疑，直到最终找到一个能消除多种质疑的答案。具有跳跃思维的投资者对投资品选择考虑得比较全面，思维预见性很强，往往能够较为准确地思考出投资品可能的发展方向。线性思维有利于满足需求，跳跃思维有利于创造价值。

首先是跳跃思维的作用机理。跳跃思维起作用要建立在对于要投资的商品有一定认知的基础上。只有对这些事物有一定程度的了解，才可能通过跳跃思维将这些事物联系起来。而不是凭空地将所有事物联系在一起，这样的跳跃思维不能产生实际意义。在投资中，人们需要对各投资品类有基本的认识，才能更好地进行投资。如人们需要进行投资，所以就只需要在投资品中进行跳跃联想，而不需要考虑其他与投资无关的事物。

通过跳跃思维将这些事物联系起来之后，需要对其进行分析感悟，以得出这些事物联系起来能够得到何种结果。如将房价、物价、股价"三价"联系起来思考就是结合人们认知思考的路线，分析人气关注的心理周期。房价、物价、股价就是社会价值、文化价值、经济价值内涵，是通过跳跃思维分析的结果。价值内涵帮助人们发展跳跃思维，由跳跃思维形成人气线，目的是引起人们的关注。

当通过分析感悟得出的跳跃思维结果后，需要进行比较，选择其中时间损失小、具有倍增空间的投资品进行投资。这是比较价值最大化的体现，在这一过程中通过跳跃思维间接地创造出了比较价值。

其次是跳跃思维的特征。商业社会中每一个人的思维可以形成跳跃，目的是创造价值。人们的跳跃思维形成人气线、人气组合，与平台、专业一起发挥作用，共同创造价值。跳跃思维往往伴随着创新、预示着未来，开始时人们不一定认同，但只要符合人类社会的发展趋势，终将会达成一致。

2）驱动逻辑。驱动逻辑从含义上讲是指在投资方面驱动人们思维转变，带动商业价值创造的核心力量。逻辑是指事物的因果规律，投资者可以根据想得到的结果创造出它的诱因，也可以根据已经出现的原因预测结果。所以，对于驱动逻辑，要从两个角度进行探讨，分别是驱动逻辑的机理和驱动逻辑的特征。

首先是驱动逻辑的作用机理。驱动逻辑要对某一事物起到一定的作用，就需要由国家、政府、企业等机构或有影响力的个人提出一个概念，这个概念往往会对投资产生重要并且显著的影响。智慧的人们通过对当前自身的平台、专业的认知以及对自身所在的宏观、微观环境进行分析，结合想要得到的结果引导人气朝某个方向流动，创造出合适的概念。

当某个概念提出之后，人气开始关注，这时候还需要币值、金钱、权力三个对策帮助引导人气的流向，使所提出的概念得到不断的深化以及得到更多人的认同。当所提出的概念得到了较多人认同的时候，这个概念对投资产生的作用开始变得更加明显。此时将吸引人气更多、更快地流向这个概念，以达成人们最初所想要得到的结果：某一投资品发生倍增或倍减。具体如图5-30所示。

图5-30　驱动逻辑的作用机理

其次是驱动逻辑的特征。驱动逻辑在商业社会中是普遍存在的，人们会根据想要得到的结果，运用逻辑去创造相应的诱因；也可以根据已经出现的诱因，分析可能出现的结果。人们通过逻辑创造出的同样的诱因可能因为环境的不同而产生不同的结果。逻辑思维是对跳跃思维的最好帮助。如中国2014～2015年的股市上涨，就是典型的跳跃思维和逻辑驱动的结果，2014年在房价、物价上涨以后，人气寻找关注点，跳跃思维分析出关注点是股价，大量的人气向股市聚集，正好赶上中国股市第一次放开融资杠杆，"杠杆牛"的逻辑驱动导致股市快速上涨。

3. 人气模式的作用机理

通过人气模式延长人气关注的心理周期是人气模式研究的目标，现从人气关注的载体和思维创新两个大的维度分析人气模式作用机理。

首先，对载体进行分析。对于投资人而言，载体是其客观拥有的，不会因为人们的思维认同发生改变，但是人的思维认同却可以决定载体的优劣。载体是人气模式作用的基础，载体决定了跳跃思维的范围。即使是跳跃思维，也无法超脱人们的认知范围，只能在载体所确定的范围内包含的元素之间跳跃，因而可以通过这些元素之间有序的联系来确定逻辑驱动。所以要通过人气模式创造比较价值，应先对投资者自身所拥有的载体进行评估，分析当前载体的特点。由于载体由平台和专业两部分构成，两者相互独立，因此不同的平台和专业组合可能会产生不同特点的载体。具体类型如图 5-31 所示。

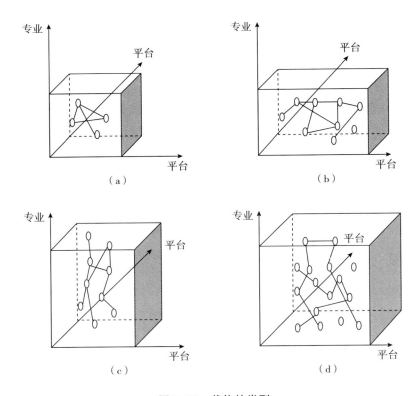

图 5-31　载体的类型

（1）双低型载体（见图5-31（a））。这种载体平台和专业都较为普通。这种载体中所包含的元素较少，投资者通过跳跃思维可以联系到的元素也较少。

（2）平衡Ⅰ型载体（见图5-31（b））。这种载体拥有优质的平台，但是专业普通。这种载体中所包含的元素适中，其中所包含的元素与平台关联性更大，与专业的关联性相对较小。

（3）平衡Ⅱ型载体（见图5-31（c））。这种载体的平台普通，但是拥有较强的专业。这种载体中所包含的元素适中，元素与专业的关联性更大，与平台的关联性相对较小。

（4）双高型载体（见图5-31（d））。这种载体拥有优秀的平台，同时也具有很强的专业。这种平台所包含的元素数量多，并且这些元素与平台和专业的关联性都较大。

其次，当对投资者自身所拥有的载体进行了评估之后，结合载体的特点与当前所处的环境，应当选择合适的创新来完成比较价值的创造。创新过程由跳跃思维和驱动逻辑两部分组成。通过跳跃思维将载体中所包含的元素联系起来，通过驱动逻辑选择出一个最适合的顺序来达成预先的目标。

对于双低型载体，其特点是包含元素少，基于跳跃思维能形成联系的种类少，基于驱动逻辑能形成顺序的种类也就少。对于这类的载体，投资者应当重点关注思维创新的选择，因为可能形成的驱动逻辑种类很少，投资者只需要付出较少的时间损失，就可以清晰地得出一个较为合适的逻辑驱动顺序，此类模式创新思维显得格外重要，适合于中小创新企业。

对于平衡Ⅰ型载体，其特点是包含元素适中，其中元素与平台的关联性大于与专业的关联性。投资者在针对此类载体选择创新时应当重点关注与平台相关的元素，再从中选择一个合适的驱动逻辑，放大平台的优势而避开专业的劣势。互联网企业应该放大平台优势。

对于平衡Ⅱ型载体，其特点是包含元素适中，其中元素与专业的关联性大于与平台的关联性。投资者在针对此类载体选择创新时应重点关注与专业相关的元素，再从中选择一个合适的驱动逻辑，放大专业的优势而避开平台的劣势。传统制造企业就可以放大专业优势。

对于双高型载体，其中包含的元素种类较多，通过跳跃思维将这些元素联系起来，可以产生较多的种类，同时基于驱动逻辑也将会产生较多的顺序种类，投资者在选择时具有一定的困难，往往需要付出较多的时间损失才能选择出较为合适的驱动逻辑。大学就是利用平台和专业进行创新的最好舞台。

合理利用人气模式，正确分析人气关注对象当前所拥有的载体，并且选择合适的创新思维进行匹配，可以较为有效地保持人气的长期关注，并使该关注对象长期处于"明星"阶段，提高人气关注力。

四、人气关注力的把握调整

（一）人气关注调整的类型：主动和被动

商业社会中，保持对于人气线的关注力，是一个国家和地区长期需要努力的方向，但也绝不是关注度越高越好，如果把握不好人气关注，就会出现捧杀现象，成也人气，败也人气。所以，人气关注的调整显得格外重要。人气关注调整可以分为两个类型：主动调整和被动调整。主动调整是指一国通过币值、金钱和权力对策的综合运用，对人气关注的短期流动方向产生影响，适当分流人气关注，避免人气过分关注给国内商品投资带来较大冲击，产生大幅震荡，从而影响人气的长期关注。而人气的被动调整是全球范围内比较价值的变化流动，是由全球所有的国家和投资者共同决定的。

人气关注的主动调整分为两个方面：一方面是对关注时机的调整，从而转移和削弱人气关注，这里需要结合自身实力进行分析，判断当前是不是受到人气关注的最佳时机。另一方面是对人气关注创造价值速度的调整。人气关注某个国家，创造价值的速度快，虽然比较时间损失较小，但是该国的创新速度无法跟上，价值创造受到限制，就会导致关注心理周期大大缩短。因此，人气应当主动调整使创造价值的速度放缓，逐步吸引人气，该国能更长时间地处于"明星"阶段。2015年中国股市上涨速度太快，不到一年时间，股市上涨接近6000点，证监会迅速调整人气关注，让股市上涨的时间延长。

一个国家出现被动调整的原因可以分为两个：一是自身原因。该国的价值创造到了高位，无法实现倍增，也无法继续通过创新创造出新的增值空间，人气可能就会出现转移，转而关注其他具有倍增空间的国家。二是他国原因。全球范围内的比较价值出现变化，另一国家比该国具有更大的比较价值，使人气直接被吸引。无论出现何种被动调整，都需要控制人气关注转移的速度，使人气关注保持在"金牛"状态。西方一些老牌商业国家，如英国、德国都是全世界人气被动调整的典范。

（二）排除人气关注力转移的干扰

干扰人气关注力，是全球投资人价值多元引起的，由于该国经验和智慧不足，产生思维漏洞，成为别国攻击的把柄，造成了全球投资人对于该国人气关注的转移。一个国家要排除人气关注心理周期转移的干扰，自己必须专注，不可分心和转移关注，必须深度挖掘人气线，强化对于人气线的理解，同时还要从多元价值角度加以衡量，可以从外部多元价值和内部多元价值两个方面来进行，具体如表5-2所示。

表 5-2 人气关注周期的多元价值

外部多元价值	内部多元价值
他国竞争实力提升速度	国家的综合实力
国际话语权与参与度	国家政局的稳定与延续性
国际舞台上的"故事"及响应程度	本国创新能力的强弱与持续性
国际事务的支持及反应力度	重大事件的预警及处理

1. 他国竞争实力提升速度

从外部把控调整人气关注周期，就需要持续关注他国的竞争实力和提升速度。从人气确定的方式可知，人气在选择关注对象时总会进行比较，之后会选择比较价值更大的国家进行关注，所以要时刻关注他国的竞争实力及提升速度，并根据他国的变化情况不断调整本国的人气对策。

2. 国际话语权与参与度

国际话语权是指国际行为体以话语为载体，通过各种渠道提出并阐释自身观念，并使其他国际行为体接受、认同并影响其行为选择的能力（徐赛，2015）。一个国家的国际话语权是影响人气关注的重要因素，拥有更大的国际话语权的国家在吸引人气关注时就获得了更大的比较价值，人气会更多地关注这些具有国际话语权的国家。

2008 年国际金融危机使美国自身出现了从全球事务中收缩的倾向，这样会使人气进一步流出美国，转而关注其他国家。而随着中国进入商业社会，人气开始关注中国，中国国际话语权正在逐渐增强。

3. 国际舞台上的"故事"及响应程度

一个国家在国际舞台上的"故事"以及对国际舞台的响应程度可以体现出该国的国际地位，进而更长久地吸引人气的关注。当国家加入某一国际舞台后，能够和其他成员国共享某些资源，形成国际组织，共同进退。如北大西洋公约组织（北约）、欧盟等，通过国际间的合作，使这些国家的平台得以提升，使它们在全球范围内的影响力和地位大大提高。

在国际组织和国际会议中，一个国家或者地区是否会有号召力，是该国是否有人气的一个重要判定。在国际舞台上，国家和地区都在谋求自己国家利益得到保证。在国际社会中拥有众多的支持者，可以更好地提高自己的平台实力，引领商业社会的价值创造。

4. 国际事务的支持及反应力度

随着全球化的不断深入，国际面临的挑战日益增多，全球安全、生态环境、国际经济、跨国犯罪等问题已经很难依靠单个国家的行动解决。因此，一个国家对国家事务的支持和反应力度就成为了吸引人气关注的重要手段。其实质是大国及主要国家合作向国际社会提供解决全球性问题的方法与手段。

中国作为一个发展中的大国，在世界舞台上发挥着越来越重要的作用。中国参与国际事务可以吸引人气的关注，并且在一定程度上延长人气关注周期。对于国际事务的关注，也可以反映出中国的国际视野。当一个国家目光只停留在自身事务的情况下，不可能吸引到全球的人气。所以对国际事务的关注可以使一国或者地区可以提高自己的曝光度，从而不断吸引新的国际关注和促进投资人的认知创新。

5. 国家的综合实力

国家综合实力的首要表现就是一个国家的经济发展水平，一个国家经济发展水平直接影响人气关注。GDP 是一个国家经济实力的最好体现，中国经过几十年的发展，经济实力已经大幅增强，GDP 总量现已位居世界第二位，这也预示着人气关注正在从西方转向东方、从欧美转向亚洲。2016 年部分国家 GDP 如表5-3 所示。

表 5-3　2016 年部分国家 GDP

顺序	国家	总量（美元）	占比（%）
1	美国	18.03 万亿	24.32
2	中国	11 万亿	14.84
3	日本	4.38 万亿	5.91
4	德国	3.36 万亿	4.54
5	英国	2.86 万亿	3.85

注：数据来源于世界银行年终报告。

经济发展速度也是人气选择关注一个国家的影响因素之一。一个国家的经济发展速度代表着这个国家经济价值增值的速度。人气关注某一个国家后，投资者的目的是通过这个国家获得比较价值。除此之外还有军事实力，这是国家一个国家安全的根本保障，也是一个国家保障自己国际话语权的最有力的武器。只有当一个国家的军事实力强大到足以保证自己国家的安全不受威胁时，人气才会关注这个国家，才能吸引来自全球的投资者。

6. 本国创新能力的强弱与持续性

创新确定是商业社会人气确定的重要方式，一个国家的创新能力的强弱决定了这个国家是否能获得人气的关注，而创新能力是否具有持续性则决定了这个国家人气关注的周期有多长。创新能力缺乏持续性的国家人气关注的周期不会太长，当创新能力不足的时候，增值空间就会受到限制，人气关注很难继续实现倍增，因此人气会发生转移。

所以，被人气关注的商业社会国家，必须不断创新，创造价值，同时也必须配合人群、人口价值理论，正确引导和利用人气推动社会的发展，真正让人气造福这个国家和人民，造福全世界和全人类。

7. 重大事件的预警及处理

一个国家对重大突发性事件的预警能力是人气长期持续不断地关注一个国家的基本条件。尤其是进入商业社会后，保障国家安全、应对重大突发事件的能力就成为了影响人气流动的必要条件，它能极大地影响投资者的信心。

商业社会中，突发性事件频发，无论国家对突发性事件的预警能力多么强，都是无法避免的。因此，一个国家对突发性重大事件的处理能力，也是人气关注的重要影响要素。若一个国家对于突发性事件的处理能力过弱，则会使全球投资者对该国的未来失去信心，甚至本国的投资者也会对该国失去信心，那么人气就会流出，转而关注其他国家。

总之，人气关注一个国家和地区受到多方面因素的影响，需要严密的思维体系，尽量考虑周全，更需要试错改错，及时打补丁、修补漏洞。进入商业社会的国家和地区，必须面对来自多方面的不确定性挑战，要顶住压力，迎难而上。

第四节　人气周期关注的价值创造

一、人气对策的研究对象

本章的主要内容是如何应对人气转移的各种情况，为投资者在人气变化的不同情况下提供应对的方法。人气变动是一个复杂的过程，变动的结果基于投资者对投资对象未来的预判。因此，投资者选择投资的国家或是选择具体的投资商品，都需要掌握应对人气变动的方法。

从全球视角来看，并非所有的国家或地区都进入了商业社会，有一些国家仍处在工业社会甚至农业社会中。这些处在农业社会和工业社会的国家还没有受到人气的关注，其社会目标还停留在保障供应和满足需求上，尚未进入创造价值的阶段。因此不能运用人气营商学的理论研究这些国家。

人气对策的研究对象具有双重性，具体如图5-32所示。首先要研究一个国家和地区的人气状态，每一个国家和地区都不断地走向世界，只有进入商业社会的国家才能尽快进入发达国家行列，这是人类社会发展的必然规律，本书第一章对此进行了论述。作为投资者，当一个国家的人气开始转移流出，受到的人气关注开始减少时，该国的商品受到的人气关注也会变弱，增大了投资者投资该国商品实现倍增的难度。作为国家的管理者，需要研究如何使本国受到人气的长期关注，并且使本国持续处于"明星"阶段，从而吸引更多的人气关注，创造更大的比较价值。其次要研究关注国的商品。当投资者的第一重关注对象即关注国家选择正确之后，就需要对具体的投资商品进行选择。

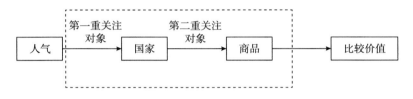

图 5-32　人气关注的两重对象

商业社会中需要谨慎对待人气转移。当一个国家出现人气转移的现象，该国没有采取对策进行应对，可能会使该国的商品比较价值创造出现停滞，从而引起更多的人气流出该国，阻碍该国的商业社会发展，甚至出现衰退。

二、商业社会人气转移的类型

商业社会中人气转移的类型对于投资者选择不同的国家、不同的投资商品有很大的影响，在人气关注的不同阶段，"三价"变化也不尽相同。所以利用人气投资"三价"时，要进行人气转移类型划分。根据人气关注对象的两重性，人气关注的第一重对象——国家共有"问号""明星""金牛""瘦狗"四种类型；第二重对象——商品也分为四种类型。只有"明星"国家的商品才会出现完整的"问号""明星""金牛""瘦狗"。投资人关注"明星"国家的商品品种，能够增加投资的确定性，因而人气会关注处于"明星"阶段的国家，该国中的四种类型的投资商品都会受到人气的关注。重点类型如表 5-4 所示。

表 5-4　商业社会中人气关注的重点类型

类型 ＼ 对象	问号	明星	金牛	瘦狗
国家		★		
商品	★	★	★	★

从人气关注的类型分析中可以看出，人气矩阵中四种类型的商品既可以是一个国家，也可以是某一类型商品，具体的商品更能够表现人气矩阵的含义。便于应用，本书利用人气线分析"三价"的人气周期变化，使国家的人气周期分析接地气。"三价"的周期把握是国家人气周期关注的具体表现，有效地把握"三价"周期，才能延长国家的关注周期，国家的人气关注周期延长，才能谈及"三价"的周期，二者紧密相关。

只有当人气开始关注某一个国家时，才会关注该国的商品，从而引起"三价"发生变化。当人气关注的国家处于"问号"阶段时，该国的商品大多都处于"问号"阶段，投资者投资该国的商品时，往往需要付出较大的时间损失。一国处于"金牛"阶段，那么该国商品大部分也进入了"金牛"阶段，甚至还有极少部分商品进入了"瘦狗"阶段。投资人不会轻易介入"问号"国家，而"金牛"国家的投资人则会慢慢撤出。人气关注国与该国商品的分析如图5-33所示。

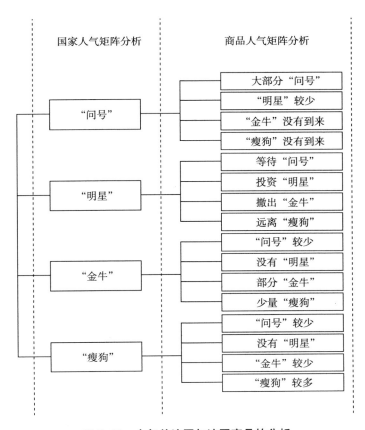

图5-33　人气关注国与该国商品的分析

而当人气关注的国家处于"明星"阶段时，在该国分别代表文化价值、经济价值、社会价值的商品中根据人气矩阵进行分析不难发现，只有一种商品处于"明星"阶段，其他商品处于"问号"或者"瘦狗"阶段。而确定某一阶段是何种价值的投资品处于"明星"阶段，则需要根据人气周期进行判断。一种商品的投资"明星"阶段完成，另一种商品的投资"明星"阶段开始。

三、"三价"的人气投资

（一）人气投资对策选择步骤

对于人气对策来说，人气的关注原理主要说明人气在商业社会中的运作机理。从国家层面来说，正确把握商业社会中的人气作用机理能够使本国更多地受到人气关注，更加快速地发展，创造更大的比较价值。从投资者层面来说，了解并掌握人气的作用机理可以使投资者在投资过程中付出更少的时间损失实现倍增，获得更大的增值。但是商业社会中人气是全球化的，并不能由一个国家或地区决定人气的变化情况。所以，投资者在不同的人气状态下应该结合人气营商理论进行具体分析，选择相应的对策应对这些变化。

对于投资人来说，人气对策的投资选择步骤一共分为五步，具体如图5-34所示。只有根据这个步骤，商业社会的投资人才能更好地实现自己在商业社会的价值升值，从而在商业社会占得先机。

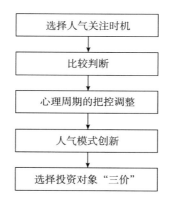

图5-34　人气对策投资选择步骤

第一步，选择人气关注时机。对投资人来讲，一个国家的关注时机非常重要，如果投资时该国人气正在转移流出，处于"金牛"或者"瘦狗"阶段，投资者投资该国的商品很难实现倍增。若投资时该国尚未受到人气关注，即该国处于"问号"阶段，投资者在该国将付出较大的时间损失才有可能实现倍增。本章第三节已经详细介绍了如何选择合适的时机，投资者在投资时应当结合人气对策理论，分析具体情况从而进行选择判断。

第二步，比较判断。选择了合适的人气关注时机之后，投资人要通过比较判断决定自己的投资。商业社会中的人气是全球化的，选择投资对象时需要在全球范围内进行比较，选择比较价值更大的对象进行投资。

商业社会中人气关注的对象——国家和地区较多，如果不能进行比较，提前布局，就有可能丧失最佳的"明星"投资机会，或者投资到"金牛""瘦狗"领域，价值创造大幅减少。

第三步，心理周期的把控调整。一种国家的心理周期把控能力是决定该国能否持续进步重要因素，因而要提高国家的心理周期把控能力。上一节的第四部分已经详细地分析了如何对心理预期进行把控调整，心理周期把控能力是一个国家综合能力的表现，是综合运用人气线、人气组合、人气矩阵、人气模式理论的体现。

对每个投资人来说，一个国家或者地区对人气周期的把控能力往往是投资分析的重要判断依据。如果一个国家和地区不能把握好人气的心理周期，使心理周期过短，那么人气在该国创造的比较价值就会极其有限。同时，如果人气关注一个国家和地区的心理周期太短，意味着该国"明星"阶段很短暂，影响投资者投资该国的信心，使人气流出，直至该国被边缘化。

第四步，人气模式创新。商业社会中创新是吸引人气关注的最根本原因，一个国家只有不断创新才能保证人气不断关注，从而创造比较价值。本章第三节对人气模式创新进行了详细的论述。必须从人气模式创新的方方面面下功夫，这考验整个国家的创新能力。

第五步，选择投资对象"三价"。对于大部分投资人来说，是不可能直接通过人气模式创新来参与该国的创新活动的，但是投资人利用人气线选择房价、物价、股价"三价"进行投资，是对创新人才的奖赏，也是最适合大部分投资人的投资方式，投资者将投资对象落实到具体的商品上。商业社会中"三价"是文化价值、经济价值、社会价值的代表，是创造价值的最好载体，也是投资人最常接触的投资标的。投资者需要利用人气对策理论具体分析"三价"变化情况，选择最合适的对象进行投资。

（二）人气投资关注转移

上一节中已经结合人气矩阵详细介绍了人气关注对象的类型和特征，分析出关注的国家和地区如何选择和转移，如何从人气关注的"明星"国家，落实到具体的"三价"商品上，是投资人正确分析把握投资的经常性分析，只有善于利用人气矩阵分析出"明星"国家和"明星"商品，投资才会更

加有效。

1．"问号"类投资品——人气关注开始慢慢汇集

（1）为了降低风险，必须谨慎判断是倍增还是倍减，不必急于做出判断，需认真审视，否则一旦方向判断错误，可能会对投资者造成较大的损失。因为"问号"类商品虽然处于价值洼地，倍减的可能性较小，但是由于其变化很慢，投资者如果判断的变化方向错误，则将承受极大的时间损失，同时还无法获得增值。因此，在投资此类商品时需要充分考虑。

（2）倍增或倍减的方向明确后，时机不一定成熟，需耐心等待，可以利用这一段时间（可能很长时间）积蓄投资的实力，打好基础。因为"问号"类商品变化速度很慢，投资者一方面有充分的时间判断商品的类型和空间，另一方面也可以利用这段时间增强自身的投资实力，当商品增值速度加快的时候可以追加更多的投资以获取更大的利润。

（3）密切关注投资时机成熟的到来，一旦时机成熟，有较大的增值空间，不要因为短期的波动而受影响。"问号"类商品具有很大的增值空间，当投资者经过一段时间的等待之后，人气开始聚集，价值增值也逐渐开始变快，但是增值过程可能不是一帆风顺的，中间可能会存在一定幅度的波动，投资者不要被这些短期的波动所影响，否则一旦放弃此商品，前期付出的时间损失就得不到任何回报。

（4）在判断投资时机是否到来时，必须有定力，在低位等待，降低风险，增加收益。对"问号"类的商品进行投资就是对未来的预期进行投资，而未来总是具有高度不确定性的，因此投资者如果不能准确判断增值时机是否到来时，应当耐心等待，当商品开始出现较为明显、可判断的增值时，再进行下一步决策。

2．"明星"类投资品——人气关注爆发阶段

（1）为了增加收益，商品投资都会进入到一个快速的拉升阶段，增（减）值速度加快，是价值创造比较明显的阶段，波动幅度较大。此时价值增值速度很快，投资者可能获得丰厚的回报。同样地，如果发生减值，减值幅度也会很大，所以投资者在投资前应当谨慎判断，尽量避免遭受减值损失。

（2）该商品在"明星"阶段时，那么另外的两种商品肯定在"金牛"或者"瘦狗"阶段，其他商品的关注度大大降低，这时期是"明星"商品比较价值创造的繁盛期。

（3）在"明星"投资期间，应沉住气。"明星"是前期"问号"等待的结果，必须冷静对待，不为短期大幅波动所影响，把握趋势，实现倍增。

（4）"明星"投资是人们确定该类商品实现倍增和倍减的过程，波动速度和

空间变化较大，社会财富实现大幅增值和贬值，对于社会的所有投资人来说都是压力较大的时期，投资人容易冲动和压抑，心态的调整非常重要。

3. "金牛"类投资品——人气关注开始慢慢撤离

（1）此时是享受投资稳定收益的一个阶段，这个阶段倍增（减）空间受到限制，但是增值速度还是比较快的。

（2）"金牛"投资商品的收获，意味着新的"明星"类投资商品正在出现，聪明的投资人又会去发现和寻找新的"明星"类投资商品。寻找新的"明星"投资品是一个比较艰难的抉择，可以通过币值、金钱、权力对策配合分析人气转移的方向，也可以通过满意的倍增（减）分析"问号"投资品，从而判断"明星"产生的时机。

（3）到了"金牛"阶段，倍增（减）已经实现，随时会出现无倍增的情况，但人们还是期望寻求倍增，这可能导致投资失误，这时必须结合人群营商理论系统研究是否有成倍增（减）空间，单靠人气营商研究无法确定成倍增（减）空间。

（4）正确把握"金牛"，及时判断"金牛"阶段，慢慢撤离，以防进入"瘦狗"阶段。

4. "瘦狗"类投资品——人气关注减少到最低

（1）此时要减少投资、转移投资、寻找新的投资的时机。由于"瘦狗"类商品自身具有的增值空间小、速度慢的弱势，投资者应尽快减少对此类商品的投资，将投资转移到其他类型的商品身上，以免付出了较大的时间损失却不能获得理想的增值。

（2）一种商品投资进入"瘦狗"阶段，那么一定有其他商品进入了"明星"阶段。上涨时间缩短，人气已经明显转移，如果没有"明星"商品产生，就有可能是整体人气转移到其他国家，在此阶段，调整和产生"明星"商品是所有投资人和国家吸引并保留人气的关键。

（3）人气创造比较价值，是利用人气矩阵正确把握商品投资的心理周期从而创造价值的过程。有了人气关注，还需要创造人群相对价值。

（4）人气的比较价值是价值创造的起点，没有人气关注，不能成为人气关注的"明星"，无法创造比较价值，但是这些国家和商品还是可以创造相对价值、绝对价值，如德国不可能继续成为人气"明星"，但是该国的工匠技术就是相对价值、绝对价值创造的结果。

（三）投资"三价"的选择

一个国家具体商品种类很多，可以投资的商品有股票、债券、期货、贵金属、房地产等，按照人气线研究，最为投资者熟知、人气最为关注、最能表现价

值投资且有较为成熟研究体系的，应当是房价、物价、股价"三价"，是"文化价值—经济价值—社会价值"创造在商品投资中的典型代表。

首先是文化价值的代表——物价。物价的范畴包括了很多，但是投资者在物价方面最常投资的主要为大宗商品，如期货、贵金属、名人字画等。

大宗商品期货是指可进入流通领域，但非零售环节，具有商品属性并用于工农业生产与消费使用的大批量买卖的物质商品。在金融投资市场，大宗商品指同质化、可交易、被广泛作为工业基础原材料的商品，如原油、有色金属、钢铁、农产品、铁矿石、煤炭等。包括三个类别，即能源商品、基础原材料和农副产品。物价是人气投资的基础，只有物价的价值创造，才能推动人类社会发现物品的价值，有助于实现文化自信。贵州茅台酒价格上涨，就是文化价值的发现。中国是一个历史文化悠久的国家，文化价值具有巨大增值空间。

其次是经济价值的代表——股价。商业社会，工业发展越来越慢，人们对于实体工业的积极性不高，而是依靠资本市场的快速发展。任何投资股市的群体，都是通过自己的智慧，在证券市场上有效投资，赚取金钱。更为重要的是，有了他们，才使企业从资本市场进行融资成为可能，从而直接支持工业企业的发展。只有投资升值才能体现人们的眼光和智慧，才有名誉。只有股票市场健康上涨，企业才能在证券市场上融得资金，靠资本市场支持实体工业，干实业让股票上市，这是真正推动经济发展的动力。

前面我们已经提到过，商业社会最注重的就是价值思维。当资本市场与人气周期一致时，从低迷进入稳定，从稳定不断上升，当需求转向价值、购买转向投资、产品转向商品的时候，中国的股市具有较大的上涨空间，让人们投资股市，股票就会加快上涨。较大的赚钱效应会使更多的"热钱"进入股市，将会有更多的企业进行 IPO，企业为了加快上市，必须生产更多、更好的产品，从而带动经济发展。股市将带动经济、社会的发展。题材是权力的表现，业绩是金钱的表现，成长是名誉的表现，商业社会的核心是名誉，人气关注是名誉的核心，所以商业社会投资股票一定要寻找人气（成长）股票，而不只是业绩股、题材股。股权投资是社会财富创造的核心，只有进行股权投资才能迅速积累财富，成熟的商业国家的社会财富大部分来自股权投资，衡量一个国家的富裕程度主要就是衡量该国资本市场股权市值的多少。

最后是社会价值的代表——房价。从古到今，土地都是人类生存的必要保证，而对于房产的投资，不同时期有不同的依据。在农业社会，中国人讲究风水，人们不具备先进的科学技术，也没有成熟的价值思维，对于规律的把握便成为他们判断一件事物好坏的标准。在社会转型为工业社会后，房产的价值依据为地段，地段是技术的表现，打造该地段的金钱多少成为人们衡量此处房产价值的主要依据。而在商业社会，房子是商业社会的主要资产之一，它比工业时代的产品和服务更复杂、更丰富。房子的大小不一、式样繁多、路段不同，导致房子的升值潜力也不一样。

投资房产不再简单地代表金钱和权力，更是名誉的象征，房屋的资产属性和房屋的资本属性都不会长久，房屋代表名誉，是社会价值的表现，人们对于名誉的无限追求推动房地产行业的发展。根据人气关注周期理论，只要这个国家具有创新思维，就具有社会价值。只要这个国家的人们不停地追求住房，就说明人气一直关注这个国家，房子是人气周期关注的表现。在商业社会来临之时，通过住房推动社会进步和发展，如同工业社会通过汽车推动社会发展是一个道理。

人气起始于"问号"类商品，发展于"明星"类商品，繁盛于"金牛"类商品，终止于"瘦狗"类商品。"问号"类商品处于价值洼地，增值空间很大，人气开始逐渐向此类商品转移，其增值速度也逐渐加快，当人气聚集到了一定的程度，增值速度开始加快，商品类型由"问号"转化成为了"明星"。此时，由于其商品自身的优异性，将在较短时间内吸引大量的人气进入，但因为这一阶段仍处于人气汇集阶段，投资者不易识别，并且商品增值速度快，这一阶段往往持续时间较短，投资机会稍纵即逝，很难把握。当经过一段时间的快速增值后，吸引了大量的人气关注，此时的增值虽然仍保持较高的速度，但增值空间有限，投资风险大于"明星"类商品，此时商品由"明星"型转化为"金牛"型。随着商品价值的不断增值，人气不断地流入，投资者从"金牛"中获得了最后的增值。此时人气达到了巅峰，但同时商品的增值空间也变得极小，人气开始逐渐流出，重新寻找新的价值洼地。商业社会中人气对大到某一国家小到某一种商品的关注都呈现出产生、汇集、推高、衰减这样周期性变化特点。同时，人气关注这个国家或者这件商品所代表的商业价值也呈现出人气矩阵的周期性变化特征，就如同地球在自转的同时还要绕着太阳进行公转一样。

人气从一种价值转向另一种价值时，并不是严格的逻辑顺序。所谓的人气关注周期，并不是指人气一定是按照房价—物价—股价这个顺序进行周期关注的，而是按照其价值大小决定投资，基于价值空间和时间判断选择投资对象。图5-35描述的是商业社会中人气周期关注的一种典型形态，它表现的是房价倍增后，进入物价倍增投资，最后进入股价倍增投资阶段。一旦有相对价值（4倍）、绝对价值（8倍），这种顺序就会出现变化。

"三价"人气线聚焦判断流程如图5-36所示。

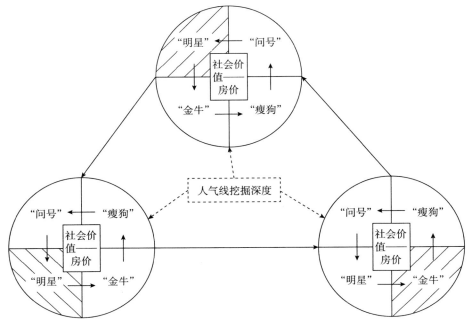

图 5-35　人气周期关注的典型形态

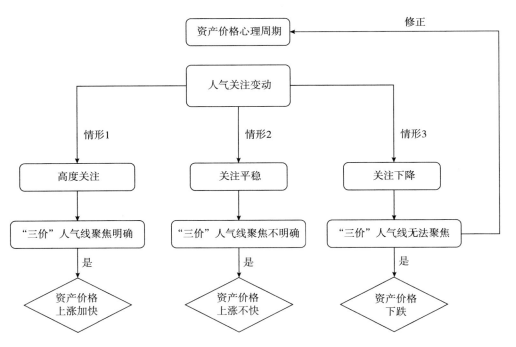

图 5-36　"三价"人气线聚焦判断流程

1. 情形一：人气高度关注——人气线聚焦明确——资产价格上涨加快

显著的人气线是创造比较价值的前提，必须不断地加深人们对于人气线的理解和把握，创造商业价值。根据本章第三节对人气线的介绍可知，人气线是由人的认知创新形成的，种类繁多，不可能全部被关注。因此，选择最值得关注的人气线尤为重要。由于资产价格是衡量一个国家及其商品是否值得投资的重要内容，因此代表资产价格的"三价"人气线应该被高度关注且聚焦。当一个国家高度关注人气线，聚焦"三价"时，善于利用"三价"进行投资，全世界投资人也会明确在该国聚焦人气线，该国资产价格上涨速度加快，空间放大。只有"三价"是全球投资人共同追求和认知的人气线，是全球投资人的首选标的。通过对"三价"的正确投资影响国家的地位和世界的进步，直至影响每个人的生活品质和心情。只有该国投资人在无比纷繁复杂的人气线中认真关注和研究"三价"人气线，正确利用"三价"人气线引领该国其他人气线被广泛关注，该国才是商业社会的领头国家。

2. 情形二：人气关注平稳——人气线聚焦不明确——资产价格上涨不快

当一国的"三价"人气线关注趋于平稳时，人气线就并不那么有明确的聚焦对象，即难以判断"三价"是否有变动、有哪些变动。因此，此时的资产价格上涨不快，空间也不会太大，基本趋于平稳。一般来说，当这种情况出现时，该国在国际社会的商业投资地位不高。这里有两种可能性，一种是该国还没有进入商业社会，认知创新的思维还没有成为主导，投资也没有成为该国的主旋律，也就是说该国可能还处于工业社会阶段；另一种是该国商业地位下降，可能是商业发展过程中自身犯了错误导致人气关注受损，也可能是商业社会发展过程中别的国家在某些领域获得了更大的突破使其更加强大，因而取代了该国，使其地位下降。只有一个国家高度关注、重点研究和呵护"三价"人气线，该国才是全球投资人选择投资的对象，是商业社会的赢家。

3. 情形三：人气关注下降——人气线无法聚焦——价值多元出问题——资产价格下跌

"三价"人气线的关注不可能一帆风顺，在关注的过程中难免会有波折。当长时间聚焦一种资产价格且不愿意离开时，就会造成过分的关注，难免就会超过心理周期的人气线关注，这样就会出现资产泡沫破灭的危险，一旦这种危险出现，关注力必然会迅速转移，导致资产价格大幅下跌，影响未来对于"三价"人气线的关注。事实上，人气关注的心理周期转换不可怕，只要关注力还在"三价"上，房价、物价、股价三者其一能够承接着上一轮周期延续下去，那么就能保证人气关注还聚焦在"三价"人气线上。但是，一旦人气线无法聚焦在"三价"上，就可能是价值多元出现问题，这时候必须及时干预，不能任由人气线转移，否则资产价格便有一落千丈的可能。因此，在人气线关注力的心理周期变化中，顺利地转换人气关注，维持"三价"人气线的长期高度关注是人们智慧的体现。

没有价值空间和时间速度的人气线失去了关注的吸引力，但是波动空间过大和速度过快，会使很多投资人无法把握，就会产生过分的悲观情绪，人气关注就会出现人气线无法聚焦的情况，某种资产价格大幅下跌，该国商业社会价值多元出现问题，从而使推动商业社会发展的"三价"核心人气线出现断裂，该国也会因此而付出沉重的代价。

本章练习

一、简答题

1. 简述人气在三个不同社会中的含义、表现和作用。
2. 简述人气关注原理。
3. 如何理解人气线？
4. 如何吸引和提升人气关注力？
5. 如何运用人气线挖掘深度进行"三价"投资？

二、材料分析题

材料一：2005年5月股权分置改革启动，开放式基金大量发行，人民币升值预期带来境内资金流动性过剩，资金全面杀入市场。2006年起，沪深股市走出了一轮爆发式的"大牛"市行情，其力度之大、时间之短、涨幅之大，不仅多年未遇，更创下了中国股市的种种历史之最。在经济高速发展、股权分置改革、人民币升值等利好的烘托下，上证指数持续上扬，更于当年底一举突破2001年创造的2245点历史最高点，不断创出历史新高，年线拉出了一根近乎光头光脚长阳线。2007年中国股市是继2006年全年单边上扬后继续出现"大牛"的一年，2000点、3000点、4000点、5000点、6000点……上证指数接连创出历史新高，涨到令所有人意想不到的超高点位，个股百元价习以为常，一天成交量几千亿也成为平常事，市场一片狂热。

2007年5月29日，财政部宣布印花税自30日起上调为3‰。股市出现所谓的"530"大跌行情。5天最大跌幅达21.49%，之后强劲反弹，一路冲高至6124点。2007年10月16日，涨到6124点的历史高点后，在基金暂停发行、美国次贷危机和大小非减持等利空的影响下，引发了第七次"熊市"。在下跌过程中一个个整数关口被轻易突破，直到1664点止跌。

2007 年 11 月 5 日，两市第一权重股——中国石油挂牌上市，募集资金 668 亿元。发行价 16.7 元，首日高开 191.02%，开盘 48.6 元，高开低走收出大阴线，收 43.96 元。一年后跌破 10 元。2008 年 1 月 21 日，中国平安传出欲再融资 1600 亿元，平安跌停，沪指暴跌 5.14%，上证指数跌破 5000 点。2008 年 6 月 20 日，南航认沽权证终止交易。2008 年 9 月 14 日，美国雷曼公司宣布破产。这是绝大多数股民印象最深刻、损失最惨重的一次"熊市"。在随后的几年间，被称作存量资金博弈期。

材料二：2008 年 11 月 11 日，中国政府宣布四万亿投资计划。随着四万亿投资政策和十大产业振兴规划，A 股市场掀起了新一轮大"牛市"。股价从 1664 点涨至 3478 点，在不到十个月的时间里股价大涨 109%。

2009 年 3 月 3 日后的逼空上涨性质能与 2006 年和 2007 年的超级"疯牛"相媲美。即使 IPO 重启这样特大利空也未能改变"牛市"的前进。直到 2009 年 7 月 29 日第一只大盘股上市和实施紧缩的宏观政策才阶段性结束了第八轮"牛市"。

材料三：2009 年，经济刺激计划和宽松的货币政策成为支持房地产市场回暖的重要宏观背景，再加上房地产市场潜在的刚性需求和强烈的改善性、投资性意愿，北京、上海、广州等重点城市的楼市迅速回暖，房地产开发企业表现出强烈的拿地意愿并频频出手，各地楼市上演了"地王频出""量价齐升""一房难求"的火爆场面。北京房价最高达到 18741 元/平方米，较上年涨幅 10.77%；上海房价则已达到 19810 元/平方米，较上年涨幅 5.03%，2009 年北京、上海房价走势如图 5-37 所示。

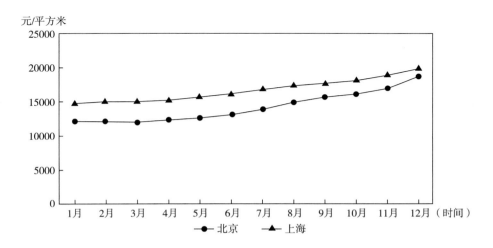

图 5-37　2009 年北京、上海房价走势

材料四：2011 年以来，我国 CPI（居民消费价格总水平）一直处于高位运行，7 月，全国居民消费价格总水平同比上涨 6.5%。在 6.5 个百分点的涨幅中，4.38 个百分点来自食品类价格上涨。7 月食品价格上涨 14.8%，猪肉价格涨 56.7%。物价走势和价格调控成为焦点问题之一，具体如图 5-38 所示。

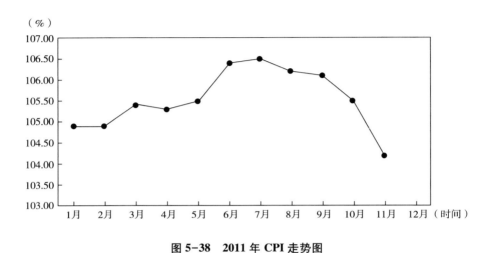

图 5-38　2011 年 CPI 走势图

材料五：2012 年、2013 年中国一线城市房价走势如表 5-5 所示。

表 5-5　2012 年、2013 年一线城市房价

2012 年一线城市	房价（元/平方米）	涨幅（%）	2013 年一线城市	房价（元/平方米）	涨幅（%）
北京	30158	2.15	北京	40342	0.28
上海	23428	1.4	上海	29978	1.3
深圳	19298	0.8	深圳	24910	0.78

材料六：2014 年，两大事件对中国股市影响很大，一是党的十八届三中全会后，中国深化体制改革全面启动；二是美国宽松货币政策全面退出。从 7 月开始，股市出现一波一骑绝尘的大行情，让 2014 年的 A 股一举脱下"熊市"外衣，11 月之后更是一度进入到超过 45 度角的"疯牛"阶段，天量成交额频现，市场人气暴涨，两市活跃账户不断创近年来新高。至年末，A 股指数涨幅领跑全球。2015 年上半年继续高歌猛进，以 32% 的涨幅赢得了全球的瞩目。从 2014 年的 2000 点附近一路上涨至 2015 年的 5178 点。"牛市"成为中国股市的新气象，全民炒股的热潮涌动，中国股市一派繁荣景象。在改革的红利中，我们终于送走

了长达近 7 年的慢慢"熊途",迎来了新一轮的"牛市"。

1. 从上述材料中分析房价、物价、股价人气线的关注转换过程。

2. 中国房价、物价、股价"三价"人气线的认知度是否合理?是否对中国商业社会发展有促进作用?

3. 为什么人们对于房价、物价、股价"三价"人气线的关注度高?

第六章 币值对策

第一节 币值概念理解

一、币值含义

（一）币值

辞海中对于币值的解释是"货币的价值。即货币购买商品的能力"。货币主要是一种"交换媒介"，这一点在各类研究中都被广泛认可。从货币的起源来看，存货和交易成本理论对于货币起源和效价的解释可以更好地规避动机假说面临的责难，也就是说，存货出现，为了节约交易成本，才出现了货币。

货币价值作为资本品交换中价值的度量单位，一直起着关乎国计民生的作用。在商业社会，币值跟使用该种货币的国家和地区的关系密切。货币价值是使用该货币的国家和地区是否具有商业价值的重要表现，币值变动会给所有以其计价的资产价格带来直接影响，从而影响到对使用该种货币的平台的价值投资以及国民生活的各个方面。以 2012 年苏丹货币为例，由于苏丹通货膨胀率的增加，进口占 GDP 的比例增加，政府赤字、外部储备减少和政治危机等一系列原因导致苏丹镑兑美元汇率贬值 66%，整个苏丹经济崩盘。从苏丹货币危机中可以体现出货币在一国家和地区政治、经济、文化等各个方面的作用，这也直接反映了货币在商业社会中的重要地位。

在本书的币值对策中，币值概念仍是"货币的价值"。本书结合目前货币全球化的背景和日益开放的经济环境，主要强调币值间比较价值。虽然币值的概念是指货币的价值这一通用概念，但其概念在不同的社会侧重点是不同的。农业社会中币值概念主要强调一个国家内的币值，这时币值体现为货币的稀缺价值；工业社会币值概念强调贸易国间的币值比较，主要反映在汇率方面；商业社会币值概念强调世界货币的全球地位，主要反映该货币背后平台的商业价值。

（二）币值演化

研究币值的演化，必须对货币和汇率的发展历史进行梳理。从货币形式上来说，中国历史上有布钱、刀币、圆钱、五铢钱、通宝、制钱、银两、银圆、铜圆等，种类繁多。在全球范围内，早期法国人的兽皮，美国早期移民时期的烟草、威士忌、牙齿，古巴比伦与亚述人的大麦等也都充当过货币。后来经过历史演变，随着以金银为货币的时代到来，贵金属逐渐代替之前的物品。由此可见，虽然在农业社会货币的形式有不同的变化，但各国都选用本地较为稀缺的物品作为货币。各国最后不约而同地选取贵金属，也是由贵金属的稀缺性决定的。所以，在漫长的农业社会中币值主要体现为货币的稀缺价值。

随着金本位的推及，直至第一次世界大战前，很多国家都开始实行金本位制，以黄金充当国际货币。同时随着市场的逐步扩大，币值的比较价值也开始出现，汇率的雏形出现正是这种比较价值逐渐被关注的体现。在金本位时代，黄金作为价值尺度，其职能通过铸币平价直接体现，因此也有了黄金输送点。平衡贸易差额方面，主要体现了货币支付手段的职能。货币购买各种产品体现其购买手段职能，黄金成为了整个国家财富的衡量标准之一。

随后以国家信用为支持的纸币出现。随着纸币的发行和广泛使用，出现了虚金本位制度（又称金汇兑本位制），将纸币和黄金结合在一起。"二战"后，形成了布雷顿森林体系，也就是国际金汇兑本位制，确定了国际储备货币——美元。将美元与黄金挂钩，采用固定汇率制度。由于特里芬难题，布雷顿森林体系崩溃。直到牙买加体系建立，黄金与各国货币彻底脱钩，不再是汇价的基础。黄金非货币化的同时浮动汇率制合法化，出现了单独浮动、联合浮动、盯住浮动制、管理浮动制四种形式。

币值间的汇兑率变动，成为了国际资本流动的"晴雨表"。由此可见，汇率一词不是直接就存在的，不同于货币的源远流长，在物物交换时代并没有汇率，因为其发生交换的场所有限，跨区域贸易几乎为零。汇率成为研究重点的时期，正是在国际贸易往来日益频繁，同时停止贵金属结汇的时期。在这个时期汇率主要反映的是一国货币的对外价值。汇率在以国家信用为支撑的纸币时代，成了研究的重点问题。工业社会的汇率逐渐脱离之前原有的铸币价值衡量方式，成为工业社会世界各国平衡国际间利益的重要手段。汇率在工业社会成为一国发展工业经济的手段。

随着商业社会的到来，币值就成为了全球对币值背后所支持平台商业价值的评估。虽然在对平台的具体评价背后，比较价值的表现形式依然是工业社会的汇率，但是，汇率的变动方向已经不再同工业社会中简单依靠国际贸易收支账户的收支进行评估一样了，而是综合了商业社会的很多新因素。虽然币值短期变动仍通过从汇率的波动来体现，但是币值已经上升为一种对平台所承载的资产价格的心理预期的反映。这里需要强调的是，商业社会的汇率变化所反映的核心内涵，是全球对于币值平台未来发展的认可和信心，更是平台所包含的比较价值的体现。截至2016年，全世界以地区货币和中央银行取代各国货币的正式安排的有欧洲货币联盟、非洲共同体法郎区、东加勒比货币联盟。这些区域联盟中使用的货币就归属于不同币值平台，这些平台的价值成为货币价值的衡量。之所以说商业社会的币值体现为平台价值而不是汇率，主要是因为在商业社会中币值平台多种多样，而不是工业社会中单一的主权货币形式。工业社会的币值概念在商业社会进行了深化，从而变成了平台价值。

综上所述，在三个社会中，币值概念存在理解的差异，具体如图6-1所示。

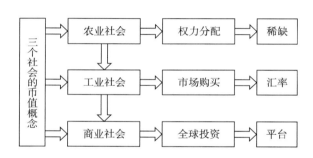

图6-1 三个社会的币值概念

二、币值表现

币值的表现主要是从币值在三个社会中整体变动的方向来衡量的。总体来说，币值在三个社会中呈现出三种不同的变化特征。在农业社会中，币值是一种稀缺性的体现，币值是通过其稀缺价值决定的，其变动从整体来看在一定范围内是稳定的；在工业社会中，币值主要理解为汇率，币值表现为汇率比价，其变动从整体来看是下降的；在商业社会中，币值主要被理解为一种平台，币值的主要表现是平台趋势，其变动从整体来看是上升的。

（一）农业社会——表现为范围稳定

农业社会自身有其发展特点。首先，农业社会在人类社会发展中经历了很长的时间，绝大多数时间农业社会的生产力水平都保持相对稳定。其次，自给自足的农耕生产，让国内的交换活动更多是为了满足人们的吃穿需要。最后，农业社会的市场大都是国内市场，市场规模较小，货币形式上往往存在很大的差异，但在货币的选择上，都选择该地较为稀缺的资源作为该地区的货币。

由于货币在资源选择上的共性，农业社会币值主要体现为货币的稀缺性。在农业社会，大多数国家长期使用金银作为货币。在世界范围内银本位制出现较早，即以白银为本位货币的货币制度。虽然银比金更早地充当本位货币，但从稀缺性上来看，黄金远胜于白银。因此，随着历史的演进和西方国家经济的发展，银本位制先是过渡到金银复本位制，到了19世纪20年代后又为金本位制所取代。19世纪末，随着白银采铸业劳动生产率的提高，白银的价值不断降低，金银之间的比较价值大幅度波动，影响了经济的发展。除中国外，各国先后放弃了银本位制，在中国白银资源的稀缺性依然显著，白银作为铸币金属依然可以保持稳定属性。从各国的货币选择动因可以看出，往往选择具有显著稀缺性的资源作为货币就是为了保证币值的稳定。

在农业社会，受到有限生产力与有限物品交换的影响，物价成为与政治、民生和社会息息相关的经济指标。马克思主义政治经济学中对于货币的理解主要是"一般等价物"，货币的价值体现为物品价格的倒数。为维护农业社会物价的稳定，币值也要保持在一个稳定的水平上。在农业社会农业是经济基础，人们的"衣食住行"都离不开农业生产，它不仅关系政府财政收入，也关系国家的长治久安、兴衰存亡。尤其农业社会中农民还是国家最重要且最有保障的兵源，如果不能解决吃穿问题，不仅危及国家的军事实力，甚至会引发农民暴动。所以为了农民的稳定，物价会在一定范围内稳定。

当然，农业社会中的币值也不是一成不变的。随着社会供给需求的变化，在不同的时期货币能换取的物品价值也不同，物价水平也不同。在盛世和乱世物价水平和币值都会有所不同。以隋唐为例，隋末唐初因战乱而使物价上涨，而到了贞观盛世物价却明显下降。隋朝末年，隋炀帝三次大规模出兵征讨高丽，对内残酷剥削人民，穷奢极欲，激化了国内阶级矛盾，引起内战，社会生产遭受到巨大的破坏，物品供给不足，粮食价格昂贵。《资治通鉴》就有记载："帝自去岁谋讨高丽，诏山东置府，令养马以供军役。又发民夫运米，积于泸河、怀远二镇。车牛往者皆不返，士卒死亡过半。耕稼失时，田畴多荒。加之饥馑，谷价踊贵，东北边尤甚，米升值数百钱。"[①] 唐初物价上涨至贞观初即已停止，贞观年间，物价便急剧下降。这次物价低落时期，一直持续到唐高宗麟德三年，共38年（628~666年）。这一时期物价低落的原因是社会安定，农业连续丰收，供给增加。自唐高祖武德四年起，政府又进行了币制改革，废弃隋末以来的恶劣钱币，

---

① 司马光．资治通鉴［M］．北京：中华书局，1956．

代之以品质较好的元通宝钱，钱币足值，以此表现物品的价格。贞观年间，物价非常低廉，就米价来说，每斗只卖钱四五文，甚至三四文。《贞观政要》说："至贞观三年，关中丰熟……又频致丰稔，米斗三四钱。"之后，唐高宗即位，物价同样低廉，《通典》第七卷说："麟德三年，米每斗直五文。"[①] 由此可见物价和社会安定的辩证关系。总体上，当政者还是希望物价保持稳定，币值保持稳定就成了维护物价稳定的重要支撑。

综上所述，农业社会币值主要表现为范围稳定，所以币值小幅波动并呈现一定范围的稳定态势。具体如图 6-2 所示。

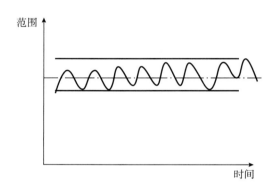

图 6-2 农业社会的币值波动规律

（二）工业社会——表现为比价下降

19 世纪蒸汽机的发明，提高了生产效率。工厂规模化、社会化大生产下涌现出五花八门的产品。在多种多样的产品冲击下，企业需要打开销路，不断地扩大自己的产品市场。由于工业社会中，人们追求利益最大化，所以开发市场的脚步不断加快，人们已经不再满足于本国市场。工业社会的主要诉求是为了获得先进的技术，在对外贸易中占领市场，在国际货币兑换中减少损失。获得更多的外汇成为了工业社会不变的主题。从国内市场再到区域市场，市场的拓展和对外贸易的深化也伴随着资本的掠夺。从罪恶的"黑奴贸易"到对殖民地资源的掠夺，工业社会中的资本主义国家着力于增加本国的财富。19 世纪欧美国家的资本化历程结束，把扩张目标锁定在东方。大量的黄金白银和原材料被传送到欧美，促进了欧美国家的工业化，也促成了世界性的国际贸易。

在工业社会的转变中，重商主义思想极具重要性。重商主义是理解西欧从农业文明向工业文明变迁、从封建社会向资本主义社会转型的关键词。在重商主义

---

① 吴兢. 贞观政要［M］. 北京：中华书局，2009.

的理论中，财富由货币或金银构成，贸易顺差是获得财富的手段。为了实现本国财富的累积，各国在贸易活动中都促使本国货币贬值，从而赚取更多的外汇和金银。因此，如图 6-3 所示，在工业社会中，币值虽然有升有贬有稳定，但总体来说，从币值在汇率比较的表现上来看，其反映为币值的下降。

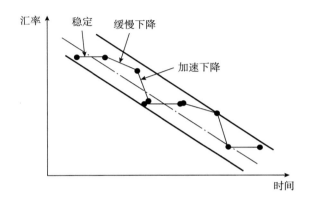

图 6-3　工业社会的币值波动规律

要梳理工业社会的情况就要从西方国家发展的历史来看。首要梳理的就是重商主义思潮，因为它关系到西欧的崛起，它是这些工业社会国家原始积累达成的重要思想支持。重商主义大致经历了三个快速发展的阶段：第一个快速发展阶段是 16~18 世纪末，是重商主义发展最鼎盛的时期。在这一历史时期，重商主义在理论和实践上都控制着西欧社会，并使欧洲出现了一批强国，如西班牙、葡萄牙、普鲁士德国、波兰、俄国、瑞典、法国、荷兰和英国等。可以说，正是由于重商主义的产生和发展，才有了近代欧洲的崛起。第二个快速发展阶段是 19 世纪末期到"二战"前后。这一阶段是新重商主义发展的历史时期。这一时期（新）重商主义发展最突出的表现是美国和德国凭借新重商主义指导，先后超过了自 18 世纪末期开始鼓吹自由贸易的英国，分别成为当时的第一经济强国和第二经济强国。此外，日本也利用"明治维新"时期推行具有浓郁重商主义色彩的经济政策而成为欧洲以外的强国。第三个快速发展的阶段是从 20 世纪 70 年代前后到现在，突出的表现是新兴市场经济体的产生和发展，发展中国家经济发展依赖进出口。尤其对于出口拉动内需的国家来说，调整汇率政策，是刺激出口、引领整个社会大发展的重要举措。

总之，从经济实践方面来看，自重商主义产生到现在，其大部分时间里都处于主导地位。这说明工业社会中强大的国家，都是由于采用了不同程度和不同形式的重商主义政策，这也是工业社会中汇率比价下降是主旋律的原因。

（三）商业社会——表现为趋势向上

商业社会是创造价值的社会，全球投资人需要运用创新的思维，在全球范围内寻找有比较价值的平台进行投资。21世纪随着信息技术的发展，网络技术不仅拉近了人们之间的距离，也使世界融为一体，推动商业全球化。全球化的交流与投资成为历史趋势，相较于之前工业社会的市场，商业社会的市场范围更大，形成了真正意义上的全球一体化。20世纪80年代以来，中国成为开放速度最快、开放领域最广的一个大国。正是这样一个大市场的开放，使全球化的脚步越来越快。也正是这样具有历史意义的开放，全球范围内的投资进一步深化，意味着全球逐步进入商业社会。

币值在商业社会表现为趋势的方向。币值在商业社会是平台，其平台趋势方向是币值表现方式。以欧元为例，商业社会的货币不再只是一个国家的货币，而是一个地区的货币。货币不再是工业社会的主权货币，而是由一国的国家信用作为支撑，使用该种货币的平台成为了货币价值支持的关键。商业社会币值趋势方向以上升为主旋律，并不是说所有商业社会的国家的币值都会上升，币值有比较上升就有比较下降。商业社会的币值上升是指该国货币平台的国际地位变强。只有币值上升才能创造投资价值，笼络国际资本，拉动资产市场的增值空间，为实业提供发展资金。商业社会的币值变动规律如图6-4所示，有升有贬有稳定，总体趋势是上升的。

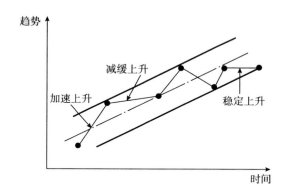

图6-4 商业社会的币值变动规律

平台趋势上升是全世界看好币值后其支撑平台的表现，而币值下降则是对这种货币平台不看好的一种体现。如果一国或地区币值在即将进入商业社会时连连下跌，那么该国或该地区掉入中等收入陷阱的概率会大大增加。而且，很多时候一个商业社会国家币值的长期趋势发生改变或者短期趋势快速下跌，都是该国金融危机爆发的前兆。美国 2008 年的金融危机实际上是美元的国际地位长期趋势开始下降。

平台趋势上升和坚挺是该货币平台在国际社会中地位和人气的最好反映。

三、币值作用

币值的作用要结合人气线和社会发展来分析。从第五章人气线的分析中可以看出，在三个社会中，每个社会人的追求目标不同。基于人类追求目标的人气线如图 6-5 所示。

图 6-5　基于人类追求目标的人气线

从中可以推出币值在三个社会中的作用，农业社会中币值的作用是维护权力；工业社会中币值的作用是保证经济发展；商业社会中币值的作用是获得全球投资。在这三个社会中，币值作用大相径庭，主要是因为在不同的社会中，人类社会追求的核心点不同。三个社会中币值的作用如图 6-6 所示。

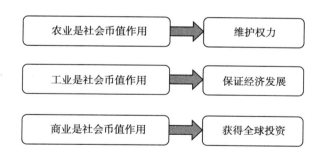

图 6-6　三个社会中币值的作用

（一）农业社会币值作用

古代以农业为主，农业的发展是国家的命脉，关系到整个社会的稳定。币值稳定与农业社会的关系是相辅相成的：一方面，农业社会的生产力水平、物价管理办法、战争与自然灾害和政局变动等都影响物价的稳定；另一方面，物价的稳定最终影响社会的安定、政局的稳定。

在农业社会，君主为了维护自己政权稳定，都以"平准"作为调节供求的准则以平抑物价作为治国的经济思想。"平准"作为一种经济管理思想，在我国春秋时代即已萌芽，后经发展演变，成为政府的一项经济措施，起到稳定经济的作用。在农业社会，币值稳定跟物价稳定相辅相成，物价稳定正是为了保证农业社会的政权稳定。

在农业社会，物价稳定是统治者关注的核心，没有稳定的物价就没有稳定的社会政局。物价不稳，人们最基本的生活资料就无法正常提供。受到"农本商末""重义轻利"根深蒂固思想的影响，"平抑物价"成为统治者巩固政权、安定社会的重要举措，主要通过中央统治的方法对全国物价进行管理。平物价观念来自于分配理论与轻重之术。所谓分配理论，在中国传统著作《周易》中就有记载："君子以衰多益寡，称物平施。"① 就是指要统治者以取多补少的办法，衡量财富，平均地分配物质资料，从而缩小贫富差距。轻重之术是《管子》中实现平物价的理论方法。轻重，从价格角度看也就是商品的贵贱。《管子》认为，商品的价格由其数量决定，即"夫物多则贱，寡则贵"。以此说明要保持物价平稳，关键在于控制商品数量。

（二）工业社会币值作用

工业社会开放的市场下，各国货币得以在国际市场中流通，汇率充当着重要的媒介，工业社会的发展离不开低汇率。只有降低汇率才能为企业的发展带来广阔的市场，为出口创汇提供坚实的支撑，并保证经济发展。

汇率对国民经济发展有很明显的作用，世界上很多国家都利用汇率发展本国的经济，其主要作用表现在促进国际收支平衡、调节货币流通速度等方面。汇率贬值，有利于出口，贸易顺差为本国购买国外先进设备获得较多的外汇储备。

改革开放后，中国采用人民币贬值策略，是在当时国内外经济形势背景下，推进我国出口创汇、调节贸易收支逆差、吸引外资在我国投资建厂的重要举措。年均汇率从 1980 年 1 美元兑 1.5 元，最低跌到 1993 年的 1 美元兑 8.7 元，下降了 82.76%。1980 年我国建立四了个经济特区，吸引外资，逐步开放自由贸易。人民币贬值与开放的市场需求相适应，和中国发展阶段实现有效对接。中国在经济发展初期劳动力成本低，而国际市场需要中国的廉价商品，这样的有效结合，人民币才可以有效贬值。人民币及时贬值增加了中国的出口，换回了大量的外汇，进口了大量的先进设备，学习了国外先进技术，缩短了与国外的差距，使中国利用几十年时间便走会了发达国家几百年的发展历程。

总而言之，在工业社会，本币汇率下降，能起到促进出口、抑制进口的作

① 王应麟. 周易郑康成注 [M]. 北京：中华书局，2012.

用；汇率下降会引起国内价格总水平的提高；汇率上升起到抑制通货膨胀作用；汇率对长期资本流动影响较小，从短期来看，汇率贬值，资本流出，为国内企业走出国门创造机会。所以，本币贬值可以使国内生产和资产成本降低，使工业企业在竞争中获得比较优势，从而推动本国经济快速增长。

（三）商业社会币值作用

商业社会是投资型社会，没有投资就无法促进商业社会的发展。国际投资是个"大熔炉"，需要运用人气营商学理论，发现比较价值来进行投资。房价、物价、股价是推动商业社会发展的"三驾马车"。在这"三价"中寻求价值最大化是商业社会的主要诉求。随着金融知识的普及，家庭在金融市场的投资也会变多，家庭的金融投资也会对目前社会福利有所帮助，能够减少福利损失。因此，商业社会中投资的重要性凸显，同时参与投资的人会越来越多。尤其是随着中国进入小康社会目标的实现，人们物质需求不再只停留在购买层面，还延伸至商业价值增值的投资层面，价值投资成了商业社会的研究重点。

币值上升，全球地位上升，将会吸引大量的投资者进入该国进行商品投资，国际资本流入，使该国的商品价格上涨，推动该国的商业社会发展。相反，币值下降，全球地位下降，对商业社会的发展来说是不利的，国内投资市场没有增值空间，就会导致国内资本流出，这将对金融市场资产价格造成影响，引起国外资本撤离。资本持续外流势必导致资产价格下降，资产持有人大量抛售资产，转向国外市场进行投资，国内出现资产泡沫破灭，引起股价、房价进一步下跌，有造成本国金融危机的危险。

商业社会的币值作用是为了更好地实现投资。如果一国经济具备一定规模，同时也是国际贸易的主要参与者和世界资金主要来源国，其他国家持有该国货币将更有利于国际经济往来，那么这个国家货币将自然而然地被其他国家持有，逐步实现货币的国际化并成为国际储备货币。除了在国际金融体系中的话语权提高等无法计量的好处以外，货币国际化并成为储备货币最大的好处就是一国能够获得全球铸币税收益。所以，商业社会币值的作用是保证该国货币这个平台在全球范围内的投资比较价值。

四、币值赋予

币值的赋予主要探讨在不同的社会形态中，货币价值是由什么角色赋予的。

在农业社会，赋予货币价值的是国家，主要是农业社会的统治阶级。它们规定使用货币的种类，同时规定货币的价值。具体如图 6-7 所示。

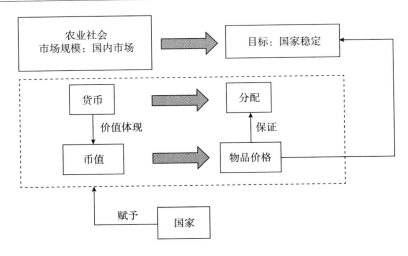

图6-7 农业社会币值的赋予

要研究农业社会的经济发展方式就应该以农业社会最为强盛的中国作为研究的实例。在农业社会，生存是人们的基本需求，人们所有的生产活动都是为了保障吃饭和穿衣，只有切实地保障了基本供给，才能够维持社会的稳定。因此，货币出现主要是为了社会资源的分配。同时，币值和物品价格关系紧密，物品价格在一定程度上决定了币值，这点在前面的部分已经得到了详细的论述。

物价是农业社会最为重要的风向标，如果物价不稳定往往会造成国内政治局势不稳定，因此农业社会要求物品价格稳定。农业社会是集权的社会，"普天之下，莫非王土"就是权力集中的体现。从币值的赋予角度来看，国家为了保证这一目标实施，会尽力确保币值稳定，以此稳定政权。从中国农业社会稳定的经验来看，"重农抑商"也是一个维护权力的重要举措。也正是这种举措，使币值赋予的权力，牢牢把握在国家权力机构的手中，排斥商人通过市场和炒作决定币值的能力和机会。

国家对币值的赋予主要体现在铸币权力的把握上。平抑物价的着力点就是控制货币和粮食。《管子》指出，国家平抑物价需要控制市场。控制市场就必须控制货币和粮食，这是平抑物价的前提条件。国家掌握了这二者，就掌握了平抑物价最有效的工具："人君操谷、币金衡，而天下可定也。"[1] 早在汉文帝时期，贾谊就提出国家垄断货币铸造权以平抑物价的思想。因此，长期以来都是国家掌握铸币权，以控制币值。

---

① 黎翔凤. 管子校注 ［M］. 北京：中华书局，2009.

工业社会币值的赋予由市场决定，如图 6-8 所示。工业社会的币值是为了发展经济，通过币值的降低，可以更方便购买。在币值的赋予中，市场起到了决定性作用。

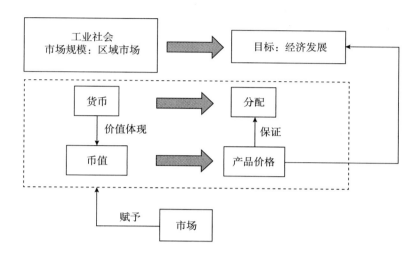

图 6-8 工业社会币值的赋予

有学者通过对一个开放经济的小国进行建模得出在重商主义的影响下央行的汇率干预会使币值贬值的政策原因（王高望和邹恒甫，2013）。央行用本国的货币购买本国居民的资产，看起来只是资产和货币更换了持有对象，而居民的部分财富形式由国外资产转化成了货币余额，居民的实际收入水平不会提高。其实不然，因为居民的资产被央行购买走，而自己从央行手中拿到更多的货币之后，他们的优化路径被打破，为了实现最优，消费者并不是把货币当成资产来持有，而是用这些货币向外国购买更多的国外资产。而这就打破了消费者的最优路径，因为最优必须使上述不等式变成等式。因此，为了达到最优，消费者必然会用这些增加的货币余额购买国外资产。如果忽略中间过程，就可以看成是央行直接购买国外资产。

而根据假设，央行从居民手中购买资产得到的收益又会返还给消费者，如果没有价格和汇率的变化，实际上居民的国外资产和实际利息收入就等于是增加了央行向他们购买的资产。进一步地，如果考虑到价格和汇率的变化，这种效应可能会增强。因为，央行购买国外的资产必须增发货币，而增发货币会导致通货膨胀率提高。而汇率会以同样幅度提高，那么本币就会贬值，而本币贬值会促使消费者去购买更多的国外资产。

如果把这两种效应综合起来，居民的长期国外资产的持有水平会有较大幅的提高，这也就意味着长期均衡的利息收入水平会有较大的提高，而长期收入的提高必然会促进长期消费水平和货币余额持有水平的提高。从而，央行购买更多的外汇干预市场，对本国有利。当然，这里面可能还有一层机制，就是本国政府持有外汇的增加，可以使本国的货币政策能更有效地抑制本币升值，从而更加有利本国产品出口，扩大本国贸易顺差。

商业社会中币值不再仅由市场决定，更重要的是由全社会的认知决定，具体如图 6-9 所示。商业社会的币值波动并不是与市场没有关系，而是主要由全社会对于该币值背后包含平台的信心决定的。

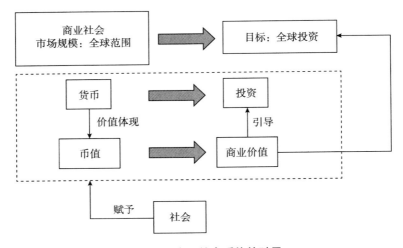

图 6-9 商业社会币值的赋予

商业社会中社会赋予货币价值中的"社会"，主要是指全球范围内的投资人，而不仅指一国的投资人。社会认知才能确定社会价值，而不是一个国家或者开放的市场就可以单一确定的。币值平台的上升和下降状况可以反映出商业社会中币值平台在全球投资人心中的地位。

在商业社会，一国的进出口对于币值的影响逐渐减少，有更多指标开始影响汇率的变化和投资者心理预期。有学者就提出，将非预期的并且能够引起人们对汇率的预期值进行修改的新的信息统称为"新闻"，进而分析了"新闻"对汇率运动的影响（Mussa，1979）。随后又有学者指出，现实中汇率的变动比传统的"新闻"变动幅度更大、频率更高（Davidson，1985）。这也说明了影响汇率的因素已经不局限于经济方面，"公告效应"也会对汇率产生影响，这说明社会对于预期的判断成为赋予币值的关键。

第二节 商业社会的币值

一、商业社会币值角色变化

（一）币值与平台国际地位密切相关

货币不再只是一种交换媒介，或是一般等价物。从货币的职能来看，商业社会的货币更强调其世界货币职能。对于具有世界货币职能的货币来说研究其币值对策更有意义，原因有三：①世界货币的职能意味着全球对于该种货币的认可。②成为世界货币，意味着持有和储蓄该国货币的渠道更为多样。③当一国的货币成为世界货币，也就意味着该国资本市场可以进行直接投资，对于国际投资者来说交易成本会大大降低。在一种货币成为世界货币后，它与全世界经济的关系就会更加紧密，因为 SDR 篮子这一平台是全球关注和认可的平台。SDR 篮子里币值变化，就意味着该货币背后平台的国际地位的变化。

正是这样的原因，人民币国际化进程成为重要的事件节点。在布雷顿森林体系即将瓦解之时，SDR 被提出，它是为了稳定国际货币体系。随着中国进入商业社会的步伐越来越加快，人民币国际化进程也在不断加快。这也意味着人民币在国际货币中的地位得到肯定，会有更多国家投资中国。2015 年 11 月 30 日，国际货币基金组织（IMF）主席拉加德宣布将人民币纳入 IMF 特别提款权（SDR）货币篮子，这是对中国商业价值的认可和币值的肯定。

（二）币值变动与各国关系更为密切

币值变动与各国联系近年来越来越密切。以英国脱欧为例，英镑在英国宣布脱欧后大跌。2016 年 6 月 23 日，英国通过公投的方式宣布脱欧。截至北京时间 2016 年 6 月 24 日 13 点 20 分，英镑对美元较上一日开盘暴跌近 10%，美元指数被动飙升，人民币对美元大跌。随后在岸人民币对美元跌破 6.61 关口，创 2011 年 1 月以来最低；离岸人民币对美元跌破 6.63 关口，日内跌近 500 点。与此同时，日元直线拉升。6 月 24 日英国脱欧公投结果出炉，导致投资者争相避险，日元对美元一度升至 99.02。英国脱欧对世界货币都产生了影响，这说明在商业社会中，币值变动对于其他国家的币值影响严重，各国币值关系密切。

除了英国脱欧事件引发的"蝴蝶效应"以外，美元的加息也成为了极具影响力的事件。美国通过加息影响了美元的币值，同时直接影响了全球的经济。美联储的议息政策至关重要。作为全球第一大经济体，美国市场的复苏会吸引全球

资金回流，尤其对新兴市场经济的影响要远远大于西方发达经济体，而中国作为新兴市场大国受美联储加息影响会更明显。

二、商业社会币值新要求

对于商业社会而言，对于币值平台而言有两个要求，这两个要求是在商业社会的环境下提出的，只有达到这样的要求才能引起更多的投资人关注，从而引领商业社会的发展。

（一）广泛的货币影响力

有研究指出，美元的国际货币地位是导致美国政府债务高涨的重要因素（段彦飞，2008；杨岳峰，2011；黄梅波和王珊珊，2012）。这解释了美元坚挺背后一个重要有利条件，这就是虽然美元不再跟黄金挂钩，但是由于美元的坚挺，其作为世界货币职能的发挥使美国在债务市场获得收益。

广泛的货币影响力意味着有更多的国家愿意持有该国货币，该国货币的币值变动会直接影响地区或全球范围内的经济体币值变化。同时，更多贸易结算方式愿意用该种货币。如果币值没有广泛的影响力，仅在一个国家内使用，那么货币由于政府单一权力影响出现货币超发的情况会时有发生。当货币影响力变大的时候，就意味着其变成了更大的币值平台，这样该种货币就成为了商业社会的货币。没有广泛的货币影响力就意味着该国货币还不是商业社会的货币，还不能适应商业社会币值角色的变化。

（二）币值变动的主动性和独立性

这个要求的含义是币值变动更多的是自己主动调整，受其他国家货币的影响较少。在商业社会领导国家的币值调整过程中，如果该国货币可以独立地变动，甚至在其他货币都应声贬值后，依然呈现出坚挺的币值状态，就说明该国货币地位提升，国际地位提高。

三、人气、币值和资产价格的关系

人气对策作为四个对策之首，其重要性不言而喻。第五章对人气对策的理论和意义都进行了详细的论述。人气关注是商业社会币值研究的前提，没有人气，这个国家的资产价格没有比较价值，没有比较价值，该国币值平台就不可能是人气"明星"，也就不能形成该国资产价格的升值，研究币值对资产价格投资意义的前提就不存在。

当一国开始具有人气关注，那么该国的币值对策就成了研究的关键。有了人气关注，就意味这个国家开始被全世界关注，币值也必须配合人气关注做出反应。产品是制定价格的前提，价格是产品形成交换的保证，否则无法交换。币值也会配合人气上升，来保证人们价值投资的确定性。所以一个商业社会的国家被人气关注后，其币值的国际化趋势不可逆转，会有越来越多的投资人和国家开始选择持有和储备该国货币。因为不持有该国货币就无法参与到使用该货币的国家和地区平台的价值投资中，从而也就无法获得这种平台在价值创造过程中资产价值的升值。

人气、币值和资产价格的关系如图6-10所示。人气是币值研究的前提，如果没有人气的关注，币值研究就没有意义。人气跟币值的关系是"水"和"船"的关系。币值会随人气的变动做出连锁反应。在有人气的情况下，币值对策不配合，那么资产价格也就无法实现倍增。商业价值包含文化、经济和社会三种不同的价值。这三种价值在资产价格方面表现载体的是分别是物价、股价和房价，内容详见第四章。

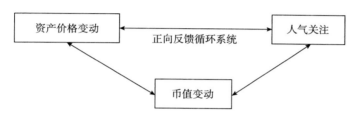

图6-10 人气、币值和资产价格的关系

要了解三种币值状态对商业价值的影响，就要明确币值的上涨会对商业价值带来提升作用，两者是同方向的，这也就是俗话说的"水涨船高"。因为一国或地区货币币值上升，其他国际货币投资该国或地区资产价格势必会增值。从国际投资的比较价值来看，如果国际资本看到该国资本的增值潜力，发现了价值洼地，那么国际投资增加，该国有限的商品价格就会升值。所以一国或地区的币值平台上升，往往带来该国或地区所有资产的升值。同时，由于该国资产价格的上涨，该国的商业价值不断凸显，资产价格跟商业价值的关系是正反馈的，并随着国际投资活动的进行不断被强化。

在阐明币值和人气的关系后，关于币值和资产价格的关系，著名的利率平价理论为此提供了研究基础。汇率与资产价格关系的流量导向模型引入了预期的概念，在宏观层面回答了汇率决定的问题，同时也从微观层面提出汇率对资产价格具有反作用。总体来说，资产价格如同船上货物，以该国货币计价的全部资产随币值变化同方向变化。

四、商业社会的币值确定

商业社会币值的赋予是社会。对于商业社会而言，确定币值主要有三种方式，分别是人气确定、竞争确定和心理确定。

（一）人气确定

要理解币值的人气确定，就要理解货币是一种特殊商品。因此，货币价值的确定也受供求关系影响，具体如图 6-11 所示。图中 D 和 D$_1$ 两条曲线是货币需求曲线，S 曲线是货币供给曲线。人气关注使国际投资者为寻求价值倍增，购买该国的资产，从而使用该国的货币。因此，货币的需求跳跃式增加，该国货币需求从 D 向右移动到 D$_1$。与此同时，货币供给短期内没有调整，从而使该国币值上升。尤其是对于一个刚刚进入 SDR 篮子的国家，这意味着一国的货币职能出现了转变。一方面，货币国际化之后，国际对该货币的需求将增加，由此导致本币升值；另一方面，货币国际化会导致对本币需求的大幅波动，从而加剧本币汇率波动（Frankel，2012）。这说明世界货币职能的增加使该国货币平台的人气持续汇集，货币需求旺盛，此时币值就会上升，这就是币值跟该国人气的表现相辅相成的原因。

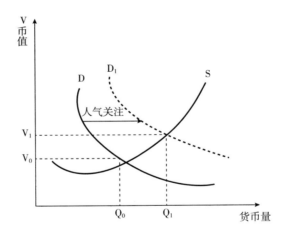

图 6-11　人气关注对币值的影响

当然，人气确定也不仅是供需关系的变化，人气关注引发的币值变动从心理学出发是来源于认知价值的变动。如果人们的认知不发生转变，币值的需求不会出现跳跃式的增长。也正是因为人们对该国投资价值认知产生变化才会为该国的币值升值埋单，表现了对该国未来的投资信心和国际地位的认可。

由图 6-11 可以推导出人气—币值线，如图 6-12 所示。由于货币需求在人气的推动下跳跃式增长，而货币供给依旧是线性增长，货币供给线性增长跟不上货币需求的跳跃增长，会造成均衡点的移动。均衡点移动就意味着所对应的币值上移，将这些均衡点进行连接就形成了人气—币值线。人气—币值线从另一个方面证明了人气与币值的正相关关系。

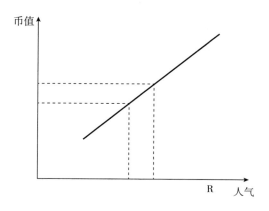

图 6-12　人气—币值线

在人气确定的部分，还可以对货币的需求曲线进行进一步分析。人气除了使货币需求曲线发生移动外，还使货币需求曲线的弹性发生变化，具体如图 6-13 所示。

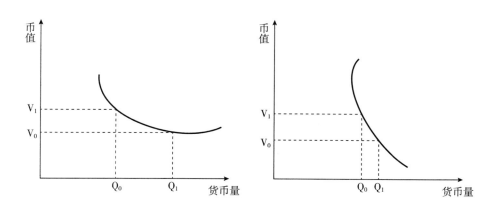

图 6-13　人气币值上升与货币需求弹性关系

币值人气关注导致货币地位变动，使货币需求弹性变小，主要原因有二：一是世界范围内认可度提高；二是该种货币的可替代性减少。国际贸易结算地位的提高和全球其他国家的储备会反映出这个币值在国际范围内的认可度。从仅在一国市场内使用，到在区域范围内结算使用；从签订贸易结算协定的贸易国市场，到全球范围内的认可和共识，币值的全球地位逐步提高，这一历程漫长也意义深远。当成为具有世界货币职能的货币后，就意味着该种货币的可替代性减少，这直接导致了货币需求弹性的变化。

货币需求弹性变小后，就意味着币值上涨引发的货币量变化会减小，各国仍会在币值上涨时持有该国的货币，不会像货币需求弹性变化前一样，出现币值上升引发大规模的货币抛售现象。

（二）竞争确定

竞争确定也是一种重要的币值确定方式。一种货币的币值与重要国家或地区的币值比率成为币值确定的依据，这是竞争确定币值的重要核心内容。

强调竞争确定，主要是因为汇率概念引入后，货币间的币值比率备受关注。但是，随着全球市场的逐步开放，有越来越多的货币间有联动关系，但并不是所有币值间关系都被关注。

人气营商学强调的竞争确定与研究所有国家汇率币值的其他研究不同，重点强调重要国家或地区的币值。这是因为并不是所有货币种类间的币值变动关系都应该被注意，而是要关注重要国家。这就是商业社会币值平台思想和工业社会中汇率思想的不同。商业社会中会有不同的币值平台，SDR 就是一个币值平台，而且是一个全球范围内认可的币值平台。所以，当一种货币跻身于 SDR 篮子后，那么研究竞争对手的关系，就要选定 SDR 篮子里的其他货币平台。在这一范围内的币值较量，正是币值商品平台的人气关注的较量。比较价值大的平台就会成为国际资本的流入地，其币值平台的地位才可能上升。

人气营商学强调的是比较价值，币值跟比较价值关系紧密，比较价值才是促使投资一种货币的关键，这也是币值平台备受人气关注的内在机理。在本节中，对于一种币值平台来说，其载体和创新有了更为具体的含义。货币在商业社会中其背后的支持有时已经不再只是一个国家，而是一个经济联合体。欧元就是最好的例子，因为欧元背后不是一个国家的信用支持，而是欧盟所有成员国的信用支持。因此，对于欧元来说，欧盟成员国所有政治、经济事件都会对欧元币值平台的比较价值产生影响。2012 年，在欧债危机最为严重之时，希腊放出风声称要退出欧元区，市场因此曾担心欧元区可能会解体，欧元可能消失。受此影响，许多发展中国家的官方外汇储备纷纷减持欧元资产。国际货币基金组织此前公布的"外汇储备货币组合"报告显示，2012 年，发展中国家央行持有的欧元外汇储备资产减少了 6.2%，为 6770 亿欧元。这就意味着发展中国家央行在 2012 年抛售了近 450 亿欧元的外汇储备资产。由此可见，欧元币值平台因为欧债危机其比较价值直接降低。币值平台这样的载体作用，从欧元地位的变化就可以明显看出，国家和地区的平台作用可以通过币值平台得到较为充分的反映。

从人气营商学创新角度理解就要关注货币是否能进行新的价值创造。以人民币为例，2015 年 12 月 25 日，由中国倡议成立、57 国共同筹建的亚洲基础设施投资银行（以下简称"亚投行"）正式成立，全球迎来了首个由中国倡议设立的多边金融机构。中国首倡创立亚投行后，得到许多国家的积极响应。2014 年 10 月，首批意向创始成员国在北京签署《筹建亚投行备忘录》。随后，亚投行筹建转入多边阶段，重点是同步推进吸收新意向创始成员国和《亚洲基础设施投资银行协定》谈判两项工作。亚投行突破了美、日两国的掣肘，变成了包括英、法、德在内的另一个"世界银行"。2015 年 3 月 12 日，英国成为首个申请加入亚投行的欧洲国家，此后欧洲各国纷纷响应。这意味着一个新的平台的建成，直接提升了人民币的比较价值。

亚投行的成立无疑会引发全球范围的人气关注，该事件入选了《金融时报》评选的"2014 中国金融十大新闻"。中国政府将鼓励把人民币纳入"一篮子"货币，作为亚投行批出贷款时所用的定价及还款货币。人民币对美元的比较价值随之也会逐步体现。在竞争中取胜，货币的比较价值体现，从而能逐步吸引全球投资者的价值投资。

（三）心理确定

人的心理认知对于币值的影响在人气确定中已有涉及。心理预期是商业社会中币值确定的一个关键依据。心理认知变化会引起跳跃性思维转变，会对投资人原有心理产生转折性影响。心理预期则直接关乎币值的变动方向，因此至关重要，详细内容会在本章第三节进行详细叙述。

本部分主要阐述币值的心理关口如何确定币值平台，因为币值的心理认知重要关口往往会对全球投资者的心理预期判断产生重要的影响。它是一个信号，对心理预期有反作用。从含义上讲，币值心理关口指的是币值平台变动被投资人关注，并决定币值短期内方向下变动甚至长期走势的重要币值。要理解币值的心理关口就要明确，币值的心理关口不是一个一成不变的关口，而是在币值变动中形成的，在不同的时机心理关口会不同，对于不同的国家而言心理关口也不同。另外，商业社会的币值平台通过工业社会的汇率体现，所以币值在每天都会有不同程度的波动，但并不是每天的币值波动都备受关注，只有在重要的认知关口，币值的意义才越发凸显。

在明确币值心理关口的意义后，就要了解心理关口形成的六大影响因素，它们分别是历史数据、最近长期出现的币值、未来预期、重要整数关口、与商业社会中领导国家的币值比率和通常变动幅度，具体如图 6-14 所示。

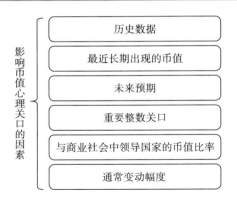

图 6-14　商业社会影响币值心理关口的因素

为更好地认识这六个影响因素，下面将对其逐一进行讨论。第一个因素是历史数据，即币值在变动历史上，持续时间最长的币值比较。对于一种货币而言，在漫长的币值变化过程中，会出现在一个币值区间长期相对稳定的情况。以人民币为例，2008~2010 年，美元兑人民币的比率在很长的一段时间都处于 6.8。美元兑人民币 6.8 就是一个币值心理关口。第二个因素是最近长期出现的币值，它是指连月来一直围绕某一值波动的币值比率，会在投资者心中留下印象，所以是投资者心中的心理关口。同样以人民币为例，美元兑人民币汇率在 2023 年 1 月于 6.89 附近反复确定，这段时期人民币的币值心理关口就会成为 6.89，尤其是到了 2023 年 4 月上半月，可以看出，人民币币值还在 6.89 附近波动，就是投资人对 6.89 成为币值心理关口的一次心理验证。第三个因素是未来预期，不同的币值关口对应着不同的平台资产价格未来预期。与币值平台的资产价格升值预期相对应，币值会在上升趋势中形成心理关口。如果持有未来平台的资产价格是贬值的心理预期，那么会在币值的下降中形成心理关口。心理预期是对币值变动的一种方向性判断。资产价格的心理预期决定了平台变动的方向，重要心理关口也会在不同方向的趋势中产生。第四个因素是重要整数关口，重要商业社会国家币值的整数关口都是重要的。这个因素的来源可以参见产品定价方面的研究，产品营销学定价方法中的尾数定价技巧就证明了整数对于心理认知的影响。同理，对于投资人来说，币值整数关口也是重要影响因素。第五个因素是与商业社会中领导国家的币值比率。商业社会领导国家在以前一直属于美国等西方国家，这一点必须承认。由于美国等西方发达国家长期具有经济发展优势，因此我们都会重视与这些国家的币值比率。一国与这些国家的币值比率就是重要的心理关口。第六个因素是通常变动幅度。因为币值不会一直不变，所以都有相对的变动幅度。在投资者心中，币值都会有一个变动幅度，这会影响投资人对币值认知关口的判断。

除了影响币值心理关口的六个因素外，从分类上划分，币值的心理关口有两个类型，即向上的关口和向下的关口，这是在两种币值变动方向下两种不同类型的币值心理关口。

如图 6-15 所示，币值心理关口由于币值平台的方向性变动，分为向上关口和向下关口两种情况，这两种关口中主要被投资人关注的又分别有两种币值位置。向上关口一般是币值曾出现过的历史高位和曾经的密集成交区，其含义就是指一国或地区币值出现过的币值最高值和该国币值以前结汇的密集成交区。这也变相说明了历史数据、最近长期出现的币值为什么会影响币值心理关口的形成。

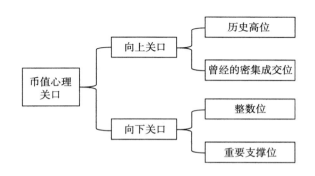

图 6-15 币值平台方向性变动时的心理关口

一般币值平台向上变动过程中，每遇到这种心理关口，投资人都要进行一次价值判断，这在后文中第三节中会有详细介绍。如果币值平台向上变动，心理关口被打破，那么就会不断向上变动，甚至调整原有的币值平台。

当币值主动或者被动出现平台向下的趋势时，最重要的是保住币值平台，守住向下心理关口，确保向下心理关口不被突破。币值平台出现崩溃的局面在前文中已经有详细的记述。对于币值平台而言，出现失控的局面往往会对一国或地区造成毁灭性的打击。所以要守住整数位和重要支撑位，这样才能使币值平台在全球投资人心中的心理预期不出现大的转折，这能够体现一国和地区对于币值平台的把控能力。

要想守住向下的心理关口就必须寻找价值支撑，价值支撑的指标会在第三节中详细论述。在币值平台的下行阶段，整数位和重要支撑位不可以忽略，因为这是币值平台心理预期长期趋势出现转折的关键位置。在每一个心理关口，对资产价格的预期就会出现倍增的判断，所以，一个国家也不能轻易向上突破平台心理关口，必须仔细权衡、斟酌，很多国家币值平台变化失败的教训永远不要忘记。

第三节 商业社会币值平台原理

一、币值平台原理的理论来源

币值在商业社会中，无论是其角色还是其要求，都发生了根本性的改变。商业社会中，币值已经成为一种平台。当然币值平台原理并不是"无根之木"，其理论来源主要可以从经济学和营销学两个方面进行论述。其中，经济学主要为币值平台原理提供了方法支撑，而营销学则为币值平台原理提供了思想源泉。

（一）经济学来源

有关币值对国家层面的影响研究在经济学领域已有所涉足，且由于当时中国处于工业社会时期，因此经济学研究都集中在汇率方面。以人民币为例，众多经济学研究对汇率变动对产业结构的影响进行了分析。2005 年 7 月 21 日，中国开启了汇率市场化改革的进程，将人民币对美元汇率一次性升值 2%，此后维持渐进升值的趋势，以更好地发挥汇率在引导资源配置中的作用（胡晓炼，2010）。与此同时，中国资产市场逐步向世界开放。在这样的环境下，经济学研究也提出币值不能一味贬值，而要在商业社会中寻求升值的新思路。从数据中可以看出，人民币汇率在 2005~2009 年持续走强，倒逼产业结构转型。从这些研究中就可以看出国内经济与币值变动的影响关系，同时见证了工业社会对币值的新思考。

当然在工业社会，也有很多经济学研究关注汇率与资产价格之间的关系，这方面研究对人气营商学中探讨币值变动引发资产价格升值的原因提供了研究方法的支持，其基于经济学方法证明了币值和资产价格的内在联系。

在房价方面，实际汇率作为决定房价的变量之一，经常出现在有关房价的国外研究文献中。有研究讨论了人民币升值预期对房价上涨的影响（谭小芬和林木材，2013），两者间的影响关系如图 6-16 所示。

从图 6-16 中可以看出，人民币升值预期引起了热钱流入，但是热钱流入的"资本流动效应"并不明显，即热钱流入房地产并不能在短期内显著影响房价。热钱流入引发的"流动性效应"，在短期内能够影响房地产价格波动。同时人民币升值预期会通过"结构性效应"中的财富效用渠道对房地产价格产生长期性影响，但是"结构性效应"中的巴拉萨—萨缪尔森效应并不明显。从经济学对于房价的研究可以看出，其主要是从热钱流入等角度解释房价上升，但是没有从比较价值的角度解释长期的投资。

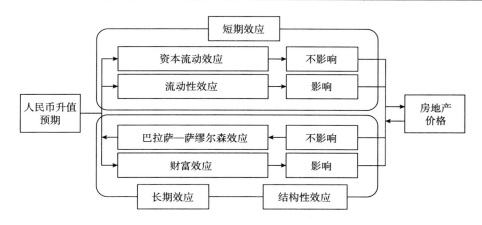

图 6-16 人民币升值预期与房地产价格的关系

在币值变动对物价的影响方面，要先明确，经济学中对于物价的研究，多集中于 CPI。从国外研究来看，多数研究都证明汇率与国内物价水平关系不大。美元汇率波动对美国除食品和能源之外的进口产品价格都有显著的影响，但对这些产品的国内消费者价格的影响并不显著（Wing & Peter，1984）。也有研究运用向量自回归模型（VAR 模型）探讨东亚国家的汇率与消费者物价指数（CPI）的影响，得出汇率对消费价格的影响较为微弱（Takatoshi et al.，2005）。有学者在运用二步协整法研究泰国与韩国的汇率与它们国内物价水平之间的关系中，得到泰国的汇率变动对国内物价的影响效果要大于韩国（Ghosh & Rajan，2008）。有学者基于一般价格均衡模型，对加拿大汇率与其进口价格的关系进行研究，得出汇率的变动对于进口价格有较大的影响，但对通货膨胀的影响较小（Bouakez & Rebei，2008）。从国内研究来看，有学者证明汇率变动对物价水平的长期影响较为显著，而短期动态影响则很微弱（卜永祥，2001）；同时汇率对国内消费者价格的传递是不完全的（毕玉江和朱钟棣，2006）。从这些研究中可以看出，币值变化与通货膨胀的关系不大。人气营商学研究投资问题，以及币值变动对金银等贵金属、大宗商品等具有投资属性的产品物价的影响，而不仅是消费品市场的购买。

经济学中对于币值变动对股价的影响研究方面，有学者综合英国、美国、西德和日本的数据，得出各国外汇管制的废除与股票市场的增长没有明显的联系，证明了外汇管制的废除能够带来股票市场的增长的假设不成立（Taylor & Tonks，1989）。在此基础上，还有学者运用 1977~1989 年和 1988~1992 年的数据得出股票市场走势与美元坚挺呈正相关关系（Chow et al.，2000；Roll，1992）。同时，汇率波动幅度越大，本国股市的波动越剧烈，说明本国股票市场和外汇市场回报是正相关的（Kyung-Chun Mun，2007）。

从股市和汇市的价格波动来看，多数研究认为，存在汇率到股票市场的单向因果关系。通过对八个发达国家一年的汇率与股票市场的跨时分析发现，从短期看本币的升值对股票市场有促进作用，而从长期角度来看则有一定的反向作用（Ajayi & Mougoue，1996）。在利用 EGARCH 模型探讨印度的名义汇率与股市波动性关系的研究中，发现存在由外汇市场到股票市场的正向溢出效应；反之则不然（Apte，2001）。有学者在考虑汇率与股票价格之间相关性的条件下，对澳大利亚股市与美国和日本股市之间的一体化进行了研究，该研究发现，汇率变化对股票回报有影响，但反之则不成立（Abul，2003）。还有学者对亚洲七个国家和地区 1988 年 1 月至 1998 年 12 月外汇市场与股票市场的因果关系进行研究，认为在东南亚金融危机之前，中国香港、日本、马来西亚和泰国的汇率变化对股票市场具有引导作用；在金融危机期间，这七个国家和地区的股票市场对外汇市场都没有引导作用，但除马来西亚之外，其余国家和地区汇率变化对股票市场都具有引导作用（Ming-Shiun Pan et al.，2007）。从以上研究中得出，汇率变化在商业社会单向影响股价变动，两者在幅度和方向上呈正相关。

（二）营销学来源

营销学和经济学的区别在于，经济学主要是研究人类行为及如何将有限或者稀缺资源进行合理配置的社会科学。营销学最关键的是要实现交换，实现个人和组织的需求。经济学重在配置，而营销学重在交换。人气营商学的营销学基础就是顾客营销学，币值对策的提出就基于营销学中的成本对策考量。

从美国营销专家劳特朋教授在 1990 年提出与传统营销学的 4P 相对应的 4C 理论后，以顾客为视角的研究在营销学中越来越多，其中的成本对策就为币值对策的提出奠定了很好的基础。成本对策中的成本，不单是企业的生产成本，还包括顾客的购买成本。顾客购买成本不仅包括其货币支出，还包括其为此耗费的时间、体力和精力，以及购买的风险。这些总花费成为顾客价值研究中分子溢利的分母。

顾客在购买某一商品时，除耗费一定的资金外，还要耗费一定的时间、精力和体力，这些构成了顾客总成本。所以，顾客总成本包括货币成本、时间成本、精神成本和体力成本等。由于顾客在购买产品时，总希望把有关成本包括货币、时间、精神和体力等降到最低限度，以使自己得到最大限度的满足，因此，零售企业必须考虑顾客为满足需求而愿意支付的顾客总成本。顾客营销中 4C 对策中的成本对策就是为了努力降低顾客购买的总成本，如降低商品进价成本和市场营销费用从而降低商品价格，以减少顾客的货币成本；努力提高工作效率，尽可能减少顾客的时间支出，节约顾客的购买时间；通过多种渠道向顾客提供详尽的信息，为顾客提供良好的售后服务，减少顾客精神和体力的耗费。

币值与成本最重要的联系是货币职能所带来的。由于货币具有价值尺度职能，直接将币值跟资产的价格联系了起来。在目前这种全球投资和资产配置的环境下，所持货币的币值直接决定了投资成本和交易成本。所以币值对策在营销学思维框架中就是为降低资产投资的交易成本和投资成本，更好地实现投资增值。

顾客营销的成本对策提供的思维是顾客在购买过程中，基于顾客的 VOC（选择标准）、买点、卖点的购买就是低成本购买，也就是说，顾客为了获得更多溢利，并不是价格越低越好，顾客的偏好决定了顾客购买，爱喝酒的人不嫌酒价高，不喝酒的人对于酒价没有概念，无从谈及成本，一定要将合适的产品卖给合适的顾客。在这一思维的影响下，币值平台的趋势上升，对于资产价格的影响并非全面影响，对于房价、物价、股价的影响程度绝对不会相同；币值平台趋势发生逆转，对于资产价格的影响也不会相同，这些都是本章应该研究的内容。

商业社会企业和组织都是平台，平台的高低和趋势的变化影响人们对于该平台的投资，平台概念逐渐取代品牌概念，国家平台是最大的平台，影响各个小平台的趋势和发展，而国家平台的核心体现就是币值平台，这些都是传统营销理论对于币值平台对策的启示。菲利普·科特勒在他的著作《国家营销》中说过："国家可以像一家企业那样来经营。"营销学中对国家形象的研究为币值平台思维提供了借鉴，从国家层面来讲，对国家形象的认知不拘泥于国家企业层面，还在于国家的价值投资层面。同时，由于币值已经跨越国家的局限，从而成为一个平台，因此投资人选择投资的是平台形象。平台形象就是投资者对币值平台的比较价值的总体感知，是基于他们对于该国或者地区的市场基本面和资产价格增值预期的一个认知判断。

二、商业社会币值平台原理

（一）基本原理

商业社会币值平台原理主要是指资产价值的心理预期和平台趋势的关系。因为在商业社会中币值已经跟其身后的平台结合在了一起，币值即平台，平台即币值。心理预期是币值平台原理的核心，其作用机理如图 6-17 所示。商业社会中资产价格的心理预期直接影响币值平台的大小及变动方向，平台的变动情况修正投资者心理预期，两者相互作用。

图 6-17 币值平台的作用机理

资产价格的心理预期之所以可以影响平台的大小和方向，是因为对于一种货币而言，该国资产价格倍增，为了投资该国资产，愿意使用该种货币的全球投资人就会越多，就可以使这个币值平台越大。最好的例子就是欧元，投资人看好欧元区资产价格，欧元区的货币统一、平台做大，直接改变了以前的各国平台。德国马克、法国法郎这些原有的货币平台只能依托于自己的国家，而当欧元区统一货币后，欧元背后的平台就是整个欧盟成员国。随着欧元在国家收支中的地位提高，愿意加入欧元区的国家越来越多，整个欧元区的平台越来越大。同理，如果整个国际社会对欧元区资产价格的心理预期不看好，欧元背后的平台也会出现问题，那么就会出现"英国脱欧"这样的情况。这个原理正是目前为什么欧盟成员国间的关系备受挑战的原因，这恰恰就证明了资产价格心理预期对于平台大小和趋势的影响。

同样，平台的大小和趋势变动的方向也会影响资产价格的心理预期，对于资产价格的心理预期影响可以从汇率方面着手进行分析。在国际金融市场中，外汇价格在很大程度上是由多、空方的势力所左右的，而多、空方的势力又受投资者对汇率走势趋势的判断所影响，当交易者预期某种货币的汇率将会上涨时，他们会大量买进。也就是说，如果人们期待外汇有某一个长期的均衡价格，那么由于他们采取相应的投资策略，而这种大进大出的投资策略的变动，往往就会影响外汇的现货价格向这个方向移动，这些都是金融学研究的重点，人气营商学研究币值平台突破心理关口对于资产价格的心理预期的重大影响。币值变动意味着平台的变动。所以投资人对于资产价格——房价、股价、物价"三价"的心理预期，是营商学研究的重点。

（二）币值作为平台的研究逻辑

要理解币值是一种平台，必须理解币值作为平台的逻辑。首先，币值平台是人气关注平台的一种，人气关注平台的范围很广泛，通过前面的分析不难看出，币值平台是投资人投资一个国家和地区最为关注的平台，币值平台是一个国家和地区价值创造的综合实力的体现。通过对房价、物价和股价的研究，也能证明币值作为商业社会国家和地区平台进行研究的正确性。币值平台与"三价"的关系如图6-18所示。如果不是研究"三价"这一核心人气线，就可以用其他平台进行研究。如教育就可以通过"双一流"的平台进行研究，但是教育是商业社会的价值内容，没有币值平台，"双一流"平台的社会价值也就无法创造，"双一流"的教育平台也无法实现。同时，教育的"双一流"平台建设有利于币值平台研究，没有教育的"双一流"平台建设，研究币值平台可能缺少动力。对于不同的研究内容，所选用的平台不同。本书研究人们最为熟悉的房价、物价和股价"三价"，所以选择用币值作为平台进行研究。其次，币值平台是最被投资人熟知和关注的平台。对于全球投资人来说，在投资过程中都会涉及货币的转化，尤其是要选择更为深入的投资时，要投资该国的股价、物价和房价时，币值是最可以反映全球投资人信心的综合判断。最后，币值经过工业社会的汇率研究，最被投资人熟知和理解。通过汇率研究，使币值可以被数量衡量，其他很多平台无法用数量描述。所以，研究商业社会的"三价"，选择币值为平台，并研究币值对策至关重要。

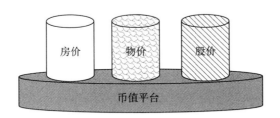

图 6-18　币值平台与房价、物价和股价的关系

（三）心理预期变化的内在含义

因为资产价格的心理预期是币值平台原理的核心所在，所以要明确心理预期的变动实质是商业社会比较价值的变化。如果没有比较价值的变化，人们把币值当成汇率的认知习惯很难改变。随着时间的变化，一个平台的商业价值会随着平台之间的相互比较而发生改变。当商业价值发生改变后，就意味着各个平台间的比较价值发生了变化。

比较价值变化的过程可以用图 6-19 示意。在进入商业社会的国家中，选择两个进入人们视野、相互比较的国家 A 和国家 B。纵坐标表示商业价值量，横坐标表示时间。随着时间的变化 A、B 两国的商业价值量是不同的。在 1980 年，A 国的商业价值量跟 B 国相比有比较价值。因此人气关注 A 国，A 国的币值比 B 国高。到了 2000 年，B 国的商业价值超过 A 国，在这种情况下，人气关注也会发生改变，B 国币值的比较价值凸显，从而使 B 国的币值上升，超过 A 国原有的地位，B 国的币值平台提高了。

B 国的商业价值提升，会使其国际地位上升，该国货币的币值平台也会变高，有更多的投资人认同其地位，导致平台上升；反之，一国的商业价值增速变缓也会导致平台短期下降。

（四）平台类型特点及适应对象

说到币值的平台原理，在研究过心理预期后，就要研究币值平台。币值的平台主要分为四种类型，从人气关注度划分，这四种类型分别是"瘦狗"平台、"问号"平台、"金牛"平台和"明星"平台，具体如图 6-20 所示。

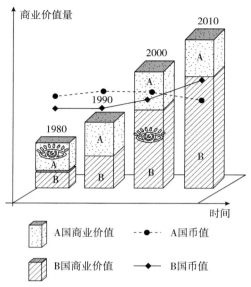

图 6-19　商业社会国家比较价值变动示意

图 6-20　商业社会国家中的币值平台类型

这四种币值平台主要是用国际投资人的人气关注度来划分的。这四种币值平台的平台表现是："明星"平台即币值上升预期明显，币值变化引起全球关注的平台；"金牛"平台是指币值升值空间有限，但币值波动速度较快的平台；"问号"平台是指币值上升方向和上升时机都没有办法确定，需要等待配合国家预期管理进行方向性判断的平台；"瘦狗"平台是指没有长远投资的潜力，同时币值长期没有上升潜力的平台。

在这四种不同的平台中，值得投资分别是"明星"平台、"金牛"平台和

"问号"平台，因此要研究这三个币值平台的特点和使用对象。每个投资人都要结合自己的投资偏好选择不同的平台进行投资。

1. "明星"币值平台

特点："明星"币值平台长期币值变化趋势是上升的，而且时间迅速，是商业社会的引领者。"水涨船高"，该国的所有资产价格都会上涨，所以对投资者来说可以投资该国的"三价"，从而实现价值倍增。由于币值上升，该国必须进行新的价值创造，否则将出现币值下降情况，影响该国在商业社会中的地位。

适用对象：对于资产升值有要求的投资者、希望在短时间内资产快速升值的投资者、有较好的心理承受能力且可以承受资产价格双向波动风险的冒险投资者，是创新和创业者的天堂。

2. "金牛"币值平台

特点：币值长期相对稳定的币值平台，会持有商业社会领导平台货币，以保持自己币值平台的稳定。因此，这种币值平台跟所持外汇较多的平台的经济关联性较大。该货币平台不可能继续引领世界的发展，其属于商业社会中的跟随平台，会有自己跟随的币值平台（往往是"明星"币值平台）。在这种币值平台的投资收益非常稳定，波动幅度有限，因此资产价格上升的空间有限。

适用对象：避险资本可以进行投资，以保持稳定回报，适合保值需求的投资者。不适合想谋求更大资产升值空间的投资者。对于拥有较大规模资产的投资者来说，这些国家正是他们用来配置需要避险的安全资产的首选地。

3. "问号"币值平台

特点：短期内币值变动的方向不能确定，可能出现短期下降或者相对较长时间的币值稳定。"问号"币值平台的表现和未来的心理预期，需要通过观察来判定。但该平台的币值处于低位，有上升的空间。可以用较低的成本持有该国的资产，同时有效避免"明星"平台的双向波动风险。

适用对象：希望获得价值升值且愿意等待的投资者、不愿承担高资产价格双向波动风险的稳健投资者。需要有敏锐的判断力和前瞻性，可以判断出未来的资产升值趋势。

（五）投资人平台选择的步骤

投资人在选择币值平台的时候要遵循以下三个步骤：第一步，判断币值的上升、下降趋势，有资产升值预期的货币才可以实现资产价格的倍增，否则会发生倍减。第二步，判断空间，空间往往意味着投资者可以获利的最大的限度，币值上升空间小的平台只能是"金牛"或者"瘦狗"平台，对于这些平台，投资者应该根据自己的投资需求进行判断。第三步，也是最后一步，就是要判断时间。这里的时间强调的是整体人气线的心理周期，币值平台可以维持在"明星"平台的时间长短跟人气线心理周期有关，人气关注的时间长，币值就会有较长时间的变动。此外，"明星"平台的时间长短也影响人气关注的心理周期。除了以上步骤，币值平台选择正确的关键在于对币值平台心理关口的观察。

投资人并不是针对所有的币值变化都进行平台选择，因为币值的浮动是日常的。投资人只需要在关键心理关口进行币值平台的选择和判断即可。对于币值平台来说，只有心理关口才是值得进行判断的关键位置。币值对应的商业资产价格的心理预期是形成心理关口的关键。币值平台背后商业资产价格的长期心理预期是在短期心理预期不断判断的基础上逐渐形成的。投资人的长期心理预期是每次形成短期心理预期的最重要判断依据。对于每个心理关口都要进行方向性判断，同时要进行空间和时间判断。但是决定这个心理关口最终是否可以守住的关键在于这个相对短期的心理预期的倍增和倍减位。

对于币值平台来说，向上实现倍增和向下出现倍减都符合投资人的短期心理预期线。如果心理预期向下变动，突破了心理关口，那么币值平台所承载的"三价"就会出现倍减。如果心理关口寻求到了价值支撑，币值平台开始向上上升，那么就会实现币值平台的倍增，甚至形成币值平台的成倍增和百倍增。

币值平台短期趋势的形成主要源于投资人对平台价值的判断，判断币值平台上"三价"的倍增和倍减，从而最终决定在心理关口发生的方向性选择。倍增、倍减的判断是币值平台方向、空间和时间变动的决定性因素。币值平台上升过程中心理预期示意如图6-21所示。在图中可以看出全球投资人对于所投资的币值平台上资产价格的心理预期有倍增、成倍增和百倍增三个不同的空间判断。每一个重要的心理预期都会是一个心理关口的判断，因为投资人往往通过这些位置的币值变化来判断币值平台的未来走势。

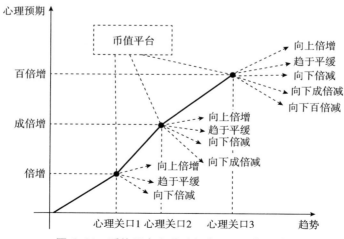

图6-21　币值平台上升过程中心理预期示意

从图 6-21 中可以看出，币值平台为了到达保持长期向上趋势的目标会不断面对挑战，每一个心理关口都会面对一次选择。而且越到币值平台的高位时，面临的选择越多，从而也就有百倍减的可能。所以对于上升到高位的币值平台来说，百倍减的可能性就会存在，就更应该预防其出现这种情况。同时，如图 6-22 所示，对于币值平台的变化来说，并不是每一次都会直接到达倍增或者成倍增这样的位置。在币值平台上升过程中也会出现资产价格倍减、成倍减或者百倍减的情况。这就是之前心理确定中提到的心理关口的四种表现形式，并不是都跟倍增、成倍增或者百倍增重合的原因。但是，倍增和倍减却是币值平台进行方向性变化的重要关口和判断依据。之所以会出现平台的方向性判断，都是因为其在倍增（减）、成倍增（减）和百倍增（减）需要进行判断。

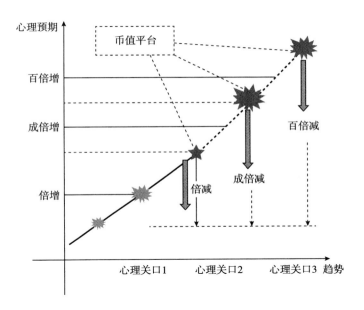

图 6-22 币值平台趋势突破的心理预期示意

（六）商业社会币值平台的目标

对于商业社会的币值平台而言，为了引发全球投资人的投资，都希望实现其在商业社会中最具吸引力的平台目标：长期趋势上升，短期波动调整。这种平台目标主要会使货币平台成为"明星"平台。之所以币值要实现长期趋势上升，主要是因为币值长期趋势上升可以使该国一直处于人气矩阵的"明星"阶段，吸引全世界的投资。币值趋势上升意味着支持该平台的国家和地区在商业社会实现了价值创造。从日本和拉美的过往历史就可以看出，短期上升很可能使一个国家掉入中等收入陷阱。所以，只有币值长期趋势上升才能保证该国在商业社会的领导地位。

但是在币值平台趋势上升的过程中，必然也有下降的时候，这时币值平台就要及时配合人气、金钱、权力对策合理地应对，让人气不要离开本国和地区的币值平台，让币值下降时间减短、幅度减小。同时，运用金钱杠杆或者契约权力引导投资者发现比较价值，并不断创造新的比较价值。2015 年币值平台下降，我国利用金钱杠杆对策使股市上涨至 5178 点。总而言之，增加投资人重要心理关口突破的难度，从而赢得币值趋势向好的时间，减少币值平台趋势下降、空间放大对一国或地区投资的不利影响。币值出现短期波动调整原因有两个：一是防止国际单边套利，引发本国的金融危机。以 1992 年索罗斯阻击英镑之战为例，总会有投机者利用短期的汇率波动赚钱差额利润，短期币值贬值的时候各国的央行要做好应对措施。币值与平台后国家和地区经济的方方面面有关，任何汇率下跌都是对平台信誉的考验，但凡不能审慎应对，都可能出现金融风险，从而引发"多米诺骨牌效应"。二是适应商业价值创造的心理预期和各种对策的综合运用，防止该国在人气关注中的币值平台高估与本国国际经济地位不匹配。高估币值平台不但为国际"游资"做空打压埋下隐患，也会对一国的经济发展和商业社会进程带来不利影响和风险。

三、币值平台趋势上升选择

（一）币值平台趋势上升的时机选择——工业经济发展到顶部

为了避免币值平台高估或出现资产泡沫、币值平台支撑崩溃的危险，币值平台趋势上升时机的选择尤为关键。只有该国从工业社会国家进入到商业社会，币值平台趋势上升时机选择才是正确的。因此，在工业经济发展到顶部时，是币值平台趋势上升的最佳时机。要判断工业社会是否发展到了顶部，有两个重要的标准：一是经济发展速度变缓；二是经济总量达到世界前列。

关于经济发展的速度，对于不同的国家而言，由于各国的现实情况不同，是一个比较的概念。经济发展速度放缓，就是将一国国家经济发展数据放在时间的纵列上进行分析，从而比较出这种差别。如表 6-1 所示，通过比较可以看出这些国家进入增速较缓时期的时间节点。1820～1870 年是英、美两国在 19 世纪经济增长最快的时期，英国的 GDP 增值率约 2%，这就说明由于每个国家经济发展的路径不同，因此没有一个统一的指标来说明经济增速变缓。一个国家经济增速放缓，就需要寻求新的增长路径。

关于经济总量到达世界前列，对于不同体量的经济体而言，不一定都可以达到世界前三的经济总量水平，但是总体上一个国家经济水平只有到达世界前列，才

表 6-1　德国、日本和韩国的经济增长率

国别	阶段	对应年份	GDP 年均增速（％）	工业增加值/GDP（％）	城市化率年均增速（％）
德国	高速	1950~1969	7.9	35→53	1.02
	中速	1970~1979	3.1	53→30	0.16
日本	高速	1946~1973	9.4	20→46	0.98
	中速	1976~1983	3.7	46→30	0.32
韩国	高速	1953~1995	8.0	15→43	1.30
	中速	1996~2008	4.6	43→37	0.25

可以称为工业社会发展到了顶端。这里之所以不用人均来衡量是因为对于一个人口较少的国家而言，有可能因为经济发展水平高，使其 GDP 总量位居前列，总量可以代表国家总体经济实力，这也是中国为什么经济发展快的原因，人口多，GDP 总量增加快。2021 年世界银行发布报告公布了全球各个国家的 GDP 数据，全球 GDP（国内生产总值）总量达 94 万亿美元。其中，总量排名第一的美国占比 24.40%；排名第二的为中国，总量占比 17.94%；排名第三、第四的分别是日本、德国，各占比 5.42%、4.5%，经济总量不足的国家可以进入商业社会，但是难以引领世界。

（二）币值平台趋势上升情形选择

商业社会的国家都会希望自己币值平台可以长期上升，这在上文中已经做了详细的说明。因为无论是发展新的平台还是加入平台，国家和地区的原有币值平台都需要支撑。支撑对于平台来说至关重要，没有支撑平台就是空中楼阁。要理解价值支撑的含义，先要理解支撑的含义。支撑意为抵抗住压力使东西不倒塌。价值支撑是币值可以长期向上的关键，没有价值的支撑币值平台就不会升值。二者的关系如图 6-23 所示。

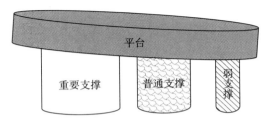

图 6-23　币值平台与价值支撑的关系

之所以要讨论价值支撑主要是因为在商业社会平台要确保其上升趋势，就要有价值在其背后作为支撑。价值支撑的内涵在第一章已有相关说明，对人气营商

学来说主要强调其比较价值，比较价值的分级因素在第二章已经有所涉及。这里提到的价值支撑从其重要程度上来说，可以分为重要支撑、普通支撑和弱支撑三种。在漫长的币值平台上升过程中，主要有三种不同的升值情形选择，这三种情形主要是由币值平台的不同价值支撑决定的。拥有不同的价值支撑会造成不同的币值平台上升趋势。

重要支撑主要是指可以使币值平台长期升值的支持。普通支撑是指可以在一定时期内支撑币值平台升值。弱支撑是指使币值平台升值空间受限的支撑。价值支撑的内容根据不同的比较价值分级因素可以进行不同的划分，可分为文化价值、经济价值和社会价值，也可以从更为具象的投资标的——"三价"方面来填充其内容。"三价"和平台的相互作用在第二节中已经有详细的介绍。但凡"三价"作为价值支撑的内容出现问题，币值平台就面临的崩塌的可能性。所以币值平台的趋势方向跟"三价"这样的重要价值有密切的关系。一国的房价、物价和股价如果可以健康地发展，符合全球投资人的心理预期，那么币值平台就可以长期升值。"三价"可以升值的空间受到全球投资人心理预期的影响，同时也影响全球投资人对币值平台的心理预期。下文从三个方面对币值平台的价值支撑和币值平台趋势方向的表现进行分类介绍。

1. 情形一：币值平台趋势长期上升——重要支撑

此情形如图 6-24 所示。

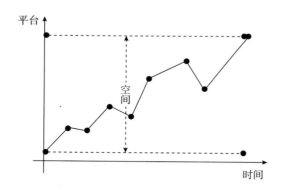

图 6-24　币值平台趋势长期上升

情形一的币值平台趋势长期上升：时间长、空间大。

优点：有较长的上升周期，可以实现多次的价值创造。

缺点：波动较大，币值变化频繁，不易把握。

适用：商业社会领头羊国家。

要求：该国需要载体和创新配合。有平台和专业的同时，还需要有规律创新、技术创新和思维创新的能力，思维创新是更大的价值支撑，这样就可以扩大币值上升的空间。重点是延长时间、扩大空间。

并不是所有的国家都可以实现长期的币值平台趋势上升。美元的币值平台趋势上升主要源于国际资本对于美国比较价值的投资。这是在与各种商业社会国家如欧洲各国、日本等的比较中得出的，是美国经济及综合实力的表现。币值平台长期趋势上升是一国为了赢得商业社会国际地位和名誉，不停地创造价值，所产生的币值上升。

2. 情形二：币值平台趋势一定时期内上升——普通支撑

此情形如图 6-25 所示。

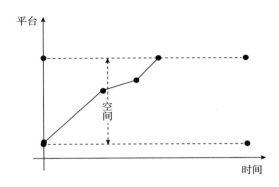

图 6-25 币值平台趋势在一定时期内上升

情形二的币值平台上升总体趋势：时间短、空间大。

优点：时间损失少，可以较快地实现资产升值。

缺点：波动速度快，容易被国际游资套利，不可以长时间持续。

适用：小的商业社会国家，可以较快完成币值平台趋势的上升。

要求：防止币值平台上升过快，国内出现通货紧缩现象。防止币值平台上升过快后的短期平台下降，使该国家退出商业社会国家，落入中等收入陷阱。

这种情形比较常见，如阿根廷的"拉美奇迹"就是由于大量外资的流入、宏观经济形势的好转和经济改革释放的能量，使本国经济在进入 20 世纪 90 年代后取得了较快的发展。在 1991~1998 年的 8 年内，只有 1995 年为负增长，因此这一阶段的平均增长率仍然达 5.8%，高于拉美的平均水平（3.5%）。这些引人注目的成就一度使阿根廷成了国际社会褒扬的对象。但是，从 1999 年起，阿根廷经济却陷入了困境，阿根廷货币被高估，货币体系崩溃，政府允许发行的货币"代用券"都不足以解决这一问题。阿根廷失去了在那个时期进入商业社会国家的机会。

3. 情形三：币值平台趋势上升空间受限——弱支撑

此情形如图 6-26 所示。

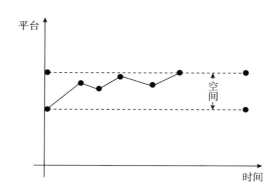

图 6-26　币值平台趋势上升空间受限

情形三的币值平台上升总体趋势：时间长、空间小，波动相对稳定。

优点：相对稳定，易于投资保值。

缺点：波动不大，上升空间不大。

适用：跟随商业社会领头羊国家的其他商业社会国家。

要求：选择正确的跟随国家，防止跟随比较价值下降的国家的币值平台。

币值平台趋势上升空间有限的国家也很常见，对于一些在工业社会已经发展较好的国家，如英国、法国、德国等一些国家自己的币值就已经在相对高位，即使加入欧元区后币值平台上升的幅度也有限，所以对于这种国家而言，只能跟随商业社会领导国家。新西兰元也是同样的情况，由于新西兰这个国家的平台和专业的限制，新西兰币值平台就只能保持相对稳定的态势，不会有较大的上升空间。

在价值支撑基础上，一国或地区要想选择自己币值的上升情景，就要考虑影响币值升值情形的因素。总体来说，影响币值上升的因素有四个，它们分别是本国平台、本国专业、竞争关系和创新思维与逻辑。

本国平台主要是指一种货币背后的国家，因为在世界范围内很多货币都是由一国的国家信用为支持的，所以国家在很大程度上是决定货币币值平台的关键。平台不够的国家无法选择情形一，只有平台够才有机会实现币值的长期上升。一国的平台跟其国土面积、人口数量和国际影响力有关。如果国家本身的平台不够可以选择联合的方式提升平台，如欧盟就是这样的一个思路，欧元的平台也就具有引领商业社会发展的基础。

本国专业主要是指一国具有自身最为见长的专业领域，这一点在第五章有详细论述，一国在平台不足的情况下，如果没有自己的专业，就不可能保持币值的上升。如果有专业没有平台，可以选择后两种情形。

竞争关系是指一个国家跟属于同一平台的其他国家的竞争关系。对于一个国家来说，其可以身处不同的平台。以中国为例，中国在发展中国家的平台中，也在 SDR 货币篮子平台中。一国与竞争国家的比较价值变化决定了币值的变动方向，也就影响了币值上升的时间和空间。

创新思维与逻辑是在第五章中已有论述。在本章中只有平台够高，不断实现创新，才可以延长币值上涨的空间，实现最优的情形一。因为任何一种发展方式都不是永远有效的，必须不断地给自己的商业发展创造新的引擎，从而不断引领商业社会其他国家的发展。这是创新思维和逻辑驱动的重要原因。

（三）保持币值平台趋势上升的方法

为了保持币值平台趋势的长期上升，如图 6-27 所示，主要有四种不同方法，这四种不同的方法使用的时期也不同，不同的国家和地区可以根据不同的时期分别使用这四种方法来保持币值平台的长期趋势上升。

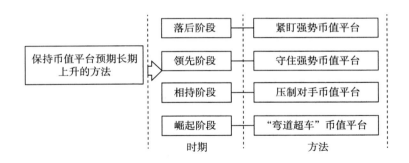

图 6-27　保持币值平台趋势长期上升的方法

1. 方法一：紧盯强势币值平台——落后阶段

并不是所有的国家都可当商业社会的领头羊国家，对于一些国家而言，要想长期保持币值的升值，就要紧盯强势国家的币值。这种紧盯强势货币的方法，就是在自己的货币价值跟强势货币价值之间保持一种相对稳定的比值关系。

对于作为跟世界各国都有贸易往来的美国，其货币美元的号召力十分强劲，目前仍有很多国家和地区使用的汇率制度是采取盯住美元汇率制。接受美元作为法定货币的国家有南太平洋的密克罗尼西亚群岛的一些小国和中美洲的一些小国；通过立法确定汇率联系的国家有阿根廷等；实行爬行盯住汇率制的有埃及、匈牙利、越南、以色列、波兰等。这反映了两个主要的币值稳定成因：一方面，部分国家由于自身经济不发达，长期货币不稳定，因此采取相对稳定的汇率政策；另一方面，还有一些国家和地区因为区域一体化程度高，部分国家因为经济依赖性高，为结算方便、易行，这些国家选择了紧盯强势货币来保证自己国家的货币平台在商业社会中可以紧跟时代的脚步。

2. 方法二：守住强势币值平台——领先阶段

守住地位的含义就是当本国货币成为强势货币后，不能让别国货币超越本国货币。在众多进入商业社会的国家中，总有一些国家的币值受到所有投资人甚至可能是全社会的投资人的高度关注，美元就是一个很好的例子。

纵观货币发展的历史就可以发现，无论是在布雷顿森林体系下还是在其瓦解后 40 多年里，美元的价格一直坚挺，美元的走势和波动都关系着世界各国的经济状况。在布雷顿森林体系解体后，美元受到不同货币的挑战，但是美元的"过度特权"并未受到严重冲击。美国币值每一次的升值都直接影响着整个国际资本的投资，各国股市对比较为敏感。美元用自己币值的变动直接影响世界，美联储利用加息和 QE 等方式，采取独立的币值对策，甚至不惜利用扩张手段，巩固其领先地位。

3. 方法三：压制对手币值平台——相持阶段

压制对手的含义是在有别国货币的币值挑战自己货币地位时，要进行压制。欧元的出现就对美元形成了挑战。

4. 方法四："弯道超车"币值平台——崛起阶段

"弯道超车"也是另辟蹊径的一种发展模式。在国家和地区的发展过程中，存在一种变速发展方式，"弯道超车"就是这样一种发展方式。弯道超车主要包含两种不同的发展策略，前期要求在发展过程中对已有成功发展经验国家的发展方式进行模仿或者跟随，采取这样的策略以减少探索发展模式所带来的"弯路"成本；而到后期，要采取另辟蹊径的方式选择创新的发展路径，实现"弯道超车"。

这种发展模式在币值方面的体现就是开始由于贸易结算和发展经济的需要，使自己的币值处于相对较低的位置。等币值平台足以有潜力发展起来时，再采取升值策略，以获得币值长期上升。这种发展经验在很多发展中国家都有使用，这些发展中国家的币值都经历了一个"欲扬先抑"的过程，在币值变动的过程中，币值实现从一个相对的稳定或者币值贬值到升值的过程。

"弯道超车"的关键点是对币值平台能找到创新点，如果没有可以创新的方式，那么就无法实现币值平台的变速上升。创新的思维逻辑也是实现币值崛起的核心所在。

四、币值平台趋势的把控调整

（一）币值平台趋势上升调整的类型：主动和被动

对于商业社会的国家来说，币值平台趋势上升中的调整分为主动和被动。主动调整是指一国通过金钱和权力对策的调整，对币值的短期方向变动产生影响。而被动调整国际资本间的比较价值流动，是由国际社会决定的方向性变动。

一国之所以会出现被动调整主要有四个可能原因：第一，为了拓展空间，当该国币值上升空间有限时，就会有一些投资人撤离对该国的投资从而造成币值的调整。第二，投资人为了寻求价值倍增，投资了其他国家。第三，币值的比较关系变化，币值由于上涨而处于高位，会有下跌的势能，使其出现调整要求。第四，比较价值流动，这可能是因为一国资产比较价值凸显。有新的国家出现价值洼地，会有投资人投资强势货币购买该国的资产，从而引发币值被动调整。

当一国货币处于高位时，用该国的货币购买其他国家的资产就会比较便宜，这时就会出现资本外流的情况，如果该国不进行新的价值创造，该国的人气也会逐渐离开。如果可以实现新的价值创造，那么该国的人气就不会离开，在短暂调整后又会迎来新一轮升值。对于一个已经进入商业社会的国家而言，必须积极应对被动调整，因此如果不谨慎应对被动调整，很有可能演变为长期趋势。

当预期一个商业社会国家的币值处于长期下降趋势时，投资该国的资产价格不可能大幅上涨，智慧的投资人会纷纷撤离该国，如果该国资产价格过高，就会造成资产价格大幅下跌，国际投资会选择做空该国资产，资产泡沫破灭。无论是在日元贬值还是阿根廷的债务危机中都反映了在货币市场下的资产价格联动反应和不良后果。在币值下降的过程中该国货币在世界的影响力决定这次金融危机波及的面和影响范围。在币值预期长期下降时，该国的富人会因为害怕资产缩水，出现资本外流现象，影响投资人信心，加速币值下降，形成恶性循环，资产价格也无法上升，严重影响全球投资人的判断。所以币值长期下降的情况对于国家层面来说，应该努力避免。因为这对于一个商业社会的国家而言就意味着国际地位的下降。

相对而言，主动调整就要好得多，适度主动调整币值有助于更好地防范金融风险。主动调整要明确调整时机，一般调整时机有三个，分别是长期单边上涨或下跌时、处于关键的认知关口时和币值偏离时。调整也要结合金钱对策和权力对策，但最关键的环节就是把控币值平台下降趋势。

（二）把控币值平台下降趋势

人们预期心理的产生，主要取决于其对一国的经济增长、货币供应、通货膨胀、外汇储备、政府政策、国际政治经济形势的预测和估计等，在外汇市场上，短期流动资金的数额非常巨大，其投机性很强。这种短期投机资金对各国的政治、经济、军事形势等都十分敏感，有一点风吹草动，就会改变资金的流向。所以任何一点市场信息都可能改变市场心态和人们的市场预期，从而影响外汇行情。因为币值的短期升值具有不可持续性，对于国际资本而言，会造成热钱流入的情况，但是由于国家经济缺乏持续增长的动力就会使投资该国的资本快速流出，从而发生货币严重贬值的情况。

传统汇率决定理论主要从宏观基本因素，即相对利率水平、国际收支、通货膨胀、经济增长、内外资产的替代性和均衡价格的调整速度、央行政策到各种其他因素角度来研究汇率的决定和波动。然而现实经济中，却很难运用这些传统理论来预测国际金融市场汇率的走势，大量的实证检验结果也表明，传统汇率理论的解释能力十分低下，尤其对于短期内的汇率变化，其预测能力甚至连简单的随机游走模型都不如。借鉴影响汇率的因素研究的思路，把控币值贬值预期。

把控币值的下降预期，实现保平台的目标，主要有三个步骤：一是找到平台的重要价值支撑，控制币值下降预期的核心就是了解影响币值预期的重要价值支撑。二是在实践中动态寻找平台价值支撑的指标体系，因为除了重要价值支撑以外，还会有不同的指标影响平台的下降趋势，要想方设法守住重要心理关口，增加突破心理关口的难度。三是选择对应控制手段，面对不同指标要选择不同的把控手段，从而把控币值平台的下降趋势。

影响币值平台价值支撑的指标主要分为内部指标和外部指标。内部指标分为经济指标和政治指标，外部指标分为国际经济指标和国际政治指标。指标的具体内容如图6-28所示。

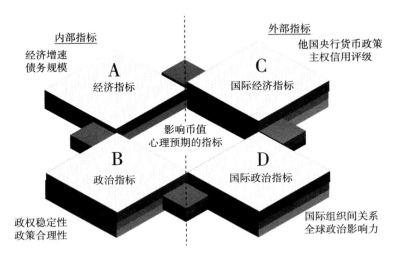

图6-28　影响币值平台价值支撑的指标

经济增速： 经济学研究证明，不同经济发展阶段经济增长的动力机制很可能不同，在低收入阶段能够有效促进经济增长的动力因素在中等收入阶段很可能会失效，能否在中等收入阶段转换增长动力机制很可能是一个国家避开"中等收入陷阱"的关键。所以，很多国家随着经济发展的进程都会出现经济增速变缓的情况。这就对该国政府在经济发展领域的引导提出了要求，如果经济增速骤减或者出现负增长，那么这个国家的经济就面临"硬着陆"的风险，直接影响一国币值的预期。

债务规模：债务规模往往成为限制很多国家币值的一个重要因素。1982年，以墨西哥宣布无力偿还巨额外债为先导，拉美陷入了史无前例的债务危机。所以，当2001年12月，阿根廷"倒账"，随后巴西经济出现问题时，国际社会担心，一旦巴西宣布无力偿付外债，整个拉美地区将重蹈20年前债务危机的覆辙。因此债务规模一直是一个衡量币值预期的关键指标。

政策合理性：一国或一个地区的政策合理性往往对币值产生很大的影响。货币政策合理性对于币值的重要性不言而喻，但产业政策、税收政策等往往也会决定币值。政策违背全球化趋势的国家，往往不能收获全球投资人的信心，因为这一信号是一国经济下滑的表现。产业政策方面同理，如果在需要产业升级转型的时期，政府没有加以合适的政策引导，而违背发展规律，无疑会影响到该国的币值预期。

他国央行货币政策：当今世界是一个联系密切的整体，所以很多国家的央行货币政策会直接影响币值的变动情况。例如，美联储的加息会议牵动着整个国际社会的心，每次加息会议后，全球市场都会对加息决议做出反应。所以，币值不仅只跟本国的货币政策有关，世界范围内一些备受关注的商业社会国家的币值会直接影响很多国家的币值变动预期。

主权信用评级：主权信用评级是信用评级机构进行的对一国政府作为债务人履行偿债责任的意愿与能力的评判。目前涉及主权信用评级业务的主要是国际三大评级机构：惠誉评级、标准普尔和穆迪。北京时间2011年8月6日上午，国际三大评级公司之一的标准普尔宣布下调美国主权信用评级，由AAA调降到AA+，这直接影响了美国币值的心理预期。

国际组织间关系：在商业社会中一些市场消息的发酵和人们对于各种投资信号的判读，会使一国汇率受到极大的考验，尤其是NGO（非政府组织）之间的关系。

全球政治影响力：在联合国这个平台中5个常任理事国的全球影响力都是很大的，有一票否决权。在国际政治方面的影响力也会影响各国的币值预期。在全球战争、贸易制裁各种问题上的决议，往往直接影响国际局势，所以由于常任理事国的国际政治影响力，其币值相对来说都会比较坚挺。

在知道这些影响指标后，就要根据不同的指标选择与不同的控制对策，控制这些影响币值平台趋势下降的指标，目的就是提升投资者信心。具体对策如图6-29所示。

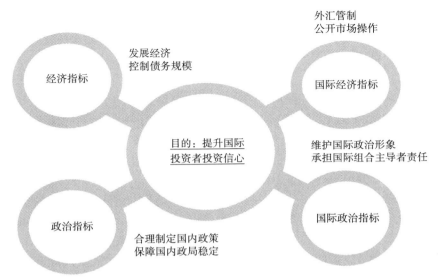

图 6-29 控制币值平台被动调整趋势的对策

发展经济：商业社会的发展离不开经济支撑。如果在经济层面没有良好的数据支持，那么投资人的信心无法提振，就不可能形成良性的心理预期。尤其工业增长率、通货膨胀率、经济增速这些都是关键的因素。如果一国经济不能在这些指标上满足投资者的心理期望，预期不能被兑现时，就会出现币值贬值的情况，从而影响整个资本市场层面。

控制债务规模：主权债务规模必须在一个合理的空间内。一国的债务规模一旦超过合理的空间，就会出现债务市场的危机，巴西、阿根廷、希腊和冰岛的例子都是证明。一国的债务规模要在合理区间内，同时短、中和远期国债都要保证不出现承兑危机，这样才可以保证良好的投资环境，从而保证币值预期。

合理制定国内政策：新自由主义经济学认为市场有自主调节的能力，在很多时候反对政府对经济的调节作用，但历史的现实告诉我们，即使是对于西方国家，政府在经济政策的制定方面也有很重要的作用尤其是在应对危机的时候。因此，合理的国内政策制定，往往意味着政府对经济的助力作用很大。控制政策合理性，实现对币值的预期控制。

保障国内政局稳定：国内政局的稳定对于币值来说具有支持作用，没有政局的稳定，央行不可能正常运转。如果一个国家国内政局不稳定，那么其投资环境也会很不稳定，这种情况下，不仅工业不能为这个国家的发展提供支撑，金融作为最敏感的部门，更是会出现系统性风险。币值在投资者中的心理预期一定会受到挑战，所以保证国内政局的稳定，是控制政权稳定性这一重要心理预期的对策手段。

外汇管制：外汇管制有对人、对物和对地区的管制，各国都会有自己的不同程度和方式的外汇管制。多数国家对居民实行较为严格的外汇管制，而对非居民的外汇管制较松。对物的管制即对外汇收支中所用各种支付手段以及外汇资产的管制，具体包括外币、现钞、外汇支付工具、外币有价证券、贵金属等。对地区的管制，是指对国境内保税区或者特别行政区的外汇收支活动和外汇经营活动的管制，运用这种方式可以应对外国央行的货币政策。

公开市场操作：公开市场操作（公开市场业务）是央行吞吐基础货币，调节市场流动性的主要货币政策工具，通过央行与指定交易商进行有价证券和外汇交易，实现货币政策调控目标。这一操作主要包含三种方式，分别是回购交易、现券交易和发行中央银行票据。公开市场操作主要是债券市场的操作，通过这种操作可以释放流通性。公开市场的操作可以对一国国家的债务规模进行控制，可以控制投资人的心理预期。

维护国际政治形象：国际政治形象直接影响一国的全球影响力。所以一国要建立和维护自己积极的政治形象。从积极参与国际援助活动、维护世界的和平与发展出发，更好地维护本国的国际形象。有了良好的国际形象，就会带来良好的国际影响力，使一国在国际社会重要事项的决策中可以起到重要的作用。

承担国际组织主导者责任：中国建立亚投行和提出共建"一带一路"倡议，可以充分利用当地和全球资源。使用本币开展对外投融资，可调动当地储蓄资源，通过合理的回报形成示范效应，撬动更多的当地储蓄和国际资本，形成正反馈。2008年以来，中国先后与多个国家和地区签署了本币互换协议，还与多个国家实现了货币直接交易，有效降低了汇率风险，便利了贸易和投资。在金融领域受到越多的认同，会对人民币币值平台的心理预期起到积极作用。

以上关于币值平台向下趋势的把控，主要是为了应对币值平台被动向下的情况发生。通过以上举措可以更好地巩固价值支撑，使币值平台的长期向上趋势不被破坏。

第四节　币值平台变化的价值创造

一、币值对策的研究对象

本章之所以命名为币值对策，其研究重点就在应对上。币值的变动是一系列复杂的过程，其结果是市场信心和投资者多空看法博弈的最终结果。因此，全世界投资者（从国家到个人）如何应对币值变动，成为本章的研究对象。

在现阶段也不是整个世界都进入了商业社会，一些国家仍处于工业社会，也就是说该国还处于满足需求阶段，这时货币还不具有世界货币职能，该国货币仅在国内购买中充当一般等价物，这时人气营商学还不适用该国。是否为商业社会的国家成为四大对策是否适用的首要判断依据。

从国家层面上看，币值对策研究一个国家和地区如何保持自己的平台高度，让自己的币值符合商业社会发展的新要求，从而使币值在商业社会保持长期升值趋势。从国家和地区层面来说，其研究意义还在于防止资本外流从而使资产泡沫破灭。币值的变动随着市场的开放程度和各种金融工具及投资机构的介入已经成为很多投资人的一个重要投资依据。从当今中国来看，汇率的变化就深刻反映了市场对于中国未来预期的判断。

在商业社会面对币值下降需要审慎对待，因为，一国的币值下降，如果不加以干预，资本外流的情况就会出现，贬值压力的影响会激发资本避险属性从而发生外逃。资产泡沫的出现跟汇率波动也有关系，日本的资产泡沫破裂，就直接地显示了币值一旦失控，而国家失去了应对币值变动的能力，即使是升值也面临着资产泡沫破灭的可能性（张见和刘力臻，2010）。

从个人投资者角度出发，币值对策主要研究投资者在价值投资上的投资选择，帮助投资者紧跟资产增值的脚步，合理选择投资标的，选择合适的投资国家和对象。面对币值升值过程中的不同情况，资产价格上涨的速度和变动方向的不一样，房价、物价和股价在不同的币值变量类型下都有较优的投资策略。

之前的章节已经说明，商业社会的价值定义是增值除以损失。从币值对策方面可以更好帮助投资者看清时机，减少损失获得更大的价值增值。如果币值平台变化在增值预期上不支持，持有该货币的国家的资产价格上涨缺乏支撑，势必会对其价值投资产生影响。如果一国的币值进入长期升值的通道，那么就意味着该国受到了投资人的关注，长期的升值也是投资人气聚集的一个重要原因。在这种币值升值正反馈机制中对投资人价值发现和价值创造提出了新的富有挑战的要求。因此，在微观层面上，币值对策对所有投资人都有重要意义。

二、商业社会币值变化的类型

商业社会中币值类型对于投资者投资不同的资产类型有很大的影响，不同的币值状态下"三价"的反应也不相同，所以要进行币值变化类型的划分。商业社会中币值变化有以下两种划分方式：

第一种方式按照持续时间和变动方向进行划分。这种划分方式把币值变化分为六种不同的类型：长期上升、长期稳定、长期下降、短期上升、短期稳定和短期下降。长期和短期的时间是一个模糊概念，是由比较产生的，如果持续在一个方向波动的时间较之前的持续时间短，这种波动就属于短期波动。在这几种类型中并不是每种币值变动都需要关注，其中需要重点关注的有三种，即长期上升、短期稳定跟短期下降，具体如表 6-2 所示，币值长期上升的国家是人气关注的国家，短期上升具有欺骗性。同时短期币值稳定或下降的国家有可能会出现持续的上升，或者出现长期趋势的转折，是重要的判断时机。

表 6-2　持续时间和变动方向划分法的重点关注类型

时间 ＼ 方向	上升	稳定	下降
长期	★		
短期		★	★

　　商业社会每一个国家货币上升有长短期影响之分。货币短期的上升，对于投资人的影响是短暂的，这种上升会刺激外来资本的投资和国内的通货膨胀。从人气营商学的观点来说，要想逃离中等收入陷阱，就是要不断地进行新的价值创造。在经济发展的过程中预期不断地被兑现，尤其是对于一个发展速度较快的发展中国家，当工业社会发展到一定阶段时，必须往商业社会转型，在转型过程中，世界各国都在关注该国，如果转型失败，币值就会出现严重的贬值情况，将之前国外热钱投资拉高的国内物价推及到国际中。无论是通过什么方式，最后的结果都是货币贬值。所以这种情况下，整个国家应该好好思考防止在短期的供需关系变动中出现资本外流的情况，同时防止本国的资产泡沫破灭。

　　第二种方式按照总趋势和变动方向进行划分，结果如图 6-30 所示。

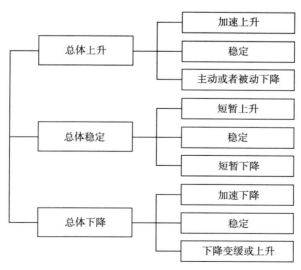

图 6-30　按照总趋势和变动方向进行划分

在此种分类方式下，每一个国家或地区的币值平台在不同时期的总趋势和变动方向各不相同，在全球背景下又相互影响。前文的论述清晰地表明，商业社会国家币值以上升为主旋律时，更能吸引人气，但是币值上升的道路并不是一帆风顺的，不可能单边上升，在一定时期也会有一定的下降。币值变化是投资人在全球一体化的商业社会进行价值投资选择和资产配置的重要参考。投资者在商业价值投资过程中如何应对是本节研究的重点。

三、"三价"的币值投资

（一）币值投资对策选择步骤

对全球投资人来说，可以依据币值平台原理对一个国家和地区的币值平台进行投资。但是在选定平台之后，除关注币值本身变化之外，投资者还要选择具体的投资对象进行价值投资。"三价"代表的价值资产，是创造价值的最好载体，投资人要依据币值变动和"三价"变动关系的规律，在这个币值平台上采取相应的对策，选择"三价"进行具体投资。投资对策选择步骤一共分为五步，具体如图6-31所示。依据这个步骤，商业社会的投资人能更好地实现自己在商业社会的价值创造，从而在商业社会占得先机。

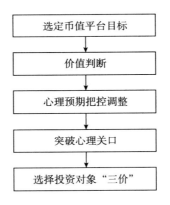

图6-31　投资对策选择步骤

第一步，选定币值平台目标。因为不同的币值平台所拥有的资产价值上升情况不同，投资收益就会不同。因此，对于投资人来说，最好的币值平台应该是人气"明星"币值平台。在"明星"平台上，可以在全球视野投资中占得先机，不断地实现价值倍增。第二步，价值判断。选择好币值平台后，通过价值判断决定自己的投资对象非常重要。在这一环节投资人要通过价值判断决定自己的投资。价值判断主要是要明确自己的比较价值目标。人气关注的是比较价值，所以这一步是关键环节，没有比较价值就不适宜进行投资。第三步，心理预期把控调整。一种币值平台如果缺乏心理预期把控调整能力，那么关于这种币值平台的投资前景就备受质疑。在商业社会中币值平台存在较高的不确定性，对于这种币值平台，心理预期把控能力是应该着重培养的能力，这样才能应对商业社会中的不确定性。第四步，突破心理关口。商业社会中币值平台的种类很多，不同币值平台所对应的上升路径都不相同。心理关口形成的原因不尽相同，但是心理关口突破的方向往往决定币值平台趋势的变动方向。如果是突破向上的心理关口，那么币值平台就会形成向上的趋势；相反，如果币值的心理关口向下突破，往往会使全球投资人对币值平台的趋势判断发生转变，从而出现倍减的情况。第五步，选择投资对象"三价"。币值的变动方向有不同类型，根据币值变化的不同速率和方向，进行投资对象的选择。房价、物价和股价形成的"三价"是一个国家或地区人气价值的生动体现，"三价"是价值投资的较优选择对象，人们容易达成共识，币值因此成为"三价"的平台。那么币值的变动直接影响"三价"的升降情况。根据币值变动的类型进行投资对象选择是投资的重要步骤之一。

（二）币值投资平台选择

从投资人的选择自由来说，投资人当然可以选择不同的平台。但是由于"明星"币值平台有很多的价值空间，其比较价值凸显，可以在较短时间内实现价值的上升。所以在商业社会，全球智慧的投资人的总体对策是投资币值属于人气"明星"的平台。

至于为什么选择"明星"平台，原因有二：第一，实现价值升值。前文已经提到，"明星""问号""金牛"币值平台都可以进行投资。"问号"币值平台，可以通过等待变为"明星"币值平台；"金牛"币值平台，可以通过价值创造变为人气"明星"币值平台。"明星"币值平台可以引领商业社会的发展，在商业社会获得更多话语权。全球投资者投资该国资产，不仅实现自己的价值倍增，也促进了该国家和地区在商业社会的良性发展，使该国资产价格上涨。投资人之所以要对"明星"平台投资主要因为"明星"币值平台的投资机会多，"三价"会进行轮动，在币值变动的对应情境下可以获得资产增值。

第二，投资"明星"币值平台，可以用更小的成本购买国际资产。在商业社会中，商业社会国家和地区的投资市场都是全球化的，对货币、投资资产选择提出了新要求。"明星"币值平台国家的资产就成为人们相互追逐的国际资产，选择"明星"币值平台的货币后，随着币值平台的上升，资产价格上涨的空间会越大、时间会越短，这就意味可以用更小的成本购买国际资产。所以，为了更好地实现商业社会的价值投资，就应该选择具有比较价值优势的"明星"币值平台的货币。持有这种货币的时间越早，就可以在国际价值投资中获得更低的成本。

所以后面提到的投资对策也就是"明星"币值平台的投资对策。如果不是人气"明星"币值平台，该国的"三价"就不会在该国或该地区的价值倍增中出现人气的周期循环，也就失去了这个规律使用的条件。人气"明星"币值平台的币值变化类型从总趋势来看是长期上升，也就只有在这种平台下，才可以讨论投资"三价"的投资对策。

（三）投资"三价"的选择

商业社会中币值平台趋势的上升和下降，受到心理关口的影响，而心理关口又受到价值支撑的影响。无论是投资一个国家，还是投资具体商品或其他领域，都要根据资产价格的心理预期与平台趋势范围的变动不断调整。如图 6-32 所示，这便是利用币值对策投资"三价"的典型状态下选择逻辑。

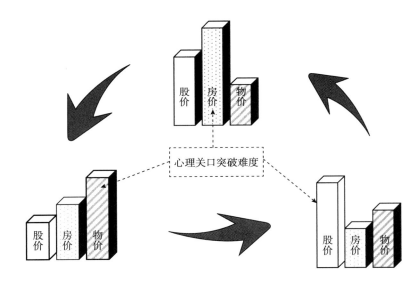

图 6-32　利用币值对策投资"三价"的典型状态下的选择逻辑

对于商业社会中的投资人来说，实现自己价值创造的关键一步也是最后一步，就是投资"三价"。然而，对于"三价"的投资，币值平台趋势总是随着心理关口的突破而变动。币值平台趋势变动过程是人气在商业社会中的商业价值即经济价值、文化价值、社会价值之间流动的过程。因此，投资人总是选择房价、物价、股价这"三价"，根据其突破难度进行投资。

"三价"投资要综合心理预期、心理关口突破和价值支撑进行分析。"三价"心理关口突破判断流程如图 6-33 所示。

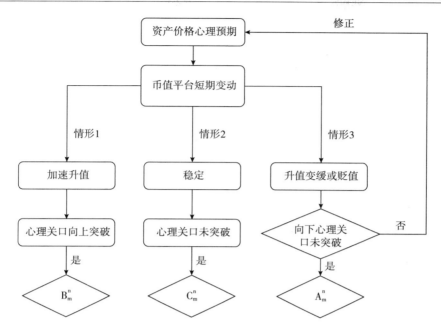

图6-33 "三价"心理关口突破判断流程

注：A代表房价，B代表股价，C代表物价；m的不同取值，对应在房、物、股三价上，分别代表不同地区、区域的房价、不同属性的物价和不同行业、板块的股价；n=1代表比较价值，n=2代表相对价值，n=3代表绝对价值。

当币值的心理关口向上突破时，全球投资人认为币值平台上升加快，就意味着股价要上涨。因为币值向上突破心理关口就会直接加速该国所有的资产价格上涨，其中股价最快。当币值在一定范围内稳定波动的时候，物价容易出现上涨。币值稳定时期，全球投资人一般也采取静观其变的投资态度，因此币值平台的主要持有人大多是本国或本地区的投资人，这个层面的投资人更容易选择相对了解的物价品类进行投资。币值平台向下主动或者被动调整的时候，只要没有突破全球投资人的心理关口，就会给该国的房价带来上涨机会。因为币值平台主动或者被动调整意味着可以更便宜地购置该国的资产，房价投资具有避险的属性。加之心理关口没有突破，就意味着该币值平台的长期心理预期不变。当然，并不是所有的币值向下变动都会是短期的，有的平台也会突破向下的心理关口，从而使币值平台的长期心理预期进行修正。对于币值平台的下降趋势，可以根据人气营商学中的币值对策进行判断。

1. 情形一：币值平台加速上升——心理关口向上突破——投资股价

在一个国家币值平台处于长期上升趋势时，该国资产价格变化速度加快，投资品种变化加快。在该国资产价格的变化中，该国"三价"中最快做出反应的应该是股价。

币值平台上升加快时，股票价格一定上升快，因为股价是"三价"投资中最为灵活的价格，物价、房价相对缓慢。币值平台突破心理关口快，股票上涨更快，所以，全球投资人在该国币值平台上升速度加快时，投资该国股价。

币值平台上升时股价增长速率最快的原因有三：①从购置难度上来说，股票投资的难度系数最小。对于国际投资者来说，股票是最容易进行投资的品种，是全球投资人的最先选择。②国际资本会优先选择股价投资，是由于股票的变现能力强，作为金融资产有很多自带杠杆，利润空间大。全球投资者中不乏智慧的投资人，他们往往会快速嗅得先机，努力实现自己的价值倍增。③对于该国或者该地区本身的投资人来说，如果不能在此轮资产价格升值中选择股价占得先机，那么就容易出现整体生活压力上升的情况。只有选择股价换取现金购买其他资产，才可以实现自己生活品质的提高。面对国内投资人高涨的投资热情，股票价格也会快速上涨。

2. 情形二：币值平台趋于稳定——心理关口未突破——投资物价

当一国的币值平台趋于稳定时，波动空间有限，资产价格趋于稳定。一般来说，这种币值平台类型相对来说持续的时间不会太长。在人气"明星"币值平台国家的稳定时期，一般优先选择投资物价。股价可能不会上涨，物价和房价中，投资人很容易选择物价。币值平台适当下降，向下突破心理关口时，房价是一种很好的避险投资。

币值稳定时股价难实现资产价值升值，房价在币值下跌中上涨，物价在币值稳定时上涨，配合金钱对策和权力对策进行分析会更加准确。从币值对策上讲，币值稳定时应该优先投资物价。币值稳定时，物价的波动空间不大，参与投资的人较少，不会引起物价的大幅波动，同时由于其包含的历史文化属性，投资人对其具有较高的认可度，所以物价的投资具有投资基础。物价的投资种类繁多，所以要从中选择处于低位的物价种类进行投资，从而实现价值增值。

3. 情形三：币值平台主动或者被动下降——心理关口向下短期突破

（1）心理关口向下短期突破——投资该国房价。币值平台加速上升和平稳时的投资对策比较容易选择，币值平台在主动或者被动下降时的投资对策就比较复杂，币值平台下降的空间和时间在人们预想的范围内时，一般有利于投资房价，通过投资房价保持资产增值，全球投资人也可以通过较低的币值平台，降低投资成本，增加投资收益。

（2）币值平台向下突破重要心理关口——出现价值支撑崩塌。币值平台向下突破的心理关口超过一定范围，从而突破重要心理关口，可能使平台趋势发生根本性改变，币值平台长期趋势出现修正，资产价格的心理预期出现倍减。如2008 年全球投资人改变了对美元币值平台长期趋势的认同，使美国房价整体下跌。币值平台趋势的改变表明一个国家的价值支撑出现了问题。在一国币值开始下降的过程中，一定是伴随着人气的转移的，当全球投资者的人气关注中产生倍减的价值判断时，投资就会转向强势货币国家，即有倍增空间的国家。只有长期不懈努力，才能确保币值平台趋势长期向上，否则可能会出现局部或者全球性的金融危机。

本章练习

一、简答题

1. 简述币值在三个不同社会中其含义、表现和作用的演变。
2. 简述币值平台原理。
3. 如何理解价值支撑？
4. 如何理解币值心理关口突破的难度的重要性？
5. 如何把控币值平台上升的趋势？

二、材料分析题

2005 年是中国证券市场发展史上具有重要的承上启下意义的一年。1992～2005 年的这十多年来，随着上市公司的增加，非流通股数量从 1992 年初的几十亿股快速增加到 2005 年 5 月底的 470 多亿股。2005～2009 年，中国股票市场迎来两次倍增；2005～2007 年，股价上涨，上证指数从 998 点上涨到 6124 点；2008～2009 年，股价反弹，上证指数从 1664 点上涨到 3400 点。中国股市在2005～2009 年变化幅度较大。从股价的变化中可以看出 2005～2007 年倍增的趋势。

2005 年是中国的汇改元年，7 月 21 日，中国人民银行发布《关于完善人民币汇率形成机制改革的公告》，并在当日将美元兑人民币交易价格调整为 1 美元兑 8.1100 元人民币，实现人民币对美元一次性升值 2%，对人民币汇率实行连续报价。人民币汇率形成机制改革还包括两个"完善"：其一是完善银行间外汇市场体系。2005 年 5 月 18 日，银行间市场正式开办外币买卖业务，首期推出八种"货币对"即期交易，分别是美元兑欧元、美元兑日元、美元兑港元、美元兑英镑、美元兑瑞士法郎、美元兑澳元、美元兑加元、欧元兑日元。2005 年 11 月24 日，在银行间市场引入人民币做市商制度。其二是银行结售汇制度，进一步放宽境外投资外汇管制，将境内机构经常项目外汇账户限额由 30% 或 50% 调高到

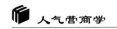

50%或80%，调整银行结售汇头寸管理办法，调整居民个人经常项目购汇政策。从固定制度到弹性制度，在于通过建立有弹性、有深度的外汇市场来发现均衡汇率，从而有利于增强货币政策的独立性，并形成产品创新、主体多元的外汇交易市场。

2006年5月，伴随着美国经济发展减速和国际汇市美元全面走软，人民币汇率中间价首度突破1美元兑8元人民币，收于1美元兑7.818元人民币，一年内人民币升值超过3.72%。2007年，人民币汇率中间价突破1美元兑7.3元人民币关口。2008年人民币对美元中间价升值6.9%，并于4月突破1美元兑7元人民币，最终收于6.85∶1，从此人民币对美元汇率进入6.8时代。

1. 试利用币值对策，分析2005~2007年股价上涨的原因。

2. 在人民币币值平台上升趋势变化的过程中，如何理解心理关口突破的难度对于资产价格心理预期的影响？

第七章　金钱对策

第一节　金钱的形成和发展

一、金钱的理解

（一）金钱

"金钱"的释义为：货币大多由金属所制成，故称"金钱"。可从《汉书》"然不能半自出，天下大氐无虑皆铸金钱矣"[①] 寻觅到古时对金钱的理解。而后，将金钱定义为钱财，是用来表现财富的多少以及与他人进行经济往来的重要媒介，金钱的概念是万物可换的价值标记。例如，"他们两人常有金钱来往"。由此可见，金钱与各时期的社会主体以及社会活动紧密相关，只有存在于社会主体与社会活动中，金钱才有意义。

金钱在不同时期有着特定的含义。现如今全世界大多数国家都正在或者已经步入商业社会，只是各国的进程不同而已。在注重价值创造的商业社会，投资是实现价值的主要路径，这时的金钱可用来投资商品，投资商品不只是购买其本身的利益，而是为了实现价值增值，金钱的货币购买职能变成金钱的杠杆投资职能，金钱是为了撬动未来，具有价值的资产都可以成为投资标的物，金钱杠杆就可以通过放大资产的价值发挥其倍数作用，也就是人们通常所说的"用钱生钱"。杠杆的使用在经济发展中具有重要作用，适度的杠杆率不仅可以提高资金的利用效率，并且使社会资产市值逐步扩大，有利于资产的价值发现，从而鼓励

[①] 《汉书》载："自造白金、五铢钱后五岁，而赦吏民之坐盗铸金钱死者数十万人。其不发觉相杀者，不可胜计。赦自出者百余万人。然不能半自出，天下大氐无虑皆铸金钱矣。"描述了汉武帝第四次币值改革状况。

人们投资，推动商业社会发展。但如果杠杆使用不当，则会造成资产价格崩溃，银行、基金等金融机构的不良贷款数额上升，致使金融危机爆发。杠杆率作为杠杆的量化指标，可以反映出一定的债务负担情况。2014 年数据表明，我国实体部门杠杆率为 217%，处于适中水平，低于发展中国家，杠杆率占据前四的发达国家分别为日本（400%）、新加坡（382%）、希腊（317%）、法国（280%）。

在以小农经济为主的农业社会，金钱并非主体，只是作为维护权力的一种工具来更好地巩固政权。此时，金钱的具体形态为黄金、白银，金钱的"金"当指金属，主要指金、银、铜、铁等金属。工业社会是以工业经济为主导的社会，是继农业生产之后的社会阶段，以经济增长为核心，因此也称之为经济社会。这时，金钱地位上升，成为工业社会的主体，人们需要金钱更好地拉动社会经济增长，而拉动经济增长需要更多的纸币，因此工业社会纸币是金钱的具体形态。

在商业社会，投资是实现价值的主要路径，投资商品能够实现价值增值。

（二）金钱演化

农业社会即以农业生产为主导的社会，在早期原始社会时，生产工具简易且匮乏，主要的耕作方法为刀耕火种，主要的耕作工具为石刀、石犁、石斧等，农作物以水稻、粟等为主。由于生产力的低下，农作物产量较低，耕种者仅能满足自己的基本生活需要，剩余物品很少，种类单一，仅支持物物交换。

物品交换的步骤一般为：第一步，用自己的商品换成一般等价物。第二步，用一般等价物换取自己需要的商品。对于一般等价物，各地区划分不同，在一个地区的不同时期也有所不同。回溯历史，充当一般等价物的物品种类繁多，牲畜、布帛、贝壳、粮食、食盐、金属、金银等都充当过一般等价物。最终，一般等价物固定为金银，这是由金银自身的自然属性决定的，即金银有许多适宜固定充当一般等价物的特征：体积小、价值大、便于携带、久藏不坏、质地均匀和容易分割等。首先，体积小、价值大。因为采掘金银要投入很多劳动力，所以金银的价值大。这样一来，人们可以携带少量的金银，就能买到大量的商品。其次，便于携带、久藏不坏。黄金、白银极易保存，即使埋在地下，几千年后挖掘出来，仍完好无损。最后，质地均匀、容易分割。金银可以随便熔合，又可随便分割，其价值不会受到损失，而布、贝壳等就不行。正因为金银有这样多的优点，所以，固定充当一般等价物的重任就自然落在了黄金、白银身上。金银一旦固定地充当一般等价物，它们也就成了金钱（石世奇，1999）。

到了封建社会时期，铁制农具的出现以及耕作技术的更新，使生产力大大提高，农产品逐渐多元化。由于剩余产品的增多，农产品商业化萌芽产生且逐渐发展，但是我国古代商业化的发展仍长期受到以自然经济为基础的封建制度的约束。虽然在农业要素市场发展方面取得了一定的突破，但是农业生产要素依然难以相对自由地流动和合理配置，只是随着交换范围的扩大、交换难度的增加，就开始出现一般等价物即充当交换媒介的物品。一般等价物的出现，有利于农业社会物品生产和交换的不断向前发展。

在农业社会时期，由于幅员广袤与人口众多，执政者有君临天下之势，工商人士莫能与之抗衡，结果造成政治制度左右经济制度，政治力量凌驾于经济活力之上的现象，这种格局极大地制约了古代经济发展。社会经济关系的主体——皇室、贵族与官僚地主是权力垄断与分配的产物。在日常的社会运转中，王权起着枢纽作用，主要表现在人身支配、赋税、徭役、兵役、某些经济垄断等方面。在农业社会，权力与经济并非截然分开，权力决定了经济之后，就形成合二为一的"政治—经济"制度，以及合二为一的社会关系。社会关系的主体是政治上的统治者，其也是社会经济的管理者和掠夺者。"国家权力支配社会"实际上是皇帝官僚集团运用国家权力来统治和奴役社会成员，以满足他们的种种物质需要。中国古代皇朝在政治上实行专制统治，在经济上实行"家天下"制度，因此，农业社会是以权力为主、金钱充当一般等价物的社会状态。

18世纪后半期工业革命下现代机械化生产模式的出现，引起了整个经济领域的变革，进而形成以机械与大型企业生产为中心的现代工业经济。工业经济进一步引起社会各方面的变革，形成一种区别于农业社会的工业社会。工业社会的主体为金钱，主要通过投入货币来刺激需求，社会需要大量的货币用以发展经济，从而为社会的发展打下坚实的经济基础。工业社会以生产和机器为轴心，目的是制造产品且提供服务，社会生产由最初的以手工生产为主转变到以机器生产为主，而机器生产相较于手工生产就需要更为先进的技术以及大量的金钱，这时产品交换成为社会主流，货币在产品交换中的作用和职能被不断放大（贾玉娇，2010）。

由于机器生产、资本增加以及先进技术的应用，生产力获得前所未有的飞跃，工厂和工人数量迅猛增加。例如，英国在1771年才建立第一家工厂——克罗姆福德纱厂，到了1835年，全国已经有棉纺织厂1262家，棉纺织工人达到了220134人，曼彻斯特成为世界上最大的棉纺织业城市。机器的使用大大提高了劳动生产率。1770～1840年，每个工人的日生产率平均提高20倍。棉布、煤、生铁等主要工业产品产量都突飞猛进，以至于工业生产于1820年占世界总产额的一半。

利用合伙制、股份制等制度条件，一些行业，如矿产、冶金等一开始就走上了集中的工场手工业发展之路。为了降低交易成本和获取团队生产效益，不久之后，分散的工场手工业也转变为集中的工场手工业。但以手工劳动为基础的工场手工业具有极大的不稳定性，生产活动在集中的工场和分散的家庭之间还有很强的替代性，如果市场变得狭小，就可能退回家庭，甚至回归自然经济。18世纪中后期开始的第一次工业革命终止了这种具有摇摆性的生产状态。由于机器本身所具有的专用性和不可分性，生产过程固定资本的规模和比重大大提高，劳动生产率大大提高，生产最终摆脱家庭而由工厂或企业承担，交换成为常态，商品经济最终确立。同时，机器大工业和稳定的工厂制度直接造就了第一代资本家和工人。

工业社会再生产可以分为两个层面：第一个层面为简单再生产。由工业生产技术的进步和资本的积累，带动整个经济领域其他产业的技术进步和资本积聚。例如，"农业工业化"由原始工具转为使用现代机械设备，而购置现在农业生产设备就需要比以前更多的资本。由于资本的增加以及技术的应用，农产品加工厂大幅度增加，满足人们的需求，从而获得更多资本。第二个层面为扩大再生产。使用先进生产技术和使用更多生产资本的生产事业，在整个国民经济中的比重增加。生产力越高、使用资本越多的生产事业的总产量和产品总价值，必然比生产力较低、使用资本较少的生产事业的总产量和产品总价值大得多，这样形成了以大量金钱货币为主的、通过购买产品和服务满足人们物质利益需求的社会。

商业社会的人们追求高品质生活，由此来体现自己的名誉和社会地位。高品质生活的获得要通过投资商品、创造商业价值来实现。金钱购买满足需求的时代已经结束，因此金钱的购买职能转向了杠杆职能。以金钱为杠杆发挥其倍增作用，撬动未来，帮助人们有效地投资，实现价值增值。

杠杆可理解为若一个变量是某项资产，杠杆进入，就会使资产所有者成倍放大其收益或者损失。形象地来说，杠杆中棍子的左端为少量的资金，支点就是利率，以此来撬动棍子右端被放大（缩小）的资金。一般来说，右端资金的获得方式有两种：其一为贷款，这是取得资金最主要的手段；其二为从自身处取得，将自己的其他资产转换为资金。右端投入的资金越多，那么杠杆效应越强，同时支点作用的显现也就越明显，这时就会出现一个临界点，这个临界点就是贷款后的收益和利息的比较，如果收益大于利息，那么这个杠杆就可以一直源源不断地加下去，一旦跌破这个临界值即利息大于收益，那么就会使投资者遭受损失，甚至破产。

在金融领域中，杠杆率是评定杠杆大小的一项指标，杠杆率的倒数为杠杆倍数，一般来说，投行的杠杆倍数比较高，美林银行的杠杆倍数在2007年为28倍，摩根士丹利的杠杆倍数在2007年为33倍。生活中我们常常用到杠杆，如按揭买房、分期买车等，虽然手头钱不够买车买房，但是我们可以用未来挣到的钱，提前享受生活。当然，对于个人投资者来说，杠杆的运用不仅是买车、买房，最常见的是期货交易的杠杆，投资者只需要先交5%的保证金，就可以撬动

100%的交易，一般也称为20倍杠杆，即用1块钱保证金就可以撬动20块钱的期货交易。企业经营也会用到杠杆，向银行借贷更是司空见惯。

在商业社会中，客观公正的社会评价可以使人们得到精神上的满足，有良好名誉者不仅可以获得社会的更多尊重，还可带来金钱与权力。商业社会的财富主要来自投资，投资所获得的资产增值体现了个人的名誉，而名誉又影响着金钱杠杆的投资和人们放大的权力契约心理空间。名誉直接关系人们对于精神生活的追求，可以使人们得到精神上的满足，还可获得财富的增值，所以，商业社会的金钱以杠杆为中介，通过投资商品，形成资产升值，创造社会财富。三个社会对金钱的理解如图7-1所示。

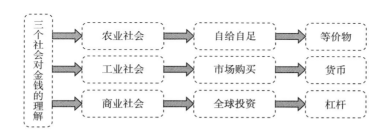

图7-1　三个社会对金钱的理解

二、金钱的表现

不同社会形态，金钱的表现有所区别。农业社会是封闭的，金钱特指黄金、白银这一类等价物，等价物的存储量和拥有量决定了金钱的多少；工业社会是开放的，金钱可以是纸币、电子货币，货币发行量决定了工业社会金钱的多少；而在商业社会，金钱被赋予了特定的表现——资产市值，资产市值的大小决定社会财富的多少，具体如图7-2所示。

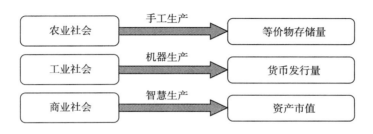

图7-2　三个社会金钱的表现

（一）农业社会——表现为等价物存储量

农业社会金钱的表现是一般等价物（黄金、白银等），农业社会的生产是在部落、氏族乃至村社的社会形式下的生产，其生产结果为手工生产物品。原始社会末期，由于生产力水平极其低下，没有剩余产品，发生在部落间的交换，只能是偶然的多余产品的物物交换以满足生活所需，彼此都不计较交换的比例。随着社会生产力的发展和社会分工的出现，物物交换的范围不断扩大，参与交换的物品种类越来越多，一种物品可与多种物品相交换（黄涛和韩鹏，2012）。一般等价物就从其他物品中分离出来的，可以和其他一切物品相交换，并且能够表现其他一切物品的价值。一般等价物方便了物品交换，人们只要经过两次交换，就可顺利换得自己所需的物品，等价物的产生是农业社会的必然要求，因此，农业社会的金钱由此产生。

原始社会末期，彼此都不十分计较交换的比例，如有时用 2 只羊换 1 把石斧，有时用 2 只羊换 2 把石斧。假如用 2 只羊换 1 把石斧，用公式化表示即为 2 只羊＝1 把石斧，在这个等式中，羊的价值是通过石斧表现出来的，石斧是表现羊的价值的手段，人们把石斧看作价值的代表。随着社会生产力和社会分工的发展，物物交换范围不断扩大，参加交换的商品种类越来越多，一种商品可与多种商品相交换。物物交换的缺点为他要求双方彼此需要对方的商品，交换才能成功，否则交换就无法进行。为了克服物物交换的缺点，人们在长期无数次交换的实践中找到了办法。一般等价物就是从其他商品中分离出来的，可以和其他一切商品相交换并表现其他一切商品价值的商品。

金银贵金属产量太少，满足不了日益扩大的商品交换要求，需要其他材料来共同充当货币；而且，金银价值高，比较适用于大额交易，小额交易反倒不便。因此，往往将铜铁等金属按照一定的重量、成色和形状规格铸成钱币，计枚行使，在零星支付中作为金银的辅币使用。

由于农业社会中每个人对于粮食和农作物的需要基本是稳定的，且农作物的产量也较稳定，即供应量基本稳定，因此等价物金钱能保证物价稳定，允许其在一定的范围内波动，但等价物金钱的中介作用绝不能大幅变动，从而影响物价稳定。因为它会直接影响社会稳定、政权稳定，所以国家必须管控等价物的供应范围和开采数量，以保证在相当长的时期内，不会因为等价物储存量的变化，影响等价物金钱的中介效应。人们选择黄金、白银充当等价物，就是因为它们是稀有金属，储存量有限。为了减少黄金和白银储存量以及金钱多少的变化对于物价的影响，人们在保障粮食和农作物供应时除了需要支付黄金、白银等金钱等价物外，还需要保障粮食和棉花等稳定供应的票证，以保证物价稳定，这一切都需要用权力来进行分配和计划，确保供应充足，因此金钱在农业社会的作用不是十分明显。具体如图 7-3 所示。

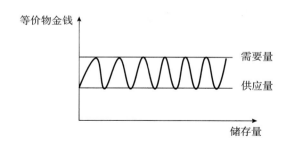

图 7-3　农业社会金钱的表现

(二) 工业社会——表现为货币发行量

工业社会金钱表现为货币发行量。工业社会的生产方式是机器生产产品。人类进入工业社会后，机器大量地替代了人力劳动，社会化大生产背景下常态化的大量交换对货币形态又提出了新的要求。随着经济的进一步发展，金属货币也显示出使用上的不便。在大额交易中需要使用大量的金属硬币，其重量和体积都令人感到烦恼。金属货币使用中还会出现磨损的问题，据不完全统计，自人类使用黄金作为货币以来，已有超过两万吨的黄金在铸币厂里或在人们的手中、钱袋中和衣物口袋中磨损掉，于是作为金属货币象征符号的纸币出现了（千慧雄，2008）。

现代纸币主要有钞票和支票存款两种形式：钞票就是纸币，又称现金；支票存款也称存款货币，是指存在银行可以随时提取的活期存款。由于银行支票可以流通，因而银行活期存款余额应视为通货，故称之为存款货币。从纸币的产生及发展来看，它有效解决了金属货币因为重量而带来的交易不便，不过也明显存在缺点：一是经济不稳定带来的币值不稳，给社会带来更多的不安；二是尽管随着科学技术的进步，很多国家在纸币的制作工艺更加精良，防伪程序更加复杂，但是伪钞的出现并未停止。另外，纸币虽然较金属货币轻便了很多，但是现金交易依然存在很多隐患，于是后来又出现了电子货币。

电子货币作为新的货币形式，其应用已是越来越广泛。作为一种无形的货币，它储存于以银行为中心的电子计算机网络中。可以说，电子货币的产生是经济和科技发展到一定程度的结果。从总体上讲，电子货币支付方式与传统的货币支付方式相比有许多的优势：第一，在同样的空间内电子货币可以存储的面值是无限的。第二，电子货币受时空的限制比较小，能够通过通信系统在短时间内进行远距离传递。第三，电子货币可以采用计算机进行管理，弥补了传统货币管理成本高的缺陷。第四，电子货币的匿名性比传统货币要强，避免了面对面交易。另外，电子货币发挥支付手段职能的一个特点是将消费者信用、商业信用和银行信用融为一体，可以说电子货币的普及有利于社会道德水平的提高。

在工业社会时期，货币的发行量与经济发展息息相关。如图7-4所示，由供给需求曲线确定的点E作为货币的一般发行量，当供给大于需求时，增加货币发行量；当供给小于需求时，减少货币发行量。金钱货币的多少就代表了货币的发行量，货币发行量寻求供给、需求的平衡，市场调节供给、需求价格，摆脱了权力对于金钱的过多干预。一个国家的财富表现为货币发行量，生活在工业社会的人们，只要拥有金钱货币就可以购买产品或服务，"金钱万能"、崇拜金钱非常明显。工业社会的发展意味着金钱货币数量的不断增长和人们物质生活的不断满足，金钱货币对于工业社会的推动作用是权力和名誉无法替代的。这也就是人们常说的工业社会追求金钱，农业社会追求权力，商业社会追求名誉。

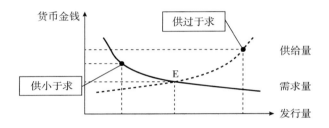

图7-4 工业社会金钱的表现

（三）商业社会——表现为资产市值

在商业社会，需求已经满足，人们实现了从满足需求到拥有资产的跳跃，拥有资产逐渐成为共识，具有价值、能够升值的资产才是人们的追求。资产是指任何公司、机构和个人拥有的任何具有商业或投资价值的东西，这些统称为商业社会的商品，而资产的核心就是创造价值。资产的价值表现称为资产市值，投资者自然希望自身持有或即将持有的资产的市值增加而并非减少。资产市值的变动意味着金钱的增加和减少，同时资产市值的增加和减少的速度是跳跃性的。这时，人们更加希望借助工业社会的货币金钱杠杆的倍增效果使这些资产市值上涨，虽然有时效果相反，但是人们还是通过智慧的碰撞获取名誉来努力避免资产减值的发生。

追求资产升值的地方，就会出现金钱杠杆，投资者可以根据政治经济环境和市场环境来选择投资的商品，通过投入资金的数量以及杠杆比例的高低衡量资产的市值。杠杆本身没有问题，有问题的是杠杆所投向的各种产品，如果这类产品、项目没有良好的风控措施，产品本身就有可能发生震荡，杠杆在这里的作用，就是将这种震荡放大；如果产品、项目的运行稳健，能够产生较好的收益，那么杠杆就能让投资者获得超额的收益。杠杆最容易在金融市场发挥作用，以下会介绍资产品种的一类——金融商品。

我国主要的四种金融商品如下：

（1）股票：是一种有价证券，是股份公司在筹集资本时向出资人发行的股份凭证，代表着其持有者（股东）对股份公司的所有权，购买股票也是购买企业生意的一部分，即可和企业共同成长发展。股票的投资金额可多可少，每日交易时间为 4 个小时，交易制度为 T+1，它是以单边交易为主即买涨赚钱（做多）或者买跌赚钱（做空）。股票投资的风险相对较高。

（2）外汇：是货币当局（中央银行、货币管理机构、财政部）以银行存款、财政部库券、长短期政府证券等形式保有的在国际收支逆差时可以使用的债权。外汇全天都可以交易，交易制度为 T+0，它是以双向全日交易主即不仅能先买入再卖出（做多），而且可以先卖出再买入（做空），这样在价格下跌的过程中，投资者可以通过做空来增加盈利的机会。

（3）期货：与现货完全不同，现货是实实在在可以交易的货（商品），期货是以某种大众产品如棉花、大豆、石油等，以及金融资产如股票、债券等为标的的标准化可交易合约。每日交易时间为 4 个小时，交易制度为 T+0，以双向限时交易为主，风险很高。

（4）债券是一种金融契约，是政府、金融机构、工商企业等直接向社会借债筹措资金时，向投资者发行，同时承诺按一定利率支付利息并按约定条件偿还本金的债权债务凭证。债券与股票不同，首先，债券只算是一种债权，债权人无权过问公司的管理事务。而股票表示的是对公司的所有权，股东可以直接或间接地管理公司事务。其次，债券的风险比股票低。债券交易转让的周转率较低，而股票较高。最后，债券的收益低于股票。普通债权有着固定的利率，到期可以获得固定的利息，而股票则根据公司的盈利情况不同收益也不同。

以上是日常生活中最为常见的投资品种，但由于投资市场的普遍完善，市面上的投资产品呈现多元化形态，投资者在选择投资产品时应注意哪些产品是适合自己的，要判断哪些商品是具有增值空间的，并且空间相对大、时间损失少，把投资风险降到最低，使投资收益达到最高。综上所述，商业社会可以通过利用杠杆来使资产价值升高，这里的资产是指那些价格上涨的、能为持有者带来经济增值的资产。这种资产相当于个人、企业的一种标志物。

资产市值与杠杆的关系为：随着杠杆发挥作用的程度增强，资产市值迅速提高。金钱杠杆在资本形成的初始时期就开始进入资本市场，通过 VC、PE、A、B、C 轮融资投资商品，直至依靠 IPO、定向募集等多种方式完成金钱杠杆对于资产的撬动作用。只有进入资本市场，成功上市后，金钱杠杆才能在资本市场撬动资产升值。进入资本市场后，资产价格的上升或下降将与金钱杠杆的作用密不可分，金钱杠杆的加入对于资产市值的形成具有重要的作用。商业社会金钱的表现如图 7-5 所示。

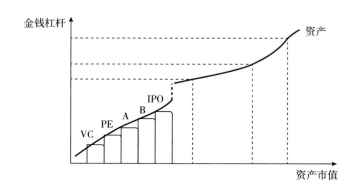

图 7-5 商业社会金钱的表现

三、金钱的作用

每个社会主体都会利用金钱的属性与功能使其发挥作用。在权力占主要地位的农业社会，传统农业是统治阶级维护政权的重要依靠，土地又是传统农业的基础，成为最主要的财富的载体，因此金钱的作用是稳定物价、遵循规律，从而使社会处于一个相对安稳的状态中。工业社会时期，科技水平及物质财富的数量是衡量国家强弱的标志，金钱是最显著的物质财富的中介。通过创造效益、革新技术，为工业社会打下坚实的经济基础。商业社会以投资为主，金钱的作用主要体现为在商品投资中起到杠杆作用。即撬动资产、创新思维投资对商业社会和经济的发展具有重要的推动作用。

（一）农业社会金钱——稳定物价、遵循规律

权力在农业社会发挥着巨大的作用，而土地的多少是衡量一个人在社会中权力大小的指标，因此土地的获得至关重要。土地是社会中的一种实体存在，随着生产工具的出现以及生产技术的更新，土地成为人类社会最基本的生产基础和自然资源。围绕着土地，人类社会中的政治与经济关系应运而生，由单一的自然属性逐渐转变为自然属性与社会属性并存的状态。土地作为农业中一种最基础的生产资料，在整个社会资源分配中处于核心地位。当然，土地作为一种具有稀缺性的自然资源，并非每一位社会成员都拥有土地，为了生存，手工业成为农业的重要补充。

农业社会土地主要以统治者分配为主，一般为国家王室、地主阶级以及农民个人三者所有。国家王室以及地主阶级通过对土地的所有权的持有，从而实现个人社会阶层地位的巩固，传统农业是统治阶级维护政权的重要依靠。而农民所持有的土地，主要目的是保障生活需要，而不是为了交易。

在我国古代农业社会中，农业与手工业作为主导产业，使社会处于一种"超稳定性"的状态，这种稳定性包括政治稳定、社会稳定以及经济稳定，其中物价稳定是经济稳定的一种表现。"平准"是调节供求、平抑物价的一种经济管理思想。金钱在我国古代经济中起着调节物价、稳定经济的作用。

金钱等价物既保证了物品交易的实现，又保证了物价稳定，对于社会稳定起到促进作用，很好地维护了国家的权力。中国农业社会长期以自给自足的自然经济为主，以小农经营为发展模式，主要发展农业和手工业，这种经济体制有利于社会的稳定，将劳动力束缚在土地上，便于加强中央集权和社会管理，因此说其具有"超稳定性"，有利于中国多民族国家的长久统一与农耕经济的长久发展。

在农业社会的权力背景下，全社会遵循农业生产的规律，获得农业丰收，如此才能实现物价稳定、政权稳定、社会稳定。农业社会金钱的作用如图7-6所示。

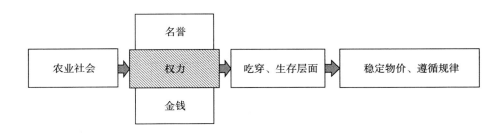

图7-6　农业社会金钱的作用

（二）工业社会金钱——创造效益、革新技术

蒸汽机的发明将人类带入工业社会，各国以经济发展为主向各个领域渗透，经济基础决定上层建筑，工业社会以机器和技术为基础，用来衡量社会生产力发展水平。通过应用科学技术和建设厂房、购置大量的机器设备，促使产品的产量增加，满足人们对产品以及服务的需求，人类的生存和发展的状况得以彻底改变。在工业社会，产品与服务的大量出现满足了人们日益增长的物质和文化需求。

在工业社会，通过利用金钱购买大量的机器、设备，新建厂房和招聘、培训工人，促使产品和服务大量产生，实质就是用机器代替人的双手，用煤、油、气、电等工业能源代替人的体力、畜力等原始动力。在工业社会，机器代替人的体力，生产力得以极大提高，人类利用科学技术所创造的物质财富远远超过之前人类历史上的任何一个时期。工业社会是人类物质财富加速创造和积累的时期，或者说，工业发展肩负着为人类发展积累物质财富的重大使命。自工业革命以来，全球经济发展翻开了翻天覆地的一页，经济增长加速，人们的经济收入和物质财富加速积累。可以毫不夸张地说，工业革命是人类历史上最值得自豪的壮举。

工业社会之所以取得如此辉煌的成就，一方面是人类社会发展的必然，在以物品供应为主的农业社会后，人类必然进入以产品需求为主的工业社会，这是历史的必然；另一方面是工业社会中人们对于技术的探索和实验从未停止，革新技术，生产优质的产品，同时也创造了极大的经济效益。中国发现自己落后于西方国家后，奋起直追，鼓励企业以经济效益为龙头，充分满足需求，金钱的作用体现得淋漓尽致。工业社会金钱的作用如图7-7所示。

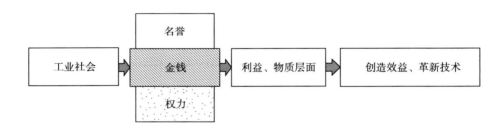

图7-7 工业社会金钱的作用

（三）商业社会金钱——撬动资产、创新思维

商业社会以投资商品为基础，投资的商品包括股票、房地产、商品期货、教育及医疗等具有价值的各种资产，商品投资具有跳跃性、不确定性等特点。商业社会以投资为主，投资对社会、经济和人们生活具有重要作用。从根本上说，在商业社会，经济社会的转型升级、高品质的物质和文化生活、人类社会创新思维的形成，没有哪一项活动可以离开投资。人类社会发展到今天，投资真正成为每一个人推动自己进步的动力，整个社会的动力又一次被彻底激活。

商业社会金钱杠杆作用主要体现为促进投资，商业社会基于投资的发展与工业社会的购买发展有着极大的不同，工业社会购买发展是物质利益的满足。技术进步到了一定阶段，产品的需求得到极大的满足，同时继续过度、粗放地发展工业，造成环境污染、资源浪费，依靠工业发展推动社会进步的动力就会不足，物质利益高度满足后，人类社会必须进入到一个让人在精神层面得到满足的社会，以金钱为主的工业社会转向以名誉为主的商业社会，使人们过上一种比富裕生活更加高级的生活——有尊严的生活。社会发展的方式发生根本性的改变，青山绿水、资源节约、持续发展才是人们共同的向往。

商业社会有尊严、高品质生活的获得是对于热爱投资和善于投资人们的奖赏，商业社会金钱杠杆取代工业社会金钱货币，投资商品，撬动资产、创新思维，财富大量聚集，才能使人们过上美好生活。投资的跳跃性和不确定性，要求每一个投资人创新思维，预测未来，把握投资。创新思维是人们智慧的体现，只有创新思维，才能吸引投资人投资有价值的资产，人们可以清楚地看出金钱杠杆和金钱货币本质上的区别，二者起到的作用存在着巨大的不同。商业社会金钱的作用如图 7-8 所示。

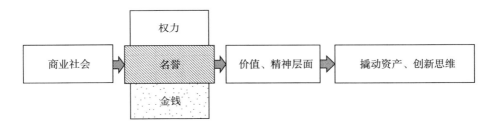

图 7-8　商业社会金钱的作用

综上所述，三个社会金钱的作用如图 7-9 所示。

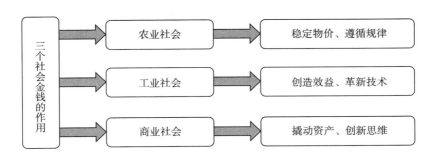

图 7-9　三个社会金钱的作用

四、金钱的赋予

三个社会中赋予金钱的方式各不相同，人们在不同的社会形态以不同的方式创造财富。在农业社会，金钱的获得以人们的基本需要的保障为前提，满足两个条件：土地和劳动力。因此，农业社会土地所有者通过土地获得剩余物品，在集市中进行交易，获得等价物金钱，土地越多，剩余物品就越多，在集市上换取的金钱也越多。农业社会的金钱是由基本需要的供应和剩余衍生变化而来的，需要赋予金钱。工业社会时期，由于蒸汽机、内燃机的发明以及电力的广泛应用，获得金钱的方式由占有劳动力转变为满足社会大众的需求而提供产品及服务。到了商业社会，虚拟经济的出现使一系列金融衍生产品相继出现，以供投资者对其进行投资。只有拥有价值思维，人们才可以分辨哪些是值得投资的商品。价值思维的是不断通过教育培养的思维经过碰撞得出的，因此在商业社会，人们对教育的投资日益增多。由此可见，金钱的获得一直是热点，不同社会都以其所处的时代特征体现赋予金钱的不同方式。

（一）农业社会：需要赋予了金钱的地位和作用

农业社会赋予金钱的是需要，主要来源于土地所有者占有土地使用者的剩余劳动。土地的所有权在地主手里，农民在土地上种植要交租金给地主，大部分农民的土地是从地主手里租来的。

在农业社会农村土地占有关系中，土地私有制处于统治和支配的地位，作为剥削者的地主和富农占有一半以上的土地，普通劳动人民占有的土地则不足一半。地主需要用剩余农作物通过等价物换取自己不能生产的农作物，确保衣食无忧，过上幸福生活，没有等价物的出现，剩余的农作物难以储存，很有可能腐烂变质，需要的人生产不了，或者土地有限，有了等价物，农业社会的粮食和衣服就可以通过等价物——金钱来换取。

自耕的小农失去土地，沦为佃贫雇农，在农村社会是常见的现象。不难看出，地主土地所有制处于统治和支配的地位。地主凭借对土地的占有和垄断，无偿地占有农民的剩余生产物，以此来获得金钱收入（柳琳，2005）。无论是地主还是没有土地的佃贫雇农，都要金钱等价物作为中介，换取自己基本生活需要，吃饱穿暖，金钱等价物就是在这样的背景下产生的。农业社会金钱的赋予如图7-10所示。

（二）工业社会：需求赋予了金钱的地位和作用

工业社会赋予金钱的是需求，主要来源于工厂大机器生产的大量产品，以此满足人们需求，从而获得相当可观的金钱收入，是人类发展历史上最辉煌的金钱创造时期。人们为了得到自身所需的产品，需要获得金钱进行购买。工业社会时段相对较短，但在人类社会发展的历史阶段中，它是产品生产和技术进步最具决定性的时期。

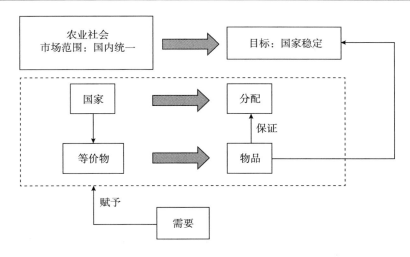

图 7-10 农业社会金钱的赋予

工业社会时期，获得金钱方式转变为满足社会大众的需求而提供产品及服务，需求必须通过金钱购买，产品和服务通过交换赚取大量金钱。这一时期实际上是人们的需求赋予了工业社会的金钱。为了发展工业经济，发行大量的货币金钱，用来平衡供给和需求，通过金钱货币满足人们日益增长的物质和文化需求，需要上升为需求。通过生产的更多产品，满足需求。工业社会金钱的赋予如图7-11 所示。

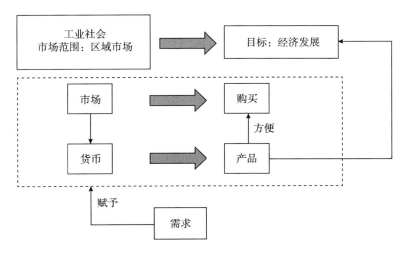

图 7-11 工业社会金钱的赋予

（三）商业社会：资产赋予了金钱的地位和作用

到了商业社会，人们拥有资产、追求资产，从而创造价值。资产是创造价值的源泉，资产市值的大幅增长，使人们过上美好生活，商业社会是资产赋予了金钱。

商业社会赋予金钱的是资产，价值投资是商业社会的主要形式，利用杠杆效应创造价值进而获取名誉是商业社会的重要内容。拥有价值思维、创造价值，资产升值是对于人们名誉的奖赏。

商业社会人们的物质利益需求已经得到极大的满足，金钱的职能发生了巨大变化，金钱作为等价物（农业社会），其货币（工业社会）职能在商业社会仍有效，但商业社会金钱出现了一种全新的职能。人们投资商品，实现价值创造，运用自己的智慧判断未来，实现资产的增值和保值。整个社会发生了翻天覆地的变化，热爱和善于投资，能够在商业社会拥有更好的生活。商业社会要求投资人必须有眼光，在低位投资，在高位抛出，实现财富积累，这时的金钱成为杠杆，撬动未来。而代表未来的所有商品，统称为资产。资产市值的变化，相当于农业社会需要的变化、工业社会需求的变化，是个人拥有金钱的体现，在商业社会人们不断地投资资产，如同工业社会人们需求经常变化一样，只有不断地满足新的需求，才能体现生活的富裕，商业社会人们只有不断投资商品、拥有资产，才能过上高品质生活，才会有美好的未来。商业社会是通过比较资产的市值来体现财富数量的，而不像工业社会用需求满足的程度来衡量。正因为资产的特点是需要根据对未来的预判进行投资，因此金钱的货币职能逐渐被杠杆职能所取代。

投资者的主要目标不单单是保值，更要增值。投资者希望通过种种投资，使本金能迅速增长，使财富得以累积。当然，随着通货膨胀预期的不断升温，投资成为人们保值避险的理想途径。

国际股市成熟的理论、方法和技巧在过渡期的中国股市的适用性将不断被检验。基金、券商等机构投资者将在不断地研究和试错中掌握这些理论、方法和技巧，这也是我国证券业与国际接轨所不能逾越的阶段。但经过近年来的发展，国内证券投资资金的募集规模不断扩大，已经壮大成为市场中的重要力量，但目前还没有主导市场的绝对优势。因此，随着基金等合规资金实力的增强，价值投资理念将对市场产生越来越重要的影响。但目前还不能成为市场的主导力量，从量变到质变必须有一个较长的积累过程。价值投资理念是未来市场的主导，只有绝大多数的投资者接受这种理念后，它才会具有持久的生命力（裴超强，2008）。随着商业社会的进步，金钱的杠杆职能会越来越深入人心。商业社会金钱的赋予如图 7-12 所示。

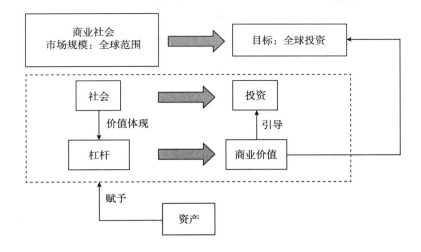

图 7-12　商业社会金钱的赋予

第二节　商业社会金钱

一、商业社会金钱角色变化

（一）金钱与杠杆的全球化密切相关

在开放的经济环境下，国际间的金钱流动已经成为引人注目且极为活跃的经济现象，大量的产品购买，国际贸易形成越来越开放的多边市场。但是无论如何开放，都是有一定限度的，都会对本国的幼稚行业做出适当的保护，如本国的新兴行业和农业。也就是说，经济全球化是在一定条件下的全球化。随着商业社会的到来，巨大的不确定性吸引全球资本投资，分担投资的风险，分享投资的收益，工业社会的金钱货币购买特性包括区域性、产品功能性。全球投资人在世界范围内比较，创造比较价值，是人气关注的基本要求。在全球寻求投资标的，金钱杠杆与商业全球化密切相关，商业社会的国家需要全球投资，而投资人也需要在全球寻求投资标的，这样全球一体化才能真正实现。资本的全球化流动对国际间的投资起着巨大的促进作用。

国际贷款与国际证券资金流动是衡量国际资本流动规模的两大指标。国际贷款是指国际间的资金借贷，即由一国、数国或国际金融机构向第三国政府、银行或企业提供资金融通，是国际间借贷资本转移的一种重要形式。国际证券资金流动是指非居民和居民之间进行股票、债券、货币市场工具和衍生品交易造成的资金流动，是国际资本流动的重要组成部分。21世纪以来，全球尤其是新兴市场国家的国际证券资金流量大幅度增加，波动性也逐渐增大，资金流向一般为发达国家向新兴国家流入。此现象的出现有两个原因：一是新兴市场具有相对较多的新兴产业，具有一定的发展潜力；二是发达国家机构投资者的飞速发展使其在全球范围内分散投资。

由于国际资金在国家之间流动，因此其具有自我放大效应。国际资金可以借助衍生金融工具的杠杆效应，以及国际资金之中具有的"羊群效应"，使原有数量的资金产生自身无法达到的效果。所谓杠杆效应即当某一财务变量以较小幅度变动时，另一相关变量会以较大幅度变动的现象。当国际资金以投资形式进入一国时，会由于本国利好的市场环境以及资产自身价值具有上涨空间，使少量的国际资金数量翻倍甚至成倍增长。当某些有影响的国际资金在国际金融市场中寻到获利机会而突然采取行动时，其他市场参与者在信息不对称的条件下会纷纷效仿，这一现象可以使国际资金进出某一金融市场的时间更集中、方向更一致，从而对一国的金融市场冲击更大。

随着商业社会的到来，资本在国际之间频繁流动，寻求具有价值的资产进行投资，这是商业社会的核心，在这种投资过程中，金钱的杠杆效应越来越明显。全球各个国家和地区通过各种途径吸引金钱杠杆投资本国的商品，使本国人民的财富得到迅速增加，发展商业，进而带动工业和农业发展。这是经济全球化背景下，金钱杠杆产生的必然性和必要性，杠杆对于社会和经济的影响巨大，使用杠杆的国家都慎之又慎，但是只要这个国家进入商业社会，金钱杠杆的运用就会成为永恒的话题，回避和惧怕金钱杠杆是没有出路的，如何利用好杠杆为全世界人民创造美好生活，是人气营商学研究的核心之一。

（二）金钱杠杆变动与各国联动关系更为密切

在国际资金的流动中，杠杆是一个重要的经济变量，而使杠杆产生作用是通过杠杆率来实现的，杠杆率的高低对于国际资金的流入有着直接的影响。杠杆率分为两种，分别为宏观杠杆率和微观杠杆率。宏观杠杆率一般用来衡量整个经济体的杠杆率情况，主要有两个指标：一个是M2/GDP比例，另一个是债务/GDP比例。按M2/GDP来看，在G20国家中日本最高，约255%，中国排名第二，在2022年接近215%。过去几十年，美国的M2/GDP比重基本稳定在93%左右，中国则在持续快速往上升。从债务/GDP来看，在G20国家中，2022年我国政府部门杠杆率为49.5%，低于国际通用的60%的负债率参考值。微观杠杆率以"企业负债/资产"为主要指标，2006年至今，我国微观杠杆率不算高且保持稳定，基本在 55%~60%，本节主要研究宏观杠杆率。

由于各个国家的杠杆率并非是稳定的数值，致使国际间资金流动方向具有阶段性特征，根据 1970~2016 年的《世界投资报告》统计数据，国际资本最初在主要发达经济体间流动，后来加速流向发展中国家，后又回流至发达国家，经历了四个演变阶段。

第一阶段（1970~1980 年）：美欧资本对流阶段。20 世纪 70 年代，西方发达国家的对外直接投资流出占全球总流出的 99% 以上，其中美国占比高达 60%。第二阶段（1981~1991 年）：美、日、欧 "三元对外投资" 阶段。日本经济在 20 世纪 80 年代迅速发展，使日本作为资本输出大国，呈现出与美、欧并驾齐驱的场面。在此期间，美、日、欧资本流入与流出分别占全球的 70% 与 80%。第三阶段（1992~2014 年）：国际资本加速流向发展中国家。其中，中国在全球外国投资中的地位和作用不断上升，并成为海外最大债权国。第四阶段（2015 年至今）：国际资本回流至发达国家。随着发达国家经济回温，其中，美国 2015 年全年 FDI 流入量是 2014 年的近 4 倍（董小君和蒋伟，2017）。

由此可见，国际资金杠杆是在全球范围内发生变化，各国相互影响，瞬息万变。但是，有一点是共同的，金钱杠杆移动的方向就是价值创造的方向，全球资金寻求价值最大化是商业投资的关键。一个国家能够吸引全球金钱杠杆投资，说明这个国家具有价值，本国的杠杆率也会偏高，投资热情高涨。如一个国家杠杆率过低，除投资市场不够成熟之外，还说明投资人对于未来没有信心，不愿意投资。利用杠杆率衡量金钱杠杆是金融学经常研究的问题，是金融工具研究的重点，搞清楚金钱杠杆的产生、杠杆率的高低、杠杆之间的相互关系，对于防范金融风险具有重要意义。本书从心理学角度研究金钱杠杆是对价值投资分析的一大贡献。

二、商业社会金钱新要求

对于商业社会的金钱杠杆而言有两个要求，这两个要求是在新的商业社会的环境下提出的，只有达到这样的要求才能帮助国家吸引更多的投资人关注，从而引领商业社会的发展。这两个要求具体如下：

（一）金钱杠杆的广泛吸引力

商业社会金钱杠杆不只是表现一个国家经济利益的金钱，还是一种全球化的社会金钱。它具体表现在一个国家社会治理的方方面面，对于世界其他各国具有吸引作用，是文化、经济、社会综合财富的体现。只有一个国家在世界的舞台上表现出广泛的金钱吸引力，世界其他各国才会转移关注，投资该国，创造商业价值，反过来价值创造又能更好地推动该国吸引更多的金钱杠杆。所以一个国家必须在全世界人民面前建立起广泛的金钱吸引力，从而获得金钱杠杆，保证全球化的投资，创造商业价值。

一个国家具有广泛的金钱吸引力，也是该国长期努力的结果，是该国文化、经济、社会发展长期积累的结果，没有深厚的积累，不可能轻易获得金钱杠杆，它是人们价值思维比较的结果，同时也是一个国家长期积累后喷发的表现，是智慧的人们努力营商的结果。

一旦该国具有一定的金钱杠杆，那么该国在世界上的金融地位就会大幅提升，在世界舞台上政治、经济、文化、教育等多方面的地位就会得到相应提高。全世界人民投资该国，信任该国，该国的资产价格就会大幅上涨，社会财富快速积累，人们美好生活就会加快实现。

（二）金钱杠杆变动的主动性和独立性

这个要求的含义是金钱变动更多是国家主动营造的结果，塑造和传播国家的金融地位，这也是国家发展战略的重要组成部分，是一个国家吸引世界关注与投资的重要因素。良好的金融地位是国家"软实力"的核心组成部分，是提升国家国际竞争力的推动力。在全球化的时代，越来越多的国家意识到国家金融地位建构和营商的重要性，都在努力提升自己的国际金融地位。国家金融地位的塑造正成为国家与国家在国际政治经济竞争中重要的博弈策略。

金钱杠杆的主动营造是需要一系列手段来实现的。通过对总的杠杆规模、杠杆率、杠杆结构的调整，充分展现一个国家在运用金钱杠杆方面的能力，向全世界人民展现自己的金融地位，得到全世界专业机构的认同，从而赢得全世界的金钱杠杆，获得全球人们的投资，创造商业价值。

金钱杠杆通过人们的认知形成，具有跳跃性、不确定性，它的影响因素很多。能够始终在复杂多变的金钱杠杆变化中独善其身，是一个国家和地区正确运用金钱杠杆的综合能力的体现，在国际风云变幻的商业社会，提高金钱杠杆心理承受度，准确把握心理阈值，是每一个商业社会国家必须动态考虑的问题。

三、金钱杠杆和资产价格的关系

金钱杠杆和资产价格的关系是通过资产升值来展现的。比较价值的创造是商业社会金钱杠杆研究的前提，没有比较价值，金钱杠杆就不能吸引全球资本流动到该国，也就不能形成该国资产价格的上涨，价值创造就不可能实现。

当一国具有比较价值，进入人气关注的"明星"国家行列，那么该国的金钱杠杆就成为人气营商研究的关键之一。金钱杠杆心理承受的正确梳理、心理阈值的有效把握，是提高该国国际地位、吸引国际投资人的关键。通过有效地利用金钱杠杆，就可以吸引全球资本流向该国，该国资产价格就会大幅上涨，因此金钱杠杆对于一个国家资产价格变动的影响是巨大的，全球每一个国家在商业社会都要谨慎地对待金钱杠杆，防止由此带来资产价格的大幅波动，甚至产生金融危机。因此，商业社会的投资人必须时刻把握金钱杠杆的动态变化，准确地参与到该国和地区的价值投资中，实现资产的价值升值。

金钱杠杆和资产价格的关系如图7-13所示。金钱杠杆研究是资产升值的基础，金钱杠杆运用是资产升值的前提。金钱杠杆和资产升值就像跷跷板一样，金钱杠杆的变动能够撬动资产升值的变化和走向；而资产价格就相当于跷跷板的另一端，杠杆加到一个国家的资产上，加得越多，资产价格就上涨得越快。换句话说，金钱杠杆变动能够影响资产的升值，杠杆规模、结构的变化决定了相关资产的价格。

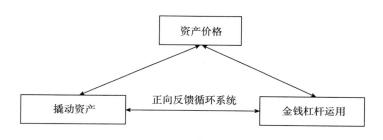

图7-13　金钱杠杆和资产价格的关系

四、商业社会金钱杠杆确定

商业社会金钱的赋予是资产，资产需要金钱杠杆的撬动，但是如何真正形成金钱杠杆，需要人们思维认知的变化，即人们对于金钱认识的改变。只有正确把握人们思维变化的方向，才能准确理解金钱杠杆如何确定。商业社会金钱主要有三种确定方式，分别是财富确定、阅历确定和动态确定。

（一）财富确定

经过工业社会的发展，物质利益的需求得到了满足，社会财富有了一定的积累，金钱不再只用来购买产品满足需求。人们都希望拥有更多的财富，运用已经拥有的金钱创造财富，从而形成了商业社会的投资。金钱成为杠杆是社会进步的必然，是一个国家富裕的表现，是社会财富积累的必然结果。一个国家财富积累到一定程度，投资就会成为主流，金钱杠杆因此而形成，金钱杠杆是由财富确定的。

社会的发展形成新的投资模式：拥有财富—投资—金钱就会成为杠杆—财富

快速增长—过上高品质生活。

国内生产总值（GDP）是衡量社会财富的重要指标。

（二）阅历确定

金钱杠杆的形成需要拥有财富，但是拥有财富的人不一定敢于加杠杆，可能对于杠杆时代心存恐惧，害怕财富的大起大落。他们习惯了财富的线性增长，对于财富的跳跃增长和减少，极为不习惯，对于投资，他们采取保守的态度。

丰富投资人的阅历，树立正确的财富观，培养全社会敢于创新、敢于试错的社会氛围，在全社会弘扬创新、创业，形成倒逼机制。投资是面对未来的不确定性，没有失败的积累，不可能走向成功和辉煌。全社会对于投资失败给予宽容和关怀，重用有投资阅历的人，对于"有故事"和善于"讲故事"的人尊重和推崇，是金钱杠杆形成的前提之一。

一个国家和地区拥有"故事"，并且善于讲"故事"，才能引起全球投资人的关注。"故事"包括过去、现在和未来的"故事"，体现该国丰富的阅历、对于美好未来的憧憬。没有"故事"、讲不好"故事"的国家和地区是吸引不到投资人的，没有人投资该国，金钱杠杆自然不会加到该国的商品上。"故事"还分大"故事"和小"故事"，小"故事"就会吸引小杠杆，大"故事"吸引大杠杆，如同企业投资分天使、VC、PE、A轮、B轮、C轮投资和IPO，"故事"越讲越好，投资的杠杆就会越来越大。

阅历对于一个国家和民族无比重要，对于每一个人来说也是如此，它是大量的鲜活教材、大量的经典案例，阅历本身是财富。同时，阅历可以吸引金钱杠杆投资，可以增长人们的悟性，悟性帮助人们理解投资的真谛，正确把握和预判投资成功的概率。

（三）动态确定

动态确定是指全球投资人的心理因素引起的金钱杠杆的大小和方向的变化。"黑天鹅"事件、"灰犀牛"事件、"明斯基时刻"都是金钱杠杆引起资产价格的大幅波动，只是产生的条件、造成的后果不同而已。这些都是金融风险防范的重要话题，是从事金融研究专家的贡献。从心理学角度把握出现这些事件的具体心理阈值范围，对于金钱杠杆的动态性进行分析，是从人气营商角度研究金钱杠杆理论的核心所在。

每个国家都应该想方设法使全球投资人的金钱杠杆不撤离，但这是不以该国的意志为转移的，金钱杠杆加在该国是全球投资人经过比较价值判断，是人气对策、币值对策、金钱对策、权力对策共同作用的结果。金钱对策可以帮助每个国家利用金钱杠杆产生的资产市值的动态阈值范围，动态把握人们的心理承受，认真呵护来之不易的金钱杠杆，采取相应的对策，减少上述金融事件出现的频率和这些事件出现后带来的损失。2015 年中国股市出现大幅下跌，政府采取果断措施救市，防止了"明斯基时刻"的出现，金钱杠杆没有撤离中国。

影响投资人的心理承受，进而影响杠杆大小和方向的核心是心理阈值的确定和提前布局。"阈"的意思是界限，故阈值又叫临界值，指一个效应能够产生的最低值或最高值，是一个范围。在本节中，心理阈值的最低值指的是全球投资人的风险预期，最高值指的是个人的收益预期。更加明确地说，就是指资产市值变化的最低限和再高限。金钱的心理阈值如同币值的心理关口一样重要，一旦突破重要的心理关口，后果不堪设想。

心理阈值分为两种：正向阈值和负向阈值。若资产市值处于正向阈值范围，则说明其竞争优势以及发展空间相较之前更大，这时应该提高资产的资金投入规模，对其加杠杆，以使资产可以更快地增值。若为负向阈值，应该及时撤出此资产的投入资金，对其采取去杠杆的相应措施，及时止损。具体分类如图 7-14所示。

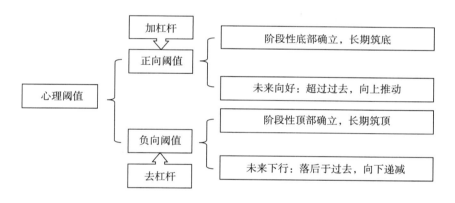

图 7-14　资产市值的心理阈值分类

产生资产市值正向阈值的三种形态：

第一种形态，判断资产的市值是否出现筑底现象，如果长期筑底，有可能在未来一段时间改变盘整筑底的态势，构筑一个阶段底部，具体如图 7-15 所示。第二种形态，在此前的高位基础之上，判断资产市值的未来走势，判断其趋势未来比现在和过去会更好，至少相比过去会实现倍增，具体如图 7-16 所示。第三种形态，相较于形态二市值倍增、倍减更快。此类资产增减幅度极不稳定，偶发因素较多，但经过盘整期，其市值迅速上升，具体如图 7-17 所示。

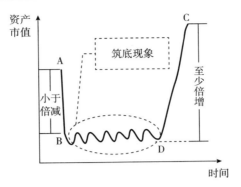

图 7-15　资产市值正向阈值形态一

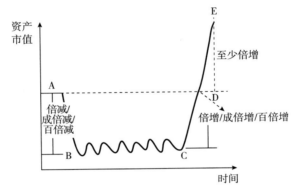

图 7-16　资产市值正向阈值形态二

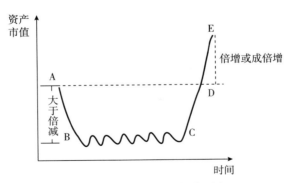

图 7-17　资产市值正向阈值形态三

产生资产市值负向阈值的三种形态：

第一种形态，判断资产市值是否出现筑顶现象，有可能在未来一段时间改变盘整筑顶的态势，构筑一个阶段顶部，具体如图 7-18 所示。第二种形态，在高位的基础上判断资产市值的未来走势，若判断趋势为下降，则在现有资产市值所处的位置上发生倍减或者成倍减，具体如图 7-19 所示。第三种形态，相较于形态二倍减速度更快，具体如图 7-20 所示。

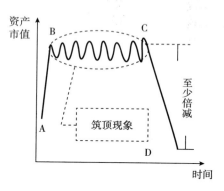

图 7-18　资产市值负向阈值形态一

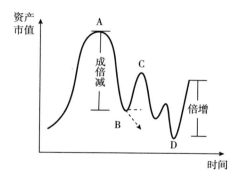

图 7-19　资产市值负向阈值形态二

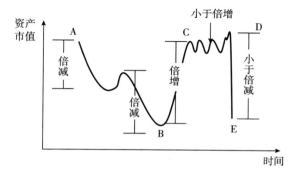

图 7-20　资产市值负向阈值形态三

心理阈值范围和方向影响杠杆的大小和方向，二者呈正向相关关系。投资人通过对以上一些形态的分析，正确把握在各种形态下应该加金钱杠杆还是减金钱杠杆，实现投资价值最大化。只有正确判断心理阈值范围和方向，金钱杠杆的效果才能体现，"明星"国家金钱杠杆心理阈值范围变化极大。参与投资的人，在使用杠杆工具之前，必须小心谨慎地分析自己可能会遇到的风险，在使用杠杆的过程中，也必须头脑清晰，心理阈值范围不是一步实现的，在正向阈值的最低位要敢于加杠杆，在高位要减杠杆，而不是反向操作；在负向阈值的高位要立即减杠杆，在低位要敢于加杠杆。在此以一种形态为例加以说明，如图7-21所示。

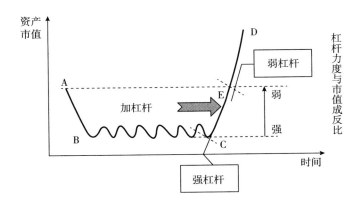

图 7-21 正向阈值杠杆力度

第三节 商业社会的金钱杠杆原理

一、金钱杠杆原理的理论来源

杠杆简单地说就是一个起到乘号作用的工具，用它可以放大投资的结果。无论最终的结果是收益还是损失，都会以一个固定的比例增加，也就是利用小额的资金来进行数倍于原始金额的投资。在商业社会，杠杆是一种能够让人们"透支未来的工具"，它不仅能够在企业内部、行业间作为经营工具来使用，而且还是国家之间甚至全球范围内调控经济的重要方式。当然金钱杠杆原理并不是全新的概念，其理论来源主要可以从经济学和营销学两个方面进行论述。其中，经济学为金钱杠杆原理提供了方法支撑，而营销学则为金钱杠杆原理提供了思想源泉。

（一）经济学来源

杠杆这个概念一直是经济、金融与会计三大学科都会涉猎的研究内容，尤其在经济发展迅速、全球一体化越来越深入的商业社会，再加上不断爆发的金融危机，使杠杆越来越成为研究热点。经济杠杆（Economic Lever），是在社会主义条件下，国家或经济组织利用价值规律和物质利益原则影响、调节和控制社会生产、交换、分配、消费等方面的经济活动，以实现国民经济和社会发展。运用经济杠杆，就是根据国家或经济组织的既定目标，从生产、交换、分配、消费等方面给从事经济活动的经济单位和当事人制造有利条件或不利条件。以这种经济利益的变动为阀门，影响、调节、控制它们的经济活动，促进或保证既定目标的实现。其实这种杠杆是工业社会促进经济发展的手段，产生的影响是线性的。

目前，针对金融杠杆的研究较多，这是商业社会的杠杆。尤其是 2007 年金融危机以后，国内外许多学者都针对危机展开了关于金融杠杆的分析与研究。我国证券业与商业银行一样具有较强的顺周期性与风险传染性，因此对于证券行业进行宏观审慎监管对行业稳定与宏观经济整体运行具有重要意义。杠杆效应对于股票市场的影响也是金融学对于杠杆的研究方向。市场、规模和杠杆因素对股票收益的横截面差异具有重要的解释作用。

经济学有一个重要的概念——金融杠杆率，即信贷总额/名义 GDP 比率，这是金钱杠杆原理的理论来源之一。杠杆率的倒数为杠杆倍数，一般来说，投行的杠杆倍数比较高，美林银行的杠杆倍数在 2007 年为 28 倍，摩根士丹利的杠杆倍数在 2007 年为 33 倍（谢锦晶，2015）。分析中国杠杆率时，对于实体经济部门的杠杆率（不包括金融机构的杠杆率），应从政府、居民、非金融企业三个方面进行逐一分析，具体如表 7-1 所示。

表 7-1 各经济部门杠杆水平的度量指标

部门	杠杆率指标	计算方法
政府	负债率	政府部门债务/GDP
居民（家庭）	杠杆倍数	资产总额/GDP
	负债率	居民负债总额/GDP
		居民负债总额/居民可支配收入
非金融企业	杠杆率	净资产/总资产
	负债率	总负债/GDP
		总负债/总资产

续表

部门		杠杆率指标	计算方法
金融机构	银行类金融机构	账面杠杆率	净资产/总资产
		监管杠杆率	监管资本/总资产
		负债率	总负债/GDP
			总负债/总资产
	非银行类金融机构	账面杠杆率	净资产/总资产
		负债率	总负债/总资产

由以上内容可以知道，经济学中主要集中在对于杠杆率的测度和评价上，杠杆率的高低直接影响杠杆的效果。经济学的杠杆原理是本书对于金钱杠杆原理研究的基础，但也有很大的不同。杠杆率的高低、杠杆的结构、杠杆的嵌套对于金融风险防范具有重要意义，为提高人们的心理承受度从数量和方法上寻找到了理论依据，这些都是金融学领域的专家作出的理论贡献。没有杠杆的概念和测定，就无法理解杠杆对于投资的重要作用。本书对于杠杆的研究不是针对杠杆率的高低进行测算的，相反，本书认为，杠杆率实际上没有严格的高低之分，是一个相对的概念。通过价值分析，本书认为，商业社会的金钱表现都是杠杆，只有金钱杠杆才能创造价值，资产才能在短期内升值，杠杆投资产生的资产市值的变化如何不超出人们的心理承受是本书研究的重点。引入心理承受的概念，心理承受直接影响了对杠杆率高低的判断、结构是否合理，从而影响杠杆的使用效果。也就是说，本书研究的是如何更加有效地利用金钱杠杆、资产市值、心理阈值、心理承受创造价值，防范风险不是本书研究的重点。

（二）营销学来源

营销学与经济学又有所不同，营销学更注重人的思维，而经济学更多关注技术和方法。人气营商学的营销学基础就是顾客营销学。

4C理论是由美国营销专家劳特朋教授在1990年提出的，它以消费者需求为导向，重新设定了市场营销组合的四个基本要素：消费者（Consumer）、成本（Cost）、便利（Convenience）和沟通（Communication）（朱延平和文科，2007）。它强调应该把追求顾客中的关键人、关键意见领袖作为重点，努力降低顾客的购买成本，要充分注意到顾客购买过程中的便利性——集成产品和兑现性，还应以顾客为中心进行有效的营销沟通。与产品导向的4P理论相比，4C理论有了很大的进步和发展，它重视顾客导向，以追求顾客满意为目标，这实际上是当今顾客在营销中越来越居于主动地位的现实情况对企业的必然要求。

4C理论中的"便利"不仅指消费者获得产品信息及购买产品的便利，便利原则贯穿于企业市场营销的全过程，包括售前提供准确的信息、售中给予购物方便及售后及时反馈处理用户的意见问题，强调企业既出售产品，也出售服务；更为重要的是对于各种产品和服务的承诺兑现性，是产品营销购买渠道策略的升级版。

金钱杠杆原理与便利含义最重要的联系是杠杆的内涵和使用方向所带来的。杠杆在各个社会都以"渠道""便利"为基础。在农业社会，人们为了维持生活会通过各种方式来获取自己需要的物品，其主要方式是交换，但也存在着借债的方式，这种方式被看作农业社会的杠杆——数量少、范围小、不重视。人们通过借债来预支自己所需的物品满足当下的生活，然后在一定的时间内还清所借的款项。农业社会的借债不仅是借贷金钱，还可能是粮食、棉花等农作物或生产工具等。农业社会借债是一种为了满足人们的正常生活、衣食需要的一种方式，是为了使生活便利。

在工业社会，杠杆主要作为确定性的信贷投资、银行资金融资的工具。工业社会中主要通过三种途径来促进经济发展，分别是出口、消费以及投资。当国际进入经济不景气阶段时，出口和消费都会受到不同程度的影响，这时国家为了保证经济继续运行，只能通过投资来拉动经济，而为了使投资更好地发挥作用，国家会运用各类经济杠杆来促进投资。首先，为了发展实体经济，银行通过将银行资金以贷款的形式贷给企业或个人，企业或个人使用银行资金进行实体经济的投资与购买，以此来促进经济的快速发展。其次，国家也通过拨款、运用宽松的货币政策影响市场中。由此可以看出，工业社会的杠杆也是为了满足发展经济的便利而被使用的工具，这时的杠杆由国家担保、规模适中、风险不大。

在商业社会，金钱作为杠杆来撬动资产价格，杠杆为资产升值提供便利，商业社会没有杠杆如同工业社会产品没有渠道、顾客没有便利。商业社会无论是个人投资者还是机构投资者甚至国家都为了获得价值倍增空间而将杠杆加到适宜的地方——全社会都在加杠杆，将金钱用在资产投资上，所有的金钱都成为杠杆。无论是期货市场的开放、融资融券的普遍化，还是国家降低准备金、定量宽松，都是在加杠杆，而加杠杆都是为获得更高的利益、创造更大价值提供便利。通俗地讲，加杠杆的方向就是哪里的道路畅通就加到哪里，哪里更能够提供便利就加到哪里，对于便利多的加更大的杠杆，对便利少的则相对加小杠杆。这就是营销学理论便利的思想在金钱杠杆对策中的体现。只是商业社会的杠杆更需要智慧的思考，要善于利用金钱杠杆创造更多的社会财富，吸引全球投资。

二、商业社会金钱杠杆原理

（一）基本原理

商业社会金钱杠杆的基本原理主要是指心理承受与杠杆之间的关系。因为商业社会中的杠杆与金融学中的杠杆不同，它具有广泛性和全球一体化的特点，并与心理承受结合在了一起，心理承受是金钱杠杆原理的核心。金钱杠杆的作用机理如图 7-22 所示。商业社会中心理承受直接影响杠杆的大小以及变动方向，杠杆的变动情况修正投资者的心理承受，两者相互作用。

图 7-22　金钱杠杆的作用机理

心理承受之所以可以影响杠杆的大小和方向是因为，在商业社会投资的本质是杠杆，杠杆加的程度越大创造的价值就越大，但加杠杆的程度又受到心理承受的影响。一方面，全球投资人经过比较、判断，决定杠杆应该加在具有高心理承受的地区和国家，投资人具有敏锐的察觉能力，能够在一定时间内快速辨别出一个国家是不是"明星"国家，从而更好地把握和利用杠杆，将杠杆运用到值得投资、能够创造更大价值的国家和地区，也就是说心理承受的强弱能够帮助决定杠杆运用的方向。

另一方面，心理承受越大，杠杆所能加的程度越高，其杠杆率也会越高，这样便能够更有效地进行价值创造。比如，一种资产升值的空间远远大于下跌的空间，那么就基本封住了下行空间，人们对于它的心理承受是放大的，这时投资人就会加大杠杆；反之，投资人一定会降低杠杆。

杠杆的运用及"加""减"能够修正人们的心理承受的强弱。减少和增加杠杆是投资人对于这个国家投资分析的修正，人们总是通过杠杆使用情况的变化，影响对于该国的心理承受，二者紧密相连。影响投资人使用杠杆的因素有很多，这部分内容将在本节第三部分讲到。把握好人们使用杠杆的趋势，是正确放大人们心理承受的前提。心理承受作为一种心理状态，不是一成不变的。比如，一个国家的储蓄率很高，在商业社会这种以投资为主的时代，杠杆加大的可能性提高，这就会放大人们对于该国的心理承受；相反，人们对于该国的心理承受就会降低。投资主体的心理承受便会因为这种杠杆的变化而发生改变，这就是所谓的杠杆能够在一定程度上修正心理承受的大小。

（二）金钱作为杠杆研究的逻辑

要理解金钱是一种杠杆，必须理解金钱作为杠杆的逻辑。事实上，杠杆不是商业社会的产物，金钱杠杆在农业社会已经有所体现，表现为家庭举债的多少，规模很小，之后在工业社会得到发展并具有广泛的应用，表现为企业和政府发债、银行贷款等多种间接融资方式。

在商业社会，金钱作为杠杆的内涵及作用更加丰富和广泛。杠杆具有全球一体化的特点，国际间的资金流动、各国关于汇率及币值的调控以及货币政策与财政政策的使用都属于金钱杠杆研究的范畴。通过杠杆的使用，吸引全球资金进入各国的投资市场，从而在一定程度上促进本国投资，投资由全社会参与，过上美好生活是包括政府在内的所有投资人的追求。杠杆在商业社会被看作一种"透支未来""预测未来"的工具。首先，人们通过信贷买房、购买股票和期货来进行投资，越来越多的杠杆在人们的日常生活中得到体现和使用，杠杆丰富化和日常化是商业社会的杠杆与工业社会的不同之处，明显的区别是消费杠杆——购买汽车、家庭消费品，投资杠杆——投资住房、股票、期货，直接融资成为社会的主流，投资杠杆拉动消费，研究投资杠杆是商业社会的核心。其次，商业社会的杠杆是全球范围的，具有全球一体化的特点。杠杆的使用有时是在一个国家体现，如中国的货币政策的使用、混合所有制改革的实施等。然而，使用杠杆并不局限于此，其他国家或地区、国际组织等也都以各种各样的形式运用杠杆，如美联储的加息、减息以及国际金融机构的政策等。

除杠杆的丰富化和全球化特点外，商业社会的杠杆还有一个显著的特点是具有极大的不确定性。商业社会全社会都在投资，追求价值创造，线性投资为主的工业时代已经过去，西方国家的商业实践足以证明这一点，美国金融危机的爆发就是商业投资导致的资产泡沫破灭的结果。商业社会由于人气所产生的思维上的认同，人们会被具有"人气"的内容吸引，全球投资人从而愿意将个人资金投资于这个国家。然而，商业社会的快速变化使人气关注不断转移，因此投资的国家也随之变化，价值创造的跳跃性、价值倍增和倍减、杠杆的加快流入和流出、"黑天鹅"事件、"灰犀牛"事件、"明斯基时刻"都是金钱杠杆在全球范围快速流动的结果，这必然导致在商业社会的国家无时无刻都要研究杠杆的内涵和运用。

在商业社会，还有一点需要理解，商业杠杆种类很多，投资未来的时间、精力和体力都是杠杆的表现，但是核心杠杆就是金钱，它与其他杠杆相比有着不可比拟的作用，研究金钱杠杆就是抓住了所有杠杆，它与其他杠杆有着相互依存、相互影响的关系。首先，杠杆的使用就是为了创造价值，可以说所有杠杆的流动方向是一致的——价值创造的方向，杠杆作用在哪里，哪里就更能够快速有效地创造价值或提高其自身价值。其次，只要具有价值就必然吸引金钱杠杆，不具有投资价值的内容无法吸引人气关注，金钱杠杆也就不会流动于此。由此可以看出，只要有价值，为了追求价值，金钱杠杆就会存在并且得到广泛的运用，因此商业社会的金钱杠杆有别于其他任何社会形态的杠杆，有着极其重要的作用。

（三）心理承受变化的内在含义

杠杆率是反映杠杆的使用是否适宜的重要概念，杠杆率过高会导致金融市场脆弱，甚至导致金融泡沫的破灭，全世界投资人高度关注各国的杠杆率，各大信用评级机构也会因为杠杆率过高，下调该国的主权信用等级，直接影响金钱杠杆的投资，但杠杆率过低又会使金钱杠杆的作用不明显，商业投资不充分，阻碍该国商业社会的进步。如同工业社会为了促进消费和出口，需要货币政策、财政政策、产业政策刺激需求的增长，发展工业经济一样，商业社会必须鼓励人们利用金钱杠杆投资，创造商业价值，在资产泡沫产生和可能破灭的正、负向阈值范围内，把控心理承受，从而达到促进投资的效果。杠杆率是十分重要的投资概念，高杠杆率会增强杠杆在市场中的作用效果，从而促进投资，但过高又会使金融市场产生泡沫甚至崩溃，管理好杠杆率相当困难，杠杆的比例、结构、嵌套等诸多复杂问题很难厘清。这里引进了金钱杠杆投资的表现——资产市值产生的正、负向阈值范围加以衡量，对于引导人们正确利用杠杆意义重大。事实上，杠杆率的高低并不是简单的金融或经济上的数学问题，其本质更多地体现在人们的心理认知上，这就引出了一个重要的新概念——心理承受。

心理承受这个概念源于心理学，主要指心理承受能力或心理承受力。心理承受能力是个体对逆境引起的心理压力和负性情绪的承受与调节的能力，主要表现对逆境的适应力、容忍力、耐力、战胜力的强弱。一般来看，心理承受力可以从以下两个方面理解，从狭义的角度看，即从生理、心理学的角度看，心理承受力与先天的神经特征有关。按照巴甫洛夫的说法，人的大脑神经系统的耐受性大小、强弱以及兴奋和抑制之间的平衡性是不同的。有的人耐受性高、兴奋和抑制平衡，他们能够承受较大的刺激，这样的人心理承受力强；而有的人则相反，他们不能承受大的刺激，其心理承受力弱。从广义的角度看，心理承受力可以理解为个体对挫折、对苦难等非自我性环境信息处理的理性程度。人在一定意义上是我向性的，即人总有自我肯定的倾向，总是自然地以自己的标准作为衡量事物的依据。如果事物不以自己的标准来发展，就会产生否定、排斥的看法。在这个意义上，如果一个人以绝对的我向性来支配自己，他们便不能操纵不同于自己认知的事情，然后出现严重的社会不适应，也可以说他的心理承受力弱；相反，如果一个人以可变的、接纳的方式处理非我向性事物，他就能够适应社会，可以促进其耐受力的增强。在现实生活中，广义的心理承受力更有现实意义。

根据心理学中对于心理承受力的定义，本节将心理承受界定为：在杠杆发挥作用的时间内，杠杆波及的对象对杠杆率高低的心理承受能力。其中，杠杆波及的对象包括个人投资者、政府部门、国家以及国际各类经济体等。1929年的华尔街大股灾，便是因为杠杆比率过高引起了灾难性后果，当时的杠杆是10倍。过高的杠杆比率，在资产价格处于上涨阶段的时候，会刺激很多人的投机欲望，而投机的总量增加，会反过来推高资产价格泡沫化的程度，刺激更多的人去投机。一旦杠杆率超过该有的心理承受，就会导致破坏性的情况发生。例如，2009年底希腊政府披露其公共债务高达 3000 亿欧元，各大评级机构纷纷下调希腊的主权信用等级。这便是杠杆率高于心理承受的实例。

由此可以看出，杠杆的心理承受是动态的，没有一个准确的杠杆率来衡量，人们对于该国和地区的心理承受放大，杠杆也可以放大，资产市值增大，创造价值最大化，一旦超过人们的心理承受的杠杆，资产市值阈值突破，就会出现资产泡沫破灭、资产市值崩溃、财富大幅缩水。如何正确运用杠杆的心理承受进行价值投资，规避和减少资产市值的崩溃是本章的重点。

（四）杠杆的类型及适应对象

为了了解金钱的杠杆原理，在研究过心理承受后，就要研究杠杆本身。商业社会的每一个国家都希望通过金钱杠杆的使用影响投资人心理承受的变化。因此，对应着人气矩阵，可以将金钱杠杆按照对人们心理承受影响程度分为四种类型，这四种类型分别是："瘦狗"杠杆、"问号"杠杆、"金牛"杠杆和"明星"杠杆，具体如图 7-23 所示。

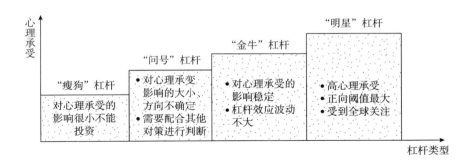

图 7-23 商业社会国家中的金钱杠杆类型

这四种金钱杠杆主要是根据全球投资人的心理承受强弱程度来划分的。金钱杠杆的表现是："明星"杠杆是指对于人们的心理承受强度影响较大，引起全球关注的金钱杠杆，使该国价值创造实现倍增（减）；"金牛"杠杆是指对于人们心理承受强度影响有限，作用开始减弱的杠杆；"问号"杠杆是指对于人们心理承受强弱影响不确定，杠杆作用下目前无法立即获得资产市值增值，需要耐心等待；"瘦狗"杠杆是指对于人们的心理承受强度影响太弱，基本不影响投资，无法创造价值的杠杆。

在这四种不同的杠杆中，有三种金钱杠杆影响投资，分别是"明星"杠杆、"金牛"杠杆和"问号"杠杆。因此要研究这三个金钱杠杆的特点和使用对象。作为每个投资人都要结合自己的投资偏好选择不同的杠杆类型国家进行投资，同

时各个国家自身可以根据不同的杠杆特性选定金钱杠杆的目标。

1. "明星"金钱杠杆

特点："明星"金钱杠杆具有高心理承受强度的特点，并且全球投资人心理承受的正向阈值最大，受到全球投资人的关注，是商业社会的引领者。由于人气关注的原因，该国就会吸引各方资金流入，该国的资产价格就会上涨，所以对投资者来说可以投资该国的"三价"，从而实现自身价值倍增。由于心理承受强度增强，该国必须随时保持高度警惕，不断进行价值创造，否则将出现心理承受负向阈值逐渐变大的情况，这时就可能出现价值倍减，影响该国在商业社会中的领导者地位。保持"明星"金钱杠杆的心理承受正向阈值最大，也就是保证该国在商业社会是最具投资价值的。

适用对象：对于资产增值有较高要求的投资者；短时间内资产快速增值的投资者；有较强的心理承受能力，心理承受正向阈值较大、负向阈值几乎没有，且可以承受双向波动风险的投资者。

2. "金牛"金钱杠杆

特点：该国和地区金钱杠杆对于人们的心理承受的影响进入相对稳定的时期，会有商业社会领导国家的资金流入，以保持心理承受的稳定。因此，这种金钱杠杆跟具有"明星"金钱杠杆的国家的关联性较大。该金钱杠杆不可能继续引领世界的发展，它们属于商业社会中的跟随者，会有自己跟随的金钱杠杆，往往是"明星"金钱杠杆。这种金钱杠杆的引导下的投资收益非常稳定，波动幅度有限，因此资产价格上升的空间有限。

适用对象：避险资产可以进行投资，以保持稳定回报，适合保值需求的投资者，不适合想谋求更大倍增空间的投资者。对于拥有较大规模资产的投资者，这些国家正是他们用来配置他们需要避险的安全资产的首选地。

3. "问号"金钱杠杆

特点：短期内金钱杠杆对于人们心理承受影响程度及变动方向不能确定，可能出现相对较长时间的等待。"问号"金钱杠杆的表现和对于投资人的心理承受的影响，需要通过观察来判定。但该金钱杠杆的影响水平处于低位，有上升的空间。资产价格较低，可以用较低的成本持有该国的资产，同时有效避免"明星"杠杆的双向波动风险。

适用对象：希望获得价值增值且愿意等待的投资者、不愿承担高成本双向波动风险的投资者。需要有敏锐的判断力和前瞻性，可以从中判断出金钱杠杆对于未来的影响力。

（五）投资人杠杆的选择步骤

投资人在选择金钱杠杆、调整心理承受的时候需要遵循以下三个步骤：

第一步，判断一个"明星"国家的金钱杠杆对于人们心理承受的影响。对于心理承受有强正向和负向影响的金钱杠杆国家，可以实现投资的价值倍增（减），因此，对于心理承受影响小的金钱杠杆国家，其未来的发展也不会被看好，金钱杠杆不易被人使用。有些国家希望自己拥有较大市值的金钱杠杆，这需要通过财富、阅历、动态来确定（前面已经讨论过），有了较大的金钱杠杆，才能创造比较价值。

第二步，明确杠杆结构，这是指杠杆的具体方向和投资品种。因为合适的杠杆结构能够将投资者的心理承受控制在合理的范围内，一旦杠杆结构不合理就会导致投资风险增大，影响人们的心理承受，严重的更会导致泡沫破裂。按照"三价"分为房价杠杆、物价杠杆和股价杠杆，每种杠杆都应该保持合理而适度的心理承受，一种品种超过人们的心理承受，杠杆就应该转向另一种投资品种，不断地周期转换，配合人气对策。金钱杠杆的投资品种和结构的调整是投资人把控心理承受、正确利用金钱杠杆进行投资的核心，商业社会国家之所以出现金融危机，绝大部分原因都是金钱杠杆结构运用不当，美国 2008 年的金融危机是因为大量的金钱杠杆加在房地产领域，房价下跌，出现"黑天鹅"现象，引起一系列反应，震惊世界。2015 年中国股市下跌，也是大量的金钱杠杆加在股市上的结果，一旦股价下跌，金钱杠杆迅速撤离股市，引起连锁反应，造成股价大幅波动，幸亏 2015 年中国参与股市的投资人还不够多，没有引起系统性风险，只是对于国内投资人影响较大，没有波及世界。对于房价、物价、股价这些大类投资品种的金钱杠杆分析是政府、金融机构、全体投资人必须面对的首要课题。金钱杠杆"三价"轮转示意如图 7-24 所示。

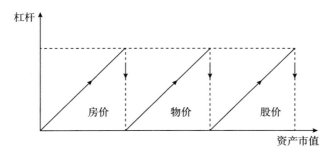

图 7-24　金钱杠杆"三价"轮转示意

"明星"金钱杠杆的国家，如果对金钱杠杆的结构把控正确，有利于吸引全球金钱投资该国，使该国资产升值、财富迅速积累。如果运用不当，效果相反，会削弱该国的金钱杠杆的国际地位，给比较价值大的国家带来了较大的投资机会。

第三步，正确判断金钱杠杆的阈值范围。明确杠杆结构还不够后，只有正确判断金钱杠杆阈值范围，才能适时调整杠杆结构，否则调整杠杆结构没有依据。金钱杠杆的心理承受阈值范围是指金钱杠杆投资产生的市值负向最低值或正向最高值，而判断金钱杠杆心理承受的阈值范围，需要把握倍增、倍减的资产市值范围。阈值分为正向、负向和盘整，在向下没有倍减阈值、向上具有最少倍增阈值时属于正向阈值，这时加金钱杠杆；相反在向上没有倍增阈值——盘整，或者向下具有最少倍减阈值——负向阈值时，都应该减杠杆。而每一次阈值的判断都是抓住倍增、倍减阈值的投资时机。只有在至少具有倍增阈值的起点加杠杆投资，而在准备盘整或倍减阈值处减少杠杆或者去杠杆投资才能实现价值最大化、损失最小化。具体如图 7-25 所示。

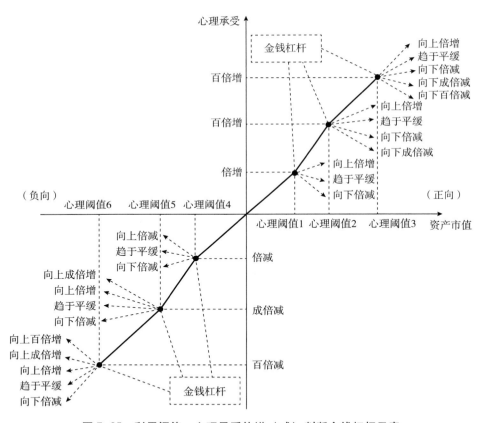

图 7-25　利用阈值、心理承受倍增（减）判断金钱杠杆示意

判断好心理承受阈值，能够合理调整杠杆结构，把握好杠杆使用的时机。杠杆结构调整也需要密切分析心理承受的阈值，只有在足够的心理阈值范围，才能保证杠杆能够发挥其最佳的效应，创造更大价值。放大心理阈值范围有两大方面因素：直接因素和间接因素。

直接因素就是人们的投资热情和政策鼓励。本节前一部分阐述了杠杆只有在投资时才被使用，即投资是杠杆合理使用的重要时机。在商业社会，无论是个人投资者还是地区或国家这类经济体，越发认识到投资的重要性，可以说商业社会就是要通过投资获得价值。金钱也应用于投资而非购买，从而成为杠杆。

间接因素主要是市值测算和比较。市值是指一家上市公司的股票总价值，其计算方法为每股股票的市场价格乘以发行总股数。整个股市上所有上市公司的市值总和，即为股票总市值。通过对市值测算，可以间接地明确资产的价值，将不同股票的市值进行比较便能够从侧面看出是否继续加杠杆或减杠杆。例如，在一只股票已经完成了倍增、成倍增后其市值就会达到一个高位，这时就要将其市值与同类股票或者更高层次的股票市值相比较，以此判断是否加杠杆。如贵州茅台股票市值达到9000亿元时，马上就有人联想中国中车——高铁高端制造，市值应该突破万亿元。但是真正放大人们心理阈值的影响因素是价值引擎。判断好杠杆心理承受的阈值可以为投资人选择杠杆结构、转换投资品种、评判投资风险提供重要依据。阈值形成示意如图7-26所示。

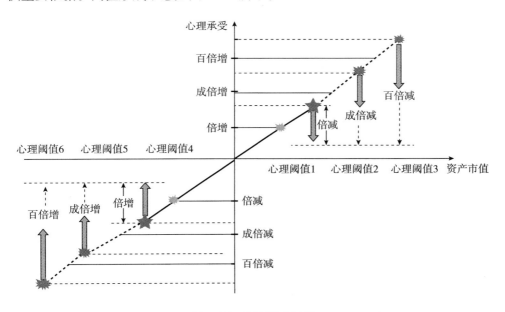

图7-26　阈值形成示意

（六）商业社会金钱杠杆的目标

对于商业社会的国家而言，为了引发全球投资人的投资，都希望实现其在商业社会中撬动更多的资产、实现创造最大化价值的目标。这样的目标会促使在使用杠杆时把握其实质原理，即金钱杠杆与心理承受的关系。任何国家或者个人投资者只有在把握好杠杆心理承受的前提下才能更好地进行投资，否则就只是盲目地跟风，这样的投资方式不仅不能够实现商业社会金钱杠杆的目标，反而可能造成资产市值降低、投资风险增大，甚至金融市场的混乱。在价值创造的过程中，利用金钱杠杆创造最大的商业价值，是商业社会投资人的共同追求。

除了上述宏观目标以外，从微观角度讲，商业社会金钱杠杆的目标是利用杠杆的心理承受的阈值正向拉动带来积极效应，避免和消除负向阈值对于心理承受的消极影响。之所以金钱杠杆要实现心理承受的正向阈值，主要是因为心理承受的正向阈值使该国一直处于人气矩阵的"明星"行列，其杠杆的结构、比率和时机最佳，从而吸引全世界的投资。但是在运用正向阈值的同时，必然会出现负向阈值，不可能都是单边阈值，负向阈值也可能为正向阈值的放大打下基础。总之，利用好双边阈值进行投资，是最有效的投资方式，股票市场的融资融券就符合双边阈值投资的要求。

在心理承受阈值变动的过程中，必须善于利用时机创造商业价值，撬动更多的资产并提高资产市值，同时惠及全世界投资人。只要是价值创造，就必须使用金钱杠杆正确引导投资，在全球投资人将金钱杠杆加到该国时，该国就要及时配合其他三个对策，即人气、币值、权力对策，放大房价—物价—股价"三价"这一人气线关注的资产市值心理承受和阈值范围，创造商业价值，让人气不要离开该国和地区，使持有该国/地区资产的人民早日过上美好生活，造福于该国人民和全球投资人。而不是缩小投资人对于该国的心理承受和阈值范围，阻碍该国商业社会发展，使该国落入中等收入陷阱。

三、金钱杠杆的资产市值选择

（一）金钱杠杆资产市值的时机选择——以投资为主的时代

在工业社会，金钱是货币。在商业社会中，金钱的内涵就是杠杆，杠杆就是营商学研究的资产升值、心理阈值、心理承受，也就是说任何金钱都可以被当作杠杆来使用，这是金钱在以投资为主的商业社会独有的也是最重要的含义。由于杠杆在商业社会具有更加广泛而丰富的运用，并且具有全球一体化的特点，那么杠杆在何种条件下使用变得尤为关键，即杠杆使用时机应该如何选择。只有在投资时，杠杆的使用时机最佳。不进行投资，使用杠杆也就没有实际意义，因为杠杆就是透支未来、创造价值的工具，而投资便是为了获得更多的比较价值，因此只有在投资时杠杆才被广泛使用。

事实上，越来越多个人投资者或者金融机构认识到使用杠杆的高收益高回报以及极大的便利性，于是越来越多的杠杆在不同的市场以不同的方式被使用，这就会造成一个不容忽视的问题——杠杆滥用，资产嵌套。一味地使用杠杆，不顾杠杆心理承受的阈值，会造成金融市场混乱、资产泡沫严重，一旦心理承受崩溃、资产泡沫破灭，便会产生不可逆转的严重后果。金融学中有个名词叫"明斯基时刻"，好日子的时候，投资者敢于加杠杆，好日子的时间越长，所加杠杆越多，最终会到达一个临界点，此时其资产所产生的现金不再足以偿付他们所举的债务，放贷者开始纷纷收回其贷款，导致资产价值的崩溃。

因此，杠杆的使用一定要注重价值的判断，不能一味地使用杠杆而不顾投资人心理承受的阈值范围，只有在投资时，金钱才是杠杆；并且，在投资时也要注意加杠杆的程度，合理控制金钱杠杆，防止资产嵌套，根据实际情况，结合投资者的心理承受强弱，将杠杆加到合适的商品品种和方向上，明确心理承受的临界点，把握杠杆心理承受的阈值范围，合理进行投资品种的转换，杜绝"明斯基时刻"的发生，减少产生系统性风险的可能，以适度的杠杆获得更多的价值。

（二）金钱杠杆的资产市值表现情形选择

通过认知心理学的分析，文化、经济和社会价值创造是杠杆使用效益最大化的价值载体，金钱杠杆的市值表现反映在人们的心理承受强弱方面，而价值引擎的大小对于人们心理承受强弱的影响至关重要，分析金钱杠杆的资产市值表现情形必须理解价值引擎。

1. 引擎的定义

在机械学的范畴中，引擎是发动机的核心部分，习惯上也常用引擎指发动机。引擎的主要部件是气缸，也是整个汽车的动力源泉。在 IT、电子游戏的领域，引擎是电子平台上开发程序或系统的核心组件。利用引擎，开发者可迅速建立、铺设程序所需的功能，或利用其辅助程序的运转。一般而言，引擎是一个程序或一套系统的支持部分。常见的程序引擎有游戏引擎、搜索引擎、杀毒引擎等。

本书将引擎的概念广义化且实质化，认为从广义上说，引擎的衍生内涵就是驱动力，比喻推动工作、事业等前进和发展的力量，泛指事物运动和发展的推动力量。在此就是指使心理承受阈值向正向还是负向移动的驱动力。利用不同的心理承受来创造价值，就要掌握心理承受阈值的正向、负向不断变化的普遍规律。

2. 引擎的类型

根据引擎在不同领域的几种定义，结合引擎在金钱杠杆市值中的引申含义，可以将价值引擎分为三种类型：小引擎、中引擎、大引擎。

小引擎，一般是指支撑、推动一个事物时只有一个方面且动力小，也就是说只有一个驱动力影响金钱杠杆的心理承受，从而使资产市值发生改变。小引擎的国家或商品往往只能小幅波动，其放大的心理承受阈值范围受限，具体如图 7-27 所示。

中引擎，较小引擎来讲动力更大。正如汽车排量与引擎的关系相似，通常排量大，单位时间发动机所释放的能量（即将燃料的化学能转化为机械能）就大，也就是"动力性"好。较大的驱动力使心理承受阈值范围更大，其国家或商品的资产市值较小引擎波动较大，具体如图 7-28 所示。

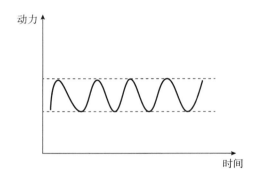

图 7-27　小引擎示意

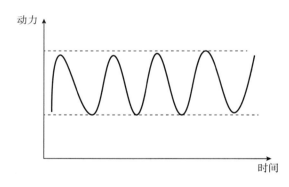

图 7-28　中引擎示意

大引擎指的是较小、中引擎来讲有多种驱动力，如可能有两种、三种、四种等，且动力越多，在使用引擎判断心理承受以及金钱杠杆市值的时候可以考虑的因素越多。拥有大引擎的国家或商品可以提升心理承受范围，其金钱杠杆市值也会不断提升。相比小、中引擎，大引擎的国家和商品资产市值的心理承受阈值范围不断放大，形成了一个国家的核心资产，具体如图 7-29 所示。

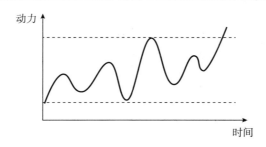

图 7-29 大引擎示意

3. 价值引擎的情形

商业社会的国家都希望投资人对于自己国家的心理承受保持在比较强的程度，并在全球范围内不断提升，长期发挥作用，成为全球的"明星"国家。但是一个国家价值引擎驱动力影响因素很多，在金钱杠杆的使用过程中，由于引擎不同，投资人心理承受的资产市值阈值方向不同、范围不同，主要有三种不同的资产市值情形选择，这三种情形为资产市值引擎驱动力有限、资产市值引擎驱动力适中、资产市值引擎驱动力强大。

情形一：金钱杠杆资产市值引擎推力有限，心理承受的正（负）向阈值较小，具体如图 7-30 所示。

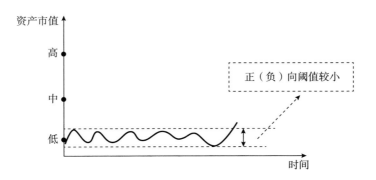

图 7-30 心理承受正（负）向阈值较小

情形一的心理承受阈值变动的总体趋势：金钱杠杆市值引擎驱动力较小，心理承受的正（负）向阈值范围最小。

优点：投资人对于该国的心理承受最小，正（负）向阈值变化范围较小，金钱杠杆非常安全。

缺点：金钱杠杆市值引擎驱动力有限，价值倍增（减）的实现需要漫长的

时间。

适用：有一定金钱杠杆市值引擎驱动力的、小的商业社会国家，有提升国际地位愿景的商业社会国家。

要求：选择正确的跟随国家，防止跟随金钱杠杆市值引擎驱动力下降的国家，要创造自身的价值。

心理承受有限的国家也很常见，对于一些在工业社会已经发展较好的国家，由于金钱杠杆驱动力的引擎单一，即使进入商业社会后资产市值提升的幅度也有限，所以对于这种国家而言只能跟随商业社会领导国家的发展。

情形二：金钱杠杆资产市值引擎推力适中，心理承受正（负）向阈值范围适中，具体如图7-31所示。

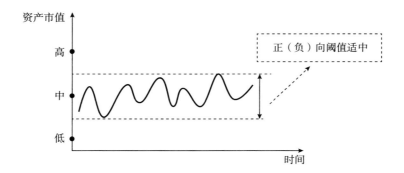

图7-31　心理承受正（负）向阈值适中

情形二的心理承受阈值变动的总体趋势：金钱杠杆资产市值引擎驱动力水平处于中等，投资人心理承受正（负）向阈值范围中等。

优点：波动性不大，心理承受在可控范围内，稳定性比较好。

缺点：具有未知性，难以准确预判出未来引擎的驱动力强弱，引擎驱动力变小的可能性大。

适用：发展到顶端的商业社会国家。

要求：防止引擎驱动力提升过快，过早出现超出投资人心理承受的泡沫现象，引起该国退出商业社会领袖国家行列。

这种情形比较常见，德国、英国都在该国较为强大的引擎驱动力下放大该国的资产市值，曾经都是引领世界的国家，只不过是时间比较短暂。心理承受比低驱动力的引擎大，但是往往发展到了一定阶段后，就无法放大心理承受的阈值范围。

情形三：金钱杠杆资产市值引擎推力较大，核心资产市值心理承受正

（负）向阈值范围放大，具体如图 7-32 所示。

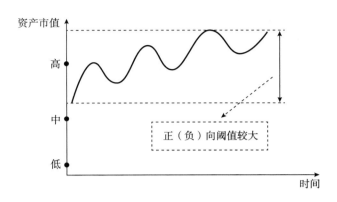

图 7-32 心理承受正（负）向阈值最大

情形三的心理承受阈值变动的总体趋势：金钱杠杆资产市值引擎驱动力水平高，心理承受的正（负）向阈值范围最大。

优点：金钱杠杆资产市值驱动力水平高，此时能够获得最大的价值倍增（减），创造巨大的商业价值。

缺点：正（负）向阈值都会很大，财富增值和贬值的速度加快，社会财富越来越往少数会投资人手中集中。

适用：正在快速发展的"明星"商业社会国家，商业社会的领头国家。

要求：这时应该谨慎、智慧地使用杠杆，防止心理承受的阈值放大，而操作又反向，引起过大的价值损失。该情形需要国家在有财富积累、丰富的阅历故事前提下加以动态调整。不仅要有大量的财富，包括储蓄、经济增长、社会发展等方面的优势，同时还要不断创新思维，提升国际地位，这样就可以放大金钱杠杆的资产市值。

很多国家的资产市值都不可能实现长期放大，心理承受也不可能不断放大，就是因为该国的价值引擎不够大，纵观历史还没有哪个国家从最低位的心理承受一路上升到高位后，长期保持全球资产市值最大。2010 年，中国 GDP 总量超越日本，成为仅次于美国的世界第二大经济体。中国正在加快吸引着世界各地的金钱杠杆加入中国的投资队伍。许多欧洲国家把中国当作拉动世界增长的新引擎。这时的中国资产市值提升速度快，中国在注重多种引擎提升心理承受的同时，必须抓住思维领先这一大引擎，不能犯下思维漏洞的错误，确保中国在全球的资产市值迅速放大、心理承受增大。

（三）保持金钱杠杆资产市值不断增大的方法

保持金钱杠杆心理承受不断放大，增加比较价值资产市值的阈值范围，主要有四种不同方法，这四种不同的方法使用的情形也不同，根据不同的情形可以分别利用这四种方法来不断放大心理承受的阈值范围，使资产增值，创造价值，增加社会财富。

1．方法一：崛起法——该国曾经辉煌，重新超过过去

一个国家发生倍减或成倍减少后，封住负向阈值倍减范围，必须发现新的重大价值新引擎，超过和避开正在引领国家的新引擎，寻求打开比较价值正向阈值成倍和百倍范围的时机。

当心理承受既有向下的部分又有向上的部分时，这时比较价值资产市值水平适中，心理承受正（负）向阈值范围也适中。当这种情况出现时，应该特别关注倍增（减）或成倍（减）的时刻，因为只有在确定倍增（减）或成倍（减）时才是阈值范围的上确界或下确界，也就是说，只有在此才能够被叫作阈值，其他时间点均不能准确把握。当发现已经达到倍减时，再也不可能比现在更差，能够立刻封住下行空间，即封住负向阈值倍减范围，防止出现低于阈值下确界的情况，因为一旦出现低于阈值的情况时，就难以判断出探底的程度，也就是说对于底位的把握具有更大的不确定性。

除了要封住负向阈值倍减范围，还需要打开上行空间，即打开正向阈值成倍和百倍范围，使心理承受的方向能够快速改变，将负向阈值转化为正向阈值来发挥作用。当心理承受开始向上移动时，把握倍增时机便成为关键，因为开始倍增的时刻便是正向阈值的开始，而一旦心理承受开始向上移动，就要指导其向倍增实现点不断攀升，当实现倍增时，对于整体来讲便同时实现了成倍或百倍。崛起法如图 7-33 所示。

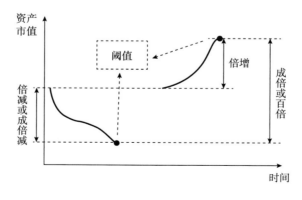

图 7-33　崛起法

2. 方法二：等待法——该国进入历史高位，寻求新的突破

一个国家比较价值资产市值上升到一定水平，必须封住负向阈值倍减范围，等待价值引擎进一步提升正向阈值倍增或成倍范围的时机。

当一个国家比较价值资产市值开始处于中等水平，但逐渐上升到较高水平时，这时心理承受只有向上的部分，当这种情况出现时，需要耐心等待并关注倍增的时刻，因为倍增是一个类似转折点的时刻，向上或向下移动均是在此时刻开始。当发现已经达到倍增时，需要继续等待上行空间，不能盲目放大心理阈值，需要等待，寻找新引擎，因为心理承受还有向上的空间，极有可能继续向上直到达到实现成倍，一旦成倍实现，那么正向阈值便达到上确界也就是到顶，之后便需要进一步的判断。等待法如图 7-34 所示。

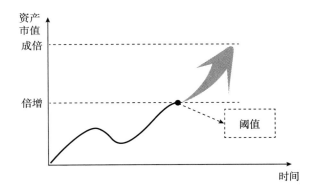

图 7-34　等待法

3. 方法三：引领法——该国正引领世界发展，比较价值市值保持遥遥领先地位

一个国家资产市值远远超过世界其他国家，达到一定的水平，保持和不断挖掘自己的价值引擎，同时密切关注新型国家新的重大引擎出现，并使该国不断创造比较价值，寻求正向倍增、成倍、百倍阈值范围放大的时机。

当一个国家资产市值正在经历高位时，要想继续保持资产市值的心理承受放大、阈值范围扩大，就必须保持该国的比较价值资产市值不断放大，比较价值资产是一个国家的标志，每次倍增后，经过适当的调整，金钱杠杆又开始加入，市值又开始倍增，不会出现负向阈值。通过比较价值资产市值上升，带领和影响整个国家的资产市值，如果出现比较价值资产出现负向倍减，意味着整个国家的金钱杠杆在减少，该国的整个资产市值就会出现负向阈值。一个国家需要出现比较价值资产和保持比较价值资产市值升值是该国引领世界的前提。引领法如图 7-35 所示。

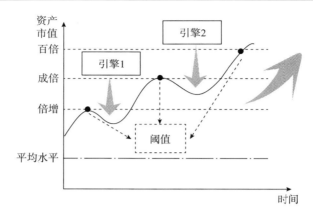

图 7-35　引领法

4. 方法四：回档法——该国曾经经历高位，继续寻求和保持一定地位

一个国家比较价值资产市值以前经历过高位，没有超过过去的正向倍增阈值范围，寻求负向倍减阈值范围，资产重组后，再寻求正向倍增阈值范围，确保资产阈值在一定的范围内波动或者超过过去，不至于落后太快或者被淘汰。

当一个国家比较价值资产市值经历过高位以后，这时没有正向倍增阈值，反而形成了负向倍减阈值，于是心理承受只有向下的部分，当这种情况出现时，便需要关注倍减的时刻，与倍增相同，倍减也是一个类似转折点的时刻。当发现已经达到倍减时，可以不必急于寻求向上空间，而是继续寻求向下空间，可能需要达到成倍减时，才是心理承受方向由负向正转变的可能性最大也是最佳时机。因此，这里寻求向下空间是为了在向下到成倍、百倍减后，寻找新的价值引擎，形成正向阈值，并且这时向上的价值引擎阈值范围也达到了最大。回档法如图 7-36 所示。

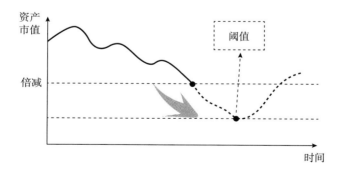

图 7-36　回档法

四、心理承受的扩大和调整

（一）心理承受调整的类型：主动和被动

对于商业社会的国家来说，心理承受的调整分为主动和被动两个方面。主动调整是指一国通过金钱杠杆自行调整，对比较价值资产的市值变动方向产生影响。而被动调整指的是顺应国际、国内资产市值的阈值波动情况，是由国际、国内资产市值的一般规律决定的方向性变动，但是，这种变动往往出乎投资人的意料之外，必须谨慎应对。

每一个商业社会的国家都要在国内、外利用创新价值引擎，主动调整金钱杠杆资产市值的心理承受阈值范围。主动调整可能成功，也可能失败，具有极大的不确定性，商业社会每一个国家自身必须勇敢地放大心理承受阈值范围。

金钱杠杆的被动调整是由于心理承受发生巨大变化，在投资人意料之外，引起资产市值的负向阈值大幅波动，这也是人们会经常碰到的，人们称之为"黑天鹅"事件，2008 年美国的金融危机也损失惨重，美国及其世界各国都必须谨慎应对。被动调整的国家必须积极应对，变被动为主动，寻求价值引擎，努力放大金钱杠杆资产市值的阈值范围。

当一国资产处于高位时，该国若不及时进行心理承受主动调整，人们由于担心出现被动调整，这时就会出现资产市值心理承受正向阈值范围缩小、负向阈值范围放大、资产市值大幅缩水的情形。如果该国进行新的价值创造，在短暂调整后又会迎来新一轮金钱杠杆加入，资产市值上涨。但是主动调整和被动调整在实际操作中不能完全区分，二者相互转换。

（二）扩大金钱杠杆的心理承受

金钱杠杆的正确使用在商业社会具有重要作用，适度的心理承受不仅能够提高资金的配置效率，而且能够带动商业、促进经济增长，但如果杠杆使用不当、超过心理承受比较价值资产市值阈值范围，则会造成信用违约频发、金融机构不良贷款陡升、资产价格崩溃，最终导致金融危机的全面爆发。如何把控好心理承受，并且能够扩大杠杆的心理承受，使其在一个合适的阈值范围下发挥最大的作用是最为关键和重要的内容——寻求多引擎和大引擎。

扩大金钱杠杆的心理承受主要有三个步骤：一是寻找影响金钱杠杆心理承受的价值引擎，控制杠杆心理承受的核心就是了解影响心理承受的各类引擎。本节第三部分着重探讨了价值引擎的定义，并将引擎分为大引擎、中引擎和小引擎三大类，由此可以看出引擎在商业社会的涵盖范围十分广泛，任何可以作为价值驱动力的因素都可以被划到引擎的范畴里，只不过驱动力的作用、大小不同，因此寻找重要的价值引擎就是要选择大引擎，价值引擎的形成和保持是该国人们共同努力的结果，但是善于把握和发现价值引擎是营商学研究的内容。二是在实践中动态寻找杠杆价值引擎的指标体系，因为除了大引擎以外，还会有不同的指标影响杠杆的撤离，正确判断心理阈值放大的程度和范围，坚守心理阈值倍减放大的程度，如 2018 年中国股市的 2600 点附近就是心理阈值倍减放大的最大程度，必须坚守。三是围绕这些价值引擎，选择对应控制手段，针对不同引擎要选择不同的把控手段，从而把控好金钱杠杆的心理承受，这些都是一些金融工具和社会手段，如资产嵌套管理。

根据价值引擎的内涵，将影响资产市值心理承受阈值的引擎按照作用的范围，主要分为两大类：国内引擎和国际引擎。国内引擎分别是经济引擎和社会引擎，国际引擎分别是国际经济引擎和国际制度引擎。引擎的具体内容如图 7-37 所示。

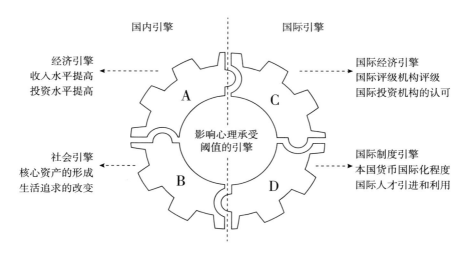

图 7-37　影响心理承受阈值的价值引擎

1. 收入水平提高

收入水平的高低直接影响投资者在使用杠杆时的心理承受的强弱以及阈值范围的大小。收入水平决定了个人怎样分配自己的所得，收入水平高的人在投资时会更有底气，因为他们是在保证了基本生活的前提下使用剩余的金钱来进行投资的，因此他们无论损益如何都不会太影响自身及家庭的基本生活水平。人民的实际收入水平超过物价上涨的水平，使经济上有承受能力，这为提高消费者心理承受能力打下了良好的物质基础。

人们在运用杠杆时的心理承受能力，归根结底取决于他们的经济承受力，具有不同经济状况的人们的反应将有明显的区别。收入水平较高、经济状况较好的人们会更有底气，无论在资产的投资或是杠杆使用上更游刃有余，因此无论收益或亏损都在其心理承受范围，其心理承受的阈值范围相对较大；而收入水平不高、经济状况一般的人可能刚好满足自己及家庭的基本生活，他们没有过多的余钱来进行投资，因此在投资时就会变得小心谨慎、蹑手蹑脚，以避免产生超出自己承受范围的损失，相应的其心理承受阈值范围也就较小，这也意味着他们不能获得更加客观的投资收益。由此分析可知，收入水平的提高是商业社会放大心理承受阈值范围的重要经济引擎。

2. 投资水平提高

投资水平是国家或个人可以用于投资的资金多少、对投资的认知以及对投资的收益损失的承受能力的综合。国民收入的提升会在很大程度上影响和制约个人投资的增长，而国民收入分配格局向个人倾斜则决定着个体投资能力的强弱。如果国民收入保持在较低的水平，则个人的投资能力将被限制在非常狭小的范围内，甚至会失去个体投资能力。个体投资者会随着个体收入的增加或者减少而调整其在市场上的资本投入，因此，国民收入分配方式在很大程度上决定着个人投资行为。

投资者个人的心理因素也在一定程度上影响着投资者个人的投资行为。个人投资者可能会在多数人都做出某一行为的情况下放弃理性，从而非理性地选择是否作出投资行为，因此，投资者的个体心理因素也在一定程度上影响着个体投资者的投资行为。无论是投资者的投资能力还是心理因素都是影响心理承受的社会引擎。在收入日益增长的商业社会，利益的需求得到满足，人们投资水平不断提高，投资带来的收益大大超过购买带来的金钱收益，投资者的投资能力和心理因素都是人们放大资产市值阈值范围的重要引擎。

3. 核心资产的形成

所谓核心资产，就是那些处于产业链最上游的行业或是在整个国民经济中占有重要地位的行业的资产。核心资产是包括核心人才、核心能力、核心技术、核心产品、核心企业在内的核心群。对于国家来说，想要形成和发展核心资产，有四个重要的考虑维度：第一是能够代表该国；第二是可以代表未来；第三是头部资产，必须是行业龙头，有绝对的竞争优势；第四是确定性与成长性兼具。在文化、经济及社会这三大价值中，文化价值在我国的地位和影响力有目共睹，文化资产成为核心资产的机会要远远大于经济、社会资产。为了使文化资产成为核心资产，需要探究文化与心理承受的关系。心理学中关于心理承受的影响因素的探讨认为，不同的文化差异对心理承受力的影响是客观存在的。每一文化传统影响下的民族都有自己的价值取向，价值观对于个体心理承受力的影响主要是通过人格因素起作用的。文化在人格的形成过程中起到了重要的作用，不同的文化所崇尚和宣扬的人格特质各不相同。这实际上就是价值观的反映，对于个体有极大的塑造力，而人格中的某些因子会直接影响族群对应的心理承受力。

根据以上心理学对于文化与心理承受关系的解释，不同国家的文化影响了不同国家中个体对于消费、投资等方面的态度和价值观，从而影响了个体的心理承受水平。有些国家文化所产生的价值观要求个体在投资时应该规避风险、平稳至上，那么他们便形成了这样的投资方式，即使发现了机会也不会使用过大的杠杆，因为他们害怕风险、心理承受能力弱，这样的文化也不能作为核心资产这一引擎来扩大心理承受阈值范围；而有些国家文化就更加激进，这些国家的人热爱风险并认为高风险才能带来高收益，秉承着这样的价值观，个体在投资中只要瞅准机会便加大杠杆以博取最大化收益，他们的心理承受能力自然就更强，而这些国家的文化往往都能够作为核心价值来投资。

一个国家必须形成自身的文化、经济、社会核心资产，核心资产是大引擎，可以扩大人们的心理承受。发达国家的投资实践充分证明，核心资产是引领一个国家长期进步的动力，发现、挖掘、塑造和培育核心资产是创造商业社会价值、扩大金钱杠杆心理承受阈值范围的重要前提。

4. 生活追求的改变

在商业社会，人们对生活与农业、工业社会有着截然不同的追求。正如权一钱—名人气线所表达的含义，商业社会的人们对于生活的追求更为精致。在商业社会，美好生活就表现为高品质生活。农业社会的温饱生活实现后，社会转型，进入工业社会，物质生活追求推动工业社会进步，而技术满足了人们对于物质生活的追求，生产出丰富的产品，由此可以看出人们生活追求的改变是社会进步的重大引擎。对高品质生活的追求，不仅是对于物质的高品质追求，更多的是人们精神或思想上的提升。如果将个人的一般工资收入所得用于购买，可能只能过上享有物质利益的中等生活，很难过上高品质生活，所以追求高品质的美好生活是工业社会向商业社会转型的动力，是社会进步的重大引擎，推动工业社会的每一个购买者必须变为商业社会的投资人，必须学会投资。正因为如此，个人将投资作为经常性活动，只有全社会参与投资才能够放大金钱杠杆资产市值的心理承受阈值范围，那么投资人就有更大的机会创造出更大的价值，能够获得更多的金钱杠杆投资收益，从而获得更高品质的美好生活。可以说，追求高品质生活使人们去投资，而投资又使人们能够更快地过上高品质生活。根据这样的逻辑，本书将生活追求的改变作为一个重要的国内社会价值引擎。

5. 国际评级机构评级

随着信用交易的日益普遍以及资本市场的快速发展，信用评级机构逐渐成为现代国际资本市场的"看门人",掌控信用资本的价格决定权,并成为规制资本市场的"准监管机构",对国际货币金融体系具有重要影响。从地域分布来看,世界上主要的国家信用评级机构大多来自美国,如标准普尔和穆迪都是美国公司。尽管欧洲和日本也曾发展自己独立的评级机构,但难以与美国的信用评级机构相抗衡。就中国而言,随着近年来政府部门的推动,逐步培育了中诚信国际、大公国际、上海新世纪等评级机构。

国家信用评级是对全球投资中的国家风险进行准确量化评价,是控制和防范国家风险的前提。作为衡量一国能否及时偿还其国际债务的重要指标,国家信用评级在国际资本市场中受到广泛的重视,成为跨国投资和选择国际融资的依据。因此,国际评级机构的评级对商业社会金钱杠杆资产市值心理承受有着重要的意义,是把控心理承受阈值范围的重要国际经济引擎。为了不断放大心理承受阈值范围,不仅需要在国际评级机构的评级中获得高地位,还应该建立自己的评级机构,使各国都使用其评级机构进行投资风险评价,这样才能不断吸引全球关注、放大心理承受阈值范围。得到国际评级机构好的评级和建立自己的评级机构都是在国际上赢得地位、扩大心理承受的重要国际引擎。

6. 国际投资机构的认可

国际投资机构的认可对于金钱杠杆资产市值的上升有着重要的意义,某一国家一旦被国际投资机构认同,那么该国就有更高的平台来吸引更多的资金流入,其杠杆心理承受的阈值范围也会随之不断放大。目前,国际投资于各国经济发展的重要性显现,加剧了受资国(地区)之间对外商投资的竞争,无论是传统跨国投资目的地的发达国家,还是后起的发展中国家,抑或是转型经济国家,都纷纷设立专业化的投资促进机构(IPAs),力图借助投资促进机构,将本国、本地区的优势充分展示,吸引相应的外国投资。例如,摩根士丹利(MSCI)是一家全球领先的国际性金融服务公司,业务范围涵盖投资银行、证券、投资管理以及财富管理等。利用摩根士丹利的全球资源为这些企业的长远发展献力献策,帮助它们快速、全方位与国际接轨,并争取通过在海内外资本市场上市融资,利用全球资本谋求更上一层楼,成为真正具有国际水平的一流企业。另外,QFII 机制是指一国在货币没有实现完全可自由兑换、资本项目尚未开放的情况下,有限度地引进外资、开放资本市场的一项过渡性的制度。通过引进 QFII 机制,吸引境外合格的机构投资者参与进来,将有利于进一步壮大机构投资者队伍,并且有利于国际资金的流入,使金钱杠杆资产市值心理承受阈值不断放大。中国已连续多年成为国际投资的主要目的地,在国际投资领域产生的影响日趋重要。

为了使金钱杠杆资产市值心理承受的阈值范围不断放大,必须认识到国际投资机构的认可这一国际引擎的重要意义,因为被国际投资机构认可,能促使国际社会的各国敢于将杠杆加到该国，一旦杠杆开始发挥作用，便有更多的资金流入，那么该国的心理承受阈值范围也就被放大，这就是国际投资机构的认可能够作为国际引擎的逻辑，2018 年中国 A 股纳入 MSCI 新兴市场指数是一个重要标志。

7. 本国货币国际化程度

货币国际化是指能够跨越国界，在境外流通，成为国际上普遍认可的计价、结算及储备货币的过程。目前已国际化的货币有美元、欧元、日元等。货币国际化有四个阶段：第一阶段，经常项目下的国际收支实施自由兑换，即政府不对私人部门因商品和服务贸易等的交易需要，而进行的本外币兑换进行限制，仅对私人部门的交易真实性进行检验。第二阶段，资本项目可兑换，即政府不对私人部门因投资和金融交易等的需要而进行的本外币兑换进行限制。第三阶段，政府推动本币的国际化，使其成为其他国家可接受的交易、投资、结算和储备货币，至今最主要的国际货币显然是美元和欧元。第四阶段，政府对并不发生跨国交易的、境内居民的本外币自由兑换也不进行限制，即充分的可兑换阶段。国际上的各国都应该在政策上加快本国货币的国际化程度，只要本国货币的国际化程度高，那么该国的金钱杠杆资产市值心理承受的阈值范围就大，因为国际上资金的影响使国际政策引擎所形成的推动力不断放大阈值，使资产市值不断上涨，该国保持领先地位。

8. 国际人才引进和利用

国际化人才比较全面的概念可界定为：国际化人才是指具有国际化视野、熟悉与业务活动有关的国际惯例与规则，熟悉本专业的国际化知识，掌握国际通用语言，具有跨文化沟通能力的人才。中国正在走向"世界舞台中央"，要实现中华民族的中国梦，需要有更多的国际型人才参与进来。美国的发展历史证明了这一点，它广开进贤之路，广纳全球人才，具有更加开放的人才政策。中国要迎头赶上，更需要引进国外各方面的各种人才。只有拥有了足够的国际化高、精、尖人才，才能更好地推动一国商业社会发展，吸引全球关注，获得全球各国的投资，才能有更多的金钱杠杆投资该国。人才国际化战略成为国际引擎不断放大国家资产市值心理承受范围。能否吸引到国际化人才是一国商业社会发展的重要标志，同时国际化人才的引进和利用是该国的国际政策引擎，能推动该国快速发展。主动参与国际竞争是一个国家能力和自信的表现，国际化人才能够带动国际化投资，使该国资产市值不断放大，财富积累加快。如果一个国家不能吸引国际人才或者吸引力减弱，此时也是该国资产市值放大减速的开始、财富积累放慢的标志。推进国际化人才服务机构的市场化建设、引导国际学生留华就业都是吸引国际高端人才的重要渠道。要招人聚才并举，择天下英才而用之。中国需要全球化，扩大外需，包括中国的对外投资、对外购买和对外销售，使中国经济可持续发展，要着力抓住全球的产业、商贸和基础设施格局变化的新机遇，着力抓住更多的境外人才，让交往更为频繁，让中国经济能够健康可持续发展，同时和全球各个国家实现互利共赢。

第四节　金钱杠杆变化的价值创造

一、金钱对策的研究对象

金钱在商业社会的实质是就是杠杆，而杠杆的选择、变化以及运用是一个复杂、动态的过程，比工业社会复杂得多，从来没有任何一个社会像商业社会这样关心金钱杠杆作用——以投资为主的时代。商业社会是一个可以大大地放大金钱的倍数和迅速减少人们财富的时代，研究金钱杠杆具体表现为全球投资主体对于金钱杠杆心理承受高低的把握。因此，如何利用好金钱杠杆进行投资，创造商业价值，迅速积累更多财富，成为本节研究重点。

商业社会中，金钱杠杆的运用无处不在。首先，杠杆在商业社会中具有极大不确定性，杠杆的"加"和"减"都十分的频繁和普遍，并且形式上也都呈现出多样化的特点。其次，商业社会的金钱杠杆具有全球一体化的特点，因此在杠杆的运用手段上更应该注重探究国际社会尤其是那些商业大国对于金钱杠杆的使用，在全球范围内审视、把握以及利用金钱杠杆，提供更多的思路与对策，从而更好地运用金钱杠杆创造比较价值。

从全球投资者角度出发，金钱对策是为了研究投资者的具体商品投资选择。紧跟资产增值的脚步，合理选择投资标的，选择合适的投资国家和商品对象。如图 7-38 所示，金钱对策的第一重研究对象是国家，也就是判断一个国家是不是"明星"国家、是否有倍增（减）心理承受的阈值范围。金钱对策的第二重研究对象是商品，不同杠杆加在不同商品上，资产价格上涨的速度和变动方向不一样，对于社会的推动作用也不相同，房价、物价和股价是商业社会任何一个国家创造比较价值的三大资产品种。

图 7-38　金钱对策的研究对象

金钱对策的第三重研究对象，也是贯穿第一重（国家）和第二重（商品）研究对象背后深层次的重点研究对象，就是资产嵌套，也就是资产管理，无论是国家还是具体商品，资管产品借通道多层嵌套，不仅增加了金钱杠杆的复杂性，导致底层资产和风险难以穿透，也拉长了资金链条，增加资金体内循环和融资成本。但由于资产的多层嵌套，本该用于消费的资金被用作投资，本该投资在房价上的资产却被投资到了股市中，这样层层嵌套使只要一层出现了问题就会导致整个链条断裂，从而影响整个资产市值，甚至使资产泡沫破裂。因此，合理运用金钱杠杆，避免资产嵌套带来的无法预知的损失是金钱对策深层次的研究内容。管理好资产的嵌套如同管理好资本的流动一样，不会形成资产市值的大起大落。

之前的章节已经说明，商业社会的价值定义是增值除以损失。从金钱对策方面可以更好地帮助投资者看清时机，减少损失获得更大的价值增值。如果一国的杠杆心理承受放大，那么就意味着该国受到了投资人的关注，长期的升值，也是投资人气聚集的一个重要原因。在这种币值升值正反馈机制中对投资人价值发现和价值创造提出新的富有挑战力的要求。因此，金钱对策在微观层面上对所有投资人也有重要意义。

二、商业社会金钱杠杆形成资产市值变化的类型

商业社会金钱杠杆资产市值对于投资人心理承受产生影响，由此对投资者的投资引起的资产升值类型也有很大的影响，不同的心理承受导致对于投资的反应也不会相同，以金钱资产市值变动和投资对象两个因素进行划分，结果如表7-2所示。这种划分方式分为6种不同的类型：国家资产市值变动正向、国家资产市值变动稳定、国家资产市值变动负向、商品资产市值变动正向、商品资产市值变动稳定和商品资产市值变动负向。

并不是所有类型都需要关注，本书重点关注的有四种：国家资产市值正向和商品资产市值变动正向、商品资产市值变动稳定和商品资产市值变动负向。

表7-2　资产市值变动与商品对象划分法的重点关注类型

对象　　　　方向	正向	稳定	负向
国家	★		
具体商品	★	★	★

国家金钱杠杆资产市值变动正向值得重点关注的是国家资产市值正向升值，同时该国的商品资产市值正向上升、稳定和负向下降。因为国家金钱杠杆资产市值不断上升，意味着这个国家是人气关注的"明星"国家，具有价值的倍增空间，投资该国的商品能创造价值。该国的具体商品资产市值正向升值、稳定和负向下降都必须关注，它们是普通投资人重要的投资对象。

商业社会的每个国家都会经历金钱杠杆资产市值正向上升的好时期，这个时期全球投资人投资该国，国内商品价格上涨，财富迅速积累，价值创造得到充分体现，但是很多国家由于多方面的原因，金钱杠杆运用不当，得到金钱杠杆不容易，很快丧失了金钱杠杆，人们对于该国的心理承受大幅下降，甚至崩溃。一个国家金钱杠杆资产市值有大小和长期、短期之分，短期的资产市值上升，对于投资人的影响是短暂的，这种短期上升会加剧外来金钱杠杆资产市值的投机和国内的资产价格暴涨，如果资产价格过高，价值引擎不够大，资产市值就会寻求负向阈值，引起资产价格暴跌，因而要不断地进行新的价值创造和抑制短期的资产市值过快上升。对于一个金钱杠杆发展速度较快的国家，如果不能谨慎处理和利用好金钱杠杆，就有可能引起快速关注，金钱杠杆资产市值迅速上升时，若心理承受把握不好，就会出现严重的坍塌情况，使之前国际金钱杠杆拉高的国内资产，从高位迅速跌入低谷，大量金钱杠杆撤离，该国陷入中等收入陷阱。无论是通过什么方式，最后的结果都是金钱杠杆撤离。所以这种情况下，每个国家都应该好好思考防止资产市值短期快速上升和下降，防止本国的资产泡沫破灭，不重蹈其他国家资产泡沫破灭、出现金融危机的覆辙。

当一个国家的金钱杠杆资产市值保持上升时，人们才会投资该国的商品，投资该国的商品才会安全，才有比较价值，投资人在该国寻求金钱杠杆资产市值上升的商品进行投资，寻找由文化价值、经济价值和社会价值创造的商品标的。同时，一个国家金钱杠杆资产市值的具体表现形式就是该国的商品投资，如果一个国家商品投资的金钱杠杆利用不好，就会反过来影响该国的整体金钱杠杆资产市值上升，所以放大资产市值阈值范围的方法相当重要，挖掘价值引擎和适度放大资产市值的阈值范围，是商业社会的重中之重。

综上所述，每一个国家或地区的心理承受在不同时期的总趋势和变动方向各不相同，在全球背景下又相互影响，通过前面的论述，清晰地说明商业社会国家心理承受以正向上升为主旋律，才能吸引人气，但是心理承受上升的道路并不是一帆风顺的，也不可能永远上升，在一定时期也会有一些国家和地区心理承受减弱。金钱杠杆心理承受的变化是投资人在全球一体化的商业社会进行价值投资选择和资产市值动态变化判断的重要参考。探讨在一国或地区心理承受长期趋势上升的前提下，根据国家金钱杠杆的使用类型，投资者在商业价值投资过程中如何

应对是本节研究的重点。

三、"三价"的金钱投资

(一) 金钱投资对策选择步骤

从金钱对策内容来说，本章分别从金钱在商业社会的表现形式——杠杆、资产市值，心理承受、阈值大小，放大金钱杠杆资产市值的方法、扩大心理承受——寻找价值引擎等角度说明了金钱在商业社会中的运作机理。从国家层面来说，正确把握商业社会中的金钱杠杆作用机理能够使本国的金钱杠杆资产市值心理承受更大，创造更大的比较价值，有助于本国选择适合自己的金钱对策。把握金钱杠杆作用机理也便于全球投资人分辨该国和地区的金钱杠杆运用的正确性，作出正确的投资决策。但是金钱杠杆变化并不都是由一个国家或地区自身来决定的，由于金钱杠杆变化在商业社会主要是由全球投资人共同决定的，具有巨大的不确定性，每一个投资人都是商业社会的参与者，所以在金钱杠杆不同的资产市值变化类型下，投资者必须选择相应的投资对策。

对于投资人来说，选择投资对策的步骤一共分为五步，具体如图 7-39 所示。根据这个步骤，商业社会的投资人能更好地实现资产升值，创造价值，从而在商业社会占得先机。

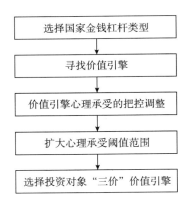

图 7-39　金钱对策投资"三价"的步骤

第一步，选择国家金钱杠杆类型。不同国家的金钱杠杆所形成的资产市值正向阈值范围不同，投资收益也就会不同。在上文中已经详细介绍了国家要根据自己实际选择合适的金钱杠杆类型，否则事与愿违，因为不同金钱杠杆类型不是完全由一国和地区主观决定的，而是由一个国家和地区自身的客观因素和全球投资人认同的价值引擎决定的。对于投资人来说，国家和地区确定的金钱杠杆目标和投资人投资心理承受的阈值范围是相互匹配的，只有彼此的目标一致，才适宜投资。

　　商业社会的投资人，都是为了寻求商业价值的倍增，追求比较价值最大化。因此，对于投资人来说，最好的金钱杠杆应该是人气"明星"杠杆。在"明星"杠杆上，才可以使投资人在全球视野的投资中占得先机，不断地实现价值倍增，但是也不尽然，还有一些投资人为了规避投资风险等，选择"金牛"杠杆的国家投资，保持一定的稳定收益。这些只是一些特例和短期的现象，大多数投资人还是会选择"明星"杠杆的国家投资。确保本国资产的吸引力的同时，还要防止本国金钱杠杆转移投资他国资产。

　　第二步，寻找价值引擎。选择好金钱杠杆的国家和地区后，在一个国家或地区通过价值判断决定自己的投资路径是非常重要的。在这一环节投资人要通过价值引擎判断决定自己的投资。价值引擎判断主要是要明确自己的比较价值目标。人气关注的都是比较价值，所以这一步是关键环节，没有比较价值就不适宜进行投资。

　　根据"商业社会价值＝增值/损失"的公式，要寻求增值空间大、时间损失少的价值进行投资。投资人的价值引擎判断环节从总体角度考虑，要对金钱杠杆进行价值判读，根据该国和地区的杠杆心理承受的变化情况不断修正自己的投资标的，判断总体上的比较价值变化。因为金钱杠杆选定后，心理承受还会发生动态变化。密切关注选择的心理承受变化和阈值范围的动态变化，不是选定杠杆就可以一劳永逸，创造价值才是杠杆选择的核心。例如，人的一生有不同的阶段，各个阶段的价值引擎是不同的，要认真选择自己的价值引擎，创造人生价值。所以，投资人在"明星"国家和地区投资，具体选择不同的价值引擎，进行金钱杠杆的投资。

　　第三步，价值引擎心理承受的把控调整。价值引擎的心理承受把控调整能力缺乏，那么这种杠杆的前景就备受质疑。在商业社会中金钱杠杆存在较高的不确定性，价值引擎心理承受把控能力是应该着重培养的能力，这样才能应对商业社会中的不确定性。如何对价值引擎心理承受进行把控调整，这一内容在本章第三节已经有了详细的分析。

　　对每个投资人来说，一个国家或者地区对自身价值引擎心理承受的把控能力往往是投资分析重要判断依据。如果一国和地区做不好价值引擎的心理承受把控，就不能得到全球投资人的信任。没有价值引擎，或者价值引擎动力不足，不能充分发挥价值引擎的作用。在阈值调整中失误，那么这个金钱杠杆的原有价值创造就不能实现。"明星"杠杆会转向"金牛"杠杆，甚至"瘦狗"杠杆。所以，杠杆的全社会心理承受和价值引擎把控调整能力是投资者对金钱杠杆的判读。

第四步，扩大心理承受阈值范围。商业社会中金钱杠杆的选择越来越多，不同价值引擎带来的竞争关系越多。在不同的杠杆下，如果不能判断价值引擎引起金钱杠杆心理承受变化的阈值范围，那么比较价值就会很快丧失。一个杠杆下，心理承受变化的阈值范围直接影响全球投资人的价值选择。能不能把握住阈值范围，决定了能否具有创造比较价值的优势。

因为比较价值的优势是全球投资人进行投资方向性选择的关键。所以，投资者面对即将实现倍减的时机，也就是负向阈值不断向下移动，投资人往往会选择离开，随着人气的转移，那么新的"明星"杠杆又会出现。如果可以有效地扩大心理承受变化的阈值范围，那么除了金钱杠杆可以一直保持增长的趋势，投资者也会在该国的商业社会发展中不断投资。房价、物价和股价的投资全面激活，形成人气在金钱杠杆下对文化、经济和社会价值的周期关注。

第五步，选择投资对象"三价"价值引擎。房价、物价和股价形成的"三价"是一国和地区人气价值的生动体现，"三价"也是价值投资的重大引擎，人们容易达成共识，是全社会投资人共同认同的价值引擎。金钱杠杆的变动通过影响资金的流动，来影响"三价"资产市值的变动，从而影响"三价"的价格升降。根据金钱杠杆的心理承受、心理阈值变动进行房价、物价、股价投资对象选择是金钱杠杆投资的重要步骤之一。

对于全球投资人来说，可以依据金钱杠杆原理对一个国家和地区进行投资，可以选择投资的价值引擎很多，同时投资人也可以对该国的房价、股价、物价三大价值引擎进行投资。"三价"代表着该国的文化、经济、社会价值资产，是创造价值的最好载体，投资人要依据金钱杠杆和"三价"变动关系的规律，采取相应的对策，选择"三价"进行具体投资。

（二）金钱投资杠杆资产市值选择

从投资人的选择自由来说，投资人当然可以选择不同的金钱杠杆类型投资。但是由于"明星"金钱杠杆类型的国家和地区有更多的价值空间，其比较价值凸显，可以在较短时间内实现更大的价值升值。

至于，为什么国家和地区选择成为"明星"杠杆，其原因有二：第一，实现资产价值尽快升值，使该国财富迅速积累。在前面已经提到，"明星""问号"和"金牛"金钱杠杆都可以进行投资，只是因为金钱杠杆在商业社会都渴望成为"明星"杠杆。"问号"杠杆可以通过等待变为"明星"杠杆，"金牛"杠杆，可以通过价值再创造变为"明星"杠杆。一个国家或者地区，只有"明星"杠杆可以引领商业社会的发展，在商业社会获得更多话语权，吸引全球投资者投资该国或者地区，资金流向该国或者地区，不仅实现价值倍增，也促进了该国家或者地区在商业社会的良性发展，使该国或者地区资产市值大幅上涨，从而影响世界，带领世界。

第二，投资人投资"明星"杠杆，可以放大该国价值资产的心理承受范围。在商业社会中，商业社会国家和地区的投资市场都是全球化的。"明星"杠杆国家的资产成为全球投资人相互追逐的国际资产，如果选择"明星"杠杆的该国资产，随着金钱杠杆心理承受范围的放大，资产价格上涨的空间巨大，时间还短，能创造更大价值。所以，为了更好地实现商业社会的价值投资，就应该选择具有比较价值优势的"明星"杠杆进行投资，使投资人跟上大的价值引擎，过上高品质生活。中国贵州茅台股票价格 2018 年初期上涨到近 800 元，就是中国进入"明星"杠杆的国家表现之一，全球投资人放大了中国价值资产的心理承受范围。

本书提到的投资对策都是"明星"杠杆的投资对策。如果不是金钱"明星"杠杆，金钱杠杆就不会选择该国的资产进行投资，资产市值的心理承受就不会放大，该国的核心资产市值不可能实现倍增、成倍增、百倍增。人气"明星"杠杆的心理承受变化类型从总趋势上是正向上升的，也就只有在这种国家的"明星"金钱杠杆下，才可以讨论该国"三价"的投资对策。

（三）投资"三价"的选择

商业社会中金钱杠杆资产市值的心理承受的阈值范围受到价值引擎的影响，主要分为国内引擎和国际引擎两大方面。无论是投资一个国家，还是投资具体商品或其他领域，都要根据心理承受与资产市值的阈值范围的变动不断调整，最后综合反映在"三价"引擎上。对于商业社会中的投资人来说，实现自己在投资环节价值创造的关键一步也是最后一步，就是投资"三价"价值引擎。然而，对于"三价"的投资，金钱杠杆资产市值的变动总是随着阈值范围放大程度进行变动。金钱杠杆资产市值的变动过程是在商业社会中的商业价值即经济价值、文化价值、社会价值之间流动的过程。将三种商业价值具体到重要的三大引擎上就是"三价"，投资者总是选择"三价"中心理承受阈值范围放大程度最大的进行投资，这便是金钱对策投资"三价"典型状态下的选择逻辑。具体如图 7-40 所示。

下面基于商业社会一个国家具有代表性的"三价"——房价、物价和股价，分析在不同价值引擎的作用下资产市值阈值放大程度的不同情形和对策，"三价"投资要综合心理承受、心理阈值突破和价值引擎进行分析。"三价"阈值判断流程如图 7-41 所示。

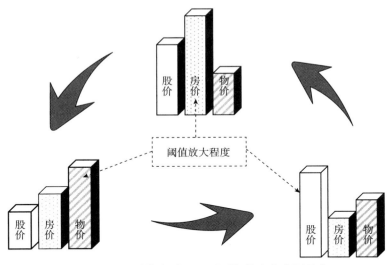

图7-40 "三价"投资心理承受阈值变化典型示意

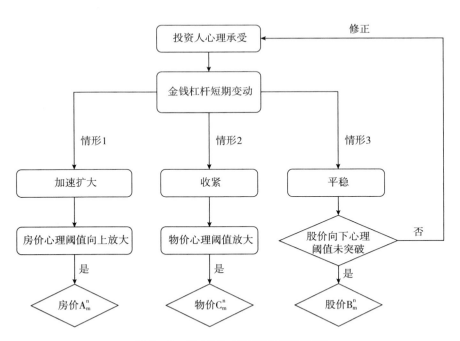

图7-41 "三价"投资阈值判断流程

注：A代表房价，B代表股价，C代表物价；m取值不同，对应在房、物、股三价上，分别代表不同地区、区域的房价、不同属性的物价和不同行业、板块的股价；n=1代表比较价值，n=2代表相对价值，n=3代表绝对价值。

利用人气线分析房价、物价、股价，根据资产市值心理承受阈值放大程度，对未来的"三价"进行判断，找出阈值放大程度最大的"明星"。如图 7-41 所示，当金钱杠杆加速扩大时，房价（A_m^n）的资产市值心理承受阈值放大的程度最大，进而上涨最快；当金钱杠杆在收紧的时候，物价（C_m^n）资产市值心理承受阈值放大，容易出现上涨；当金钱杠杆平稳时，股价（B_m^n）的资产市值阈值范围放大，资金注入资本市场，也就是说股票价格上涨加快。

1. 情形一：金钱杠杆加速扩大——心理阈值向上放大——投资房价

在选择"三价"投资时，当房价的资产市值心理承受阈值范围继续放大时，优先投资房地产市场，即房价为金钱杠杆的确定性投资商品品种。这时大量的金钱杠杆全都作用在房地产市场，房价的资产市值阈值范围便会因为引擎的驱动力不断放大，由此也会使其资产市值的心理承受不断扩大。这时，投资人投资房价、给房地产加杠杆则是最佳金钱对策。一旦价值引擎驱动房地产市场，则会有大量来源多元的资金注入房地产市场，从而使房产价格上涨。这是因为人们不会主动把金钱杠杆加在物价和股价上，房价是金钱杠杆投资的最为安全的选择。但是，由于房价阈值范围不断放大，心理承受就会超过极限，房价非常危险，为了控制房价上涨人们有两种选择：一是收紧货币，即减少金钱杠杆，物价就会加速上涨；二是将杠杆加在股市上，如果不能成功实现金钱杠杆的转移，股市上涨又没有契约权力的推动力，股价就会面临崩溃。

2. 情形二：金钱杠杆收紧——放大物价的心理阈值——投资物价

当金钱杠杆收紧时，房价心理阈值放大的空间有限。这时，在"三价"中，物价的波动性不会像股价和房价的幅度那么大，杠杆收紧，人们肯定不会投资股价，所以投资者必将选择投资物品市场。

一般情况下，当价值引擎移动到物价时，物价的市值阈值会因此被放大，这时投资者应该迅速转向投资物价以获得更大的比较价值。但是物价上涨的时间和空间都是有限的，否则物价大幅上涨和时间过长，会影响社会稳定和人民生活。所以商业社会收紧货币的时间一般都是很短暂的，权力会加强干涉物价。

3. 情形三：金钱杠杆平稳——压缩房价金钱杠杆，扩大股价的杠杆——投资股价

（1）放大股价的心理阈值——投资股价。当投向房价的金钱杠杆压缩或下行时，具体表现为上调房贷的利息或收贷。这时，希望将房市的杠杆或者大量的新的资金转向股市，大量的资金涌入股票市场，推动股价上涨。此时，投资思维必须进行转换，需要较高的智慧，一种方式是直接给个人投资者加杠杆，让投资人投资股市，个人投资者不是十分理智，容易出现股市的暴涨暴跌；另一种方式是将杠杆加在机构上，大力培养机构投资者，在相对高位由机构投资者持有股

票，机构投资者相对稳健，就会避免股市大起大落。

（2）股价心理阈值下行突破——股价大幅下跌。金钱杠杆从房市转向股市，如果人们对于股价的心理阈值突破下行，股价就会大幅下跌，这时必须配合币值不能突破重要心理关口的举措，权力契约还要支持股市，表现为逐渐放开外资投资A股，只有这样，才能真正实现金钱杠杆向股市的有效转移。否则，一旦人们对于股价的心理阈值突破下行，资产价格大幅下跌，股市就会大幅下跌，重新树立投资信心需要相当长的时间。

本章练习

一、简答题

1. 简述金钱在农业社会、工业社会和商业社会中的含义、表现和作用的演变。

2. 简述商业社会金钱杠杆原理。

3. 如何理解价值引擎？

4. 如何利用心理阈值放大的程度进行房价、物价、股价"三价"投资？

5. 如何扩大金钱杠杆的心理承受？

二、材料分析题

2014~2015年受到政策利好不断、货币政策较为宽松、流动性泛滥等影响，A股市场自年初开始便火热异常。"国企改革预期""互联网+""工业4.0"及"高端装备制造"等成为本轮"牛市"启动的几大风口。

2015年元旦过后的首个交易日，新年新气象，沪深两市高开高走，在煤炭、有色金属、铁路、白酒、石油等板块带动下大涨逾百点，直接创下5年来的新高，并成功突破3300点整数关口。

开门红的走势不仅奠定了2015年上半年行情的基础，也鼓舞了投资者的士气。当时机构投资者异口同声地"唱多"，认为在宏观经济进入新常态的背景下，2015年A股震荡向上是大概率事件。

市场也果然不负众望，虽然空头部队一路"穷追猛打"，但沪深两市依旧在"花团锦簇"中一路过关斩将，沪指从2014年12月31日收盘点位3234.68点起步，一路扶摇直上，攻城拔寨突破4000点、5000点，并于2015年6月12日站上5178.19点高位。时隔7年后重新站上5000点整数关口，"杠杆牛"应运而生，市场一片欢腾。

公开信息显示，证监会于2010年3月启动证券公司融资融券业务试点。

2011 年 10 月，证券公司融资融券业务转入常规。但直到 2015 年，伴随着股指的一路攀升，融资融券才算真正脱颖而出，有了用武之地。有分析师指出，A 股的赚钱效应明显，场外资金通过各种渠道入场意愿强烈，很多投资者通过"两融"加杠杆，"两融"数据才得以大幅攀升。反过来，"两融"余额的增长也推动大盘上涨，两者是相辅相成的关系。

2015 年上半年，随着行情上涨，A 股融资余额不断攀升。距离 2014 年 12 月 19 日"两融"余额破万亿元不过 5 个月之后，"两融"余额就攀上了 2 万亿元大关。数据显示，截至 2015 年 5 月 20 日，沪深两市融资余额高达 20057.39 万元，首次突破 2 万亿元。而这一不断攀升的数据直到 2015 年 6 月 18 日才"刹住车"，当天"两融"余额升至 2.27 万亿元。

1. 运用商业社会金钱杠杆分析 2015 年中国股票大涨的原因。
2. 结合金钱杠杆对策分析影响股票上涨和房价上涨的异同点。

第八章　权力对策

第一节　权力概念理解

一、权力含义

（一）权力

关于权力的概念，不同文化以及同一文化中的不同人群往往有着不同的理解。根据众多学者的研讨，对权力给出的相对较统一的定义是：权力就是主体以威胁、惩罚等方式强制影响或干预自己或其他主体价值和资源的能力。

商业社会的权力是全球化的权力契约，它是商业资本赋予的，是全世界人们的心理认同和折服，是人们心中的一种契约、默契。

权力对策中的权力概念仍是"主体干预其他主体的能力"。结合商业社会权力全球化的背景和日益开放的经济环境，本书主要强调商业社会的权力契约。虽然权力的概念是指干预能力这一通用观念，但在不同的社会侧重是不同的。在农业社会中权力概念主要强调的是私权，权力含义是德治，表现为专制的统治力；工业社会权力强调的是公权，主要是通过法制保护的市场竞争力；在商业社会中权力含义主要强调受到各方监督的社会权力，主要表现为投资人心目中契约的实现。

（二）权力演化

研究权力必须对权力的发展历史进行梳理。人类有史以来的治理活动都是与权力联系在一起的，在农业社会，一切治理活动都是对权力的运用和行使，是依靠权力而开展治理的。农业社会的统治型社会治理模式是建立在等级权力的基础上的。

农业社会既是一个缺乏抽象性的社会，也是一个缺乏公共性的社会。虽然农业社会是一个同质性社会，还没有生成原子化的个人，但是，这个社会中的自然个体与社会整体的冲突和对立还是普遍存在的。存在着个体与整体的冲突和对立却不意味着社会因这种冲突和对立而实现了分化，事实上，农业社会并没有实现私人领域与公共领域的分化，没有所谓私人性与公共性的问题。无论是在古希腊的"城邦"观念还是在古代中国的"天下"观念中，所蕴含的都是整体对个体的吞噬，而不是私人性与公共性的共在。农业社会的权力是一种武力强制威胁，制约人们分配土地的权力，以致没有土地的人无法生存。农业社会以农业生产为核心，权力主要用来控制分配。

工业社会建立起了法治，实现了依法治理。权力在实际的社会治理过程中通过法治发挥着重要作用。如果说农业社会统治型社会治理模式中的权力是人对人的权力，是把人对人的支配作为目的的话，那么，管理型社会治理模式中的权力则是共同处理事务的权力，尽管在现实中权力依然会表现为人对人的支配，但在理论上，人对人的支配不是目的，而是通过人对人的支配达到"处事"的目的。如果在公权的运行中出现了失去"处事"目标的人对人的支配行为的话，那就是权力的异化，就会由此而产生出各种各样违背了权力公共性的结果。比如，在领导与部属之间，如果出现了事实上的权力依附关系的话，就必然会让部属围绕领导的个人利益转，就会置公共利益于不顾，干出违法乱纪的事情（王强军，2014）。

法治是管理的特殊形式，在尚未生成相对独立的行政部门的农业社会中，是没有严格意义上的行政权的，混沌一体的权力是以统治为目的的，所以，将其治理模式称作统治型的社会治理模式。当一个相对独立的行政部门生成之后，行政权力也得以从政治权力中分化了出来，因而更多地从属于管理的目的，在某种意义上，政治权力最终是要在转化为行政权力时或者要落实到行政权力之中时才能发挥治理功能，所以，使整个社会治理体系也具有了管理的色彩。正是在此意义上，有学者将近代以来的社会治理模式称为管理型社会治理模式。工业社会的权力不是剥夺人们生存权力，而是通过法律惩罚等方式，规范人们设立企业、制造产品、获取金钱财富的权力。

商业社会的权力不会影响人们生存和物质财富的拥有，而是通过契约干预人们的心理和思想，来影响或者禁止人们投资，通过政策、法规、口碑、事件等契约方式影响人们的投资行为。商业社会以权力契约为主，维护资本市场的稳定、健康发展，创造全球化的商业价值。

在商业社会，权力在社会治理中的作用依然是不可小觑的。可以说，在任何一种社会治理模式中，权力都是最核心的构成要素，在很多情况下，权力结构的变化还能促发治理结构甚至社会结构的变革。社会舆论的认识只是从工业社会向商业社会转型,实际上也是法治向契约治理的转型。三个社会权力的含义如图8-1所示。

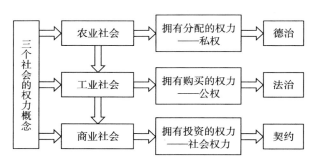

图 8-1　三个社会权力的含义

二、权力表现

（一）农业社会——表现为国内生产力

在传统农业社会时期,社会生产力发展相对较慢,人们主要依靠土地为生,此时农业是最主要的物质生产方式,而农业的生产恰恰更加需要土地要素的作用。人们为了解决温饱、生活不受欺压、追求自身收益最大化等,开始了对土地的争夺。历代的农民起义,如汉代王莽改革后绿林、赤眉起义,唐末时期黄巢起义,根本原因是统治阶级压迫农民,阶级集团土地兼并严重,广大农民失去土地。总的来说,农业社会权力表现为私权对土地所有权的保护。谁拥有的土地越多,谁就将站在权力的顶端,此时权力体现就集中表现为充分释放国内生产力。具体如图8-2所示。

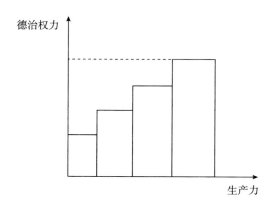

图 8-2　农业社会权力的表现

（二）工业社会——表现为市场竞争力

科学技术的进步、组织分工的发展，促使更多的人员转移到工业企业进行生产，同时由于企业规模化的产生，使企业间的竞争不断出现，所以各个企业都将组织作用进行优化。整个社会工业化生产让很多人从简单农业社会生产中转移出来，农业社会解体，生产关系适应生产力的发展，所以整个农业社会的权力核心也就发生了转移。相较于组织分工的发展，这种先进的生产方式的效率要远远优于农业生产的效率，所以整个组织不断地扩大分工，通过工业推动社会的进步。

中国的工业社会发展飞速，很大一部分原因是正确使用了工业社会的权力，利用党的权力，鼓励和支持市场竞争，保护企业的合法权益，为人民办了经济上的大事，管理好了大企业，发展了公有制为主体、多种所有制经济并存的中国特色社会主义经济体制，使中国用几十年时间赶上西方几百年的经济发展，充分展示了中国法治社会的特点。工业社会权力的表现如图 8-3 所示。

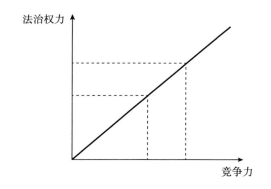

图 8-3　工业社会权力的表现

（三）商业社会——表现为全球影响力

商业社会工厂及企业的发展基本上已经达到了成熟期，对工厂和企业的大力度投资已经不能带来大量资产的增加。随着商业社会已经来临，权力必须转型，权力和金钱必须与名誉结合。由于技术信息革命的发展，技术信息推动企业发展面临一个主要的问题就是需要进行大量资本的投入。随着现代金融体系不断的完善，人们找到促使自身资产大量增值的方式，那就是不断推动资本的发展。资本就是商业社会权力的核心，资本所有权的内容很广泛，与名誉有关的权力都是属于资本所有权，只有保护、管理好与名誉有关的权力，才能发展好商业社会。在当今商业社会，权力与资本结合，不再是工业社会在市场的开放竞争，而表现为通过权力去智慧地运用契约，创造影响力从而获得全球地位。1944 年 7 月，

44 个同盟国在英国和美国的组织下，在美国新罕布什尔州（New Hampshire）的布雷顿森林村（Bretton Woods）一家旅馆召开了 730 人参加的"合和联盟国家国际货币金融会议"，通过了以美国财长助理怀特提出的"怀特计划"为基础的《国际货币基金协定》和《国际复兴开发银行协定》，总称"布雷顿森林协定"，从此开始了"布雷顿森林体系"。权力的契约创造了影响力，从此，美元在国际货币体系中的这种霸主地位给美国带来了巨大的利益和影响力，美国的国际地位也从此得到认可。所以说商业社会人们关注重点已经从工业社会法治规则的市场竞争力转移到契约认可的全球影响力上，谁拥有更多的权力契约就意味着谁在国际上的地位越高，在世界的影响力也就越大。具体如图 8-4 所示。

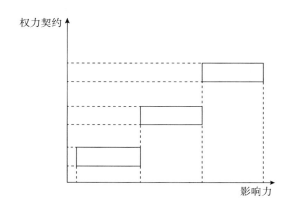

图 8-4　商业社会权力的表现

三、权力作用

人类社会发展是有规律的，整个人类社会的发展是由低级到高级、由简单到复杂、由此及彼的一个渐进的过程。英国社会学家斯宾塞认为，社会发展同生物有机体的进化相似，是一个内部"细胞"不断分化和结构复杂化的自我发展过程。通过生产力的改变、生产技术的研发及外部先进技术和理念的引进，中国从一个经济、技术相对比较薄弱的国家，发展到一步步登上历史的舞台，最终成为世界强国，在世界舞台上占据举足轻重的地位，这一路走来，不管是在政治、经济、社会形态等方面多发生着重大改变。在不同的社会形态下，权力的形成模式也相应发生着变化。接下来，剖析农业社会、工业社会、商业社会三个社会层面中权力形成的模式。

（一）农业社会权力的作用——占有土地，保障基本生活需要

农业社会的土地为私人所有，这就决定了人们的一切生活来源于土地。而且

土地所有权能够迅速得到集中，一般来说，地主阶级和贵族阶级能够短时间通过各种方式获取农民的土地，失去土地的农民不得不接受贵族阶级的奴役，生活、生产失去独立性。同时，又由于土地所有权是整个统治阶级的所有利益来源，统治阶级通过控制土地所有权主宰着一切政治经济权力，而当这种权力失控时统治也就会结束。连绵的战争使农民失去土地，人们想要获取土地，必须通过战争来占取土地。农业社会的核心就是占有土地。权力的作用是占有土地，拥有土地的人，就可以通过出租土地、收取租金或者雇用长工、短工，减少自己的体力投入。

农耕时代，国家出现的每一次战乱纷争、农民起义、村民迁移等现象，超过任何其他社会形态，这一时期是人类社会发展的低级阶段，社会动荡的主要原因还是人们为了争夺土地，从而吃饱、穿暖并很好地生活下去，以对土地的争夺来标榜和保障自身在社会中的地位及话语权，此时权力的作用主要体现在以下几个方面：

（1）解决最基本的温饱、住行及穿衣问题。

（2）维持最基本的生存权力。

（3）巩固地位，增强话语权。

（4）统一文字、文化，扩充领土，巩固国土稳定，统一疆土。

农业社会权力核心作用如图 8-5 所示。

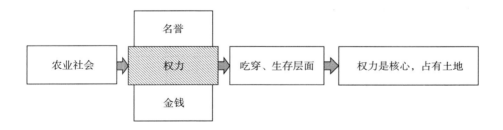

图 8-5 农业社会权力核心作用

（二）工业社会权力的作用——掌控企业，满足物质利益的需求

在开放的工业社会，随着工业革命的爆发，高新技术不断发展，城市经济高速发展，工业逐步取代农业，推动社会进步，工厂、企业开始在城市迅速崛起，人们由农耕时代逐步迈向工业时代，工业社会是一个以产品为核心、以技术为支撑的社会。科学技术的突飞猛进，推动着生产力的飞速发展，如何保证依靠科学技术发展生产的产品满足人们日益增长的物质和文化需求，是工业社会权力的核心，工业社会的国家制定相应的法律，更好地维护工业社会的繁荣，保护企业，

提高产品质量，满足需求，合法地赚取金钱。

在技术开放的工业社会，人们从最初的吃饱、穿暖需要转向物质、文化的需求，追求高额的金钱。利润的赚取最终归结于对企业所有权的掌控上面，此时的权力作用主要表现在以下几个方面：

（1）满足市场需求。

（2）实现产品交换、赚取利润。

（3）巩固企业地位、扩大品牌效应。

（4）实现经济高速发展。

工业社会权力核心作用如图 8-6 所示。

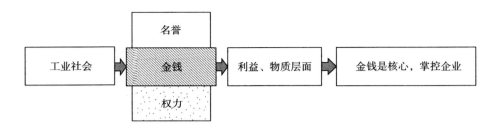

图 8-6　工业社会权力核心作用

（三）商业社会权力的作用——积累资本，追求精神层面的梦想

21 世纪，人类进入知识经济和信息革命的时代，物质与精神产品价值的增加，更多的是通过知识而不是物质生产来实现的。早在 18 世纪，英国哲学家培根就指出"知识就是力量"。现代高科技文化知识进而成为一种特别的知识权力。起决定作用的将不再是土地和企业规模的大小，而是其员工与组织所拥有的知识的创新。

工业社会快速发展使人们的物质层面需求得到了较大满足，商业社会是一个人们从注重金钱购买转向注重名誉投资的社会，人们开始追求高品质生活的时代，高品质生活必须通过创造价值才能获得，商业社会的权力保护人们利用资本，创造价值，过上高品质生活，获得名誉。价值的创造依靠人们的创新思维，具有极大的不确定性，不是依靠维护技术的法治可以满足的，商业社会的权力要接受全社会的监督和关注，是全社会智慧思维碰撞的结果，不完全是刚性的，所以它是一种权力契约。人气关注的"明星"国家、地区、行业、部门、岗位和个人，会受到更多监督，所以商业社会的权力获取不容易，但是失去非常容易。权力契约可以保护人们拥有资本，创造价值，从而获得名誉；反过来名誉毁坏就会失去权力契约，限制拥有资本，无法创造价值。而要想获得社会认同、赢取较高名誉，需要利用权力契约的支持、保护，进行资本的有效"运作"，创造商业价值，这是一种最好的选择。投资人有效地利用权力契约、资本市场，运用人气关注的转移，结合币值平台、金钱杠杆，进行价值投资。

在全球信息化的商业时代，人们利用手中的金钱，在全球范围内有效投资，选择投资的国家和投资的品种，创造商业价值，这是全球智慧人的共同选择和追求。此时权力的作用主要体现在以下几个方面：

（1）追求高品质生活。

（2）巩固社会地位，增加社会名誉。

（3）提高自我的社会价值。

（4）更好地发展商业社会。

商业社会权力核心作用如图 8-7 所示。

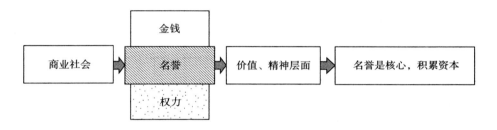

图 8-7　商业社会权力核心作用

四、权力的赋予

农业社会中，赋予国家权力的是保障人民生活的基本供应，供应的含义是提供物品或食物，以基本生活需要为主。国家是农业社会的统治阶级私有的。他们拥有土地所有权，占用土地，利用武力的专制私权，保证其他人民的物品分配。所以说，农业社会国家保障供应的能力，供应赋予皇帝以国家权力。具体如图 8-8 所示。

农业社会大约开始于公元前 8000 年，到公元 17 世纪末随着蒸汽机的诞生而结束，这一阶段生产力水平、经济发展受限，所以吃饱穿暖成为人们供应解决的关键问题。之所以农业社会权力是核心，是因为没有基本供应，人民无法生活，供应影响农业社会的方方面面，谁能保障供应，谁就拥有权力，占有土地的人才能保障供应，拥有土地最多的是皇帝，所以权力最大的是皇权。农业社会是一个等级森严的社会，权力贯穿于社会生活的方方面面，与这个社会相适应的统治阶级也是借助于权力而实现了对整个国家的治理。农业社会生活最终来源于土地，

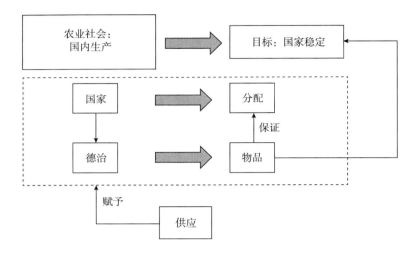

图 8-8　农业社会权力的赋予

土地成为整个农业社会权力的来源与核心。统治型阶级想要巩固权力，必须加强对土地所有权的控制。

农业社会由于具有封闭性、社会分工低下、劳动生产率低等，权力的产生和运行主要是通过土地这一根本的生产资料进行的。古今中外的农业社会、农耕文明都是围绕土地为中心来运转的。土地的私有制是一切权力来源的核心，君权神授也不过是加在上面的一层"五彩"外衣。土地权的变动是其他社会一切变动的基础，中国几千年的王朝更替史究其本质也不过是土地的转移史。武王伐纣，周天子做的第一件事就是分封诸侯，所作所为也不过是对商朝土地再分配，体现周天子的权威。商鞅变法，千古一变，奖励耕战，开封建社会先河，成就秦始皇一统大业的基础，无非是对土地的再分配，提高土地的利用效率。

农业社会的治理结构是自上而下地展开的，权力的线条自上而下地贯彻下来，统治型政府是社会治理中的唯一性的治理主体，其他的社会力量都是它的延伸。根据土地拥有的多少，来划分社会的阶级，农民、地主、官员、皇帝组成一个"金字塔"。"普天之下，莫非王土"就是说皇帝拥有最多的土地，所以皇帝当然是权力的主导者。统治阶级将权力意志强加于受其统治的子民，以整合人们较分散的生活方式下的分散"经营"。农民拥有的土地最少，显然成了被剥削的对象，农民就是权力的最末端，是被动地去服从权力的被剥削者。总体来说，拥有土地的多少就决定了所拥有权力的大小。所以说，农耕文明下权力的来源是土地，围绕权力的斗争就是土地的分配，之所以如此，是因为土地生产出的粮食保障人们的供应，供应赋予了农业社会的权力。

在工业社会中权力的赋予是由供给决定的，供给的含义是指把生活中必需的物资、财产、资料等给需要的人使用。在工业社会，企业生产产品，市场进行购买。工业社会的权力是为了发展经济，通过公权的供给，可以更好地方便购买。在权力的赋予中，市场起到了决定性作用。具体如图 8-9 所示。

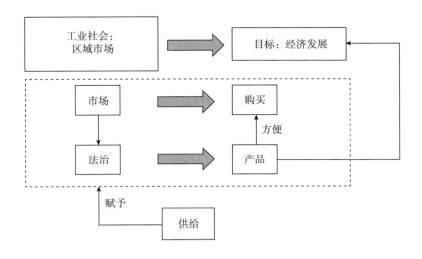

图 8-9　工业社会权力的赋予

工业社会始于 17 世纪末，发展至 20 世纪中叶。工业社会是一个科学技术飞速发展的时代，此时人类社会由传统的农业文明向工业文明发展转变。根据罗荣渠先生在其著作《现代化新论》中运用唯物史观对现代化概念的阐释可知，工业化是促进传统的农业社会向现代工业社会大转变的推动力。随着社会的不断发展进步，工业主义渗透到经济、政治、文化、思想各个领域。随着市场经济的发展，国家与社会一体化的局面逐渐被打破，与国家相对分离的民间社会和社会多元化格局逐渐形成，这样就开始了国家权力向市场逐步转移或权力市场化的渐进过程。

工业社会通过对企业所有权即是对企业组织的支配来实施着对社会的间接、全面的控制，而这一切的核心就是生产力的提高、组织化生产分工的作用。农业社会的生产生活体现了一种简单的生产交换方式，而工业社会则是通过整个组织从事某一行业，这个组织中的每个人通过分工从事整个行业一个部分，整个行业通过高效的组织运作进行生产，而整个行业的每一个工人都是通过分工与劳动得到所得，实现个人利益与价值。

著名社会思想家阿尔文·托夫勒认为，社会权力的取得，在农业社会，以通过暴力的形式争夺土地为基础，在工业社会凭借金钱，在后工业社会或信息社会则主要靠知识。工业社会的本质是资本家通过对生产资料的占有以获取大量的金钱，而对企业的所有权的拥有是这一本质的最外在体现。工人出卖自己的劳动力，企业家通过不断地生产、投入、再生产、再投入来达到控制整个工业社会一切活动运作的目的。

综上所述，工业社会权力的赋予是供给，来源是对企业的所有权的控制，控制越多的企业所有权，就意味着在工业社会拥有越多的权力。国家制定相应的法律，形成市场的充分竞争。企业生产产品，提供产品和服务，所以供给赋予了工业社会的权力。

商业社会中权力不再由供给赋予，而是由商业社会的资本决定，具体如图8-10所示。

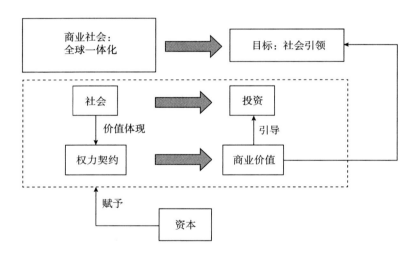

图8-10　商业社会权力的赋予

商业社会始于20世纪中叶，随着商品经济的发展、技术水平的提高，尤其是信息技术的发展，推动生产方式不断变革，各种制度不断完善。20世纪80~90年代，出现了经济全球化的新趋势，人类同居在一个"地球村"里，面临着经济、环保、人权、宇宙空间以及国际犯罪等方面的共同问题，这个阶段现代金融得到迅速发展。在现代金融体系的支持下，资本得到更加充分的运用，资本融合创造的财富的速度要远远超过其他形式。资本结合其他生产要素不管在形式上，还是在效率上都得到更好的释放。资本本身就具有天然的溢出效应，资本不断溢出、增值、再溢出、再增值。整个商业社会在资本的作用下变得更加庞大，所以关注的焦点不得不从土地和企业转向对房屋、股票等资产的投资上，因此权力的重心由对土地和企业的控制迁移到了对资本所有权的监督上。

商业社会通过投资实现增值和减少损失将成为社会财富的主要增长方式。在全球化的商业社会，人们所努力追求的东西莫过于对名誉的追求，而商业社会的名誉是通过资产、资本和价值共同实现的，这些组成一个名誉的集合。追求名誉要学会投资，而资本是投资过程中的基础，所以资本所有权就成为人们在商业社会追求的目标。因为商业社会是一个信息透明化、全球一体化、信息高速发展的社会，不可能像前两个社会时代那样，任由权力拥有者使用一切手段和方式来巩固自身所拥有的权力、谋求权力最大化，所以注定人们不可能将全部的注意力集中到土地和企业上面，人们的注意力开始朝着资本的拥有方向慢慢转移。

随着商业社会的到来，人们开始了对资本的投资，因为对资本进行投资、控制资本所有权，能使个人享有良好的名誉。商业社会要想汇集大量的资本、获取较高的名誉，除自身具备一定的条件之外，还必须学会侦查创新、跳跃发展，进行资本的价值投资。随着商业社会的快速发展、信息全球化的高速运转，人们开始转向了对商业社会中名誉的无限追求，在商业社会中，资本所有权的地位越来越凸显。商业社会的权力契约，形成全球一体化的充分竞争，通过创造商业价值，引导投资。

商业社会通过投资实现增值和减少损失——创造价值，这将成为社会财富的主要增长方式。以权力为主的时代是农业社会，保障基本生活需要；工业社会，被以金钱为主满足需求，金钱可以购买各种产品和服务；商业社会，以名誉为主创造价值，名誉带来商品增值空间的放大和损失的减少。

第二节　商业社会的权力

一、商业社会权力角色变化

（一）权力与契约的全球化密切相关

一个国家进入商业社会，就意味着这个国家得到全球投资人的人气关注。商业社会的权力角色发生的最大变化就是商业社会的权力契约拥有了全球化的影响力，再也不是封闭的国家权力和开放的市场权力，而是越来越升级的全球一体化权力，全球化带来投资人和资本市场的升级。投资人不再是一国的投资人而是全球的投资人，可供投资的对象也跨越了国界和区域性市场。全球化的投资人在全球范围内选择投资对象。权力契约的关系源于社会学，但是随着商业社会投资成为主体，契约的全球化将会产生深刻改变。

随着商业社会的全球化，资本的流动开始逐渐从开放的市场需求购买转变为全球化商业价值投资。权力契约在现代商业社会已不是存在于一个国家或者局部地区，而是存在于全球范围内，并对全球的商业发展产生重大影响。因为当进入商业社会之后，价值创造是在全球范围内进行比较的，资本会向全球中任何一个商业价值大的国家或地区流动，不受地理界限的影响。资本在全球范围内流动，这种流动对资本的流出国和流入国的投资均会产生巨大的影响，商业社会的契约就是由资本赋予的。所以，契约在商业社会中角色的变化离不开全球化的变化，全球发生的任何变化，直接影响商业社会国家的权力契约。

世界各国或经济体之间形成的权力契约实际上是推动商业社会发展的一种模式，它是调整商业社会投资的一种必要手段，是社会、个人或商业主体营造良好的社会环境、维护和协调商业秩序必需的交往规范。用契约去规范和制约人们的言行，倡导和弘扬创新思维，是人们追求名誉的必然要求。致力于契约社会的构建，是商业全球化时代国家文化、经济、社会快速发展的必然要求。

构建契约社会是商业全球化时代各国或者各大经济体维护自身形象并创造价值最大化的客观要求。商业全球化，在某种意义上就是全球一体化。在全球一体化中，各主体之间拥有的权力关系本质上是一种权力契约关系，具有极大的不确定性。因此，无论是民族国家还是企业或个人，要在全球资本变动中实现自身的价值并追求自身价值的最大化，在客观上就必然要求参与各主体以契约的思维明确和规范各自的权力和义务，同时，契约各方必须信守权力契约的全球影响力。善于理解和运用全球化权力契约的参与主体，才会被全世界投资人投资，否则将会被全球投资人无情地淘汰。

（二）权力变动与各国联动关系更为密切

几百年来，西方国家经历了权力契约在各个国家之间相互交替，各自向世界展现自己影响力的一段历史进程。随着中国经济的快速发展，中国崛起和民族复兴的呼声逐渐成为世界的共识，世界权力结构也因此发生了很大的变革，商业社会权力变动与各国联系近年来越来越密切。以 2016 年 G20 杭州峰会为例，举世瞩目的 G20 峰会于 9 月 4~5 日在中国杭州召开，这是中国在进入繁忙的"多边外交季"中亮眼的一场重大外交活动。G20 机制的产生体现了国际关系权力结构发生变化的现实。随着发展中国家的群体性崛起，特别是中国和平发展的顺利推进，西方发达国家已很难独自在国际经济体系中发挥决定性作用。在世界各区域中，发展中大国日益成为区域稳定与繁荣的基石。中国将世界权力结构的变化客观地展现在世界人民面前，使发展中国家能够直接参与到全球治理进程中。从

G20峰会对世界权力结构变化产生的影响，再一次说明在商业社会中，权力变动对于其他国家的权力影响严重，各国权力联动关系密切。

这说明了全球商业权力契约关联密切，同时也反映了权力变动对于一国和地区的深层次影响。商业社会的权力是全球一体化的，一个国家和地区的权力契约提高，就意味着另一个国家和地区的权力契约将会下降，发生明显的联动和比较效应，各个国家都会费尽心机提高自己国家和地区的权力契约，帮助和配合人气的关注，创造更大的比较价值。

二、商业社会权力新要求

对于商业社会权力契约而言有两个要求，这两个要求是在新的商业社会的环境下提出的，只有达到这样的要求才能帮助吸引更多的投资人关注，从而引领商业社会的发展。这两个要求论述如下：

（一）广泛的权力影响力

商业社会的权力表现在一个国家在社会治理的方方面面，是文化、经济、社会诸多方面综合实力的体现，只有一个国家在世界的舞台上表现出广泛的权力影响力，世界其他各国才会转移关注。所以一个国家必须在全世界人民面前建立起广泛的权力影响力，从而获得权力契约，保证全球化的投资，创造商业价值。

从另一个角度来看，一个国家具有广泛的权力影响力，也是该国长期努力的结果，是该国文化、经济、社会发展积累的结果，没有深厚的积累，权力契约不可能轻易获得，它是人们价值思维比较的结果，同时也是一个国家长期积累后喷发的表现，更是智慧的人们努力营商的结果。

一旦该国具有一定的权力契约，那么该国在世界上的话语权大幅提升，在世界舞台上政治、经济、文化、教育等多方面的地位就会得到提高，全世界人民投资该国、信任该国，该国的资产价格就会大幅上涨。

（二）权力变动的主动性和独立性

这个要求的含义是权力变动更多的是国家主动营造，去塑造和传播国家形象，这也是国家发展战略的重要组成部分，是一个国家吸引世界关注与投资的重要因素。良好的国家形象是国家"软实力"的核心组成部分，是提升国家国际竞争力的推动力。在当今全球化的时代，越来越多的国家意识到国家形象建构和营商的重要，都在努力提升自己的国际形象。国家形象的塑造与营商正成为国家与国家之间在国际政治经济竞争中重要的博弈策略。

权力契约的主动营造，是需要一系列手段来实现的，本书中提出了四种手段——政策、法规、口碑、事件营销。一个国家通过四种手段向全世界人民展示自己的形象，从而赢得权力契约，获得全世界人们的投资，创造商业价值。

权力契约具有跳跃性不确定性等特点，它的影响因素很多。能够在复杂多变的权力契约变化中独善其身，是一个国家和地区正确把控权力契约综合能力的体现。在国际风云变幻的商业社会，提高权力契约空间，把握时间节点，是每一个商业社会的国家需要经常思考的问题。

三、权力契约和资产价格的关系

权力契约和资产价格的关系是通过资本流动展现出来的。比较价值创造是商业社会权力契约研究的前提，没有比较价值，权力契约就不能吸引资本流动到该国，也就不能形成该国资产价格的上涨，价值创造就不可能实现。

当一国具有比较价值，进入人气关注的"明星"国家行列，那么该国的权力对策就成为人气营商研究的关键之一。权力契约空间的拓展、时间节点的有效把握，是提高该国国际地位、增加国际影响力的关键。有效地利用权力契约，可以吸引全球资本流向该国，该国资产价格就会大幅上涨，因此权力契约对于一个国家的资产价格变动影响巨大。全球每一个国家在商业社会都要谨慎地对待权力契约，防止由此带来的资产价格大幅波动，甚至产生金融危机。因此，商业社会的投资人必须时刻把握权力契约的动态变化，准确地参与到该国和地区的价值投资中，实现资本的价值升值。

在进入商业社会的国家中，权力契约和资产价格的关系如图 8-11 所示。权力运用是资本流动研究的前提，权力研究是资本流动的前提。权力和资本流动就像水阀和水池里的水的关系，权力的变动能够控制资本流动的变化和走向。而资产价格就相当于水池里的水位，水量多了，水位自然就涨上去了。换句话说，权力变动能够影响资本的流动，而资本的流动决定了资产的价格。

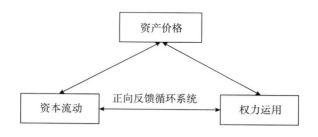

图 8-11　权力契约和资产价格的关系

四、商业社会的权力确定

商业社会权力的赋予是资本，资本需要权力契约的引导，但是如何确定权力契约，取决于人们思维的认知，主要有三种方式，分别是实力确定、前景确定和遏制确定。

（一）实力确定

一个国家的权力契约，是一个国家实力的体现，国家实力可以从政治、军事、经济、文化、社会发展的方方面面得以展现，以下从政治、经济、社会三个方面来进行说明。

1. 政治实力

政治实力主要指的是一个国家在联合国等国际组织中的地位和话语权。国际话语权体现的是一国的政治操作能力和理念贡献能力，同时也是国家软实力要素之一。一国国际话语权的提升与该国的政治和学术资源性实力相关，更与该国的政治和学术精英在国际政治和学术舞台上的活动能量有关。

国际话语权能以非暴力、非强制的方式改变他人的思想和行为，并使一国之地方性的理念和主张成为世界性的理念和主张。《孙子兵法》所谓"攻心为上"，说的就是这个意思。

在国际政治领域，人们通常崇拜和颂扬经济实力，但对以思想和理论为核心的话语权这类软实力不算特别重视，即使谈论它，也多将其当作物质性实力的附属品。事实并非如此。在人类历史的发展进程中，成功地通过话语和观念来改变和塑造他人（国）的例子屡见不鲜。《尚书·虞书·大禹谟》中就曾记载过一个以话语权"征服"他者心灵的故事：三苗部落叛乱，舜命令大禹前去征伐。大禹领兵镇压却成效不彰。伯益就让大禹放弃武力，而建议舜改修文德，结果三苗来服。

以能力来定义国际话语权，那么国际话语权可体现在政治操作能力和理念贡献能力两个方面。政治操作能力主要体现为议题设定和规则制定能力，以及国际动员能力；理念贡献能力主要体现为提出并推广新思想和新观念的能力。

2. 经济实力

经济实力又指硬实力，硬实力是支配性实力。通俗地说，硬实力是指看得见、摸得着的物质力量。硬实力是有形的载体，软实力是无形的延伸。经济硬实力提升，一国在全球权力契约的营商中才有经济支撑，说话才有底气。中国在全世界地位的提升与中国经济实力的提升有着紧密的关系。经济实力明显的标志就是经济总量，一个国家的经济总量代表一个国家的经济实力，经济实力也是科技实力的表现，同时经济实力又可以帮助发展军事、科技实力。但是军事力量和科技力量强大的国家不一定经济实力强大，因为经济总量还与这个国家的人口数量、经济结构、土地面积等多种因素有关。

3. 社会实力

随着国内公民社会的发展和国际社会制度化的强化，国家不应再被简单地视为无差别的单一行为体，而必须将国家视为相对独立于国际社会与国内社会、具有自身逻辑和利益的自主的行政组织实体，是国际体系、国内社会互动影响的交汇点。这样的实体由于具有自己的目标与利益，双重博弈、双向互动或内外联动日益成为各国外交的常态，增强国家社会实力成为根本的外交目标。

社会实力绝不是自封的，而是社会性的。中国在继续嵌入国际社会的同时，不断增强国际合法性、掌控国际话语权，在推进自身不断进步的同时，促进世界的外交进步与和平发展。国家社会实力不仅涉及行动能力大小问题，而且还涉及社会地位性质问题。由于外交是内政的延伸，国家社会实力的演进必然影响到外交行为的变迁。国家自主性类型的演进决定了一国社会实力变化的基本趋势，但进步性还需要国家以其外交观念与行为的社会化与制度化水平的提升相配合，合法性与嵌入性的平衡增长也是社会实力增强的基本保障。

（二）前景确定

当前，世界经济仍处于深刻调整和变革之中，全球经济发展面临的不确定性增强。那么未来往哪里走，如何讲未来的"故事"？描述出美好未来、引领世界未来的国家，就可以获得权力契约，这也就是前景确定。

中国就很好地发挥了引领作用。中国作为亚洲第一大经济体，发挥出大国的作用和责任，积极推动了亚洲各国的经济合作。目前，中国市场规模居全球第二，外汇储备居全球第一，具备技术优势的产业越来越多，基础设施建设经验丰富，对外投资合作快速发展。中国有能力为亚洲国家创造新的发展机遇，并与各国共同应对风险。

前景就是未来，中国的共建"一带一路"倡议就是在讲未来的"故事"，为亚洲企业提供新机遇。共建"一带一路"有利于构建商流、物流、资金流、信息流、人才流"五通"的亚洲利益共同体，进而促进沿线国家经济发展变化，推进东亚和欧亚经济一体化。共建"一带一路"倡议为亚洲企业合作带来新机遇。历史证明，当一个国家的未来有前景时，该国才能打开人们的心理空间，资本才能流入，才能确定国家的影响力。所以前景确定是权力契约确定之一。

（三）遏制确定

一个国家的崛起和气场都能够确定权力的影响力，遏制确定是一种心情、态度和气势，即国家有自己的主张和思想。遏制的目标是对威胁到本国特定利益的国家进行威慑。在权力运用的程度上，遏制不需要得到他国的允许，对他国做出的反应是要求其按照本国的意愿行事；在广度上则涉及威胁本国特定利益的特定国家。遏制战略在权力运用的广度上针对特定国家，在程度上依靠的是行使者对他国的强迫。

遏制是心理战，是指一个国家和地区权力契约空间能够大幅提升，核心是心理空间的研究，这将在后面的第三节进行论述。随着商业社会的推进，技术遏制已经不能满足价值智造的需要，更为重要的是心理遏制。依靠技术和规律的遏制对于人的心理空间影响较小，而且容易被模仿而失去权力契约，而心理遏制，是依靠思想的创新获得人们对心理契约的认同，心理遏制对于人们心理空间的影响更大。这表明，由于思维创新对于社会的推动作用是巨大的，所以引发的社会变革也是影响力最持久的。

遏制对手，核心是把握时间节点，分为本国自身和他国原因两个方面。具体如图 8-12 所示。

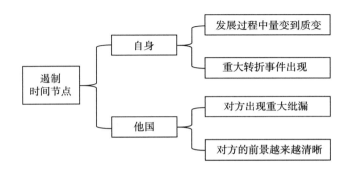

图 8-12　遏制确定时间节点的把握

自身有两个重要时间节点，第一是发展过程中量变到质变的时间节点。2017 年，中国人民大学中国调查与数据中心公开发布了《中国发展指数（2016）》报告，这是该中心第 11 次对外公开发布相关成果。报告显示，中国的发展开始具有从量变走向质变的特征。其表现如下几个方面：①反映居民消费结构的恩格尔系数连年下降，标志着我国居民生活水平不断提升，我国正逐渐接近于高收入国家行列。②城乡居民人均消费比持续下降，城乡差距逐渐缩小。③地区发展水平差距逐渐缩小，板块格局明显弱化。④农村居民人均收入持续上升，只有农民富了，中国才是真正富强。发展过程中的量变到质变的时间节点，就是遏制的最好时机，这时候中国提出民族复兴，中国崛起，提升自己的权力契约。

自身的第二个重要时间节点是重大转折事件出现。例如，自 2005 年 7 月 21 日起，我国开始实行以市场供求为基础、参考一篮子货币进行调节、有管理的浮动汇率制度。人民币汇率政策调整，就属于重大转折事件出现，其并非受到其他国家的压力，而是出于对未来的发展道路的高瞻远瞩，是主动性的调整。之所以选择这个时机来改革汇率机制，是由于中国经济持续高速增长，对外开放度提高，以及人民币币值平台趋势上升及外汇储备快速增加、外汇占款不断提高，中央银行不得不大规模发行票据对冲，提高了宏观经济调控成本，使盯住美元的汇率制度的成本上升，这个时候提出汇率制度改革，有利于提升自己的权力契约。

他国原因引起的遏制时间节点分为两种：一种是他国出现重大纰漏，另一种是对方的前景越来越清晰。这时候是提升自身价值心理空间的时间节点。对方模糊不清不能提升投资人的心理空间，一旦对方发展方向明确，必须抓住趋势。党的十九大召开就是在以美国为主的西方国家在国际舞台上的影响力逐渐下降这样一个前景非常明确的时间节点上，提出中国未来发展的美好前景，有利于提升自身价值的心理空间。

遏制确定是权力契约形成的有效途径，是心理学在商业社会权力契约中的具体应用，一旦遏制确定的时间节点把握不好，就会错过获得权力契约、提升自身价值心理空间的时机，正确有效地寻求合适的时间节点是智慧思维碰撞的结果。

第三节　商业社会权力契约原理

一、权力契约原理的理论来源

权力在商业社会中，无论是其角色还是其要求，都发生了根本性的改变。商业社会中，权力已经成为一种契约，无论是权力背后以契约作为依托，还是权力成为房价、物价和股价价值投资的契约，权力的契约属性已经可以确定。当然权力契约原理并不是凭空出现的，其理论来源主要可以从社会学和营销学两个方面进行论述。其中，社会学主要为权力契约原理提供了理论依据，而营销学则为权力契约原理提供了思想源泉。

（一）社会学来源

权力契约是哲学概念，人类从农业社会、工业社会发展到商业社会，权力已经深刻地驻扎在人们脑中。格劳孔在与苏格拉底谈论政府的起源及其性质时认为，人的本性就是尽可能地实现自己利益的最大化，为获得更多的利益，就会侵占其他人的利益；喜欢将不正义加诸于别人。所以，人们订立契约就是防止如相互侵占等引起的社会混乱。这种契约也是法律和正义的直接来源。也就是说，人们一致同意遵守契约不伤害他人，是为了避免他人对自己的伤害。柏拉图通过格劳孔之口提出了法律源于社会契约的思想。在苏格拉底看来，除了个人之间，城邦与公民之间也是存在契约的。

伊壁鸠鲁认为，人性是自私自利的，追寻自己的最大利益是人的本能，但是人与人之间的最大利益会有冲突，于是就会互相伤害。这种状况只会导致人们之间相互为战，为此，人们订立契约，同意相互之间妥协，建立国家和法律。

卢梭认为，在新的社会契约国家里，人们会得到跟自然状态中一样的自由，但是自然状态中的那种自然的自由已经无法再企及，人们已经生活在一个无法回头的社会状态中，所以能够做到的是保证人们的自由像在自然状态中一样完全。他认为，在一个社会中只能有一个契约，这个契约形成的是国家而不是政府。在他看来，政府不是通过契约形成的，它由于主权者而存在。因为主权者的一切行为都是法律，所以它不能同时拥有执行权，由此，国家必须设立政府。

在谈及社会契约的思想传统时，往往容易把法律与契约混为一谈。实际上，在西方政治哲学史上，自然法和契约论是两个同样古老又有着丰富内容的政治传统，在源头上甚至是两个互相冲突的传统。自然法和契约论思想从源头上并不是互相融合的，思想家特别是格劳秀斯、霍布斯等开创性的理论贡献将自然法传统与契约论传统有机地联结在了一起。近代社会契约论所内含的核心概念体系（个人权利、自然法、自然状态、社会契约等）开始真正融合，成为一种自足的政治哲学，为现代政治生活提供政治论证。追溯社会契约论的思想源流，应考虑这两种思想传统在不同阶段的历史际遇所对应的政治主题和所展示的基本关切点：在古希腊，在人们关心"什么是优良城邦"过程中，围绕法律与正义的政治主题，智者学派展开对"约定"与"自然"的哲学和政治辩论，初现了契约论与自然法的思想端倪。

社会契约理论发展到近代，在霍布斯、洛克及卢梭等社会契约理论家的发展、调整和完善下，上升为西方正统的国家理论，成为资产阶级革命和资本主义国家创建的理论载体。他们以自然状态的理论假设为其理论的逻辑起点，通过订立契约使自然状态过渡到政治社会，在他们看来，国家和政府是社会契约的结果。

密尔认为，政治生活的解释必须立足于利益的需求和经验习惯，他反对近代社会契约理论家们以理性法则来规范政治的现象。在他看来，近代社会契约理论家所谓的自然状态是根本不存在的，人类一直生活在社会状态之中。人之为人就在于人的社会性，人在本性上寻求社会。与此同时，他同其他的功利主义思想家一样认为，社会契约并不能产生国家和政府，人性中义务和责任的力量并没有情感的力量那么大，人们对公共权力的服从取决于人们的好恶以及利益需求，并不是出于对自己诺言的义务感。正是出于这一基本点的不同，密尔的论证主题由政治合法性问题转向了政治合理性问题。

罗尔斯看到了西方现实社会中的种种不正义现象，基于此他修改了以往霍布斯关于人性恶的观点，引入了"原初状态"和"无知之幕"等一系列理论假设，重新构建了自然状态理论，并对解决自然状态问题及签订契约的情形进行了新的探索。他认为，处于"无知之幕"之后的"人们谁也不知道自己在社会和自然的偶然方面的利害情形"，在这一状态之下人们追求的是分配的正义而不是自己的私立，不论签订怎样的契约，自然状态下的任何选择都是正义的。关于此时自然状态的解读是一种合理的现实的抽象，它已不是旧哲学的一种形而上的解释，而是一种对于现实关照的必要的理论假设。罗尔斯将理论的基础建立在现实生活的基础之上，使其理论兼具有现实性和可操作性。

综合上面的社会学研究可以看出，对于权力变动的影响方面有很多研究，但社会学的研究仅从权力的社会概念入手。西方政治哲学史可以追溯到社会契约的源流，从中可以看到权力的社会属性，社会权力契约就是高质、非强制的社会约定。通过权力契约影响投资，也影响着商业社会人们的名誉。

（二）营销学来源

营销学中权力契约来源于顾客营销中的沟通对策。从美国营销专家劳特朋教授在1990年提出与传统营销的4P相对应的4C理论后，以顾客为视角的研究在营销学中越来越多，其中的沟通对策就为权力对策奠定了很好的研究基础。

在产品开发前和开发过程中都必须通过沟通来了解顾客的需求和欲望，了解他们能够支付的和愿意支付的成本，了解他们所认为的方便等。要使产品本身成为一种沟通的手段，可具体从品牌、质量、包装、特色等方面着手。通过渠道与顾客的沟通可以更好地满足顾客的需求。4C理论主张企业与消费者或用户进行对话式的沟通，做到既把企业及其产品信息传递给消费者或用户，又将消费者或用户的有关反应和意见等反馈给企业的双向沟通。思维和语言是紧密相连的，换言之，思维需要沟通来实现其价值。

社会学认为，权力是指产生某种特定事件的能力或潜力。许多心理学家视权力为人们行动和互相作用中的一个基本的动机。这些定义均没有揭示权力的真正本质。人为了更好地生存与发展，必须有效地建立各种社会关系，并充分地利用各种价值资源，这就需要人基于自己的价值资源和他人的价值资源进行有效沟通，这就是权力的根本目的。总之，权力的本质就是主体以威胁或惩罚的方式强制影响和制约自己或其他主体价值和资源的能力。同时，权力还有法律层面所赋予的含义，是指法律赋予人实现其利益的一种力量，是法律赋予权力主体作为或不作为的许可或认定。商业社会最终权力的根本是对资本所有权的控制，控制资本所用权程度大小将决定其所处的权力结构位置。国家对资本所有权的控制直接制约整体的经济发展变动，同时资本所有权也在周期运动之中。政府出台的与金融相关的政策，体现了其对权力的调控，它的整个调控过程本身表现的就是一种沟通的形式。国家运用权力进行宏观调控这种沟通方式，影响着人们对自身资本结构的调整，不同调控程度变化中或许有差异，但是这种沟通都是围绕权力变动而变动的，任何人都逃脱不了这一运动范畴。

沟通对策的核心不只是沟通的频率和时间，更重要的是选择合适的沟通者，这样沟通才会更有效果。

顾客营销避开大众营销中通过大规模的广告或等促销手段与顾客沟通的方式，而是能针对性地把握每一个顾客的要求，了解每一个顾客对产品服务的意见、建议，直接掌握顾客的动态，与之形成互动，形成一支稳定的、忠诚的顾客队伍。顾客营销要求企业具备个性化的沟通能力，这种能力是将现代科技（如互联网技术等）、信息和企业资源再整合的能力。

工业社会传统的促销是以企业为主体，通过一定的媒体或工具对消费者进行强迫式的促销，消费者是被动地接受，企业缺乏与消费者的直接沟通。从"促销"转变到"沟通"，也就是"忘掉促销，考虑双向沟通"。在商业社会，更多的是运用口碑事件等权力契约手段。事件营销常借助话题或制造话题，吸引众多消费者参与，引发媒体的争相报道和大众的口耳相传，在短时间内达到提升品牌知名度、建立品牌价值、打造品牌形象的目的。口碑营销是由生产者、销售者以外的个人，通过明示或暗示的方式，不经过第三方处理加工，传递关于某一特定产品、品牌、厂商、销售者以及能够使人联想到上述对象的任何组织或个人信息，从而使被推荐人获得信息、改变态度，甚至影响购买行为的一种双向互动的传播行为。目前的口碑事件的相关研究都基于购买，但在商业社会，口碑和事件营销基于投资真正成为契约手段。

心理空间理论是认知语言学家 Gilles Fauconnier 在他的第一部专著《心理空间》中提出来的。这部著作也是心理空间理论产生的标志。心理空间理论是关于语篇生成和阐释的认知语言学理论，是指人们进行交谈和思考时为了达到局部理解与行动的目的而构建的概念集合。广泛的沟通形成心理空间就是一种语言的集合，契约影响人们的心理空间，心理空间的大小决定契约的大小，契约决定投资、影响投资。语言学的心理空间理论为契约的心理空间的提出提供了理论基础。

商业社会是一个契约的社会，到处都存在契约，契约精神是商业社会的核心，契约影响人们的投资，契约影响越来越广、越来越大，影响人们对于未来的投资，超过传统的促销和沟通——影响当下的购买。国家契约是最大的契约，影响各个小的契约发展和形成，而国家契约的核心体现就是权力契约，权力契约更有说服力和影响力，这些都是传统营销理论对于权力契约对策的启示。顾客营销学用沟通对策引导了本书的研究，产品营销学促销策略的四种促销组合在商业社会人气营商中对应了四种权力契约组合——政策、法规、口碑和事件，这方面的研究也为权力契约的研究提供了参考。从国家层面来讲，对于契约组合的认知应该放在国家的"三价"价值投资层面。商业社会权力契约是全球化的，吸引全球投资人，因此权力契约运用得是否得当，会影响全球投资人投资该国的心理空间。

二、商业社会权力契约原理

（一）基本原理

商业社会权力契约原理主要是指权力契约对人们心理空间的影响。更加清晰的表达是，权力契约运用好坏的判断标准，就是人们心理空间的调整是否及时和正确，资产价格的心理空间需要权力契约来左右，但是心理空间调整正确与否，也是检验权力契约运用得是否正确的一把尺子。心理空间是权力契约原理的核心，其作用机理如图 8-13 所示。商业社会中心理空间直接影响权力契约的大小以及变动方向，契约的变动情况修正投资者的心理空间，两者相互作用。

图 8-13　权力契约的作用机理

心理空间之所以可以影响权力契约的大小，是因为对于一个国家而言，全球投资人对于该国的心理空间变化，意味着愿意投资该国的全球投资人的变化，该国的权力契约就会发生变化，影响力也随之发生变化。最好的例子就是中国，随着中国国际地位的提高，国际投资人对中国的心理空间发生正向变化，投资中国的人越来越多，给予中国的权力契约、认同也就越多。同理，如果整个国际社会对于一个国家心理空间发生正向变化，那么对于另一个比较的国家就会负向变化，该国的权力契约也会变小，那么该国在国际舞台上的影响力就会减弱。这个原理正好说明各个国家都在不断努力提升自己在国际舞台上的心理空间，心理空间大小影响权力契约的大小，它们之间是相互比较的，从而创造比较价值。

同样心理空间对权力契约变动的方向也会产生影响。在国际资本市场上，资产价格在很大程度上由投资者对心理空间的判断所左右，当投资者对某种投资的心理空间上升时，他们会大量买进。也就是说，如果人们期待某种资产有持续的增长心理空间，那么由于他们采取相应的投资对策，而这种投资对策的变动，往往就影响资本的移动方向。权力在商业社会的变动也可以从资本角度出发进行判断，权力变动意味着契约的变动，所以心理空间也会影响权力契约的变动方向。

另外，权力契约的实际应用修正心理空间。影响心理空间的工具和手段很多，这部分内容将在本节第三部分讲到。但是心理空间作为投资者自身的心理判断，需要通过权力契约的时间节点、影响力变动来修正。通过实际的权力契约变动，正确把握和影响投资者的心理空间，符合商业社会发展。投资人做出智慧的判断，创造比较价值。正确运用权力契约是本章的核心，背后的原理是人们的心理空间。

（二）权力作为契约的研究逻辑

要理解权力是一种契约，就要了解商业社会就是契约型社会，社会的方方面面都靠契约维护，而不是仅靠法律维护，法规只是契约的一种手段，契约体现人们思维的进步，是促进不确定性商业社会进步的重要推动力。契约思想是创新思维引领商业社会进步的必然结果，如同法治思想贯穿于工业社会的始终，契约影响商业社会发展，没有契约的商业社会就不能够充分发挥创新思维的重要作用。只要创新思维，讲好"故事"，赢得社会认同，就会形成社会契约，从而创造商业价值。

权力契约是人气关注给权力变化带来的影响，人气关注的社会，就会产生权力契约，人气关注的范围很广泛，通过人气线分析，不难看出契约体现在人气关注的多个方面，如商业社会的主体——教育，教育更加注重社会评价、社会认同，教育是商业社会的社会价值内容。

权力契约是商业社会投资人投资一个国家或地区时关注的核心内容，是商科研究的重点。权力契约研究投资推动商业社会发展，其是一个国家和地区价值创造的综合实力的体现。通过对房价、物价和股价的研究，也能证明契约作为商业社会国家和地区的一种权力的正确性。权力契约对于社会的推动作用，会渗透到社会的方方面面，契约是人气营商学的核心概念之一。人们关注的内容不同，就会研究社会的不同契约。在商业社会研究的核心就是人们最为熟悉的房价、物价和股价"三价"，所以选择用权力契约研究投资"三价"，也体现了营商学在商科教育中的核心地位和作用。权力契约与房价、物价和股价的关系如图 8-14 所示。

图 8-14 权力契约与房价、物价和股价的关系

（三）心理空间变化的内在含义

因为心理空间是权力契约原理的核心所在，所以要明确心理空间的变动实质是比较价值的变化。如果没有比较价值的变化，人们的认知习惯很难改变。随着时间的变化，一个国家的影响力会随着人们心理空间之间的相互比较而发生改变。当国家的影响力发生改变后，就意味着各个国家间的比较价值发生了变化。

比较价值的变化的过程可以用图 8-15 示意。在进入商业社会国家中，选择两个进入人们视野、相互比较的国家 A 和 B。长方形表示人们的关注，椭圆的面积表示 A 国和 B 国的影响力，椭圆的周长范围表示心理空间的大小。随着时间的变化，A、B 两国的影响力是不同的。在初期，A 国的影响力跟 B 国影响力相差不大。因此无法判断 A 国和 B 国哪国心理空间更大。随着时间的推移，A 国椭圆的面积超过了 B 国椭圆，A 国的影响力超过 B 国，在这种情况下，人气关注也会发生改变，A 国的比较价值凸显，从而使 A 国的心理空间打开，超过 A 国原有的地位，A 国的权力契约提高了。

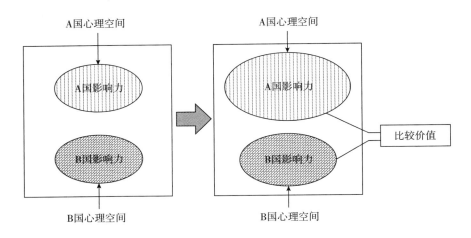

图 8-15　权力契约影响力与资产价格心理空间变动示意

A 国的商业价值提升，会使其商业社会的国家国际地位上升，该国心理空间会变大，就会有更多的投资人认同其地位；反之，一国的影响力增速变缓也会导致心理空间减小，从而失去权力契约。

（四）契约类型的特点及适应对象

研究过心理空间后，就要研究权力契约本身。商业社会的每一个国家都会自觉或者不自觉地通过权力契约影响投资人的心理空间变化，因此，对应人气矩阵，可以将权力的契约按照对人们心理空间影响程度主要分为四种类型，这四种类型分别是"瘦狗"契约、"问号"契约、"金牛"契约和"明星"契约,具体如图 8-16 所示。

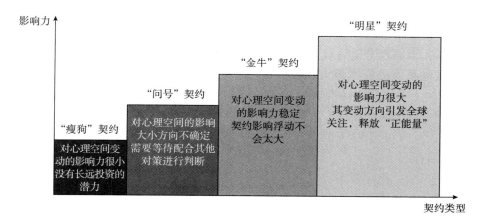

图 8-16 商业社会国家中的权力契约类型

这四种权力契约主要是依据其对全球投资人心理空间的影响程度来划分的。权力契约的表现是:"明星"契约是对于人们的心理空间影响力较大,引起全球关注的权力契约,会使该国价值创造实现倍增(减);"金牛"契约是指对于人们心理空间影响有限,影响力开始减弱的契约;"问号"契约是指对人们心理空间的影响需要时间等待、目前无法立即表现影响力的契约,需要耐心等待;"瘦狗"契约是指对人们心理空间的影响太小,基本不影响人们的投资,无法创造价值的契约。

在这四种不同的契约中,有三个权力契约影响投资,分别是"明星"契约、"金牛"契约和"问号"契约。因此要研究"明星"契约、"金牛"契约和"问号"契约三个权力契约的特点和使用对象。每个投资人都要结合自己的投资偏好选择不同的契约类型国家进行投资。同时各个国家自身也可以根据不同的契约特性选定权力契约目标。

1. "明星"权力契约

特点:具备"明星"权力契约的国家影响力大,对于全球投资人心理空间的正向、负向影响都很大,是商业社会的引领者。由于"水阀"打开的原因,该国就会有资本流入,该国的资产价格就会上涨,所以对投资者来说可以投资该国的"三价",从而实现自身价值倍增。由于影响力的增强,该国必须进行时常保持高度警惕,进行价值创造,否则将出现权力契约负向影响情况,出现价值倍减,影响该国在商业社会中的领导者地位。保持"明星"权力契约的正向影响,也就是对社会释放"正能量"。

适用对象：对于资产升值有较高要求的投资者，短时间内资产快速升值的投资者，有较好心理承受能力、可以承受双向波动风险的投资者。在该国投资是容易出现神奇的投资对象。

2."金牛"权力契约

特点：该国权力契约对于人们的心理空间影响进入相对稳定的时期，会有商业社会领导国家的资本流入，以保持心理空间的稳定。因此，这种权力契约跟"明星"权力契约国家的关联性较大。该权力契约不可能继续引领世界的发展，其属于商业社会中的跟随者，会有自己跟随的权力契约，即"明星"权力契约。在这种权力契约的引导下的投资收益非常稳定，波动幅度有限，因此资产价格上升的空间有限。

适用对象：避险资本可以进行投资，以保持稳定回报。适合保值需求的投资者，不适合想谋求更大升值空间的投资者。对于拥有较大规模的资产的财富拥有者，这些国家正是他们用来配置他们需要避险的安全资产的首选地。

3."问号"权力契约

特点：短期内权力契约对于人们心理空间影响大小及变动方向不能确定，可能出现相对较长时间的等待。"问号"权力契约的表现和对于投资人的心理空间影响，需要通过观察来判定。但该权力契约的影响水平处于低位，有上升的空间。资产价格较低，可以用较低的成本持有该国的资产，同时有效避免"明星"契约的双向波动风险。

适用对象：希望获得价值升值且愿意等待的投资者，以及不愿承担高成本双向波动风险的投资者。需要有敏锐的判断力和前瞻性，可以从中判断出权力契约对于未来的影响力。

（五）投资人权力契约选择的步骤

投资人在选择权力契约时候要遵循以下三个步骤：

第一步，判断一个"明星"国家的权力契约对于人们心理空间的影响，被人气关注的"明星"国家拥有权力契约。对于心理空间正向和负向影响大的权力契约国家，可以实现投资的价值倍增（减）。有些国家希望拥有较大影响力的权力契约，这是需要实力、前景、遏制来确定的，有了较大的权力契约，才能创造比较价值。

第二步，选择至少具有倍增（减）价值洼地的商品，运用权力契约引导投资。图8-17仅表示基于权力契约创造倍增比较价值。每个国家和地区都要利用权力契约创造商品倍增（减）的比较价值，有了具有影响力的权力契约后，必须认真利用权力契约，在价值低位善于利用权力契约引导商品实现倍增，在价值高位——没有倍增空间时，善于利用权力契约抑制商品的上涨，再寻找新的商品创造新的价值。也就是说，要利用权力契约影响投资人的心理空间，从而真正实现价值投资。在图 8-17 中，权力契约先影响商品 1，到了高位，没有倍增空间，再影响商品 2，之后影响商品 3，按照人气线关注转移，这样才能保证整个国家权力契约正常运行。

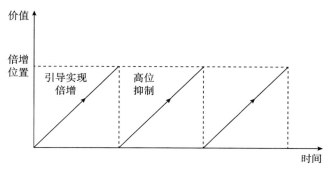

图 8-17　基于权力契约创造比较价值示意

　　第三步，选择商品价值升值过程中，运用权力契约的时间节点。国家和地区要判断权力契约影响力变化的时间节点。如图 8-18 所示。这里的时间节点在前文已经提及，指的是国家权力契约的时间节点，具有一定的普遍意义，但是投资过程中真正的时间节点，就是商品在即将实现价值倍增（减）、成倍增（减）、百倍增（减），或者是已经实现倍增（减）、成倍增（减）、百倍增（减）的关键时期。权力契约的运用也会带来价值创造的深刻变化，带来价值倍增（减），所以权力契约运用也形成时间节点，在图 8-19 中，权力契约必须累积到 A 点向下形成倍减和 B 点向上形成倍增，此时 A、B 两点形成时间节点。

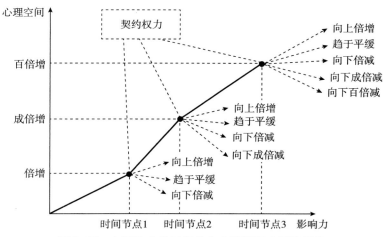

图 8-18　在影响力的时间节点上判断权力契约示意

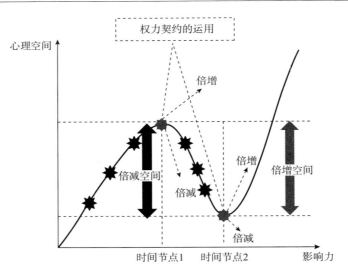

图 8-19　权力契约的运用形成影响力时间节点示意

（六）商业社会权力契约的目标

对于商业社会的国家而言，为了吸引全球投资人投资，都希望实现其在商业社会中最具影响力的权力契约目标，该国的权力契约长期正向影响人们的心理空间，消除和避免对于心理空间的负向影响，正确引导人们投资该国各种商品，创造商业比较价值。这种权力契约目标会使该国长期拥有具有影响力的权力契约，这样才能不断地创造倍增的比较价值，社会财富快速而大量向该国积累，使该国人民尽快而且永远过上美好生活。

之所以权力契约要正向影响心理空间，原因主要是，正向心理空间使该国一直处于人气矩阵的"明星"行列，该国的权力契约就是"明星"契约，吸引全世界的投资。契约获得意味着该国在商业社会实现了价值创造。从日本和拉美的过往历史就可以看出，如果权力契约对心理空间产生负向影响，处理不好，很可能使一个国家很快失去投资人的关注，丧失价值创造的地位。所以，只有长期正向心理空间才能保证该国在商业社会的领导地位。

在权力契约对一个国家心理空间产生长期正向影响的过程中，必须善于利用这样的时机创造商业社会价值，才能使该国人民尽快完成财富的积累，同时惠及全世界投资人，形成人类社会命运共同体，必须利用权力契约正确引导投资，否则会出现价值升值过快或暴跌，资产泡沫破灭，这是投资人不愿意看到的。在全球投资人赋予该国商业社会的权力契约时，该国利用权力契约时就要及时配合其他三个对策（人气、币值、金钱对策），及时调整房价、物价、股价"三价"这一人气线关注的价格短期的波动和内部结构的变化，让人气不要离开本国。权力契约运用引导投资调整的原因有两个：一是防止别国权力契约对于心理空间的正向影响过大，使本国的权力契约心理空间受到打压，从而使该国的价值创造受到限制。二是利用权力契约来调整一个国家价值创造的时间、空间，防止该国在人气关注中的价值被高估。心理空间导致的价值高估，不但会给该国未来的契约打压埋下隐患，也会给该国的经济发展和商业社会进程带来不利影响和巨大风险。一些国家不同程度的金融危机就是该国心理空间到了一定的高位，权力契约运用不当，导致系统性风险，从而出现了资产泡沫破灭。

三、权力契约影响力选择

（一）权力契约影响力时机选择——以人为主的时代

工业社会是以技术为主的时代，这时主要发展市场经济，所以该阶段法治的权力就是为了维护市场竞争力，让市场经济更有秩序。如美国作为由移民社区组成的联邦制国家，是在社区法治的基础上，形成了由社区法治到州法治，再至国家法治的独特的法治模式。独立战争后，美国于1787年由13个州签署制定了世界上第一部成文宪法——《美利坚合众国宪法》。在没有人治传统影响的背景下，美国法治道路更具民主性和创新精神。中国也全面深化改革，推进国家治理体系和治理能力现代化，运用法治手段和法治思维，发挥法治的推动和引领作用。

工业社会技术创新已经发展到了高位，不仅要维护法治权力，更要提高权力契约的影响力。因为以人为主的时代已经到来，人的思想备受关注，而思想具有不确定性，商业社会的权力契约可以适应这种不确定的社会。人生活在这个跳跃发展的商业社会中，人的物质需求满足后，价值创造是最重要的，围绕人对于美好生活的追求，价值创造成为社会的共识，契约促进和保护人们进行价值创造，推动社会进步。感性的德治思维、线性的法治思维，将被跳跃的契约思维所取代，德治、法治将会融合在契约治理的思维之中，三者交集之下不断发展。人是发展的主题，以人为主的时代也是权力契约影响力开始提升的时代。

商业社会主要是以创造价值为核心的营商社会。在商业社会，人的哲学思维的正确与否决定人的成败如同工业社会掌握的科学技术的多少决定人的成败一样。因为哲学思维是基于人性的思维，每个人的哲学思维都不尽相同，而商业社会是以人为本，这也就使商业社会每个人价值的大小是根据每个人的哲学思维判断得到的，不同人的不同哲学思维使不同的人获得的价值大小也不同。同时人的思维不断碰撞和思考是创新思想的来源，也是权力契约的来源，人是权力契约的创造者，也是权力契约的执行者，社会中的每一个人也只有充分利用和遵守权力契约创造商业价值，才能推动以人为主的商业社会不断进步，在商业社会过上高品质和有尊严的生活。

（二）权力契约影响力情形选择

通过对人们心理认知的分析，文化、经济和社会价值创造是契约影响力形成的源泉，权力契约影响力反映在人们的心理空间大小方面。本书利用价值维数对于人们心理空间的影响来分析权力契约影响力提升的情形。

1. 维数的定义

在物理学和哲学的领域内，维数指独立的时空坐标的数目。0 维是一个无限小的点，没有长度。1 维是一条无限长的线，只有长度。2 维是一个平面，是由长度和宽度（或部分曲线）组成面积。3 维是 2 维加上高度组成体积。4 维分为时间上和空间上的 4 维，人们说的 4 维经常是指关于物体在时间线上的转移。

从哲学角度看，人们观察、思考与表述某事物的"思维角度"，简称"维数"。例如，人们观察与思考"月亮"这个事物，可以从月亮的"内容、时间、空间"三个思维角度去描述，也可以从月亮的"载体、能量、信息"三个思维角度去描述。

维数的测算可以参考科莱斯平衡计分卡，是源自哈佛大学教授 Robert Kaplan 与诺朗顿研究院的执行长 David Norton 所从事的"未来组织绩效衡量方法"研究中的一种绩效评价体系。维数测算方式如表 8-1 所示。

表 8-1　维数测算方式

维数	维数 1	维数 2	维数 3	维数 4
比重				
分值				

2. 维数的类型

具体的维数千变万化，但是维数的类型可以分为三种：单一维数、多维数和关键维数。

单一维数相当于一维空间，只能用一条线来表示，单一维数是相对于多维数而言的一个概念，一般是指在判断、说明和评价一个事物时仅从一个角度、一个层次去考量，有时候是因为去掉其他繁杂的维数会让事件变得更加清晰，有的时候这种方式反而会造成对事物片面的看法。单一维数的国家或商品往往只能小幅波动，其提升的心理空间受限。具体如图 8-20 所示。

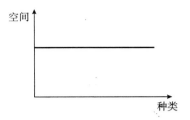

图 8-20 单一维数

多维数指的是除了单一维数以外其他的所有维数，多维数包含二维、三维、四维等维数。从哲学的角度考虑，每个国家或商品都能够从多维数去考量。维数越多，在判断空间影响力的时候可以考虑的因素就越多。相较于单一维数，多维数可以提升空间的影响力，且多维数的商品的空间不再受到限制。具体如图 8-21 所示。

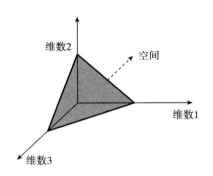

图 8-21 多维数

关键维数指的是所有多维数中，最重要、最具有决定性的维数，相当于决定性因素。多维数的国家和商品可以有不止一个的关键维数，也不是所有多维数的国家和商品都有关键维数。关键维数可以大大提升心理空间，同时关键维数还决定了多维数国家和商品的最大的空间极限位置。图 8-22 为三维数示意图，其中，维数 2 是关键维数。

3. 维数的情形

善于利用权力契约对于心理空间的影响来创造价值，就要掌握权力契约运用的普遍规律。商业社会的国家都会希望自己的权力契约影响力在全球不断提升，长期发挥作用，成为全球的"明星"国家。在权力契约影响力提升过程中，影响权力契约的维数不同，主要有三种不同的提升情形选择，这三种情形如下：

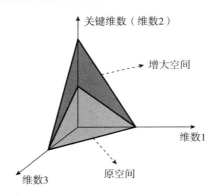

图 8-22　关键维数

（1）情形一：权力契约影响力维数单一，决定心理空间提升幅度受限，具体如图 8-23 所示。

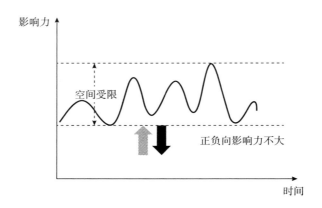

图 8-23　提升空间受限

情形一的影响力变动总体趋势：时间长、空间受限，波动相对稳定。

优点：正负向影响力不大，易于把控。

缺点：波动不大，未来上升空间不大。

适用：小的商业社会国家，跟随商业社会"领头羊"国家的其他商业社会国家。

要求：选择正确的跟随国家，防止跟随权力契约影响力下降的国家；要创造自己的价值。

心理空间有限的国家也很常见，对于一些在工业社会已经发展较好的国家，由于权力契约影响力的维数单一，即使进入商业社会后影响力提升的幅度也有限，所以对于这种国家而言只能跟随商业社会领导国家的发展。

（2）情形二：权力契约影响力的多种维数，决定心理空间在一定时期内提升，具体如图8-24所示。

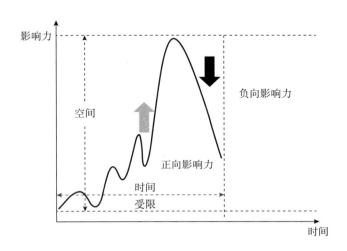

图8-24 一定时期内提升

情形二的影响力变动总体趋势：影响力提升的时间有限制，随着时间推移影响力慢慢减弱。

优点：时间损失少、空间大，可以实现较快的影响力提升。

缺点：提升速度快，不容易控制，随后影响力慢慢减弱。

适用：发展到顶端的商业社会国家。

要求：防止影响力提升过快，从而导致过早出现资产泡沫现象，使该国家退出商业社会领袖国家行列。

这种情形比较常见，德国、英国都在经济、文化和社会发展多个维数提升该国的影响力，曾经都是引领世界的国家，只不过是时间比较短暂，心理空间比单一维数大，但是往往发展到了一定阶段后就没有上升空间。近年来，随着美国的价值创造也到了一定的高位，时间受到了限制，很难继续实现影响力提升，受到其他"问号"转"明星"国家的权力契约遏制。同时，在商业社会中投资者对价值思维创新越发重视，权力契约对心理空间的影响力正随着资本逐渐从美国流向以中国为主的新兴经济体。

（3）情形三：权力契约影响力的关键维数，决定心理空间长期提升，具体如图8-25所示。

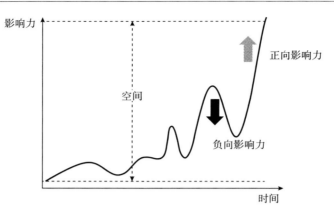

图 8-25　长期提升

情形三的影响力变动总体趋势：影响时间长，心理空间大。

优点：有较长的上升周期，可以实现多次的价值创造，正向负向的影响力都很大。

缺点：具有未知性，正向负向可能变化频繁，不易把握。

适用：商业社会"领头羊"国家。

要求：该情形需要国家在有前景的前提下和遏制确定配合。不仅要有实力，如人口、资源、文化等方面的优势，同时还需要有不断创新的精神，这样就可以提升权力契约的影响力。重点是延长影响力的时间，扩大心理空间。

很多国家的影响力都不可能实现长期提升，纵观历史还没有哪个国家从最低位的心理空间一路上升到高位后，长期保持全球影响力。美国引领世界的时间比较长，就是因为美国具有全球技术创新的关键维数，这是全世界的共识，赢得了全球投资人的投资。2010 年，中国 GDP 总量超越日本，成为仅次于美国的世界第二大经济体。经济力量的上升伴随着地缘政治影响力的提高，中国在世界各地影响力逐渐提升。许多欧洲国家把中国当作拉动国内增长的关键。这时的中国影响力提升速度快，中国在注重利用多种维数提升心理空间的同时，必须抓住思维创新这一关键维数，不能犯下思维漏洞的错误，这样才能确保中国在全球的影响力时间长、心理空间大。

通过上述三种情形分析可以看出，每个国家选择权力契约影响力打开心理空间受到产生权力契约的价值维数的影响。价值维数决定心理空间，有些维数是可以改变，有些无法改变；有些维数是一个国家具备的，其他国家只能学习，有些维数是别的国家也无法学习的。正因为如此，每个国家的心理空间是不一样的，影响力的大小和时间也不相同，这决定着各个国家在世界上的地位。全球的每一个国家通过各自的价值维数体现和决定着自己的权力契约影响力，其他国家无法模仿。善于利用和发挥自己的价值维数，是提升国家影响力的有效途径。

（三）保持权力契约影响力长期提升的方法

商业社会中权力契约影响力提升的方法有四种，有政策、法规、口碑、事件，但是它们的作用基本是一致的，大到投资某一国家，小到投资某一种商品，权力契约的影响力都呈现出引导、支持、控制、打压的效果。同时，在权力契约影响下的这个国家或者这种商品所代表的商业价值也呈现出阶段性变化。权力契约的人气线选择过程是人气关注在商业社会中的商业价值即经济价值、文化价值、社会价值之间流动的过程。权力的发展过程是，权力影响的资本类型由引导、支持到了高位时，开始控制资产价格，防止泡沫过大，再发展到打压，最终转移到了新的资产类型上，由此便形成了权力契约的人气线转移。

一个国家权力契约影响力形成的心理空间类型有所不同，这是由于各国的价值维数不同引起的，但是各国保持本国权力契约影响力的方法是相同的，权力契约影响力的提升方法主要分为四种，这四种方法分别为政策、法规、口碑和事件，具体如图 8-26 所示。

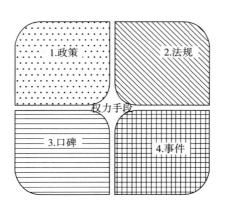

图 8-26　商业社会的权力契约组合

1. 方法一：政策

政策是国家政权机关、政党组织和其他社会政治集团为了实现自己所代表的阶级、阶层的利益与意志，以权威形式标准化地规定在一定的历史时期内，应该达到的奋斗目标、遵循的行动原则、完成的明确任务、实行的工作方式、采取的一般步骤和具体措施。作为国家的政策，一般分为对内与对外两大部分。对内政策包括财政经济政策、文化教育政策、军事政策、劳动政策、宗教政策、民族政策等，对外政策即外交政策。政策是国家或者政党为了实现一定历史时期的路线

和任务而制定的国家机关或者政党组织的行动准则。

政策具有以下特点：①阶级性。这是政策的最根本特点。在阶级社会中，政策只代表特定阶级的利益，从来不代表全体社会成员的利益，不反映所有人的意志。②正误性。任何阶级及其主体的政策都有正确与错误之分。③时效性。政策是在一定时间内的历史条件和国情条件下，推行的现实政策。④表述性。就表现形态而言，政策不是物质实体，而是外化为符号表达的观念和信息，它由有权机关用语言和文字等表达手段进行表述。

因为政策具有时效性、变化快的特点，所以可以总结当年的经济工作成绩，分析研判当前国内外经济情况形式，以此来制定来年宏观经济发展规划。当年政策是判断当前经济形势和定调，以及第二年宏观经济政策最权威的风向标。通过政策可以大致把握当年各项工作完成的情况，也能较为准确地判断来年的经济形势。

2. 方法二：法规

法规指国家机关制定的规范性文件，主要指行政法规、地方性法规、民族自治法规及经济特区法规等。如我国国务院制定和颁布的行政法规，省、自治区、直辖市人大及其常委会制定和公布的地方性法规。法规也具有法律效力。法规包括国务院及其所属部门分别制定的行政法规和部门规章，以及一般地方的有关国家权力机关和地方政府制定的地方性法规和地方政府规章等。法规具有强制性，不同之处在于效力等级的差别，即根据制定机关不同有上位法和下位法的差别。

行政法规：是由国务院制定的，通过后由国务院总理签署国务院令公布。这些法规也具有全国通用性，是对法律的补充，在成熟的情况下会被补充进法律。法规多称为条例，也可以是全国性法律的实施细则，如治安处罚条例、专利代理条例等。

地方性法规、自治条例和单行条例：其制定者是各省、自治区、直辖市的人民代表大会及其常务委员会，相当于是各地方的最高权力机构。地方性法规大部分称作条例，有的为法律在地方的实施细则，部分为具有法规属性的文件，如决议、决定等。地方法规的开头多贯有地方名字。

法规具有明示作用。法律法规的明示作用主要是以明确条文的形式明确告知人们，哪些行为是合法的、哪些行为是非法的、违法者将要受到怎样的制裁等。这一作用主要是通过立法和普法工作来实现的。法律所具有的明示作用是实现知法和守法的基本前提。

法规具有预防作用。这一作用是通过法规的明示作用和执法的效力以及对违法行为进行惩治的力度的大小来实现的。

法规具有校正作用。通过法规的强制执行力来机械地校正社会行为中所出现的不法行为，使之回归到正常的法律轨道。

法规具有扭转社会风气、净化人们的心灵、净化社会环境的社会性效益，可理顺、改善和稳定人们之间的社会关系，提高整个社会运行的效率和文明程度，为商业社会构建打下良好的社会基础。

3. 方法三：口碑

口碑是影响顾客判断和购买行为的重要营销工具以及顾客重要的信息来源途径之一。此外，随着互联网和电子商务的迅猛发展，顾客的口碑得以更快、更广地传播，营销工具成为营商工具，成为人们投资和价值创造、提升影响力、打开和影响人们心理空间的重要判断依据。

美国口碑营销协会对口碑定义为"消费者把营销相关的消息传递给其他消费者"。我们传统意义上的口碑主要是指非商业的相关个人间关于产品和公司的面对面的交流，由于多发生于亲戚朋友等强关系人群中而具备了很大的影响力，因此口碑被广泛应用于现代营销推广中。随着传播技术和现代网络的发展，网络口碑的概念也被提出，冲击并完善了传统口碑的概念。

商业社会口碑的类型有很多种，其中典型的有：

专家言论。信息爆炸时代，专家在大众传媒的推动下，常借助大众传播平台发表言论，在大部分传播事件中发挥着指导的作用。专家在媒体上发表言论和观点后承担着相应的社会责任。

社会舆论。新闻媒体的社会舆论代表和展示着一种权力，一种话语的权力，一种不同于国家公共权力的社会权力。社会舆论与公权力有着复杂的关联关系。社会舆论是监督公权力的一支重要力量，但媒体的自我定位和其社会角色对于实现恰当的监督有着直接的影响。

意见领袖。是在人际传播网络中经常为他人提供信息，同时对他人施加影响的活跃分子。随着微博等在线社交媒体的兴起，消息的发布不再局限于大众传播媒介，广大普通用户逐步成为信息的源头，意见领袖在消息的传播过程中发挥中介作用。

商业社会的口碑具有以下特点：①口碑主体的变化性。具体表现在口碑的对象不可能一成不变，一段时间口碑集中在某国家，但过段时间口碑又会转移到其他国家，这体现了口碑主体的变化性。②口碑内容的专业性。口碑的内容必须是专业性的、能够获得大众认同的，是影响社会行为的。不能让人们信服的口碑只能叫作言论，不能算作口碑。③口碑平台的高低性。主要是指口碑的发出者所处的平台高低不同，那么该口碑的影响力就不同。④口碑时间的选择性。不是所有口碑发出后都能达到影响人们心理空间的效果，要把握口碑的影响力，时间的选择也是很重要的一个方面。某件事情或某个人的口碑，在某段时间内可能不会引发关注，但若宣传口碑的时间选择在关键的时间节点上，其影响力可能会达到百倍。口碑指导投资的原理如图 8-27 所示。

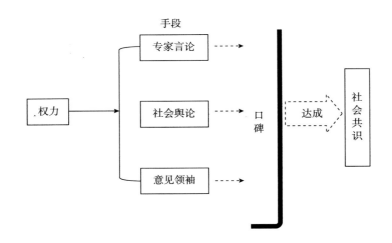

图 8-27　口碑指导投资的原理

4. 方法四：事件

"事件"（Mega-Event）一词最初源于西方旅游学界，是指对城市乃至国家产生重大社会和经济影响的事件，它往往会极大地促进城市社会经济的发展并创造出非同寻常的知名度。当今事件的载体经常是互联网，事件的特点为主动性、专题性、时限性、全局性、稀缺性、活动性、风险性、资本性及周期性。

随着全球经济活动一体化速度不断加快，一件突发事件发生之后所产生的影响范围已经不再是简单地局限于一个国家或者地区，而是扩展至多个国家乃至全球。在局部地区发生的突发事件，却经常在全球范围内产生了巨大的影响（刘定平，2014）。

伴随着全球化进程的日益加快，国家与国家之间、人与人之间的联系越来越紧密，彼此之间的相互影响也越来越大。同时，互联网技术进步的日新月异，使人们在日常社会生活、经济生活乃至个人生活之间的联系也会借助互联网而产生相互交错的影响。在信息时代这样的大背景下，一件突发事件，不再会像过去那样在一定范围内造成一定程度的影响，而是借助着全球化和互联网的现实背景，造成难以估量的后果。人们的生活和日常的经济发展也因为这些事件而受到极大的影响，更有甚者会给社会和政治经济的稳定带来严重的不稳定因子。

商业社会的事件不再只影响人们的购买愿望，更影响人们的投资。事件大小不同，影响力也会不同。事件的大小虽然没有一个可以量化的标准，但人们关注越多的事件，往往能造成更大的影响力。事件范围不同，影响力不同。事件发生在国内和发生在国际上的影响力大小不同。

　　事件从准备到发生到结束是一个长时间的过程，在事件的准备期，权力契约的效应，也就是影响力逐步提升，拉动整个事件的发展。事件的发生期是权力契约影响力最大的时期，此阶段世界眼光都关注在此事件上，所以权力契约效应集聚在一起，影响力达到了最高位。事件结束后，影响不可能立刻消失，仍会有一段时间的后续效应，关注逐渐减少，权力契约的影响力也随之降低到准备期的水平。事件和权力契约效应的关系如图 8-28 所示。

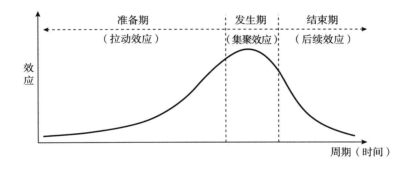

图 8-28　事件和权力契约效应的关系

　　具体到投资领域，股市是经济形势的温度计，突发事件往往会在第一时间内反映到股票市场当中去，两者之间有着十分直接的密切联系。历史上许多重大事件的发生都导致了经济形势的变化，以及股票市场价格的波动。同时，随着科学技术的进步和互联网技术的发展，突发事件对股票市场的作用机制也日趋复杂和多样化，加深了其对股市的影响。这些突发事件的发生不仅通过网络平台很快地被散布出去，同时在这些平台的传播和发酵之下，形成了一定规模和影响力的网络舆论，从而改变投资者对上市公司或者经济形势的判断。投资者的情绪也很容易受到这些网络事件和其他投资者情绪的影响，从而衍生出对股票市场的更加深刻复杂的冲击。

四、心理空间的把控调整

（一）心理空间调整的类型：主动和被动

　　对于商业社会的国家来说，契约心理空间的调整分为主动和被动。主动调整是指一国通过权力契约自行调整，对资本的短期变动方向产生影响；而被动调整指的是顺应国际资本间的比较价值流动，是由国际社会资本流动的一般规律决定

的方向性变动。

每个国家都应该运用权力契约主动进行调整，以防超越人们的心理空间，产生不利的后果。中国的权力契约利用是非常智慧的，中国政府提出民族复兴，中国崛起，形成与中国价值维数相适应的心理空间。

在投资市场上也是如此，2014～2015 年股市上涨，2015 年下半年股市大幅下跌，国家迅速反应，主动运用权力契约调整投资，2015 年下半年中央经济工作会议提出"三去一降一补"五大重点任务，贯穿了整个 2016 年。在降低首付比例、发放购房补贴、税收优惠等一系列政策的影响下，2016 年房地产去去库存效果显著。国家统计局 2016 年 12 月 13 日发布的数据显示，截至 11 月末，全国商品房待售面积 69095 万平方米，比 10 月末减少 427 万平方米，全国房地产库存量已经连续减少 9 个月。

权力契约的被动调整是由于心理空间发生巨大变化，在投资人意料之外，从而引起价值的大幅波动，这也是人们会经常碰到的。中国 2015 年下半年股市大幅下跌，出乎投资人的意料之外，但这是短期的股市被动调整，到达 3600 点附近时政府就开始救市，在 2638 点左右股市才稳定下来。只不过是有些被动调整是短期的，有些调整是长期的，短期调整处理不好就会成为长期调整，使这个国家落后几十年，错失发展的良好机遇期。

当一国某资本处于高位时，该资本若不及时进行心理空间主动调整，这时就会出现资本外流的情况，如果该国不进行新的价值创造，该国的人气也会逐渐离开。如果可以实现新的价值创造，那么该国的人气就不会离开，在短暂调整后又会引来新一轮上升。对于一个已经进入商业社会的国家而言必须积极应对被动调整，因此被动的调整如果不谨慎应对，很有可能变为长期趋势。

（二）应对权力契约心理空间的挤压

人们心理空间的产生，主要取决于其对一国的国家安全、国际社会贡献、周边国家状态和处理方式、国家形象标识、国民素质、历史文化形象、政府形象、企业和城市形象等的衡量，一个国家稍有不慎，在一个或多个维数方面出现问题，该国的心理空间就会受到挤压，出现被动调整，处理不好，就会发生长期调整。在国际市场上，资本流动的频率非常高，投资者的投机性很强。短期投机资本对各国的政治、经济、军事形势等都十分敏感，有一点风吹草动，就会改变资本的流向。所以任何一点市场信息都可能改变市场心态和人们的心理空间，累积到一定的程度就会发生质变，在时间节点上发生倍减，从而使国家权力契约的影响力发生巨大变化。

把控权力契约心理空间，主要有三个步骤：一是寻找影响权力契约心理空间的维数，控制契约心理空间的核心就是了解影响心理空间的关键维数。这些维数和关键维数是由一个国家先天的禀赋、后天的努力、终身的进步组成的，很多都无法改变。二是围绕这些价值维数和关键维数，进行影响力时间节点的判断。三是选择对应的控制手段，对不同维数要选择不同的把控手段，从而把控好权力契约的心理空间。

影响契约心理空间的维数，主要分为内部维数和外部维数。内部维数分为文化维数和政治维数，外部维数分为国际文化维数和国际政治维数。维数的具体内容如图 8-29 所示。

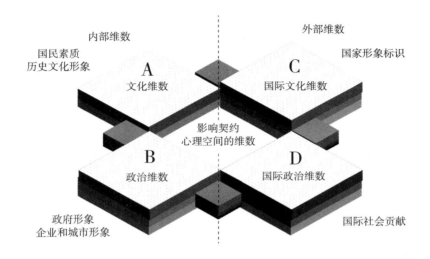

图 8-29 影响契约心理空间的维数

1. 国民素质

高素质的国民是国家发展的强大动力，国家形象的好坏与国民素质的高低相关。一个国民素质良好的国家，受到世人的尊敬，国家形象的指数会不断上升。而一个国民生活缺乏基本规则、社会生活秩序混乱的国家和民族，难以在国际社会上获得尊重和文化认同。

总之，国家形象的塑造应该全面体现国家独具的价值观、民族特性和民族精神、自然地理环境特征、政治地位和经济实力（包括产业和产品）、文化历史资源（包括名人）、国民素质（老百姓生活方式、教育程度、创新意识、精神面貌和行为举止等）等。通过权力对国家形象进行统一规划和系统管理，对国家自身所具有的特性和差异性进行深入的洞察，确定国家形象定位的聚焦点，让国民对国家形象定位达成共识，让国家在他国人民的心目中树立一个独特、丰满的、正面的国家形象。

2. 历史文化形象

国家形象塑造与民族的历史积淀存在重要的联系。当中国的花木兰以卡通形象出现在迪士尼大片中时，我们就应该意识到，将历史变为有趣的故事，以受众能够接受的形式讲述出来并作为文化产品呈现时，中国历史的辉煌才能广泛被世界所熟知，才能作为国家形象中重要的元素深刻地留在人们的脑海中。

同样，历史文化遗产也是国家形象的基本元素和主要标志之一。一个民族的历史遗产，凝聚着这个民族对世界和生命的历史认识和现实感受，积淀着这个民族最深层的精神追求和行为准则，承载着民族的认同感和自豪感，是一个民族的"根"和"魂"。因此，维护历史遗产尊严，就是守护一个国家和民族过去的辉煌、今天的资源、未来的希望，就是守护自己的精神家园。维护历史遗产的尊严，就是维护国家的形象和民族的尊严（单弄翔，2009）。从国家形象塑造的角度来看，只有用世界的眼光、历史的眼光和发展的眼光，深刻认识历史遗产的价值，才能通过保护和传承，把丰厚的历史文化遗产资源转化为国家的软实力和影响力。

文化是一个民族的灵魂，文化形象是国家形象中的核心部分。韩国在十几年前就制定了"文化立国"的国家战略，提出要把高度现代化的韩国建设成为一个"有品格的文化国家"。中国文化博大精深，塑造国家文化形象就是要把中国文化通过各式各样的文化产品向全世界传播，获得全世界不同国家人民的认同。以民族文化为例，中国拥有56个民族，多民族使中国的文化呈现出明显的多元化特性。中国的民族工艺美术同样异彩纷呈，有藏族壁画、唐卡艺术，维吾尔族和蒙古族的地毯、壁挂等，从民族地区风行到全中国，外销其他国家和地区。布依、苗、瑶、仡佬等民族的蜡染，而今更为流行，且图案、花样、品种都有很大发展。此外，中国少数民族传统体育运动内容丰富、形式多样、历史悠久、特点鲜明，不仅具有很高的技巧性，而且常常伴有歌舞、音乐，如赛马、射箭、马上游戏"叼羊"、摔跤、荡秋千、跳板、赛龙舟、登山等。中国绚丽多彩的民族文化对世界有着强大的吸引力，是中国文化形象重要的组成部分。

3. 政府形象

政府形象不等同于国家形象，但它是国家形象的一个重要组成部分。政府形象是一个综合的概念："是社会公众对政府价值标准、战略目标、是否廉洁、政策是否科学、高效与否、领导者素质、公务员行为规范程度乃至政府建筑物等诸因素印象的总和。"随着公众对政府期望的增加以及各种信息和社会舆论的作用，公众对政府形象的要求会越来越高。政府形象的好坏，特别是政府国际形象的好坏，直接影响国家的国际形象。

政府形象的塑造没有固定的模式，因为政府的行为是动态的。在重大公共危机事件发生和大型国际活动开展的过程中，政府的表现和举措直接影响人们对政府的看法。由于政府在很大程度上代表着国家，因此，人们对政府的印象直接会影响国家在人们心目中的地位。四川"汶川大地震"发生后，我国政府"情为民所系"的高度责任感、高效的反应速度和高度信息公开程度，从不同角度勾画出了中国政府的形象。

政府领导人、政府新闻发言人与外宣干部都是国家形象重要的代言人，他们的形象塑造是国家形象塑造的一个部分。国家形象与领导人形象是一种相互依赖、相得益彰的关系。

4. 企业和城市形象

企业形象是指人们通过企业的各种标志（如产品、行销策略、人员风格等）而建立起来的对企业的总体印象。它由企业标识形象、组织形象、人员形象、产品形象、文化形象、媒介形象、环境形象、社区形象等核心元素构成。

中国企业的形象和中国产品的形象直接影响国家形象的建设。走出国门的中国企业，应以提升国家的形象为己任，在向世界输出中国产品与服务的同时，在产品质量、环境保护、劳动保障，知识产权、国际法规等方面，对国外的消费者负责，承担企业该尽的社会责任。这样企业能够维护国家形象，从而在消费者心目中树立良好的形象。

城市形象是国家形象的另一重要组成部分，世人对中国的印象离不开对中国城市的印象。通过营造的良好城市形象来提升国家形象，是国家形象塑造的一个重要手段。城市形象塑造的主要目的是吸引更多的国际游客和投资者，让他们给城市带来更大的经济价值。同时，通过他们的口头传播，帮助中国城市提升国际知名度，帮助中国树立良好的国家形象。

城市形象塑造因旅游者和投资者对城市的兴趣和关注点的不同而变化。对于旅游者来讲，城市能够吸引他们的是一种城市所提供的独特的深度游憩体验。

投资者更多地关注城市的"投资环境"。根据世界银行关于中国投资环境的研究报告，投资者最为关注的问题有 10 个：①基础设施。②市场进入和退出壁垒。③技能和技术享赋。④劳动力市场的灵活性。⑤国际一体化。⑥私人部门参与。⑦非正规支付。⑧税收负担。⑨司法效率。⑩金融状况。新加坡和中国香港在塑造自身形象来吸引投资者这方面做得很好，他们大力建设投资者所关注的重点问题，用多种有效的方法向投资者展现其良好的投资环境和优质的投资服务，在吸引大批的投资者同时，展现了国家或城市的良好形象。

5. 国家形象标识

国家形象标识是展示国家形象核心精神和复杂的内涵的文字与视觉符号。它最直观体现国家的核心价值观，反映国家形象的定位，通常包含文字与图案以及核心口号。如澳大利亚的国家形象定位是"最真一面",它将澳大利亚民族的特点完美容纳:自由、率真、友善、宽容、信任、幽默。澳大利亚选用袋鼠作为国家形象的物化象征,将这一种具体动物形象与澳大利亚人民的生活处境和精神风貌结合起来表达。这一国家形象标志不断地被使用在澳大利亚的官方网站和对外宣传的资料中。标志性动物袋鼠经过演化,频繁地出现在机构形象和产品形象中。

对国家形象标识的确定,需要考虑它所表现的民族文化价值、它所象征的意义是否容易被他国人民接受,图案与文字要易记忆、易辨别、易复制、易传播,而且还需要具有可持续使用的潜力。

6. 国际社会贡献

一个国家是否能够长期拥有契约心理空间,还在于是否能够在全球一体化的商业社会为国际社会作出贡献。如为维护世界和平,当国际争端发生时,促成争端当事国用谈判、对话、调停、和解、司法解决等方法和平解决国际争端作出巨大努力;在维护国际和平与安全方面发挥政治上、道义上的影响力;在促进人类经济、社会发展方面,提出全新的发展理念,制定发展的战略目标,为人类经济、社会的发展指明前进的方向;在保护和改善全球生态环境方面,加强国际环境保护的立法,提高各国政府和人民在保护和改善环境问题上的法律意识;等等。国家对国际社会的贡献更能展现国际形象,从而放大心理空间。

第四节　权力契约变化的价值创造

一、权力对策的研究对象

权力的变动是一个动态、复杂的变化过程,其具体表现在全球投资人对于该国权力契约的心理空间的提升和挤压上,表面上表现为国际资本的流入和流出,也就是人们通常所说的"做多"和"做空"。全球投资人如何充分利用权力契约进行应对,从而创造最大的商业价值,是重中之重。因此,全世界投资者从国家到个人,如何应对权力变动、商业社会的资本流动成为本章的研究对象。

现阶段还不是整个世界都进入了商业社会,一些国家仍处于工业社会甚至农业社会中,也就是说该国还处于需求满足阶段,该国的权力不具有全球影响力,该国的权力契约还无法发挥作用,无法寻求全球投资,这时,价值投资的权力对策还不适用该国。该国是否进入商业社会,成为四大对策是否适用的首要判断依据。

权力对策的研究对象具有三重性，每一个国家和地区都在不断地走向世界，吸引全球投资人投资，只有进入商业社会的国家才能尽快进入发达国家行列，这是人类社会发展的必然规律，这一点本书第一章已有所论述。当一个国家的心理空间开始受到挤压、权力契约的影响力减少时，该国的商品心理空间提升的影响力也会变小，这会增大投资者投资该国商品实现倍增的难度。作为国家的管理者，需要研究如何使本国权力契约影响力长期提升，并且使本国持续处于"明星"阶段，创造更大的比较价值。权力对策的研究要先判断一个国家是否拥有"明星"权力契约及其对于人们心理空间的影响，即第一重研究对象为国家。人气对策研究的第二重对象是具体商品。当第一重研究对象即国家选择正确之后，就需要对具体的投资商品进行选择。

权力对策的第三重研究对象，也就是隐藏在第一重研究对象——国家和第二重研究对象——具体商品（"三价"）背后的资本流动，资本流动直接影响资产价格，可能引发资本市场和商品价格的大起大落。权力契约是为了有效引导投资，资本流动稍有不慎，结果就会适得其反。只有将这三者结合起来研究，才能更加有效地创造商业社会的价值，推动商业社会进步。

二、商业社会权力影响力的类型

商业社会权力契约影响力表现在对于投资人心理空间产生的影响方面，对投资者的投资引起的资本流动类型也有很大的影响，不同的心理空间下投资的反应也不相同。以权力影响力和投资对象两个因素进行划分，结果如表8-2所示。这种划分方式分为6种不同的类型：国家影响力上升、国家影响力稳定、国家影响力下降、商品影响力上升、商品影响力稳定和商品影响力下降。

在这几种类型中并不是所有类型都需要关注，其中本书需要重点关注的有国家影响力上升、商品影响力上升、商品影响力稳定、商品影响力下降四种类型。

表8-2 权力契约影响力的划分及类型选择

对象影响力	上升	稳定	下降
国家	★		
具体商品	★	★	★

权力契约影响力变动值得重点关注的是国家影响力上升，同时该国的商品影响力上升、稳定和下降。因为国家权力契约影响力不断上升，意味着这个国家是人气关注的"明星"国家，具有价值的倍增空间，投资该国的商品可能创造价值。该国的具体商品影响力上升、稳定和下降必须关注，它们是投资人投资的重

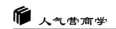

要关注对象。

商业社会的每个国家都会经历权力契约上升的好时期，这个时期全球投资人投资该国，国内商品价格上涨，财富迅速积累，价值创造得到充分体现，但是很多国家由于多方面的原因，权力契约运用不当，很快丧失了权力契约，人们对于该国的心理空间大幅下降，甚至崩溃。一个国家影响力有大小和长期、短期之分，短期的影响力上升，对于投资人的影响是短暂的，这种短期上升会加剧外来资本的投机和国内的通货膨胀。从人气营商学的角度来说就是，如果不想捧得越高、摔得越狠，就是要不断地进行新的价值创造和抑制短期的影响力过快上升。对于一个权力契约发展速度较快的国家，如果不能谨慎处理和利用好权力契约，就有可能在世界各国快速关注、权力契约影响力迅速上升时，出现心理空间把握不好严重的坍塌情况，使之前由国际资本拉高的国内资产，从高位迅速跌入低谷，大量资本撤离，该国陷入中等收入陷阱。所以这种情况下，每个国家都应该好好思考防止资本短期的快速流进和流出。防止本国的资产泡沫破灭，重蹈日本泡沫经济的覆辙。

当一个国家的权力契约处在上升时期时，人们才会投资该国的商品，投资该国的商品才会安全，才有比较价值，投资人在该国寻求权力契约上升的商品进行投资，寻找由文化价值、经济价值和社会价值创造的商品标的。同时，一个国家权力契约影响力的具体表现形式就是该国的商品投资，如果一个国家商品投资的权力契约利用不好，反过来会影响该国的整体权力契约影响力的上升，所以该国的商品投资的政策、法规、口碑、事件营商相当重要。确实呵护和监管好资本市场的商品投资，是商业社会的重中之重。

三、"三价"的权力投资

（一）权力投资对策选择步骤

从权力对策内容来说，本章分别从权力的契约原理、心理空间、时间节点、权力契约的方法、应对心理空间的挤压等角度说明了权力在商业社会中的运作机理。从国家层面来说，正确把握商业社会中的权力作用机理能够使本国的权力契约影响力更大，从而更加快速、健康地发展，创造更大的比较价值。一个国家或地区选择适合自己的商业社会权力对策，是一国政府和人民必须作出的正确抉择。把握权力作用机理也便于全球投资人分辨该国政府和地区的权力契约运用的正确性，作出正确的投资决策。但是权力变化并不都是由一个国家或地区来决定的，由于权力契约变化在商业社会中主要是由全球投资人决定的，具有巨大的不确定性，每一个投资人都是商业社会的参与者，因此，在权力契约不同的变化类型下，投资者必须选择相应的投资对策。权力对策的正确投资选择步骤一共分为五步，如图 8-30 所示。根据这个步骤，商业社会的投资人能更好地实现在商业社会的价值创造，从而在商业社会占得先机。

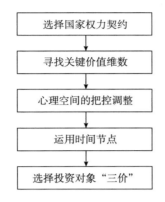

图 8-30 权力对策投资"三价"的步骤

第一步，选择国家权力契约。因为不同的权力契约所拥有的影响力提升空间不同，投资收益也就会不同。在上文中已经详细介绍了国家要根据自己实际选择合适自己的权力契约，因为不同权力契约不是完全由一国和地区主观选择的，而是由一个国家和地区自身的客观因素和全球投资人认同的价值维数决定的。对于投资人来说，国家和地区确定的权力契约目标和投资人投资心理空间的变化是相互匹配的，只有彼此的目标一致，才适宜投资。

商业社会的投资人，都是为了寻求商业价值的倍增，追求比较价值最大化。因此，对于投资人来说，最好的权力契约应该是国家"明星"契约。在"明星"契约下，才可以使投资人在全球视野的投资中占得先机，不断地实现价值倍增。

第二步，寻找关键价值维数。选择好国家和地区的契约后，在一个国家或地区通过寻找关键价值维数决定自己的投资路径是非常重要的。商业社会该国处于"明星"权力契约阶段，投资人可以投资的商品对象很多，如教育、医疗、足球、航母、健康、旅游等。投资人通过人气线周期关注的关键价值维数寻求投资对象，通过比较价值进行判断，从而决定自己的投资。价值判断主要是要明确自己的比较价值目标。"明星"阶段是这个国家商业社会发展最好的时期，商品投资价值空间大、增长速度快。

第三步，心理空间的把控调整。一种契约如果缺乏心理空间的把控调整能力，那么这种契约的投资前景就是备受质疑的。在商业社会中权力契约存在较高的不确定性，对于这种契约投资的首选就是心理空间的把控能力，这是应该着重培养的能力，这样才能应对商业社会中的不确定性。如何对心理空间进行把控调整？该国政府和投资人善于利用权力契约把控方法，利用政策、法规、口碑、事件营销正确影响人们的心理空间，创造价值维数，应对别国的心理挤压，敢于主动调整人们的心理空间。

对于每个投资人来说，一个国家或者地区对自己心理空间的把控能力往往是投资分析重要判断依据。如果一国和地区不能很好地把控权力契约的心理空间，就不能得到全球投资人的信任。如果出现在心理空间调整中失败的情况，那么这个权力契约的价值创造就有可能不能实现。"明星"契约会转向"金牛"契约，甚至转向"瘦狗"契约。一个国家如此，一种商品也是如此。所以，契约的心理空间的把控调整能力是投资者对该国权力契约的研判，具体的调整是投资者对于该国投资价值和节奏的判断依据。每个投资人只有顺应全球投资人对于各国权力契约心理空间的判断趋势，及时调整自己的投资方向，才能创造商业价值。如果投资人不看好该国权力契约运用的能力，投资人就会撤离该国，在全世界寻求新的投资对象，投资人判断错误，损失也是惨重的。

第四步，运用时间节点。任何一种权力契约都有空间限制，有的国家价值维数多、回旋余地大，但是不能正确利用时间节点调整权力契约空间，就会出现心理空间调整失误。商业社会中权力契约影响力的选择越多就意味着竞争关系越多。在不同的权力契约影响下，如果不能准确判断权力契约影响力变化的时间节点，那么比较价值就会很快丧失，有可能打回原形。一个契约下，影响力变化的时间节点直接影响全球投资人的价值选择。

因为比较价值的优势是全投资人进行投资方向性选择的关键。所以，投资者面对即将实现倍减的时间节点，往往会选择离开，随着时间节点的有效利用，那么该国和地区或者新的商品出现新的明星"契约"，创造新的比较价值。那么除了权力契约影响力继续保持，投资人的心理空间可以一直保持长期的提升趋势。人气的价值周期可以全面激活，形成人气在该权力契约下对文化、经济和社会价值的周期关注。

第五步，选择投资对象"三价"。房价、物价和股价形成的"三价"是一国和地区人气价值的生动体现，"三价"是价值投资的最优选择对象，人们容易形成共识。权力契约的变动通过影响资本的流动，来影响"三价"的升降情况。根据权力契约的变动进行投资对象选择也是投资的重要步骤之一。

对于全球投资人来说，可以依据权力契约原理对一个国家和地区的商品进行投资。但是在选定该国的权力契约之后，除关注该国权力契约带来的心理空间变化之外，投资者要选择具体的投资对象进行价值投资。"三价"代表的价值资产，是创造价值的最好载体，投资人要依据权力契约在"三价"投资中采取相应对策，创造商业价值。

（二）投资"三价"的选择

商业社会中权力契约影响心理空间的时间节点受到价值维数的影响。无论是投资一个国家，还是投资具体商品或其他领域，都要根据心理空间与影响力的时间节点的变动不断调整，最终综合反映在一个国家的"三价"维数上。"三价"投资心理空间时间节点变化典型示意如图8-31所示。

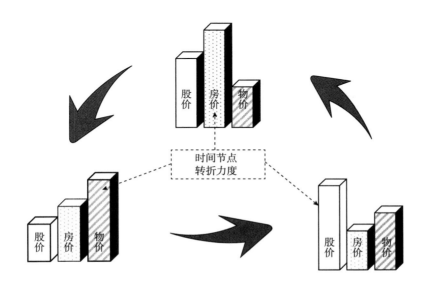

图8-31 "三价"投资心理空间时间节点转折变化典型示意

对于商业社会中的投资人来说，实现价值创造的关键一步也是最后一步，就是投资"三价"。然而，权力契约总是随着时间节点的转折情况变动，权力契约影响力变动的过程是人气关注在商业社会中的商业价值即文化价值、经济价值、社会价值之间流动的过程。因此投资人总是选择物价、股价、房价这"三价"，根据其转折力度进行投资。

基于"三价"人气线分析投资对策，就要准确判断投资时间节点。"三价"投资时间节点判断流程如图8-32所示。

下面分情形来说明投资的具体选择：

1. 情形一：权力契约提高——时间节点明确（物价不能上涨时间长）——投资物价

权力契约始终加在"三价"这一人气线中的一种商品上，在选择"三价"进行投资时，只要物价的影响力时间节点明确，就优先投资物价市场，即物价为

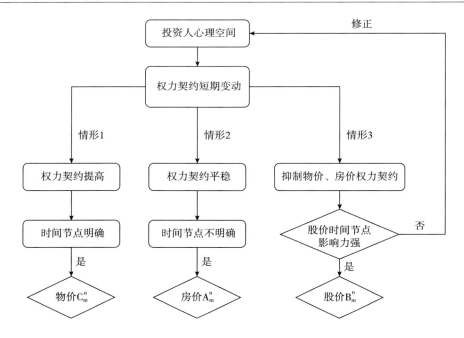

图 8-32 "三价"投资时间节点判断流程

注：A 代表房价，B 代表股价，C 代表物价；m 取值不同，对应在房、物、股"三价"上，分别代表不同地区、区域的房价，不同属性的物价，不同行业、板块的股价；n=1 代表比较价值，n=2 代表相对价值，n=3 代表绝对价值。

权力契约的确定性投资商品品种，权力契约撬动物价最容易。如前币值上升时人们首先选择股价投资一样，这时大量的权力契约全都作用在物价市场，物价的影响力时间节点维数不断增多，由此也会使其影响力的时间节点不断明确。这时，投资人投资物价则是最佳权力对策。一旦价值维数驱动物价，则会有大量思维多元的权力契约解释物价上涨，从而使物价上涨加快。这是因为人们不会主动用权力契约解释房价和股价，物价是权力契约投资的最为安全的选择。但是，由于物价时间节点的不断延长，心理空间就会超过极限，为了控制物价上涨人们就会有两种选择：一是减少权力契约的影响，即增加金钱杠杆，或者币值升值，使投资人投资房价、股价；二是引导权力契约影响股市，如果不能成功实现权力契约向股价的转移，股市上涨又没有其他推动力，股价就会缺乏上涨动力。

2. 情形二：权力契约平稳——时间节点不明确——投资房价或股价（由币值或金钱决定）

权力契约始终作用于"三价"的一种商品上，当权力契约平稳时，时间节点不明确，投资房地产市场还是股票市场，要根据币值或金钱对策才能作出决定。比如，当金钱杠杆准备加在房价上时，权力契约的价值维数不断涌现，房价影响力的时间节点不断确定，房价的心理空间不断打开。币值平台对于股价的影响也是一样的。总而言之，结合权力契约、币值对策和金钱对策，投资人完成对房价和股价的投资。

3. 情形三：抑制物价的权力契约，扩大股市的权力契约——投资股价

（1）提高股价时间节点的影响力——投资股价。当投向物价的权力契约时间节点受到抑制时，具体表现为限制物价上涨，大量抛出猪肉和粮食稳定物价市场，这时权力契约可能会帮助房价。人们发现权力契约对房价的影响也出现问题时，人们就会希望将权力契约的影响力转向股市，大量的资金涌入股票市场，推动股价上涨。此时，必须转换投资思维，这需要较高的智慧。一种方式是将权力契约与币值、金钱对策相结合，让个人投资者成为主体投资股市，这时所有投资者不会十分理智，容易出现股市的暴涨暴跌，让人产生股市也需要权力契约的干预和限制的错觉；另一种方式是将权力契约运用在机构投资人身上，大力培养机构投资者，规范机构投资者的投资行为，在相对高位股市由机构投资人持有股票，机构投资者相对稳健，股市就会避免大起大落，股市才能真正规范起来，此时权力契约真正成为股市的重要推动力。

（2）股价时间节点的影响力下行——股价大幅下跌。权力契约从物价、房价转向股价，也有不确定性，如果人们对于股价的时间节点的影响力转折力度不够，股价的心理空间就会大幅下跌，这时必须配合币值守住重要心理关口且金钱杠杆对于股价的资产市值心理阈值放大，才能真正实现权力契约向股市的有效转移。否则，一旦人们对于股价的时间节点影响力转折力度不够，资产价格大幅下跌，股市就会大幅下跌，重新树立投资者信心需要相当长的时间。

本章练习

简答题

1. 简述权力在三个不同社会中其含义、表现和作用的演变。
2. 简述权力契约原理。
3. 如何理解影响力的时间节点？
4. 如何理解时间节点的转折力度对于"三价"投资的影响？
5. 如何形成和激发权力契约的影响力？

参考文献

［1］ Abul F. M. Shamsuddin, Jae H. Kim. Integration and interdependence of stock and foreign exchange markets: An Australian perspective ［J］. Journal of International Financial Markets, Institutions and Money, 2003, 13（3）: 237-254.

［2］ Ajayi A. R. , M. Mougoue. On the dynamic relation between stock prices and exchange rates ［J］. The Journal of Financial Research, 1996（2）: 193-207.

［3］ Alamedin Bannaga, Currency crisis in sudan in 2012: An econometric analysis ［J］. Arab Economic and Business Journal, 2015, 10（1）: 22-38.

［4］ Amit Ghosh, Ramkishen S. Rajan. Exchange rate pass-through in Korea and Thailand: Trends and determinants ［J］. Japan and the World Economy, 2009, 21（1）: 55-70.

［5］ Apte P. G. The interrelationship between stock markets and the foreign exchange market ［J］. Prajnan, 2001（1）: 17-29.

［6］ Anderson E. , Weitz B. The use of pledges to build and sustain commiment in distribution channels ［J］. Journal of Marketing Research, 1992（29）: 18-34.

［7］ Arias J. T. G. A relationship marketing approach to guanxi ［J］. European Journul of Marketing, 1998, 32（1/2）: 145-156.

［8］ Al-Hawari, Mohammad. The influence of traditional service quality factors on customer satisfaction: A practical study within the context of Australian banking ［J］. The Business Review, 2008, 11（2）: 114-119.

［9］ Bagozzi, Richard P. Marketing as exchange ［J］. Journal of Marketing, 1975, 39（9）: 32-39.

［10］ Bird M. , Channon C. , Ehrenberg A. S. C. BrandImage and brand usage ［J］. Journal of Marketing Research, 1970（7）: 307-315.

［11］ Becker H. S. Notes on the concept of commitment ［J］. American Journal of Sociology, 1960（66）: 32-42.

[12] Berry L. L. Relationship marketing [M]. Chicago: American Marketing Association, 1983.

[13] Cocco J. F. Portfolio choice in the presence of housing [J]. Review of Financial Studies, 2005, 18 (2): 535-567.

[14] Cronroos C. Quo vadis, marketing? Toward a relationship marketing paradigm [J]. Journal of Marketing Management, 1994, 10 (5): 347-360.

[15] Chow E. H, W. Y. Yang, T. S. Wang. Stock return and exchange rate risk: Evidence from Asian stock markets based on a bi-variate garch model [J]. International Journal of Business, 2000, 5 (2): 97-117.

[16] Davidson. Econometric modeling of the sterling effective exchange rate [J]. Review of Economic Studies, 1985 (52): 231-250.

[17] Davies H., Leung T. K. P., Luk S. T. K., et al. The benefits of "guanxi": The value of relationship in developing Chinese market [J]. Industrial Marketing Management, 1995, 24 (3): 207-214.

[18] Frankel J. Internationalization of the RMB and historical precedents [J]. Journal of Economic Integration, 2012, 27 (3): 329-365.

[19] Gerald F. Davis. Managed by the markets: How Finance re-shaped America [M]. New York: Oxford University Press, 2011.

[20] Gustafsson A., Johnson M. D., Roos I. The effects of customer satisfaction, relationship commitment dimensions and triggers on customer retention [J]. Journal of Marketing, 2005, 69 (10): 210-218.

[21] Greta R. Krippner. The financialization of the American economy [J]. Socio-Economic Review, 2005, 3 (2): 173-208.

[22] Grimes A., S. Kerr, A. Aitken. Housing and economic adjustment [EB/OL]. https://econpapers.repec.org/paper/mtuwpaper/03_5f09.htm.

[23] H. Bouakez, N. Rebei. Has exchange rate pass-through really declined? Evidence from Canada [J]. Journal of International Economics, 2008, 75 (2): 249-267.

[24] Harvir S. Bansal, P. Gregory Lrving, Shirley F. Taylor. A three-component model of customer customer commitnent to service providers [J]. Journal of the Academy of Marketing science, 2004, 32 (3): 234-250.

[25] Jackson B. B. Build customer relationship that last [EB/OL]. https://hbr.org/1985/11/build-customer-relationships-that-last.

[26] Jackson B. B. Winning and keeping industrial customers: The dynamics of

customer relations [EB/OL]. https: //api. semanticscholar. org/CorpusID: 166987306.

[27] Jones T. O. Why satisfied customers defect [J]. Harvard Business Review, 1995, 73 (6): 11-11.

[28] Jagdish N. Sheth, Bruce I. Newman, Barbara L. Gross. Why we buy what we buy: A theory of consumption values [J]. Journal of Business Research, 1991, 3 (2): 159-170.

[29] Kyung-Chun Mun. Volatility and correlation in international stock markets and the role of exchange rate fluctuations [J]. Journal of International Financial Markets, Institutions and Money, 2007, 17 (1): 25-41.

[30] Keller K. L. Conceptualizing, measuring and managing customer – based brand equity [J]. Journal of Marketing, 1993 (57): 1-22.

[31] Kotler P. Megamarketing [J]. Harvard Business Review, 1986 (3): 117-124.

[32] Kotler P. , Sidney J. Levy. Broadening the concept of marketing [J]. Journal of Marketing, 1969, 33 (6): 10-15.

[33] Martin S. Roth, Jean B. Romeo. Matching product category and country image perceptions: A framework for managing country-of-origin effects [J]. Journal of International Business Studies, 1992, 23 (3): 477-497.

[34] Moorman C. , Zaltman G. , Deshpande R. Relationships between providers and users of market research. The dynamics of trust within and between organizations [J]. Journal of Marketing Research, 1992 (29): 314-328.

[35] Mussa M. Empirical Regularities in the behavior of exchange rate and theories of the foreign exchange market [J]. Carnegie-Rochester Conference Series on Public Policy, 1979 (11): 9-57.

[36] Morgan R. M, Hunt S. The Comment trust theory of relationship marketing [J]. Journal of Marketing, 1994 (58): 20-38.

[37] Ming-Shiun Pan, Robert Chi-WIng Fok, Y. Angela Liu. Dynamic Linkages between exchange rates and stock prices: Evidence from East Asian markets [J]. International Review of Economics and Finance, 2007, 16 (4): 503-520.

[38] Nagashima Akira. A comparison of Japanese and U. S. attitude toward foreign products [J]. Journal of Marketing, 1970, 34 (1): 68-74.

[39] O' Donovanand, B. D. Rae. The determinants of house prices in New Zealand: An aggregate and regional analysis [J]. New Zealand Economic Papers, 1997 (2): 175-198.

[40] Oliver R. L. Whence consumer loyalty? [J]. Journal of Marketing, 1999 (63): 33-44.

[41] Oliver R. L. A cognitive model of the an-tecedent and consequences of satisfaction decisions [J]. Journal of Marketing Research, 1980 (17): 460-469.

[42] Peter B. Evans, Harold K. Jacobson, Robert D. Putnam. Double-edged diplomacy: International bargaining and domestic politics [M]. California: University of California Press, 1993.

[43] Qian Y. M., Yu X. Y. Business cycles, firm size and market reactions to news [EB/OL]. https://doi.org/10.1111/jofi.13377.

[44] Roll R. Industrial structure and the comparative behavior of international stock market indicts [J]. Journal of Finance, 1992 (47): 3-41.

[45] Roberto Cardarelli, Selim Elekdag, M. Ayhan Kose. Capital inflows: Macroeconomic implications and policy responses [J]. Economic Systems, 2010, 34 (4): 333-356.

[46] Richins M. L. Special possessions and the expression of material values [J]. Journal of Consumer Research, 1994 (21): 524-533.

[47] Shostack G. L. Breaking free from product marketing [J]. Journal of Marketing, 1977, 41 (2): 73-80.

[48] Stephen L. Vargo, Robert F. Lusch. Evolving to a new dominant logic for marketing [J]. Journal of Marketing, 2004, 68 (1): 1-17.

[49] Sigala M. Integrating customer relationship management in hotel operation: Managerial and operational implications [J]. Hospitality Management, 2005 (24): 391-413.

[50] Sheth Jagdish N., Venkatesh Viswanath, Gross Barbara L. Why we buy what we buy: A theoy of consumption value [J]. Journal of Business Research, 1991, 22 (2): 159-170.

[51] Tim Ambler, Chris Styles. The Future of relational research in lnternational marketing: Constructs and conduits [J]. International Marketing Review, 2000, 17 (6): 492-508.

[52] Tsiros M., Mittal V. Regret: A model ofl is antecedents and consequences in consumer decision making [J]. Journal of Consumer Rescarch, 2000, 26 (4): 401-417.

[53] Tax S. S., Brown S. W., Chandrashekaran M. Customer evaluations ofservice complaint experiences: Implications for relationship marketing [J]. Journal of

Marketing, 1998 (62): 60-76.

[54] Takatoshi, Ito, Yuri N., Sasaki, Kiyotaka Sato. Pass - through of exchange rate changes and macroeconomic shocks to domestic inflation in Eastern Asian countries [EB/OL]. https: //ideas. repec. org/p/eti/dpaper/05020. html.

[55] Taylor M. P. , I. Tonks. The internationalization of stock markets and the abolition of UK exchange control [J]. Review of Economics and Statistics, 1989 (71): 332-336.

[56] Valarie A. Zeithaml. Consumer perceptions of price, quality, and value: A means-end model and synthesis of evidence [J]. Journal of Marketing, 1988 (52): 2-22.

[57] Wing T. W. , Peter H. Exchange rate and the prices of nonfood, nonfuel products [EB/OL]. https: //www. jstor. org/stable/2534437? origin=crossref.

[58] Walchli S. B. , Janet L. Effects of counterfactual thought on postpurchase consumer affect [EB/OL]. https: //doi. org/10. 1002/mar. 10057.

[59] Wong Y. H. , Chan. Ricky Yee - kwong Chan. Relationship marketing in China: Guanxi, favouritism and adaptation [J]. Journal of Business Ethics, 1999, 22 (2): 107-118.

[60] Wong Y. H. Relationship marketing in China: The magic and myth of guanxi? [J]. Journal of International Marketing and Marketing Research, 1998, 23 (1): 3-14.

[61] Woodruff. Customer value: The neat source for competitive advantage [J]. Academy of Marketing Science, 1997, 25 (2): 139-153.

[62] Zeelenberg M. , Pieters R. Comparing service delivery to what might have been behavioral responses to regret and disappointment [J]. Journal of Service Research, 1999, 2 (1): 86-97.

[63] Zeelenberg M. , Pieters R. A theory of regret regulation 1. 0 [J]. Journal of Consumer Psychology, 2007, 17 (1): 3-18.

[64] Zeelenberg M. , Van Dijk W. W. , Van Der Pligt J. , et al. D Emotional reactions to the outcomes of decisions: The role of counterfactual thought in the experience of regret and disappointment [J]. Organizational Behavior and Human Decision Processes, 1998, 75 (2): 117-141.

[65] Zeithaml V. A. Consumer perceptions of price, quality, and vaule: A means-end model and synthesis of evidence [J]. The Journal of Marketing, 1988, 52 (3): 4-22.

［66］阿尔温·托夫勒．第三次浪潮［M］．黄明坚，译．北京：中信出版社，2006.

［67］安吉．农业在发展中国家经济发展中的作用研究［D］．杭州：浙江大学，2007.

［68］白钦先，王兆刚．体制变革的风险与可持续发展——浅评日本的金融改革与金融危机［J］．日本学刊，1999（2）：50-63.

［69］白长虹．西方的顾客价值研究及其实践启示［J］．南开管理评论，2001（2）：51-55.

［70］白琳．顾客感知价值、顾客满意和行为倾向的关系研究述评［J］．管理评论，2009，21（1）：87-93.

［71］鲍林，李君花．基于产品信任的我国自主品牌培育研究［J］．商业经济，2009（15）：120-121+124.

［72］柏拉图．理想国［M］．郭斌和，张竹明，译．北京：商务印书馆，1986.

［73］博格．罗尔斯：生平与正义理论［M］．顾肃，刘雪梅，译．北京：中国人民大学出版社，2010.

［74］毕玉江，朱钟棣．人民币汇率变动的价格传递效应［J］．财经研究，2006（7）：53-62.

［75］卜永祥．人民币汇率变动对国内物价水平的影响［J］．金融研究，2001（3）：78-88.

［76］曹东华．流行语拾贝［J］．语文建设，2000（6）：30.

［77］柴红霞．西方近代社会契约理论的演进逻辑［D］．长春：东北师范大学，2018.

［78］陈雨露，侯杰．汇率决定理论的新近发展：文献综述［J］．当代经济科学，2005（5）：45-52+110.

［79］陈雨露，王芳，杨明．作为国家竞争战略的货币国际化［J］．经济研究，2005（2）：35-44.

［80］陈广前．改革开放30年中国会计准则的历史变迁［D］．天津：天津财经大学，2010.

［81］陈敬东，王丽影．基于溢利的价值导向型顾客满意理论与实证研究［J］．现代财经（天津财经大学学报），2015（1）：103-113.

［82］陈敬东，王丽影．基于效用模型构建的顾客满意实现过程分析［J］．预测，2015，34（4）：59-64.

［83］陈懋功．关于配第价值论中几个争论的问题——与晏智杰、尹昕同志

商榷［J］.经济科学，1985（5）：77-80+71.

［84］陈荣.预期后悔与体验后悔在消费者动态选择过程中的作用机制［J］.南开管理评论，2007，10（3）：29-34.

［85］迟海燕.价值投资综述［J］.上海国资，2003（1）：41-44

［86］董大海，金玉芳.作为竞争优势重要前因的顾客价值：一个实证研究［J］.管理科学学报，2004（5）：84-90.

［87］董小君，蒋伟.准确把握危机后国际资本流动新趋势［N］.中国经济时报，2017-09-22（005）.

［88］邓志强.社会转型对共青团参与社会管理的挑战及其应对［J］.中国青年研究，2012（1）：27-30.

［89］邓丕.浅析国际金融危机的生成机理与传导机制［J］.科学咨询（科技·管理），2012（5）：20-22.

［90］董大海.基于顾客价值构建竞争优势的理论与方法研究［D］.大连：大连理工大学，2003.

［91］丹尼尔·贝尔.后工业社会［M］.彭强，译.北京：科学普及出版社，1985.

［92］段彦飞.美国债务经济的国际循环［J］.美国研究，2008（4）：53-64.

［93］范秀成，陈洁.品牌形象综合测评模型及其应用［J］.南开学报（哲学社会科学版），2002（3）：7.

［94］范秀成，郑秋莹，姚唐，穆琳.顾客满意带来什么忠诚？［J］.管理世界，2009（2）：83-91.

［95］樊华.关于价值投资的若干问题探讨［J］.中国商论，2017（36）：34-33.

［96］菲利普·科特勒，凯文·莱恩·凯勒.营销管理［M］.王永贵，于洪彦，何佳讯，等译.北京：清华大学出版社，2011.

［97］郭贵祥，范秀成.4P营销组合本质的逻辑与实践论证［J］.中国商论，2015（27）：4-6.

［98］郭耀中，李果.新技术革命中我国出版业发展对策探讨［J］.科学经济社会，1984（4）：51-54.

［99］苟丹.浅析跨国公司在华直接投资的背景和外派人员管理［J］.中国商论，2017（31）：50-51.

［100］郝伟.经济学理论与经济史研究——评希克斯《经济史理论》［J］.商业研究，2006（12）：30-34.

［101］赫伯特·斯宾塞.社会学研究［M］.张红晖，胡江波，译.北京：

华夏出版社，2001.

［102］黄卫平，丁凯．以汇率改革带动产业结构优化升级［J］．前线，2006（5）：35-37.

［103］黄梅波，王珊珊．美国国债危机的根源及出路［J］．亚太经济，2012（1）：70-74

［104］黄文彦，蓝海林．西方顾客承诺研究述评［J］．商业经济与管理，2010（7）：72-80.

［105］黄群慧．中国的工业大国国情与工业强国战略［J］．中国工业经济，2012（3）：5-16.

［106］黄涛，韩鹏．再论生产力、生产方式与生产关系之间的关系——基于人类社会生产变迁史的思考［J］．西部论坛，2012，22（3）：47-54.

［107］胡晓炼．人民币汇率形成机制改革的成功实践［EB/OL］．https：//www. gov. cn/gzdt//2010-07/30/content_1667833. htm.

［108］蒋廉雄，卢泰宏．形象创造价值吗？——服务品牌形象对顾客价值—满意—忠诚关系的影响［J］．管理世界，2006（4）：106-114+129.

［109］纪宝成．流通领域必须坚持多种经济成分的长期并存［J］．财贸研究，1992（4）：1-9.

［110］贾玉娇．利益协调与有序社会［D］．长春：吉林大学，2010.

［111］林有成．非庸俗的关系营销学［J］．企业销售，1996（1）：27-28.

［112］林有成．"五缘"文化与市场营销［M］．北京：经济管理出版社，1997.

［113］柳琳．中国农地所有权与使用权的法律问题研究［D］．北京：中央民族大学，2005.

［114］刘尧．大学EMBA教育如何突围［J］．教育与职业，2013（10）：18.

［115］李新宽．重商主义概念辨析［J］．东北师大学报（哲学社会科学版），2009（4）：137-141.

［116］李维才．唐代粮食问题研究［D］．青岛：山东大学，2011.

［117］李北东．《马克思主义基本原理概论》的差别教学［J］．四川师范大学学报（社会科学版），2012，39（3）：84-87.

［118］李婷．基于顾客满意的效用定档理论与实证研究［D］．西安：西安理工大学，2017.

［119］吕耀．中国农业社会功能的演变及其解析［J］．资源科学，2009（6）：950-955.

［120］鲁世巍．美元霸权与国际货币格局［M］．北京：中国经济出版

社，2006.

[121] 刘定平．突发事件环境下投资者情绪对股票价格波动影响的实证研究 [D]．成都：西南财经大学，2014.

[122] 刘翼．政府在融资担保行业中的行为研究 [D]．重庆：重庆大学，2015.

[123] 卢梭．社会契约论 [M]．何兆武，译．北京：商务印书馆，2009.

[124] 罗传健．欧洲主权债务危机及其对中欧贸易的影响研究 [J]．国际贸易问题，2011（12）：3-9.

[125] 马丁·雅克．大国雄心：一个永不褪色的大国梦 [M]．北京：中信出版集团，2016.

[126] 马克思，恩格斯．马克思恩格斯全集 [M]．北京：人民出版社，2003.

[127] 密尔．论自由 [M]．程崇华，译．北京：商务印书馆，1959.

[128] 倪庆东．汇率变动对我国股票市场的影响研究 [D]．成都：西南财经大学，2010.

[129] 彭德金．论中国传统道德与文艺关系的演变 [J]．吉林教育，2011（8）：18-19.

[130] 千慧雄．比较优势的实现机制研究 [D]．南京：中共江苏省委党校（江苏行政学院），2008.

[131] 裘超强．中国股市价值投资研究 [D]．上海：上海交通大学，2008.

[132] 秦为径．欧债危机对我国外贸企业的影响探析 [J]．现代商贸工业，2012，24（4）：81-82.

[133] 熊彼特．经济分析史 [M]．朱泱，孙鸿敬，李宏，译．北京：商务印书馆，1991.

[134] 孙智君．20 世纪三四十年代中国农村工业化思想研究——基于期刊文献的考察 [J]．河北经贸大学学报，2013，34（6）：127-131.

[135] 宋勃，高波．利率冲击与房地产价格波动的理论与实证分析：1998-2006 [J]．经济评论，2007（4）：46-56.

[136] 谭小芬，林木材．人民币升值预期与中国房地产价格变动的实证研究 [J]．中国软科学，2013（8）：55-66.

[137] 唐可欣，魏玮．西方经济学经济周期理论研究进展与展望 [J]．经济纵横，2010（12）：126-130.

[138] 石斌．"人的安全"与国家安全——国际政治视角的伦理论辩与政策选择 [J]．世界经济与政治，2014（2）：85-110+158.

[139] 石斌．共同安全的困境——论当代国际安全的文化价值基础［J］．国际安全研究，2013（1）：26-27.

[140] 尚勇．论知识社会［J］．中国软科学，2009（8）：1-12

[141] 石世奇．中国古代经济思想在当代市场经济中的作用［J］．北京大学学报（哲学社会科学版），1999（2）：51-55

[142] 邵培仁．媒介生态城堡的构想与建设［J］．当代传播，2008（1）：15-17.

[143] 田进．心理预期对汇率变动的影响［J］．商场现代化，2005（30）：263.

[144] 汤姆·彼德期．管理的革命［M］．韩金鹏，译．北京：光明日报出版社，1998.

[145] 特劳特，瑞维金．新定位［M］．李正栓，贾纪劳，译．北京：中国财政经济出版社，2002.

[146] 王高望，邹恒甫．重商主义、货币和宏观经济政策分析［J］．世界经济文汇，2013（5）：1-17.

[147] 王强军．刑法修正之于社会舆论：尊重更应超越［J］．政法论丛，2014（3）：104-111.

[148] 王高，李飞，陆奇斌．中国大型连锁综合超市顾客满意度实证研究［J］．管理世界，2006（6）：101-110.

[149] 王靓靓．价值投资策略在证券市场的适用性研究［J］．时代金融，2015（23）：129+132.

[150] 王凤祥．贝尔纳主义研究［D］．上海：华东师范大学，2013.

[151] 吴碧琴．浅析预期后悔对消费者购买决策的影响［J］．商业时代，2010（23）：35.

[152] 吴俊良．基于股票价值投资理念的投资者实践操作探索［J］．中国集体经济，2018（3）：88-89.

[153] 吴季松．自然科学技术与社会科学研究在中国决策中的作用［J］．国际社会科学杂志（中文版），1993（2）：131-136.

[154] 汪纯孝，温碧燕，姜彩芬．服务质量、消费价值、旅客满意感与行为意向［J］．南开管理评论，2001（6）：11-15.

[155] 汪信砚．价值共识与和谐世界［J］．武汉大学学报（哲学社会科学版），2017，70（5）：11-20.

[156] 汪建红．论历史基础知识的特征——以"男耕女织"为例［J］．历史教学（上半月刊），2015（7）：35-38.

[157] 汪侠，刘泽华，张洪．游客满意度研究综述与展望［J］．北京第二外

国语学院学报，2010，32（1）：24-29.

[158] 黎贵才，卢荻. 国际资本流入是否提升了中国经济增长效率 [J]. 经济学家，2014（3）：56-63.

[159] 易小明. 论比较价值 [J]. 哲学动态，2015（8）：34-39.

[160] 谢锦晶. 基于BHI指数的我国上市商业银行稳健性和经营效率关系的实证研究 [D]. 杭州：浙江财经大学，2015.

[161] 尹志超，宋全云，吴雨. 金融知识、投资经验与家庭资产选择 [J]. 经济研究，2014（4）：62-75.

[162] 杨岳峰. 当代美元霸权的内在矛盾及其影响研究 [D]. 长春：吉林大学，2011.

[163] 杨和英. 由"封闭社会"通向"开放社会"——从柏格森、波普尔到索罗斯 [J]. 中共贵州省委党校学报，2009（5）：76-78.

[164] 杨文圣. 马克思划分社会形态的多重维度 [J]. 史学理论研究，2012（1）：22-28.

[165] 杨金萍. 汉日语"人气"的词汇史比较 [J]. 浙江外国语学院学报，2011（5）：12-17.

[166] 于坤章，新市场营销学 [M]. 长沙：湖南人民出版社，2001.

[167] 喻文菡，邓朝华，邱心镜. 基于感知价值和信任的移动健康服务用户采纳行为研究 [J]. 医学与社会，2013，26（11）：70-74.

[168] 余金成. 论社会规律形态 [J]. 天津师范大学学报（社会科学版），2012（3）：1-9+62-75.

[169] 曾贵. 价值投资的风险观及其投资启示 [J]. 湖南工业职业技术学院学报，2016，16（5）：20-23.

[170] 张见，刘力臻. 日元升值对日本泡沫经济的影响分析 [J]. 现代日本经济，2010（5）：28-34.

[171] 张钦辉，吉昱华. 国际金融危机对世界及中国经济的影响 [J]. 特区经济，2011（8）：70-73.

[172] 张德荣. "中等收入陷阱"发生机理与中国经济增长的阶段性动力 [J]. 经济研究，2013（9）：17-28

[173] 张会清，唐海燕. 人民币升值、企业行为与出口贸易——基于大样本企业数据的实证研究：2005~2009 [J]. 管理世界，2012（12）：23-34+45+187.

[174] 张静. 中国周边公共外交战略研究 [D]. 沈阳：辽宁大学，2016.

[175] 张新波，张志强. 马克思恩格斯的社会发展动力思想探析 [J]. 中共山西省直机关党校学报，2011（1）：9-11.

［176］朱延平，文科．病毒性营销理论及其运用策略分析［J］．江苏商论，2007（4）：93-95.

［177］赵娟．经济增长的决定因素：一个经济思想史的视角［J］．经济与管理战略研究，2013（4）：3-20.

［178］周暄明，丁子函，堀江正弘．日本经济高速增长的政策软实力［J］．现代日本经济，2010（2）：1-8.

［179］庄贵军．关于关系营销的几个问题——兼与林有成先生商榷［J］．企业销售，1997（6）：48-49.

［180］庄贵军．关系市场与关系营销组合：关系营销的一个理论模型［J］．当代经济科学，2002（3）：43-48+94.

［181］庄贵军，席酉民．关系营销在中国的文化基础［J］．管理世界，2003（10）：98-109+156.

附录1 工业社会营销的核心概念

一、产品—顾客—关系

产品在工业社会的核心概念：是指能够提供给市场，被人们使用和消费，并能满足人们某种需求或利益的任何东西，包括有形的物品、无形的服务、组织、观念或它们的组合；在司典当中的解释为"生产出来的物品"，但实际上这是产品狭义上的概念，产品不仅是物品，它是物品的提升。产品在商业社会的概念是一种广义上的概念，即能够满足人们需求的载体。

顾客的"顾"是拜访、光顾的意思，"客"是指来宾、客人，还有以客礼相待的意思。顾客原指购买产品的人，现解释为消费者、购买方。顾客是商业服务或产品的采购者，他们可能是最终的消费者、代理人或供应链内的中间人。

关系对于企业来说，是一种无形的潜在资产。关系营销理论认为，企业通过各种各样的产品、服务来吸引、发展及维护与客户的关系，是想从中获得最大利益。关系能产生收益，可以给所有关系方带来价值。从最宽泛的意义上讲，关系就是一种人和人之间通过交往或联系而形成的对双方或多方都发生影响的一种"心理连接"（李春苗，2001）。关系营销以系统论为基本思想，将企业置身于社会经济大环境中来考虑企业的营销活动，认为企业营销是一个与消费者、竞争者、供应者、分销商、政府机构和社会组织发生互动作用的过程。

二、宏观环境—中观环境—微观环境

宏观环境是指给企业营销活动带来市场机会和环境威胁的主要社会力量，主要有人口、经济、政治、法律、科学技术、自然生态等因素。宏观环境发展趋势分为两大类：一类表示环境威胁，另一类表示环境机会。

中观环境是指企业所在行业状态、所处地域条件及相关业务关系等外在要素的集合，是指联系宏观环境与微观环境的媒介，主要包括行业环境、地域环境、业务环境。

微观环境是指对企业服务其顾客的能力直接构成影响的各种力量，是直接制约和影响企业营销活动的力量和因素。关系营销中的微观环境分析主要包括顾客、竞争者、社会公众、供应商等。

三、差异—差距—层次

差异指的是事物的不同，是产品营销中的利益的差异、通过竞争形成的产品之间的差异。

差距指的是级别水平的高低不同，表现差距的东西可以是产品线的宽度，产品的大小、质量、可靠性、适用性、风格和形象，服务的及时，态度的热情等。顾客满意是差距溢利的判断标准，顾客满意分析的核心是顾客认知水平的差距化。

层次是企业和关系方通过互动寻求不同层次的关系互利。随着农业供应时代和工业需求时代的实现，人们对产品层次的追求越来越明显，从重视差异化、差距转变为重视层次，在这种情况下，商业社会的角色凸显出来。

四、产品信任—顾客承诺—关系共赢

产品信任基于产品营销中顾客对产品需求可靠性的认同或判断。顾客承诺基于顾客营销中顾客自愿保持长期交易关系的心理状态，是维系顾客的根本性心理纽带。关系共赢基于关系营销中企业处理好与利益群体之间关系的动因。

信任是一方对另一方可靠性的认同或判断，以及由此采取的协同性支持行为。基于此，将产品信任界定为购买者对产品需求可靠性的认同或判断，由此对企业产品采取的购买等支持行为。

顾客承诺指购买者自愿寻求交换的心理状态，是顾客购买的心理感知。

关系共赢，简而言之就是关系方的共生共荣。

五、竞争对手—竞争能力—核心竞争力

企业参与市场竞争，不仅要了解谁是自己的顾客，而且还要弄清谁是自己的竞争对手。可以从不同的角度来划分竞争者的类型：①从行业的角度来看，企业的竞争者有现有厂商、潜在加入者、替代品厂商。②从市场方面来看，企业的竞争者有品牌竞争者、行业竞争者。③从企业所处的竞争地位来看，竞争者的类型有市场领导者（Leader）、市场挑战者（Challenger）、市场追随者（Follower）、市场补缺者（Nichers）。

竞争能力是指在竞争性市场条件下，企业通过培育自身资源和能力，获取外部可寻资源，并加以综合利用，在为顾客创造价值的基础上，实现自身价值的综

合性能力。

核心竞争力是一个企业（人才、国家或者参与竞争的个体）能够长期获得竞争优势的能力，是企业所特有的、能够经得起时间考验的、具有延展性，并且是竞争对手难以模仿的技术或能力。

六、优势和劣势—强势和弱势—成势和败势

优势和劣势是产品营销中运用 SWOT 分析企业竞争信息的两个重要方面，产品有了优势、劣势，才能进行比较，然后以此作为参照来确定产品或服务的市场定位从而制定企业营销策略，最终达成企业的营销目标，赢得信任。

当两个企业处在同一市场或者说它们都有能力向同一顾客群体提供产品和服务时，如果其中一个企业有更高的赢利率或赢利潜力，那么就认为这个企业比另一个企业更具有竞争优势。换句话说，所谓竞争优势是指一个企业超越其竞争对手的能力，这种能力有助于实现企业的主要目标——赢利。但值得注意的是，竞争优势并不一定完全体现在较高的赢利率上，因为有时企业更希望增加市场份额，或者多奖励管理人员或雇员。

分析企业的强势、弱势，能够维系顾客的根本性心理纽带——顾客承诺。企业强势实际上指的是一个企业比其竞争对手有较强的综合优势；企业的弱势表现在多方面，如企业缺乏核心技术、产品缺乏社会支持、企业没有核心产品、企业资金不足等。

成势、败势原是管理学研究的问题，成势是从核心竞争力的角度分析企业在竞争的环境中拥有的具有绝对的、持续的竞争力的因素。

败势与成势相对应，是事物在长期的发展过程中产生的可能导致其失败的因素，是企业所不被社会认同的那部分竞争能力，是指其他企业所拥有的而本企业所缺少的有利于企业发展的某些东西，或者说是失去发展的潜力。

七、机会和威胁—机遇和挑战—契机和风险

机会和威胁是产品营销中运用 SWOT 分析企业外部环境变化的两个重要方面，然后以此作为参照来确定产品或服务的市场定位从而制定企业营销策略，最终达成企业的营销目标。

机遇被理解为有利的条件和环境。可以按照字面意思理解为忽然遇到的好运气和机会，是客观存在的主观判断。顾客机遇，即由于技术进步、社会发展、经济增长、顾客成长等环境剧变引起的能拉开产品差距的基于顾客偏好并以顾客认知为依托的重大机会。

挑战指的是由于社会发展，技术进步等环境剧变引起的导致产品或服务在顾

客心里档次下降的情况。

契机的意思是重要环节、机会。契，是投合、合适；机，是机会、时机。契机就是合适的机会，常指事情变化的枢纽与重要关系的环节。

风险是指发生某种不利事件或损失的各种可能情况的总和。具体地说，是指损失发生的可能性、或然性、变动性、不确定性等。

八、后悔—满意—契合

在营销学领域，后悔来自产品营销学。满足利益最大化、实现价值、技术进步等导致产品后悔，STP 分析就是为了减少后悔。

满意是一种心理构念，描述了消费者在对一系列体验进行评估时的主观情绪状态和反应。顾客满意是差异利益（产品营销）和差距溢利（顾客营销）的判断标准。

契合是一个与满意相对应的关系双方感知概念，指的是预期与感知的互补性和一致性描述。

九、利益—溢利—互利

利益是指好处，是消费者从产品、服务等中获取的功能、情感、经济等利益。

溢利是指基于产品、服务表现的顾客的心理认知。笔者同高筱倩于 2010 年首次提出溢利的概念，认为溢利的形成以利益为基础，溢利是指在购买产品或服务的过程中顾客感知的利益，是客观产品利益的主观顾客感知，因此溢利的实现高于利益的实现。

互利是指关系基于共赢、契合、决策等获得的双方或多方的心理动机，物质、精神的多方有利，彼此受益。

十、产品利益细分—顾客溢利分级—关系互利分类

产品利益细分是减少产品后悔、促进购买的第一步，每个产品的利益是不同的，进行产品利益细分是由产品利益差异化引起的。产品利益细分正是通过发现产品利益差异，满足不同的购买者需求，从而促进购买。

顾客溢利包括顾客对企业产品或服务的所有认知利益，是一个多层级、多元化的集合体。企业从产品、服务、形象和人员四个方面确定顾客溢利分级的因素，并将各个因素进行分级排序。

关系互利是关系方共赢的前提，对于不同的关系互利内容进行分类，可以区分出企业与不同关系方之间的关系层次。

十一、目标产品确定—目标顾客确定—目标关系确定

目标产品确定主要根据各种利益在消费者心中的权重来确定重要性利益，方便企业确定目标产品。企业将确定哪些产品利益是消费者所看重的，然后进行提供，以求减少消费者对产品的后悔，进而促进消费者购买，同时目标产品确定也是产品形象定位（减少后悔的第三步）的基础。

顾客营销中要进行的是目标顾客市场确定。顾客关心的是产品、服务、人员、形象方面的感知溢利。顾客营销中，企业确定目标顾客，从而保证企业提供给顾客的溢利是顾客看重的。

目标关系确定很大程度上会受到重要互利的影响，因为明显性互利范围较广。选择和把握关系方的重要互利，有利于企业在寻找关系方时更清晰地找出关系市场。

十二、产品定位—顾客定档—关系定型

产品定位通常是指将产品的款式设计、功能多少、品质高低或品牌名气等依照一定标准进行购买者心理的形象设计。产品定位很大程度上由生产者赋予，至少也受生产者的引导或暗示而后才被赋予和认定的。

顾客定档要确定决定性溢利，决定性溢利是企业在决定性属性方面能为顾客带来的溢利。决定性属性指在消费者实际购买中起决定作用的那些属性。决定性溢利直接影响顾客的购买行为，是企业提供的所有溢利中的决定因素。

关系定型指的是企业与关系方建立和维护的关系类型，形成两者之间的特定互利，在关系方心目中树立特定层次形象就是决定性关系互利定型。决定互利可以是明显互利中的关系互利，也可以是重要互利中的关系互利，无论是哪一种，都是能使关系方之间达成契合的互利因素。

十三、产品利益调整—顾客溢利调整—关系互利调整

产品利益调整是减少产品后悔中一个独立的环节，构成产品后悔的重要步骤。这一环节是产品形象定位后要存在的一个延续过程，它能够根据产品利益的转变来直接或者逐渐完成，是产品后悔分析的一个保障性步骤，能够确保产品利益的动态变化过程实现，保证减少产品后悔更有效地展开。

顾客溢利调整是指在动态的市场环境下，必须学会顾客价值管理，如何在动态的市场环境下始终能够提供顾客价值，实现顾客满意，从而促成顾客购买是企业所要研究的问题之一。由于企业面对的顾客环境变化，顾客在不同的情景下所需要的顾客价值不尽相同，同样不同情境下顾客感知也不一样，要想动态地实现

顾客满意，就应该不断地对顾客溢利进行分级和调整，以便实现顾客动态溢利需求。

关系互利调整指在关系营销中，关系方的互利发生动态变化，企业需要随着微观营销环境的变化对不同层次的关系方互利进行动态调整，以达到新的平衡。也就是说，关系方之间的关系是不稳定的，是随时会发生变化的，任何关系方都有可能出现一些失衡现象。

十四、策略—对策—决策

策略，指计策、谋略。一般是指：①可以实现目标的方案集合，是一种展现。②根据形势发展而制定的行动方针和斗争方法。③有斗争艺术，注意方式方法。就是为了实现某一个目标，预先根据可能出现的问题制定的若干行动方案，并且在实现目标的过程中，根据形势的发展和变化可以制定出新的方案，或者根据形势的发展和变化来选择相应的方案，最终实现目标。

对策源自汉代出现的察举制度中的一种考试方法，又称"策试"。现在对策的含义引申为针对已出现的情况制定应对的办法或策略。对策是应对之策，顾客营销就是按照顾客需求应对。

决策是作出决定或选择。基本有以下三种理解：一是把决策看作一个包括提出问题、确立目标、设计和选择方案的过程，这是广义的理解。二是把决策看作从几种备选的行动方案中作出最终抉择，是决策者的拍板定案，这是狭义的理解。三是认为决策是对不确定条件下发生的偶发事件所做的处理决定，这类事件既无先例，又没有可遵循的规律，做出选择要冒一定风险，为了关系共赢必须拍板定案。

附录 2　术语

4C 理论：1990 年由美国著名的营销专家劳特朋提出，即顾客、成本、便利、沟通。

5W1H1F：Why——为什么沟通，What——沟通什么，Who——与谁沟通，Where——何地沟通，When——何时沟通，How——如何沟通，Feedback——沟通反馈。

B

倍增（减）：倍增（减）在商业社会，主要指的是度量价值投资满意的一种尺度范围，倍增（减）是投资人实现价值投资满意的基本前提条件。

比较价值：人通过将主体与主体、客体与客体，甚至主体与客体进行比较而生成的"感性"存在状况造成对主体的作用和影响。

巴拉萨—萨缪尔森效应：是指在经济增长率越高的国家，工资实际增长率也越高，实际汇率的上升也越快的现象。

布雷顿森林体系：是指"二战"后以美元为中心的国际货币体系。1944 年 7 月，西方主要国家的代表在联合国国际货币金融会议上确立了该体系，因为此次会议是在美国新罕布什尔州布雷顿森林举行的，所以称之为"布雷顿森林体系"，即以外汇自由化、资本自由化和贸易自由化为主要内容的多边经济制度，构成资本主义集团的核心内容。

波士顿矩阵：又称市场增长率—相对市场份额矩阵、波士顿咨询集团法、四象限分析法、产品系列结构管理法等。波士顿矩阵认为，决定产品结构的基本因素一般有两个：市场引力和企业实力。

C

次贷危机：也称次级房贷危机，也译为次债危机。它是指一场发生在美国，因次级抵押贷款机构破产、投资基金被迫关闭、股市剧烈震荡引起的金融风暴。

产品价值： 由产品的功能、特性、品质、品种与式样等所产生的价值。它是顾客需要的中心内容，也是顾客选购产品的首要因素。

财富效应： 是现代社会发展过程中提出的新理念，指某种财富的累积存量达到一定规模后，必然产生对相关领域的传导效应或者是控制效应。

产品线： 是指一群相关的产品，一条产品线就是一个产品类别，是由使用功能相同、能满足同类需求而规格、型号、花色等不同的若干个产品项目组成的。

产品组合： 也称"产品的各色品种集合"，是指一个企业在一定时期内生产经营的各种不同产品、产品项目的组合。

尺度： 衡量商业价值的度量标准。

程度： 阈值变化大小范围的度量标准。

D

定性： 科学方法论中，无法用数量测定的物质资料，与定量相对应。

定量： 科学方法论中，可以用数量测定的物质资料。

地缘关系： 是指以地理位置为联结纽带，由于在一定的地理范围内共同生活、活动而交往产生的人际关系。如同乡关系、邻里关系。故土观念、乡亲观念就是这种关系的反映。

东道国： 是指跨国公司经营国外业务的所在国。

底线思维（Bottom-Line Thinking）： 是指一种思维技巧，拥有这种技巧的思想者会认真计算风险，估算可能出现的最坏情况，并且接受这种情况。

价值多元： 是价值主体凸显的结果，指人在社会生活中存在多种意义，实质是容纳不同的价值标准与追求。

德治： 德治是中国古代的治国理论，是儒家学说倡导的一种道德规范，被封建统治者长期奉为正统思想。

单一维数： 相当于一维空间，只能用一条线来表示，单一维数是相对于多维数而言的一个概念，一般是指在判断、说明、评价一个事物时仅从一个角度、层次去考量。

多维数： 多维数指的是除了单一维数以外其他的所有维数，多维数包含二维、三维、四维等维数。

E

遏制确定： 一个国家的崛起和气场都能够确定权力的影响力，遏制确定是一种心情、态度和气势，有自己的主张和思想。遏制的目标是对威胁到本国特定利益的国家进行威慑。

F

负债率：是企业负债总额与资产总额的比率，资产负债率是一项衡量公司利用债权人资金进行经营活动能力的指标，也反映债权人发放贷款的安全程度。

法规：法规指国家机关制定的规范性文件。主要指行政法规、地方性法规、民族自治法规及经济特区法规等。

法治：法治是人类政治文明的重要成果，是现代社会的一个基本框架。大到国家的政体，小到个人的言行，都需要在法治的框架中运行。对于现代中国，法治国家、法治政府、法治社会一体建设，是真正的法治。

G

逻各斯：逻各斯是欧洲古代和中世纪常用的哲学概念。一般指世界的可理解的规律，因而也有语言或"理性"的意义。这个词的希腊文本来有多方面的含义，如语言、说明、比例、尺度等。

固定资本：指以厂房、机器、设备和工具等劳动资料的形式存在的生产资本，是流动资本的对称，属于不变资本的一部分。

工业社会：贝尔把人类社会发展的历史分为三个阶段，第二阶段为工业社会，人们对自然界的依赖减少，用能源代替体力，依靠技术和机器从事大规模的商品生产。经济主要由制造业、交通运输业和商业等部门构成。

Granger 检验方法：格兰杰因果关系检验（Granger Causality Test），是一种假设检定的统计方法，检验一组时间序列 x 是否为另一组时间序列 y 的原因。

杠杆率：权益资本与资产负债表中总资产的比率，是一个衡量公司负债风险的指标，从侧面反映出公司的还款能力。

国内生产总值：指一个国家（或地区）所有常住单位，在一定时期内，生产的全部最终产品和服务价值的总和，常被认为是衡量国家（或地区）经济状况的指标。

顾客价值：是由于供应商以一定的方式参与到顾客的生产经营活动过程中而能够为其顾客带来的利益，即指顾客通过购买商品所得到的收益和顾客花费的代价（购买成本和购后成本）的差额。

关系价值：是指事实本身相对于主体生存与发展所体现的作用，是指那些带有主体目的色彩的事实关系。

顾客偏好：是指消费者对一种产品（或者产品组合）的喜好程度。

公告效应：市场如何解读这一重要信息，即判断市场到底将其理解为正面消息还是负面消息。

关键维数：关键维数指的是所有维数中，最重要、最具有决定性的维数，相当于决定性因素。

H

后工业社会：贝尔把人类社会发展的历史分为三个阶段。第三阶段为后工业社会，人们依赖于信息，将致力于发展服务业。

汇率操纵国：指一个国家人为地操控汇率，使它显得相对较低，令其出口价看似便宜，或会引起进口贸易伙伴批评该国为汇率操纵国。由于产品较便宜，人们喜欢其产品并减少购买本土产品。这将导致进口国就业流失，操纵国则牺牲别国利益而为本国创造更多就业机会及创造较高的国内生产总值。

黄金输送点：是指汇价波动而引起黄金从一国输出或输入的界限。

汇兑率：又称汇率，指不同国家的货币相互兑换的比率。

归因偏差：人们在进行投资结果归因时都是自我保护的，往往认为成功的投资结果是由于内部原因造成的，而失败的投资结果是由于外部原因造成的。

蝴蝶效应：是指在一个动力系统中，初始条件下微小的变化能带动整个系统的长期的巨大的连锁反应，这是一种混沌现象。任何事物发展均存在定数与变数，事物在发展过程中其发展轨迹有规律可循，同时也存在不可测的"变数"，往往还会适得其反，一个微小的变化能影响事物的发展，说明事物的发展具有复杂性。

J

价值投资：投资学中通常将价值与投资相互联系起来，即投资价值。

金本位：就是以黄金为本位币的货币制度。在金本位制下，每单位的货币价值等同于若干重量的黄金（货币含金量）。当不同国家使用金本位时，国家之间的汇率由它们各自货币的含金量之比——金平价来决定。

借贷资本：指在资本主义社会，为收取利息而暂时转让给职能资本家使用的货币资本。它是生息资本的一种形式。借贷资本是在资本主义条件下适应产业资本和商业资本的需要而产生和发展起来的，是从职能资本运动中分离出来的一种独立资本形态。

净资产收益率：净资产收益率又称股东权益报酬率、净值报酬率、权益报酬率、权益利润率或净资产利润率，是净利润与平均股东权益的百分比，是公司税后利润除以净资产得到的百分比率，该指标反映股东权益的收益水平，用于衡量公司运用自有资本的效率。

经济基础：指一定社会中占统治地位的生产关系的总和。生产力与生产关系相对。生产力决定生产关系，生产关系一定要适应生产力的发展。生产关系的总和构成经济基础。

结构性纽带： 由结构纽带（Structural Bonds）或社会纽带（Social Bonds）联系起来的买卖者之间的关系才会保持较长久，在他们之间才存在关系交换。结构纽带有以下特征：在前期交易关系结束之后，出于各种原因（如结束关系的成本太高），买者无法结束与卖者的关系。社会纽带则是指由人际关系而建立起来的联系。

绝对估值： 是通过对上市公司历史及当前的基本面的分析和对未来反映公司经营状况的财务数据的预测获得上市公司股票的内在价值。

绝对价值： 哲学上，无论其他条件如何改变都不会对其产生影响，价值不变。具体解释见《人口营商学》。

金融衍生工具： 金融衍生工具，又称金融衍生产品，是与基础金融产品相对应的一个概念，指建立在基础产品或基础变量之上，其价格随基础金融产品的价格（或数值）变动的派生金融产品。

价值共识： 指不同主体对价值（主要指公共价值）达成基本或根本一致的看法，也就是对价值形成基本或根本一致的观点和态度。

金钱杠杆： 简单地说，金钱杠杆就是一个乘号，使用这个工具，可以放大投资的结果，无论最终的结果是收益还是损失，都会以一个固定的比例增加。

价值体系： 判断一个国家能否实现价值投资倍增（减）的前置条件。

价值度量： 倍增（减）增值与比较价值的判断过程。

价值支撑： 保证平台趋势向上的各种资源、能力。

价值洼地： 最直观的解释就是，当一些重要的建设集中在某个地方的时候，这个地方的价值便会升高，便形成了自该地向四周递减的级差地租，大致出现"近贵远贱"的价值洼地。

经济周期： 也称商业周期、景气循环，经济周期一般是指经济活动沿着经济发展的总体趋势所经历的有规律的扩张和收缩。

K

控制点： 内外控倾向，是心理学的一个概念，指个体对自己的行为和行为后所得报酬间的关系所持的一种信念。

口碑： 口碑是一种影响顾客判断和购买行为的重要营销工具以及顾客重要的信息来源途径之一。此外，互联网和电子商务的迅猛发展，使顾客的口碑得以更快、更广地传播，口碑成为营商工具，更重要的是成为人们投资和价值创造、提升影响力、打开和影响人们心理空间的判断依据。

L

劳动生产率： 指劳动者在一定时期内创造的劳动成果与其相适应的劳动消耗量的比值。劳动生产率水平可以用同一劳动在单位时间内生产某种产品的数量来表示，单位时间内生产的产品数量越多，劳动生产率就越高；也可以用生产单位产品所耗费的劳动时间来表示，生产单位产品所需要的劳动时间越少，劳动生产率就越高。

"拉美现象"： 经济快速发展，在人均越过 GDP1000 美元后，出现的经济与社会严重失衡、经济发展不前、贫富分化、社会动荡、人与自然不和谐等现象，可称之为"拉美现象"，也有人称"拉美化"。

联合估值： 是结合绝对估值和相对估值，寻找绝对和相对指标都被低估的股票，这种股票的价格最有希望上涨。

流通性： 是指银行到期偿付债务的能力。

拉美奇迹： 短短十年，拉美国家通过城市化和工业化促进经济快速增长，人均 GDP 从 400 美元涨到了 1000 多美元。

力度： 转折力大小的度量。

M

满意： 满意主要是用来衡量人们内心是否平衡的一个标尺，基于衡量人们的心理感受或心理状态而产生。

贸易顺差： 亦称贸易出超，是各国家或地区在一定时期内的出口额大于进口额的现象。一般表明一国的对外贸易处于较为有利的地位。

贸易保护主义： 是一种国际贸易理论，指在对外贸易中实行限制进口以保护本国商品在国内市场免受外国商品竞争，并向本国商品提供各种优惠以增强其国际竞争力的主张和政策。

明斯基时刻： 指美国经济学家海曼·明斯基（Hyman Minsky）所描述的时刻，即资产价值崩溃的时刻。明斯基观点主要是说经济长时期稳定可能导致债务增加、杠杆比率上升，进而从内部滋生爆发金融危机和陷入漫长去杠杆化周期的风险。

N

内部原因： 投资者通常将投资结果归因于自己的决策、能力。

难度： 突破的难易程度。

P

PPI：生产价格指数（Producer Price Index，PPI）：是衡量工业企业产品出厂价格变动趋势和变动程度的指数，是反映某一时期生产领域价格变动情况的重要经济指标，也是制定有关经济政策和国民经济核算的重要依据。生产价格指数与 CPI 不同，主要的目的是衡量企业购买的一篮子物品和劳务的总费用。

Q

前工业社会：贝尔把人类社会发展的历史分为三个阶段。第一个阶段为前工业社会（或称农业社会），人们依赖于自然界提供的原料和人的体力，经济主要由农业、矿业、渔业和林业部门构成。

驱动逻辑：从含义上讲是指在投资方面驱动人们思维转变，带动商业价值创造的核心力量。

契约：最初是指双方或多方共同协议订立的有关买卖、抵押、租赁等关系的文书，可以理解为"守信用"。形式有精神契约和文字合同契约，对象多样，可以是生意伙伴、挚友、爱人、国家、世界、全人类，以及对自己的契约等，可以用"文字合同"来约定，可以用"语言"来约定，还可以是"无言"的契约。

R

人气：一是围绕人的相关解释，含义为人的意气、气质、感情、气味、气息、心气和情绪；二是指被关注和偏爱。

人气线：是指人们心理认知所形成的一条逻辑思考路线，是人们创新思维的起点、中间点和终点三点的连接路径。

人气指数：对以企业的知名度、公众对企业的综合印象（美誉度标识）、公众对企业的发展信心（忠诚度标识）等为内容的企业竞争力调查数据，进行统计处理所得出的数值。

人气组合：是来源于产品组合的概念。由于商业社会中的人气线数量无穷无尽，因而若干条人气线组合在一起也会形成一个人气组合，人气组合是商业社会中多元的人气元素的集合。

人气模式：是指国家、企业或个人通过其所拥有的载体结合自身拥有的创新能力创造比较价值、实现倍增（减）的一般方式。

人气矩阵：类比于波士顿矩阵，将投资的商品根据增值空间、比较时间损失分为四种类型：①增值速度和增值空间"双高"的商品群（"明星"类商品）。②增值速度和增值空间"双低"的商品群（"瘦狗"类商品）。③增值空间大、增值速度慢的商品群（"问号"类商品）。④增值空间小、增值速度快的商品群（"金牛"类商品）。

　　人气—币值线：人气—币值线是关于人气和币值关系的相关性曲线。

　　S

　　市场经济：是指通过市场配置社会资源的经济形式。简单地说，市场就是商品或劳务交换的场所或接触点。

　　商品束：《消费行为理论》提出，商品束是一种商品或者多种商品按照一定的数量、规则捆扎起来，形成一束束的单位。

　　三维归因理论：凯利认为，对他人行为的归因一般要经历三个阶段，首先是观察行为，其次是判断原因，最后是排除偶然因素和迫于环境的因素。一般人们在归因时要沿着三个方面的线索进行思考，然后把原因归结于刺激物、行为者或环境。

　　商业模式：是一种包含了一系列要素及其关系的概念性工具，用以阐明某个特定实体的商业逻辑。它描述了公司所能为客户提供的价值以及公司的内部结构、合作伙伴网络和关系资本等用以实现（创造、推销和交付）这一价值并产生可持续盈利收入的要素。

　　世界货币职能：是指作为国际支付手段，用以平衡国际收支的差额。

　　上层建筑：指建立在一定经济基础上的社会意识形态以及与之相适应的政治法律制度和设施等的总和。它包括阶级关系（基础关系）、维护这种关系的国家机器、社会意识形态以及相应政治法律制度、组织和设施等。

　　思维漏洞：是指并未被大众所认知的、处于关注盲点的事物。

　　生产函数：生产函数可以用一个数理模型、图表或图形来表示。换句话说，就是一定技术条件下投入与产出之间的关系。在处理实际的经济问题时，生产函数不仅表示投入与产出之间关系的对应，更表示一种生产技术的制约。

　　"双发"能力：农业社会中，发现自然规律和发掘土地资源的能力。

　　"双探"能力：工业社会中，探索科学技术和探险未知领域的能力。

　　"双创"能力：商业社会中，创业能力和创新的能力。

　　时间节点：时间节点是一个很抽象和应用很广泛的概念，通俗地说就是某个大环境中的一个点或者一段。在权力对策中是指影响心理空间变化的转折时间点。

　　事件："事件"（Mega-Event）一词最初源于西方旅游学界，是指对城市乃至国家产生重大社会和经济影响的事件，它往往会极大地促进城市社会经济的发展并创造出非同寻常的知名度。事件的载体是互联网，可利用微博、微信等工具

传播。事件的特点为主动性、专题性、时限性、全局性、稀缺性、活动性、风险性、资本性及周期性。

深度：思维认知挖掘深浅的度量。

SDR：特别提款权（Special Drawing Right，SDR），亦称"纸黄金"（Paper Gold），最早发行于 1969 年，是国际货币基金组织根据会员国认缴的份额分配的，可用于偿还国际货币基金组织债务、弥补会员国政府之间国际收支逆差的一种账面资产。其价值目前由美元、欧元、人民币、日元和英镑组成的一篮子储备货币决定。会员国在发生国际收支逆差时，可用它向基金组织指定的其他会员国换取外汇，以偿付国际收支逆差或偿还基金组织的贷款，还可与黄金、自由兑换货币一样充当国际储备。因为它是国际货币基金组织原有的普通提款权以外的一种补充，所以称为特别提款权。

SWOT 分析方法：就是将与研究对象密切相关的各种主要内部优势、劣势和外部的机会及威胁等，通过调查列举出来，并依照矩阵形式排列，然后用系统分析的思想，把各种因素相互匹配起来加以分析，从中得出一系列相应的结论，而结论通常带有一定的决策性。

"双一流"：世界一流大学和一流学科建设，简称"双一流"；建设世界一流大学和一流学科，是中国共产党中央委员会、中华人民共和国国务院作出的重大战略决策。

社会舆论：新闻媒体的社会舆论代表和展示着一种权力，一种话语的权力，一种不同于国家公共权力的社会权力。

T

特里芬难题：由于美元与黄金挂钩，而其他国家的货币与美元挂钩，美元虽然取得了国际核心货币的地位，但是各国为了发展国际贸易，必须用美元作为结算与储备货币，这样就会导致流出美国的货币在海外不断沉淀，对美国来说就会发生长期贸易逆差；而美元作为国际货币核心的前提是必须保持美元币值稳定与坚挺，这又要求美国必须是一个长期贸易顺差国。这两个要求互相矛盾，因此是一个悖论。

跳跃思维：是指人的思想和思考不是按照某种特定的顺序和程序进行的，不保持严格的连贯性和有序性，可以从一个序列跳跃到另一个序列。

投资回报率（ROI）：通过投资而应返回的价值，即企业从一项投资活动中得到的经济回报。

V

VOC：每一个购买者都有自己的选择标准（VOC），它是关键人用于自己购

买决策的价值依据。

W

五种社会形态说：恩格斯提出了"五种社会形态说"。恩格斯在《家庭、私有制和国家的起源》中明确地指出了人类历史发展的五个阶段——原始氏族社会、古代奴隶制社会、中世纪农奴制社会、近代雇佣劳动制（资本主义）社会、未来的共产主义社会。

外部原因：投资者通常将投资结果归因于外部的政策、环境以及运气。

外汇储备：又称为外汇存底，指为了应付国际支付的需要，各国的中央银行及其他政府机构所集中掌握的外汇资产。

维数：在物理学和哲学的领域内，维数指独立的时空坐标的数目。从哲学角度看，人们观察、思考与表述某事物的"思维角度"，简称"维数"。

X

相对股值：包括 PE、PB、PEG、EV/EBITDA 等估值法。

相对价值：哲学上，指有一定的参照条件，价值会跟随参照条件变化而变化，关于相对价值的具体内涵会在《人群营商学》中做具体讨论。

消费者价值：本书特指农业社会普通百姓的一种价值。

虚拟经济（Virtual Economy）：是相对实体经济而言的，是经济虚拟化（西方称之为"金融深化"）的必然产物。经济的本质是一套价值系统，包括物质价格系统和资产价格系统。与由成本和技术支撑定价的物质价格系统不同，资产价格系统是以资本化定价方式为基础的一套特定的价格体系，这也就是虚拟经济。

心理期望：这个概念源于心理学，指社会普通民众对处于某一社会地位、角色的个人或某一阶层所应当具有的道德水平和人生观、世界观、价值观的全部内涵的一种主观愿望。

心理憧憬：是指对某种事物的期待与向往的心理状态，在商业社会中投资人的心理憧憬为实现倍增价值创造。

协变理论：人们在对事物进行归因时，要基于刺激客体、主体和情境三个特殊的信息进行考虑。

心理预期：在投资过程中，对于所要投资的商品，投资者通过个人认知所确定的心理上所期待的或能承受的商品资产价格的综合体。

心理关口：在波动过程中直接影响投资人对平台资产价格产生倍增、减判断的重要币值。

心理承受：投资人对使用金钱杠杆进行投资引起的心理压力和负面情绪的承受与调节的能力，主要强调对杠杆的适应力的强弱。

心理循环：以认知心理学为基础，通过影响人们思维的认同，进而使人气的关注呈现周期性，其变化的实质是比较价值发生变化。

心理空间：心理空间理论是关于语篇生成和阐释的认知语言学理论，是指人们进行交谈和思考时为了达到局部理解与行动的目的而构建的概念集合。在权力的研究中，通过广泛的沟通形成的心理空间就是一种语言的集合。契约影响人们的心理空间，心理空间的大小决定契约的大小。

选择性注意：是指在外界诸多刺激中仅注意某些刺激或刺激的某些方面，而忽略了其他刺激。就某种意义说，"注意"一词本身具有选择性意义，而"选择性注意"这个词则起到了强调的作用。

选择性扭曲：是指人们有选择地将某些信息加以扭曲，使之符合自己的意向。

选择性保留：是指消费者只保留与其态度和信念相符的部分。

信用评级：又称资信评级，是一种社会中介服务，为社会提供资信信息，或为单位自身提供决策参考。

向量自回归模型：又称 VAR 模型，是一种常用的计量经济模型，1980 年由克里斯托弗·西姆斯（Christopher Sims）提出。VAR 模型是用模型中所有当期变量对所有变量的若干滞后变量进行回归。VAR 模型用来估计联合内生变量的动态关系，而不带有任何事先约束条件。

限度：守住底线安全性的限制标准。

Y

营生：主要是指农业社会中，人们维持生计、谋求生活的手段

营销：主要是指工业社会中，企业发现或挖掘产品、顾客、关系需求，去推广和寻求交换。

营商：主要是指商业社会中，投资人经营商业、创造商业价值的各项活动。

溢利：是感知利得与感知利失权衡部分，主要强调顾客感知溢出部分，是顾客的偏好。

愿景：个人通过丰富的投资经验和知识储备，实现具有前瞻性的长远追求。

一般等价物：从商品中分离出来的充当其他一切商品的统一价值表现材料的商品。

意见领袖：是在人际传播网络中经常为他人提供信息，同时对他人施加影响的活跃分子。

阈值：阈的意思是界限，故阈值又叫临界值，指一个效应能够产生的最低值或最高值，是一个范围，本节指的是利用金钱杠杆投资商品，资产的市值变化的最低限和最高限。

引擎：从广义上说，引擎的衍生内涵就是驱动力，就是指使心理承受阈值向正向和负向移动的驱动力。

Z

增幅：指的是事物的增长幅度，满意的增幅主要为倍增（减）。

中轴原理：即中心、衡量标准，有时意指对称轴。贝尔认为，一个社会可分为社会结构、政体和文化三部分，每个部分都有不同的中轴原理在起作用。譬如，在现代西方社会中，社会结构的中轴原理是"经济化"，政体的中轴原理是"参与"，文化的中轴原理是"自我实现与加强"的愿望。

主权有限论：美国政府认为，凡是拥有大规模杀伤性武器的国家，准许恐怖分子在自己领土上开展恐怖活动的国家，以及专制政权践踏本国公民最起码权力的国家，都不可能指望得到国际法所赋予的主权的完全保护；这些国家的主权是有限的；为了消除危害世界的隐患，美国就应采取一切手段进行干预；美国采取一切手段进行干预的权力是无限的。

自由王国：是指非手段性生产和活动的领域，在这个领域中，人们生存活动的目的就在于自身，人的发展成了目的，劳动和其他一切人类活动都是为了实现主体自身的内在需要。

自然经济：是传统社会封建经济形态下主要的经济形式，它与商品经济既相互结合又相互排斥，不能说自然经济就是没有商品交换。它指生产是为了直接满足生产者个人或经济单位的需要，而不是为了交换。

资产市值：是资产的价值表现，资产是指任何公司、机构和个人拥有的任何具有商业或投资价值的东西。

铸币平价：就是两种货币含量或代表金量的对比。

资本外流：是指一种由于经济危机、政治动荡、战争等因素，导致本国资本迅速流到国外，从而规避可能发生的风险的现象。

资产泡沫：某种资产的市场价格水平相对于理论价格的非平稳性向上偏移过程。

中等收入陷阱：最初出现在世界银行发布的研究报告中，指发展中国家在经济发展过程中面临重重阻力，特别是从落后国家进入中等收入国家以后有可能失去发展动力，陷入长期经济停滞。

政策：是国家政权机关、政党组织和其他社会政治集团为了实现自己所代表的阶级、阶层的利益与意志，以权威形式标准化地规定在一定的历史时期内应该达到的奋斗目标、遵循的行动原则、完成的明确任务、实行的工作方式、采取的一般步骤和具体措施。

专家言论：信息爆炸时代，专家在大众传媒的推动下，常借助大众传播平台发表言论，在大部分传播事件中发挥着指导的作用。